家庭教育的智慧

主编　范业赞

中国人民大学出版社
·北京·

前言

　　十八大以来，习近平总书记高度重视家庭建设。他在2015年春节团拜会上强调，不论时代发生多大变化，不论生活格局发生多大变化，都要重视家庭建设，注重家庭、注重家教、注重家风。

　　习近平总书记在2016年会见第一届全国文明家庭代表时指出：家庭是人生的第一个课堂，家长是孩子的第一任老师。孩子们从牙牙学语起就开始接受家教，有什么样的家教，就有什么样的人。家庭教育涉及很多方面，但最重要的是品德教育，是如何做人的教育。也就是古人说的"爱子，教之以义方"，"爱之不以道，适所以害之也"……古人都知道，养不教，父之过。家长应该担负起教育后代的责任。家长特别是父母对子女的影响很大，往往可以影响一个人的一生……广大家庭都要重言传、重身教，教知识、育品德，身体力行、耳濡目染，帮助孩子扣好人生的第一粒扣子，迈好人生的第一个台阶。

　　家庭教育教什么、怎么教、谁来教等是做好家庭教育必须要弄明白的几个问题；如果弄不明白，就必然会走弯路、走错路，给孩子、自己、家庭、他人乃至社会和国家造成损失，甚至是无法挽回的损失。而这几个问题，并不是生了孩子、做了家长就自然而然地明白了，需要我们不断地学习。那么，应该向谁学呢？最可靠的就是向古人学、向传统学。中国有句俗话，"不听老人言，吃亏在眼前"，因为老人有丰富的人生阅历和经验。在中华民族五千年的历史中，古人摸索、积累和沉淀了丰富的经验、方法。

中华民族自古就十分重视家庭教育，可以说，家庭教育的传统历史悠久。古人给我们留下了很多有关家教的至理名言。如《周易》："蒙以养正，圣功也。"《大学》："所谓治国必先齐其家者，其家不可教，而能教人者，无之；故君子不出家，而成教于国。"《汉书》："黄金满盈，不如教子一经；赐子千金，不如教子一艺。"《教子语》："人生至乐，无如读书；至要，无如教子。"等。

同时，还给我们留下了很多经典的教子故事，如周公训子、孔母早教、曾子杀猪、孟母三迁、岳母刺字、陶母剪发退鱼、徐母大义、欧母画荻、徐勉教子、窦燕山教子、司马光教子等。正是因为成功的家庭教育，历史上涌现了无数的古圣先贤，为社会的发展和中华文化的传承繁荣做出了重要贡献。

中华民族传统家庭教育思想内涵丰厚，形成了有思想、有原理、有经验、有方法、有实例、有效果的文化宝库，这不仅是中华优秀传统文化的重要内容，也是一笔丰厚的最可宝贵的精神财富。尽管时代发生了很大变化，但人性没有变，人伦关系没有变，人们追求快乐和幸福的目标没有变，因此，家庭教育中的规律和原理也亘古不变，仍然具有十分重要的时代价值和借鉴意义。从中汲取丰富的经验和智慧，对我们做好今天的家庭教育必将具有十分重要的作用。

本书旨在贯彻落实《中华人民共和国家庭教育促进法》，对传统家庭教育的规律与思想进行梳理、总结和阐述，为今天的家庭教育提供一些行之有效的经验和方法。全书共分六个方面的内容：一是至要莫如教子，谈家庭教育的重要性；二是家庭教育教什么，谈家庭教育的主要内容；三是家庭教育怎么教，谈家庭教育的主要方式、方法；四是家庭教育从什么时候开始，谈家庭教育的开始时间；五是家庭教育问题剖析，谈家长关心的主要问题；六是家训，列举了部分涉及家庭教育的经典家训。

家庭教育有道有术，道是根本，是方向；术是方法，是技巧。抓住了根本，辅之以方法，就能事半功倍；反之，不顾根本，偏离方向，片面追求所谓的技巧和方法，无论这些技巧和方法多么有道理，结果都只能是事倍功半。而目前一些家庭教育方面的书籍和讲座，不少都偏重具体的方法和技巧，忽视了教育的根本，这就是一些家长反映的"看（听）起来有道理，做起来没效果"的原因所在。

　　本书在编写过程中，着力于总结家庭教育中的规律，同时融入了大量古今中外的家庭教育事例，目的在于既把原理和道理说明白，又增强可读性和可操作性。由于编者水平所限，未必能够完全达到此目的，其中的不足和疏漏之处，敬请批评指正！

目 录

第一篇　至要莫如教子

一、谁之过

　　媒体报道，因沉溺于网络与家长发生口角，在杀害母亲、砍伤父亲后潜逃的重大犯罪嫌疑人"涛涛"，被广州警方抓获。在记者对话涛涛时，涛涛说："家长从来没有跟我谈过心。从我被妈妈带到广州那天起，我仿佛就与世界隔离了。每天，我所做的就是出摊卖烧烤、收摊、吃饭、睡觉、干活、再出摊。我感觉到了从未有过的孤独，有时还在被子里偷偷地流泪。"

　　对于涛涛的今天，爸爸说："儿子走到今天这一步，我要负很大的责任。我对他的教育可以说是完全失败的。做家长的，不是说把他生出来、养活了就够了，还是要多关心、多交流。"孩子到了今天这一步，确实是家庭的悲哀。但到底是谁的过错，涛涛爸爸在血的教训后，终于得出了结论，但为时已晚。

　　中国青少年犯罪研究会的一份资料显示，青少年犯罪率不断上升，且低龄化趋势明显，已成为比较严重的社会问题。没有哪一个孩子一出生就是罪犯，也没有哪一个孩子一出生就是科学家，孩子一出生都是好孩子。可好端端的孩子，怎么就走上了邪路，甚至成了罪犯？问题到底出在哪里？是谁的过错？这不能不引起我们每一位家长的重视和深思。

　　毫无疑问，是后天的教育出了问题。孩子的天性都差不多，都是纯净纯善，是不同的教育把他们变成了"好坏"不同的人。正如《三字经》所说："人之初，性本善。性相近，习相远。苟不教，性乃迁。"

二、缺失了做人的教育

　　子曰："弟子入则孝，出则悌，谨而信，泛爱众，而亲仁，行有余力，则以学文。"孔子的意思是说：一个人在家要孝敬家长，出门在外要尊老爱幼，言行要谨慎，要讲诚信，要爱他人，亲近有仁德的人；还有时间和精力的话，要去学习知识和才艺。也就是说，一个人首先应该学会做人，懂得什么是孝、悌、忠、信、礼、义、廉、耻，遵守伦理道德，这样才能做一个合格的人，才不会走入歧途。而家庭是学习做人和伦理道德最重要的地方，一个人伦理的认知、道德的培养、习惯的养成、人格的建立等，都离不开家庭教育。

《弟子规》中讲："或饮食，或坐走，长者先，幼者后。"现在一些人则相反，不是晚辈恭敬长辈，而是家长"孝顺"儿女，原本长幼有序的人伦，不知从何时起被打破、被颠倒。从家长对子女前所未有的溺爱开始，从饭桌上爸爸妈妈、爷爷奶奶、外公外婆争先恐后地给孩子碗里夹菜开始。谁在家里排第一位？谁的碗里饭菜最满？所有人都在为谁服务？这样的娇惯溺爱让孩子养成一种怎样的人生态度？那就是：我优先得到好吃的、好穿的、好玩的、好用的是天生的权利，大家都围着我转是天经地义的，我想要怎样就怎样；不光是在家里，在任何地方都要以我为中心。《弟子规》还讲："父母呼，应勿缓；父母命，行勿懒。"而现在的一些家庭是，"儿女呼，应勿缓；孙子命，行勿懒"，孙子像爷爷，爷爷像孙子；爸爸不会做爸爸了，妈妈不会做妈妈了。

没有家长不爱自己的孩子，但古人告诉我们，"爱之不以道，适所以害之也"。关键是会不会爱，不会爱就是害孩子。全国妇联家庭教育状况调查显示：50%的家长不知道用什么方法教育孩子；部分家长对孩子生而不养、养而不教、教而无方；多数家长存在不同程度的养育焦虑和"重智轻德、重知轻能、重养轻教"的现象；很多家长过度娇惯、放任，这让青少年违法犯罪案件呈低龄化。

家庭教育问题的主要表现有：有的家长忙于工作，对孩子只养不教，把孩子交给保姆，交给老人，或交给电视、电脑、网络、手机，放任不管；有的家长则望子成龙、望女成凤，不顾孩子的先天禀赋和兴趣，对孩子施加过大的压力；有的家长不会教，则用钱来满足孩子，无原则、无底线地溺爱，对孩子百依百顺，什么都包办代替；有的家长对孩子则简单粗暴，动辄打骂；有的家长争先恐后地给孩子报各种培训班、辅导班，学知识、学才艺，唯恐输在"起跑线"上；有的家长把考上大学作为培养孩子的唯一目标，会对孩子说，"能考第几名，就给你换手机、买名牌"，"好好学习，考出好成绩就行了，其他的事情，爸妈帮你干"等；有的家长甚至教孩子错误的价值观，教孩子自私自利，比如，告诉孩子"出去别跟人打架，但别人打你时，一定要还手，别吃亏！""别人都不干活，你也不用干！"等。

如果缺失了做人的教育，结果就是不会做人，道德缺失，自私自利，不明是非、善恶、美丑等价值标准，迷失了做人的方向，背离了人生幸福的目标，因而走向歧途。

一是价值观出了问题。一些人把钱权名利作为成功的唯一标准，因而千方百计地去追求。据 2016 年 QQ "'95 后'抖屏择业观大起底"的调查数据，近 6 成的"95 后"有兴趣成为网红；在 2017 年新华社发布的《"95 后"的谜之就业观》中，有 54% 的"95 后"向往的新兴职业是主播和网红；在"梧桐果"的《2019 毕业生求职意向调查报告》中，主播、网红仍是年轻人最青睐的新兴职业的前两名。这其中不只有即将毕业的年轻人，还有很大一部分是尚处于小学、中学的青少年。在针对北京多所小学的梦想调查中，科学家不再是小学生被问到梦想时的标准答案，"我想成为网红"成为很多小学生的答案。在他们眼中，成为网红受人瞩目、光鲜亮丽、挣钱快。

一些人甚至颠倒了是非、善恶、美丑的价值标准，因而以是为非，以恶为善，以丑为美。比如，节俭是中华传统美德，而一些人认为节俭没面子、丢人，随意浪费财物，买的饭菜非要剩下才是有面子；垃圾随手乱扔，不觉得难为情；穿衣服不知道根据身份和场合，袒胸露背不知道羞耻；穿着到处是洞的乞丐服，以为时尚；把不孝敬家长当正常，把不做家务当有福，把偷奸耍滑当聪明，把多干一点工作当吃亏；等等。

二是人生观出现了偏差。在一些人看来，好像人生来就是吃喝玩乐的，认为能吃喝玩乐才是有福，因而盲目追求感官刺激。据媒体报道，现在的一些人尤其是年轻人，对性开放的态度令人咋舌。更让人担忧的是，人工流产问题已经呈现出低龄化趋势。有数据显示，我国每年人工流产总数中，25 岁以下的女性约占一半以上，大学生占了重要比例。众所周知，人工流产存在很大风险，可能带来子宫穿孔等问题，如果后期护理不当，会发生输卵管阻塞等后遗症。堕胎对女性身体危害很大，严重时还会危及生命。

针对这种婚前性行为、未婚怀孕和堕胎等现象，一种观点认为原因是缺乏对孩子性生理的教育。其实这是表象，根本在于缺失了道德的教育。两性关系对我们中国人来说向来都是一个严肃的话题，是否能够正确处理，不仅影响到本人一生的幸福，还会涉及双方的家庭。如果放任自己，盲目追求一时的刺激，往往会造成终生的痛苦，后悔莫及。

三是一些孩子形成了很多不好的习惯和性格。主要表现在：

（1）自私自利。就是以自我为中心，心里完全没有他人，冷漠，不知感恩，不知道尊重他人，不能正确处理各种关系。对衣来伸手、饭来张口的生活，心安理得、乐享其成，甚至认为长辈对自己所做的一切理所应当。可以说，不少家长为孩子的生活和学习操碎了心，可有的孩子却不知道体谅、关心家长，甚至还抱怨、忤逆。

（2）没有理想。就是对自己的将来没有任何想法，没有目标，没有追求，没有志向，没有责任心，浑浑噩噩地混日子，早恋、厌学、叛逆、沉迷网络。

（3）不能自立。家务都是爷爷奶奶、爸爸妈妈在做，甚至自己的衣服包括袜子都没有洗过，基本的生存和生活能力很差。

（4）任性。不能自律，想怎么着就怎么着，饭该吃的时候不吃，不该吃的时候乱吃；晚上熬夜，早上不起，上课的时候睡大觉；攀比消费，别人有的东西，自己都得有，花家长的血汗钱一点都不心疼。

（5）懒惰。习惯了家长洗衣做饭、端茶倒水的生活，在家不做家务，在学校不愿学习，什么都不愿意干，无所事事。嫌干活太累、工资低，甚至不上班、不工作，在家啃老。

（6）脆弱。不能吃苦，经不住挫折和压力，在学校里被老师批评几句就大哭大闹，被家长说几句就要离家出走，甚至寻短见；遇到困难和挫折就灰心丧气、自暴自弃，稍不合意就怨天尤人、暴跳如雷。

家长在关注孩子学习成绩、希望孩子出人头地的同时，是否教过他们如何做人？教育专家孙云晓和报告文学作家阮梅合著的《拿什么来爱你，我的孩子：当代未成年人心理危机调查》中，用一个个带血带泪的案例告诉人们，孩子天性原本纯净，之所以出现病态，缺失了做人的教育是最重要的原因。

其实，古圣先贤早就给我们总结了一套做人的标准，那就是"八德"，即孝、悌、忠、信、礼、义、廉、耻。做人教育是一个人成长的基础，基础不牢，地动山摇。缺失了做人的家庭教育，孩子可能会畸形生长，最后出现问题，也就不足为怪了。

三、好孩子是教出来的，不好的孩子也是教出来的

孩子出生时相当于一张白纸，人性都是纯净纯善。那么，为什么随着孩子的成长，会逐渐拉开差距呢？关键在于后天环境的影响和熏习，正所谓"性相近，习相远"，后天环境最重要的就是孩子所在的家庭，孩子在家庭接受了什么样的熏染，受到了什么样的教育，就会成为什么样的人。

好孩子是教出来的。在电视节目《少年说》中，有个孩子叫李仁志，他的母亲是个外卖员，起早贪黑、走街串巷，有时还会受人冷眼。12岁的李仁志

看在眼里，疼在心里。李仁志并没有因为母亲是外卖员而心生自卑，反而站上表白台，介绍母亲的工作，他心疼地说："我的妈妈，她辛辛苦苦地工作，却得不到他人的尊重。即便如此，她并没有因此而怨恨这些人，而是选择用感恩来传达更多的善意。我希望大家都能给像我妈妈一样的人多一些善意，因为当你打开门的那一瞬间，看见的也有可能是我爸爸捧在手里的'小公主'。很多人需要有人来扮演这些角色，为他们服务。"12岁的他理解母亲工作的艰辛，满怀对母亲的感恩。

在场下的仁志妈妈听到这番话，含泪回应说："儿子，谢谢你的理解，也谢谢你让我知道你长大了，会为别人着想了，也谢谢你那么体谅妈妈。"孩子心疼自己，仁志妈妈非常感动，告诉他，"其实你看到的，只是个别人，还是有很多好的方面。比如说下雨天，或者时间确实来不及，有的客人还是挺好的，会说你们路上注意安全，或者是时间到了你们晚点送达就可以了。"接着，她说："我听到你说的那些话，我非常感动，因为一开始我以为你对于我选择这个职业会有点抗拒、不理解，我没想到你不嫌弃妈妈做这份工作，我感到很欣慰。"

仁志还说："爷爷奶奶在世的时候，父亲每次去探望，都会买他们喜欢吃的水果，陪他们坐上很长时间。在爷爷奶奶面前，父亲从来没有粗声粗气地说过一句话。爷爷去世以后，父亲就去得更勤了。父亲会挑选一个天气好的日子给奶奶洗头洗脚、修剪指甲。父亲经常说，感恩不是在表功，也没必要拿出来炫耀，因为面对的是你的爹娘，是在表达你的感激，只求问心无愧。家长养育了我们，在我们没有能力的时候，是从家长那里不断地汲取养料；等我们有了能力，不断地输出爱来反哺家长，这样做才是一个有良知的人。"

仁志的善良，源于爸爸妈妈平时生活中的教导。爸爸用自己的一言一行教会孩子要孝敬老人，要懂得感恩；而妈妈作为外卖员，偶尔遭遇歧视与不公，却不会把不满和抱怨带给孩子，她尝试着给孩子一个满是阳光的世界，因为她能够客观地看待社会，为世间那些真心实意而心动，才能把正确的价值观传递给孩子。

环卫工赵庆霞为接送儿子上下学，每天要比同事早起工作2小时。10岁的孩子放学后，就会去帮助妈妈扫大街。赵庆霞不愿意让孩子帮自己扫大街，但懂事的孩子每次都偷偷跟在后面扫，并称帮妈妈扫大街，是"心疼妈妈，不想让妈妈太累了"。

俗话说得好，"穷人家的孩子早当家"。其实，孩子早当家，并不是家里穷的必然结果。因为家里穷，一般都没有溺爱孩子的资本和条件，家长往往在外面辛辛苦苦挣钱养家糊口，早早地教会孩子做些力所能及的家务，孩子也没有养尊处优的条件，正如古人说的"习劳知感恩"。

而很多家庭经济条件不错的家长并不会像仁志妈妈、赵庆霞那样，往往是以孩子为中心，甚至付出自己全部的心血。但悲哀的是，换来的不是感恩，而是冷漠、嫌弃和不满。

曾有个孩子从小被娇惯，想要什么东西撒一顿泼必定能得到。他张口要买一个几千元的赛车玩具，只因看到班里的同学玩，自己不能被比下去。家长意识到是以前太宠溺孩子，让孩子滋生了这样的虚荣心，于是下狠心不给他买。没想到孩子不仅责怪妈妈小气，甚至说出"赛车都买不起，凭什么当我妈"这样让人心寒的话。

孩子从"一张白纸"到变身"白眼狼"，并非一日之功。如果家长为孩子付出太多，而总是拒绝孩子的付出，孩子就会渐渐习惯于不再付出，进而失去学习感恩和成长的机会。苏联教育家马卡连柯说过："一切都让给孩子，为了他牺牲一切，甚至牺牲自己的幸福，这是家长送给孩子的最可怕的礼物。"毁掉一个孩子最简单的方法就是对他百依百顺。不少家长出于对孩子的爱，总是想尽力满足孩子，习惯包办孩子的大小事情，以孩子为中心，只知道溺爱，不知道正确教育。结果，孩子把家长对自己的有求必应和付出，看作理所应当，心安理得地"享受"，而"享受"的稍不舒服，就会抱怨，甚至怨恨；只知索取，不知道家长的艰辛，不懂得回报和感恩，仗着被溺爱而有恃无恐。而对于孩子出现的问题，一些家长只知道抱怨孩子，感到委屈，感到无可奈何，却不知道反思自己是怎么教育孩子的。

为了说明问题，举个种树的例子。要想树木成材，不仅要给树木浇水施肥、打杈剪枝，还不能怕日晒雨淋。不浇水施肥，树木长不好、长不快；但水和肥太多，树木就发黄不长，甚至被淹死、烧死。如果不舍得给树木打杈剪枝，任其自由生长，枝杈林立，长得乱七八糟，就不能成材。

养孩子就如给树木浇水施肥，给孩子吃穿用不能过分，要有度、有原则；教孩子就如给树木打杈剪枝，不纠正缺点错误，正确的人生观和价值观就立不起来。对孩子娇惯、溺爱，怕孩子吃苦，就如怕树木日晒雨淋一样，如果害怕树木被太阳晒死、被雨淋死，而把它种在屋子里面，不可能成材。教养孩子就如种树，关键是怎么养、怎么教。大人怎样养，孩子就怎么习惯；大人怎么教，孩子就怎么学；大人往哪引，孩子就往哪走。

有一年暑假，一位北京的爸爸把自己13岁的儿子送到外地的朋友马丽家，请马丽照顾一下。从机场接回男孩，马丽就对他说："我是你爸爸的朋友，你爸爸让你在我这里过暑假，但我要告诉你的是，你13岁了，基本生活能力都有了，所以从明天起，你要自己按时起床，我不负责叫你；起床后，你要自己做早餐吃，因为我要去工作，不可能替你做早餐；吃完后你得自己把盘子和碗清洗干净，因为我不负责替你洗碗，那不是我的责任；洗衣机在那里，我要教你自己去洗衣服。另外，这里有一张城市地图和公共汽车的时间表，你自己看好地方决定要去哪里玩，我有时间可以带你去，但若没时间的话，你要弄清楚路线和车程，可以自己去玩。总之，你要尽量自己解决自己的生活问题，因为我有我自己的事情要做，希望你的到来不会给我增添麻烦，不会做的我可以教你，不明白的可以问我。"男孩听着这位马丽阿姨的话，心里不是滋味。因为在北京的家里，他的一切生活都是爸爸妈妈全盘负责。最后，当马丽问他听明白了没有的时候，他说："听明白了。"是啊，这个阿姨说得没错，自己已经13岁了，已经能做很多事了，包括自己解决早餐，以及自己出门去自己喜欢的地方。

一个月之后，男孩回到了北京的家。家人惊讶地发现，这个孩子变了，变得什么都会做，他会管理自己的一切：起床后叠被子，吃饭后会洗碗筷，清扫屋子，会使用洗衣机，会按时睡觉，对人也变得有礼貌了……他的爸爸妈妈对马丽佩服得五体投地，问她："你施了什么魔法？让我儿子一个月之内就长大懂事了？"

这并没有什么魔法，就是教育。不少家长太宠爱孩子了，不肯让孩子做任何家务，只要自己有的，全都给了孩子，自己没有的，也总是想办法提供给孩子，忽视了孩子做人能力的培养。

一位女士与女友聚会，女友8岁的儿子看到女士在用iPhone打电话，小男孩说："我妈妈说了，只要我的架子鼓考过7级，她就给我买一个这样的iPhone。"这位女士说："这事我不赞成。"他说："怎么了？"女士说："你一个8岁的小孩儿，有拥有手机的必要吗？再说了，你考过7级，完全是应该的，因为你这样的年纪，每天的责任之一就是学习，要什么奖励！因为考过了一个7级，就狮子大开口跟妈妈要iPhone，妈妈挣钱容易啊？你这样做不觉得不好意思吗？"那个孩子看着这位女士，听着他从来没有听过的话。女士接着说："你跟妈妈要这要那，你帮妈妈洗碗了吗？帮妈妈扫地了吗？你洗过衣服吗？擦过桌子吗？妈妈下班回来以后，你问过她累不累吗？你什么都没做过，有什么资格跟妈妈要钱买这买那？"

在女士这样和小男孩对话的时候，他的妈妈一直坐在那儿不说话，时不时看女士一眼，眼中有笑意。女士知道，她其实很认同这些话，她可能早就想这样说，却从来没有"忍心"对自己的儿子说过。

女士说："这个手机是不是不能要？"小男孩竟然叹了一口气，点了点头。女士对女友说："姐们儿，他 8 岁了，你跟他讲什么他都会听进去的，就看你给他的是什么影响了。如果你总这样无节制地满足他，你给他多少他都认为是应该的。"女友说："真是这样，给多少都不觉得多啊！"怨谁呢？孩子吗？当然不是。看到许多人在抱怨自己的孩子是怎样的不争气、不节省、不体贴、不刻苦这就叫作栽什么树苗、结什么果，撒什么种子、开什么花！如果家长都能像这位女士和马丽这样用心教育孩子，孩子就会懂得许多该懂的事情。

所有的孩子一出生从本性上都是好孩子，给他什么样的教育，他就成为什么样的人。就拿吃饭来说，假如一开始就给孩子特殊照顾，这就是错误的开始。比如，你做饭刚做出来一部分时，就叫孩子先吃；你上菜时，把好的菜放在孩子面前，而不是长辈面前，这就在暗示孩子：他处处优先，好东西都是属于他的。不少家长已经习惯了把餐桌上所有好的东西留给孩子，给孩子特殊照顾，仿佛不这样做，就是不爱孩子。由来已久的习惯，反而惯坏了孩子，孩子在餐桌上的贪吃事小，但规矩事大。所以，上菜时，要把好菜放在长辈面前；长辈没动筷子前，孩子不能动筷子；全家人没齐时，也不能动筷子；而不是把菜放在孩子前面，任由孩子毫无顾忌地吃个一干二净。这件事情虽小，却让孩子知道，尊敬和孝顺长辈是做人的道德。有人说，看一个人的人品，跟他吃顿饭就知道了，如果一个孩子吃饭时喜欢挑来挑去，看到自己喜欢的菜，恨不得全放在自己碗里，不顾他人，说明这样的孩子缺教养。吃饭等生活行为，是家庭里最经常、最有效的教育，包括日常的家务劳动，要让孩子参与进来，懂得体会家长劳动的辛苦，让他明白，自己是家中的一分子，任何家务活，自己都有义务做。所以，教育孩子要从吃饭等日常生活中的一点一滴的小事开始。

一定要让孩子成为真正的人、自立的人、能够融入社会的人。没有天生不好的孩子，只有教育缺失的家长。能教育出好孩子的家庭，并不在于家长拥有多少财富、有多高的学历，而在于家长的教育理念，在于家长的胸怀和格局，在于家长的言传身教。

四、是挣钱重要，还是对孩子的教育重要

家长都知道，挣钱肯定没有对孩子的教育重要。但事实上不少家长对钱的重视远远超过了对孩子教育的重视。一些家长一心想着挣钱，希望为子女多积累一些钱财，将来让子女生活无忧无虑，这是完全错误的想法。孩子成人，以

后自然能衣食无忧；孩子不成器，留钱也守不住，还会害了他，正所谓"富不过三代"。

在这方面，古圣先贤有很多的告诫。汉代史学家、文学家班固的《汉书·韦贤传》中说："遗子黄金满籝，不如一经。"意思是，留给子孙万贯家产，不如让孩子明白做人的道理、掌握一技之长，凭自身的德行和能力立足社会，成为有用的人才。只为后代留下许多财富，则往往会给他们招来灾祸。清代思想家、政治家林则徐有一句名言："子孙若如我，留钱做什么，贤而多财，则损其志；子孙不如我，留钱做什么，愚而多财，益增其过。"林则徐将道理说得再明白不过了，子孙如果像自己一样有德有才，那么，就没必要留钱给他，他凭着自己的德行和才能也能挣到钱财，如果给他留过多钱财，反而会消磨他的意志；子孙如果是平庸之辈，那么，也没必要留钱给他，给他留的钱越多，可能会助长他犯更多的错误。林则徐正是认清了这一点，所以他的治家之道和教子之方被世人称道。

家长恨不得一切都替子女包办，表面上看，做家长的是为了子女，而实质上却是在妨碍子女成长。心理学上有一个著名的"不值得定律"，意思是：不值得做的事情，就不值得做好。想想看，拥有了一座金山的人，又怎么会甘心每天汗流浃背地去沙中淘金呢？而带着"值得"的心理去学习、工作的人，所收获的也必将是一个"值得"的人生。福耀集团董事长、河仁慈善基金会创始人曹德旺先生就懂得这个道理，他从1983年捐了2 000元给家乡的中学做了一批课桌椅开始，至2020年，累计捐款已达110亿元人民币，他因此被人们称为"中国首善"。曹先生的孩子说，钱是爸爸赚的，他愿意怎么用就怎么用。

北宋政治家、史学家、文学家司马光在其被历世奉为治家经典的《温公家范·祖》中讲道："为人祖者，莫不思利其后世，然果能利之者，鲜矣。何以言之？今之为后世谋者，不过广营生计以遗之。田畴连阡陌，邸肆跨坊曲，粟麦盈囷仓，金帛充箧笥，慊慊然求之犹未足，施施然自以为子子孙孙累世用之莫能尽也。然不知以义方训其子，以礼法齐其家，自于数十年中勤身苦体以聚之，而子孙于时岁之间奢靡游荡以散之，反笑其祖考之愚不知自娱，又怨其吝啬，无恩于我，而厉虐之也。"意思是，做长辈的没有不希望能够造福子孙后代的，可是真正能够做到这点的人却很少。为什么这样说呢？因为如今为后代谋利益的那些人，只懂得多积钱财留给后代子孙，田地连片，商铺遍布街巷，粮食堆满了仓库，财物塞满了箱子，仍然觉得不够，还在苦心谋求，这样他们还怡然自得地自以为子子孙孙、世世代代都享用不尽了，而不知道用道义训导子孙、用礼法治理家庭，结果他们几十年辛勤劳苦所积累的财富，却被纨绔子孙们在短时间内就挥霍殆尽，还反过来讥笑长辈们愚蠢不会享受，埋怨祖辈吝啬小气，没有给自己留下更多的钱财，而虐待了自己。

《温公家范·祖》还讲道："夫生生之资，固人所不能无，然勿求多余，多余希不为累矣。使其子孙果贤耶，岂蔬粝布褐不能自营，至死于道路乎？若其不贤耶，虽积金满堂，奚益哉？多藏以遗子孙，吾见其愚之甚也。然则贤圣皆不顾子孙之匮乏耶？曰：何为其然也？昔者圣人遗子孙以德以礼，贤人遗子孙以廉以俭。"意思是，人赖以生存的生活资料固然不可缺少，但不要过分贪求，过多就会成为牵累。假如子孙真的贤能，难道他们连粗粮粗布都不能自己求得，以至于冻死饿死在路边吗？假如子孙不贤能，即使屋子堆满了黄金，又有什么好处呢？所以积累过多财物而留给子孙的人，我认为愚蠢至极。难道古代那些古圣先贤都不管子孙的贫困了吗？他们为什么不给后代留下很多财产呢？古代圣人传给子孙后代的是高尚的品德与规范的礼法，贤人传给子孙的是廉洁的品质和简朴的作风。

南北朝时期的名臣徐勉官至吏部尚书，为官公正廉明，俸禄大多用于救济贫苦人家，不置办家产。老朋友们劝他："人人都为子孙留财产，你也该为子孙留点钱啊。"徐勉回答："别人给子孙留财产，我给子孙留清白。"其实，徐勉给子孙留下了比钱财更宝贵的做人的教育。平日，他经常教导子女注重品行，一定要做个清清白白的人。在徐勉写的《诫子书》中说："吾家世清廉，故常居贫素，至于产业之事，所未尝言，非直不经营而已。薄躬遭逢，遂至今日，尊官厚禄，可谓备之。每念叨窃若斯，岂由才致？仰藉先代风范及以福庆，故臻此耳。"意思是，我们家世代清廉，所以平常日子过得清苦，至于置办产业这件事，从来就没有提及过，不仅仅是不经营而已。自己亲身经历过辛苦，恰逢好的机遇，如今有了显贵的官职、丰厚的俸禄，可我感到，这与其说是我自己的才干所致，不如说是仰仗先人的风范和福荫所至。徐勉说，自古以来，很多家长为了能使孩子生活安逸都拼命聚敛财富，看似爱子，实则害之，最终只能使子女由于过分依仗家长之资财而丧失创业的志气、胆量和能力，坐吃山空。这种家长是愚蠢的、不明智的。在徐勉看来，"遗子黄金满籯，不如遗子一经"，他认为做一个合格的家长，留给子孙的不应是物质财富，而应是乐善向学的人格风范。

曾国藩的外孙聂云台先生在《保富法》一书中说，"俗话说：发财不难，保财最难。我住在上海五十余年，看见发财的人很多，发财以后，有不到五年、十年就败的，有二三十年即败的，有四五十年败完了的。我记得与先父往来的多数有钱人，有的做官，有的从商，都是显赫一时的，现在已经多数凋零，家事没落了。有的是因为子孙嫖赌不务正业而挥霍一空；有的是连子孙都无影无踪了。大约算来，四五十年前的有钱人，现在家产没有全败的，子孙能读书、务正业、上进的，百家之中，实在是难得一两家了。"

"不单上海是这样，在我的家乡湖南也是一样。清朝同治、光绪年间，中兴时代的富贵人，封爵的有六七家，做总督巡抚的有二三十家，做提镇大人的有五六十家，到现在也已经多数萧条了；仅剩下财产不多的几户文官家庭，后人还较好。就我所熟悉的来说，像曾、左、彭、李这几家，是钱最少的大官，后人比较多能读书，以学术服务社会：曾文正公（曾国藩）的曾孙辈，在国内外大学毕业的有六七位，担任大学教授的有三位；左文襄公（左宗棠）的几位曾孙，也以科学专业而闻名；李勇毅公（李鸿章）的孙子辈，有担任大学教授的，曾孙也多是大学毕业；彭刚直公（彭玉麟）的后人，十年前也有在上海做官的。凡是当时的钱来得正路，没有积蓄留钱给子孙的，子孙就比较贤能有才干。其余文官比较钱多的十来家，现在后人多数都已经萧条了；武官数十家，当时都比文官富有，有十万、廿万银两的，各家的后人也是多数衰落了；能读书上进的就很少听见了。"

"我家与晚清中兴时代的各大世家，或湘或淮，多数都是世代相交的关系，所以各家的兴衰情形，都略有所知。至于安徽的文武各大家，以前富有丰厚的，远远胜过了湘军诸人，但是今日都已经凋零败落，不堪回首了；前后不过几十年，传下来才到了第三代，已经都如浮云散尽了。"

聂云台先生的《保富法》一经发表，风靡于时，连柳亚子老先生都不厌其烦，举出张大复《梅花草堂集》里的一段关于明代西蜀某官僚窖金的典故，来力倡此书的"保富"精髓："仁者以财发身，不仁者以身发财"。聂云台有两个身份：一是曾国藩的外孙；二是 1920 年起任上海总商会第一任会长和全国纱厂联合会副会长。前者身份使他书中的故事有很强的身世感，因为家庭的缘故，聂云台有机会了解与外祖父同时代的一批地位显赫的官宦家庭；而总商会会长等的身份又使他对财富与教育后代有着更深刻的认识。

对于很多家长来说，常常面临这个问题：挣钱和教育孩子，到底孰轻孰重？有人说，没有钱，拿什么来养育孩子，怎么生活？挣钱不是不重要，而是要分清轻重缓急，知道哪个更重要，要懂得兼顾，不能为了挣钱而放弃对孩子的教育。要知道，挣钱没有尽头，但对孩子教育的关键期只有几年，错过就是一生。孩子的健康成长只有一次，对孩子的教育就像是一场无法撤回的直播，错过了就可能终生遗憾。在孩子教育的黄金期，家长不教育孩子，就会慢慢失去教育孩子的权力。在珠海有一位父亲通过多年打拼，挣了几百万元，但当他回到家时，发现儿子已经长大，经常逃学，惹是生非。父亲想管，但已经管不了了。他听说湖北有个专家曾经把一个网瘾孩子给治好了，于是马上领着孩子到那儿去，拿出来 10 万块钱，说："这孩子交给你了，请你把他教育好。"这位可怜的父亲还以为有钱就能买到一切。

内蒙古的王智永所在的乡村，有河流、羊群、牧羊犬，还有清新的空气，他作为牧民自由自在。王智永愿意当一辈子的牧民，但他却选择放弃了这个身份，因为对他而言有一个比牧民更重要的身份，那就是父亲。作为一个父亲，王智永非常懂得言传身教：孩子小时候，他会带孩子去放牧，让他体验放牧的辛苦，以此教导孩子学习就是重要的出路；他喜欢写东西，他会在孩子生日的时候写诗，以此勉励孩子好好读书；他不停地了解新鲜有意思的话题，陪孩子聊天。在孩子住寄宿学校两年之后，他决定不再放羊，他要给孩子更好的陪伴和教育。也正是那一年，羊价下跌，他赔了十几万元，欠了许多债。他说："孩子在念书的时候先顾孩子，钱可以以后慢慢挣。"他在离孩子学校不远的地方，租了平房陪着孩子。刚到城里，王智永去应聘了外卖员，碰壁、被斥责、超时罚款都是常有的事。后来，经朋友介绍，他做了单车的运维人员。换了这份工作，他可以每天陪家人吃两顿饭，在吃饭的时候和孩子聊天，陪伴孩子成长。儿子高考如愿考上内蒙古科技大学，选择了自己喜欢的专业。对王智永而言，有自己喜欢的工作，孩子学业有成，家人美满和乐，这样的生活，有希望，有奔头。

有一位小男孩，非常聪明，学东西很快。按理说，孩子的眼睛应该是闪闪发亮的，但是，这个小男孩的眼睛却黯淡无光，看不到一丝丝快乐。因为这孩子没有一个温暖的家，爸爸妈妈都在外地打工，家里只有爷爷奶奶，孩子平时得不到家长的关爱。他的老师说：记得有一次，他来找老师请假，说妈妈回来了，他要回家看妈妈，虽然他平时习惯了淡漠，但老师依然能清晰地看到他眼睛里的光芒，他的眼睛闪闪发亮。后来，老师决定和他的家长交流一下。从其家长口中得知，他们认为也都是为了孩子才出去挣钱，钱都是给孩子挣的；而且，家长觉得平时没法陪孩子，就在钱上尽量满足孩子，以弥补陪伴上的不足。老师问家长，是不是准备把孩子一辈子用的钱都替他挣出来？家长不作声。老师又问，如果有一天他们都老得没能力挣钱了，孩子又把钱花光了，该怎么办？家长还是不作声。

在很多家长眼中，赚钱、事业比孩子的教育重要；有了钱，有了事业，何愁教不好孩子？何愁没有幸福的生活？然而，无数事实证明，这个理由是不成立的。教育部与中央电视台联合推出的大型公益节目《开学第一课》中，有这样一段话："在教育孩子的时候，你选择了挣钱，不去管教孩子，等孩子大了，你辛辛苦苦挣一辈子的钱不够他败家一年！在教育孩子的时候，你选择了管教、陪伴，等孩子大了，你一辈子没挣到的钱，孩子一年就挣到了。你在哪方面付出，就会在哪方面收获，孩子的教育时效性太短，错过了就再也没有了。孩子优秀了，你留钱做什么？孩子不成器了，你又留钱做什么？"这段话引起了无数家长的共鸣。

清末的时候，有个大富豪叫盛宣怀，他去世后，留给子女的资产至少有几千万两白银。盛宣怀的前三个儿子都夭折了，所以他非常宠爱四儿子盛恩颐。盛恩颐继承财产后，白天睡觉，晚上就流连于赌场，人称民国第一花花公子。盛恩颐非常喜欢赌钱，他曾经一个晚上把上海一百多栋房子输给了当时浙江督军卢永祥的儿子卢筱嘉。盛恩颐没钱用的时候，就让用人把家里的古董往当铺送，最终把盛宣怀攒下的庞大家产给败光了，穷困潦倒成了一个乞丐，最后死在了家里的门房里面。正如古人说的，"求财恨不多，财多伤人子。"这大笔的钱财最后坑害了不会做人的盛恩颐。

所以说，教会孩子做人比钱财重要，不会做人既挣不来钱，也守不住钱。家长一定要明白，教育好孩子是根本，钱只是手段、是条件，给孩子拼命挣钱不如多陪陪孩子，努力给孩子存钱不如把孩子教好。忽视家庭教育，拼命挣钱，无疑是舍本逐末、缘木求鱼。

五、是孩子的德行重要，还是才艺重要

家长都知道，孩子的德行比才艺重要。但事实上，很多家长对孩子才艺的重视远远超过了对孩子德行的重视。现在的一些家长争相给孩子报各种各样的辅导班、培训班，但没有多少家长对孩子做人的教育重视到如此程度。

牛年春晚，有一个相声叫《如此家长》，里面说："现在当家长的太难了！画画、书法、钢琴、舞蹈、游泳、乒乓球、篮球，都是必修课。"《如此家长》说的，看似有些夸张，但这样的家长在现实中却大有人在。几年前，北京就冒出一位"海淀拼娃爹"：每周有5次奥数课、3次语文课、5次英语课、2次足球课、1次钢琴课、1次围棋课、1次国际象棋课，总共18次课，每次2至3小时……周六从早8点上到晚8点，周日上午也是课，而且每次下课还有作业要写。小学生每周在学校大概有30节课，大约20个小时，而这个7岁的海淀孩子每周在校外上课的时间竟有40个小时左右。还有两天时间需要上9个培训班的"最拼小学生"、一周10个兴趣班的"最苦恼小学生"……有的家长抱

怨孩子不爱学习，但是不知道孩子为什么不爱学习，殊不知，像这种学习的压力，已经让孩子在身体和精神上吃尽了苦头，孩子怎么会喜欢这样的学习呢！

《大学》中说："物有本末，事有终始，知所先后，则近道矣。"对一个人来说，德行是本，才艺是末。不爱学习的孩子都有一个共同特点，那就是孝心、感恩心没有激发出来。如果有感恩心，知道孝敬家长，体谅家长的不易，还会辜负家长吗？还会忍心不学习吗？"君子务本，本立道生。"教会孩子做人了，有德行了，对学习自然会产生内在的动力和激情，学习才会有主动性和积极性。

就如种苹果树，要想让树上结的苹果又大又多，功夫必须下在树根上，适时浇水、施肥。如果不在树根上下功夫，在枝叶上喷再多的肥料和水，也不会有多少效果的。

又如建造房子，第一步打地基，第二步做结构，第三步进行装修。培养一个孩子也要遵守类似的过程，一定要先打"地基"，再做"结构"，最后才是"装修"。但是，现在的不少家长关注的教育，不在"地基"的层面，而是"装修"层面，热衷于送孩子到各种培训班去学跳舞、学画画、学弹琴、学武术等。

《大学》中说："自天子以至于庶人，壹是皆以修身为本。其本乱而末治者，否矣；其所厚者薄，而其所薄者厚，未之有也。"意思是，人都要以修养心身、提升道德为根本，没有德行，不会做人，要想把事做好，未之有也。

传统的家庭教育始终把伦理道德教育摆在极其重要的地位。《论语》中说："弟子入则孝，出则悌，谨而信，泛爱众，而亲仁；行有余力，则以学文。"可以看出，孔子教育弟子，德为重，致力于孝悌、谨信、爱众、亲仁，先培养良好的道德观念和道德行为，然后才是学习文化知识和技能。在古代的家庭教育中，对于知识和才艺的学习，是排在道德教育之后的。《中庸》所说的"尊德性而道问学"，正是此意。《淮南子·主术训》里有一句话："遍知万物而不知人道，不可谓智；遍爱群生而不爱人类，不可谓仁。"说明中国传统教育的首要理念就是要教会孩子怎样去做一个人，而不是学会多少专业知识和才艺。

宋代诗人陆九韶在《家制·居家正本篇》中说："愚谓人之爱子，但当教之以孝悌忠信，所读须先六经论孟，通晓大义，明父子君臣夫妇昆弟朋友之节，知正心修身齐家治国平天下之道，以事父母，以和兄弟，以睦族党，以交朋友，以接邻里，使不得罪于尊卑上下之际。"意思是，人要是真爱自己的孩子，就应当教给他们孝、悌、忠、信的德行，所读之书要先从"六经"、《论语》、《孟子》开始，使之通晓其中的道理，明白父子、君臣、夫妇、兄弟、朋友这五伦的礼节，懂得正心、修身、齐家、治国、平天下的道理。从而以此来侍奉家长，友爱兄弟，和睦族人，结交朋友，接洽邻里，使之在处理长幼、上下关系时能够遵循礼义，不犯错误。

明代心学集大成者王阳明在《寄诸用明书》中说："得书，足知迩来学力之长，甚喜！君子惟患学业之不修，科第迟速，所不论也。况吾平日所望于贤弟，固有大于此者，不识亦尝有意于此否耶？便中时报知之。阶、阳诸侄闻去岁皆出投试，非不喜其年少有志，然私心切不以为然。不幸遂至于得志，岂不误却此生耶！凡后生美质，须令晦养厚积。天道不翕聚，则不能发散，况人乎？花之千叶者无实，为其华美太发露耳。诸贤侄不以吾言为迂，便当有进步处矣。"意思是，接到来信，知道你近来道德学问增长，非常高兴！君子只担心道德学问没有修好，对于能不能考中科举或者早中、迟中都不会有意去追求。况且我平时对贤弟的期望都是好好修养学问，而不是考试，不知道贤弟是否这样认为？所以写信告知你。听说阶、阳两位侄子去年都参加了科举考试，不是我不欣赏他们年少有志，但我内心对科举不以为然。如果没有修好道德学问而侥幸得志，岂不因此而误了一生啊！年轻人要想有所成就，必须要好好修养而厚积薄发，厚德才能载物。天道运行的规律就是没有量变的积累，就不会有质变的发生，何况是人呢？树如果太茂盛了，往往结不出果实，是因为营养都早早地消耗在了花叶上。如果两位贤侄不认为我此番言语是迂腐，就还会有进步的空间。

清代大学士张英在家训《聪训斋语》中屡次提及，做人要"立品"："读经书，修善德，慎威仪，谨言语。"他在教导后来成为大学士的儿子张廷玉如何为人处世时说："与人相交，一言一事，皆须有益于人，便是善人"；"人能处心积虑，一言一动，皆思益人而痛戒损人，则人望之若鸾凤，宝之如参苓，必为天地之所佑，鬼神之所服而享有多福矣。"

清朝"扬州八怪"之一的郑板桥以其才华和怪诞为世人所知。他十分重视对子女品行修养的教育，他在山东潍县当县官时，儿子留在兴化乡下的弟弟郑墨家。郑板桥专门给郑墨写了一封信，信中写道："余五十二岁始得一子，岂有不爱之理！然爱之必以其道，以其道是真爱，不以其道是溺爱。"他的"道"是什么呢？他说："读书中举，中进士做官，此是小事，第一要明理做个好人。"

翻译家、作家、教育家傅雷的《家书》，堪称中国近代以来最著名的家书之一，其中百封家书记录了傅雷、傅聪的父子亲情，也贯穿了家庭教育的真谛。金庸曾说："傅雷先生的家书，是一位中国君子，教他的孩子如何做一个真正的中国君子。""第一做人，第二做艺术家，第三做音乐家，最后才是钢琴家。"这是儿子傅聪出国留学临行时，傅雷唯一的叮嘱。翻开《傅雷家书》会发现，教导孩子如何为人处世，傅雷格外用心："万万不能动火，令人误会。""理直也不要气壮，得理也要饶人。""态度谦恭，虚怀若谷。"傅雷非常重视道德修养的培养，在他的教育理念中，做人应该是德才兼备且以德为先的。他讲道："我认为教育当以人格为主，知识其次。孩子品德高尚，为人正直，学问欠缺一些没有关系。""弄学问也好，弄艺术也好，顶紧的是先要把一个人尽量发挥好，没成为某某家之前，先要学会做人，否则，某某家不论如何高明也不会对人类有多大贡献。"在傅雷的教育观念中，对人道德素质的培养重于对技术与知识的培养，这对成为钢琴家的儿子傅聪产生了十分重要的影响。

梁启超是中国近代史上著名的政治家、思想家、文学家和教育家，他从不强求子女的成绩，但是十分在意子女的品行。他曾说过："你如果做成一个人，知识自然是越多越好；你如果做不成一个人，知识却是越多越坏。"他从小教导子女"知者不惑，仁者不忧，勇者不惧"的道理。梁启超有九个子女，个个成才，各有所长，无一不是品德高尚之人，可谓"一门三院士，九子皆才俊"。

有一个当老师的家长说："因为孩子从小就是我带大的，所以对他的智商、情商、能力水平，我很了解。我虽是一个老师，但我没有虚荣心，学习上我不苛求，没有非要孩子考第一第二，没有因为孩子成绩中等而万分焦虑。教书这么多年，我比谁都清楚，一个孩子的成长中，遗传的东西改变不了，后天能改变的急不来，要把做人放在第一位。每当儿子考试成绩不理想的时候，我总是对他说'我相信你，你是小器晚成的人。你小学成绩一般，初中好一点点，高中更好一点点，将来会更有出息的。老天会善待善良的人。'我也告诉儿子的高中老师，不要有任何压力，孩子既然读了高中，总能考上一所大学，只是名牌不名牌的区别。成人最重要，他的人生路还长。"

《资治通鉴》中提道："才者，德之资也；德者，才之帅也。""才德全尽谓之圣人，才德兼亡谓之愚人，德胜才谓之君子，才胜德谓之小人。""苟不得圣人、君子而与之，与其得小人，不若得愚人。"意思是，德是方向，才是资粮；方向是关键，方向错误，资粮越多越可怕；有才无德的小人比无德无才的愚人更可怕。一个人有才无德，学了很多知识和技能，但没有德行，自私自利，这样的人很可能会走向邪路、绝路。一个人有德无才，尽管才能不够，还可以培养，他的德行也可以弥补才能方面的一些缺失，他可能做不出多大的事业，但能够平平安安，幸福快乐，不至于对社会造成危害。

清代的金安清，理财有道，但是心术不正，屡次贪污公款，敛财无数。皇帝听闻此人才华极高，想要重用，询问臣下意见，大臣说：此人心术不正。于是他被遣回原籍，交给当地官员严加管束。曾国藩高升之后，金安清曾七次求见，都被曾国藩拒绝。别人问曾国藩为什么，曾国藩说："此等人如鬼神，敬而远之可也。"一个人如果人品太差，不管他再怎么才华横溢都没有用。

子曰："为政以德，譬如北辰，居其所而众星共之。"意思是，以道德教化来治理和管理，就会像北极星一样安处在自己的位置上，而群星都会环绕在它的周围。孩子幼小时，心中没有是非、善恶标准，不知道什么是对、什么是错，因此，会自然地将家长的话当成行为准则，一旦被误导，便会给孩子一生带来极为不利的影响。因此，给予孩子正确的引导，不断提高道德修养，才能让孩子一生立于不败之地。

《菜根谭》里也有一句更形象的名言："德者，才之主；才者，德之奴。"成绩单上的优秀与德行比只是枝末，驾驭这份才能的德行，才是重中之重。道德品质是根本，就相当于大楼的地基，如果不打地基，楼盖得越快，就可能倒得越快。忽视孩子做人和品德的教育，只重视才艺和分数，就是本末倒置。

六、教育是家长最重要的责任

家庭教育是整个教育链的基础、关键，是任何学校及社会教育所代替不了的。1966 年，美国著名的《科尔曼报告》在收集了 60 万名学生的调查数据后得出一个结论：孩子百分之九十以上的素质是由父母决定的，影响孩子成长的主要因素是家庭。

家庭教育有着自身独特的方式和优势，它通过家长的语言、行为和家庭环境氛围对孩子产生潜移默化的影响，家长的是非观念、善恶标准、为人处世原则，在无形中塑造着孩子的人格与基本素质，影响孩子的一生。从某种程度上说，孩子一生的命运掌握在家长手中。所以，古人讲："至要莫如教子"，"养不教，父之过"。意思是，教育好孩子是家长最重要的事，只养不教是家长的过错和责任。

家庭教育，事关孩子一生的吉凶祸福，事关家庭的幸福和谐，也事关一个家庭的兴衰；往大了说，还事关社会的和谐稳定，事关国家和民族的未来。孩子教育好了，事业有成，家庭和睦，家长也放心；孩子教育不好，不成器、不争气，家长不得不跟着操心。教育不好的孩子还可能给他人、社会、国家造成严重的危害。

2019 年，云南孙某某案令无数国人关注。孙某某被判强奸罪，强制侮辱妇女罪，故意伤害罪，寻衅滋事罪和组织、领导黑社会性质组织等罪，数罪并罚，云南省高院决定对其执行死刑，剥夺政治权利终身，并处没收个人全部财产。而就在对孙某某宣判的几天前，孙某某的母亲和继父，分别被判刑 20 年和 19 年。如果在孙某某幼年，父母就正确引导、严加管教，他怎么可能堕落到如此地步。而没有教育好孩子的结果，就是自己后半生被拖下水，别说颐养晚年，连自由都没有了。

媒体曾报道过，疯狂追星的杨某某。初中辍学后，杨某某就开始了自己疯狂的追星之路，对于某位演员的痴迷，杨某某到了一种无以复加的地步，机场、演唱会、酒店门口，只要是可以看到这位演员的地方，就有杨某某的身影。为了支持女儿追星，老两口竟卖掉了房子，全家倾尽了所有。甚至，杨某某的父亲还有过卖肾的想法。当杨某某的父亲得知女儿的心愿未能达成的时候，留下遗书，跳海自杀。杨某某的父亲因为女儿的疯狂举动最终选择轻生，这样的举动让很多人同情，但是有一句话说得好，"可怜之人必有可恨之处"。如果在女儿小的时候，家长就能给孩子树立正确的价值观，或者是在她辍学追星的时候及时引导，而不是选择溺爱和无条件的支持，杨某某不至于走到如此地步，其父也不至于自杀。

《大学》中讲："为人子，止于孝；为人父，止于慈。"所谓慈，就是家长对孩子不仅要养好，还要教好。只养而不做正确的教育就是家长没有尽到慈道，没有尽到做家长的责任。正如高尔基说的："单单爱孩子，这是母鸡也会做的事情，可是善于教育他们，却是一桩伟大的事业。"

宋代学者家颐在《教子语》中讲："人生至乐，无如读书；至要，无如教子。父子之间，不可溺于小慈。自小律之以威，绳之以礼，则长无不肖之悔。教子有五：导其性，广其志，养其才，鼓其气，攻其病，废一不可。养子弟如养芝兰，既积学以培植之，又积善以滋润之。人家子弟惟可使觌德，不可使见利。富者之教子须是重道，贫者之教子须是守节。子弟之贤不肖系诸人，其贫富贵贱系之天。世人不忧其在人者而忧其在天者，岂非误耶？"意思是说，人生最大的乐事是读书，人生最重要的事情是教子。家长对孩子不可溺爱，要从小就用威严来规范孩子，用礼节来教育孩子，这样孩子长大以后就不会因没有出息而让家长后悔当初的教育。教育孩子的方法有五：引导孩子的天性，拓广孩子的志向，培养孩子的才能，鼓励孩子的正气，改正孩子的缺点，这五个方面缺一不可。养子如养花，既要用知识来培育，又要用善德来滋润。对于孩子，只可培养他德行良好的一面，而不可使他关注私利。富人教子应注重道德仁义，穷人教子应注重守住气节。孩子以后是贤良或是没出息，都与主观的教育有关，人的贫富贵贱是在教育的基础上客观发展的结果。现在大家不去关心人可以主观改变的，而担忧客观的结果，这岂不是一种错误？

家颐先生说得很对，俗话讲："只管耕耘，莫问收获"，"谋事在人，成事在天"。家长对子女只要认真、用心教育了，主观上努力了，至于孩子将来怎样，那都是客观的结果，是不以家长的意志为转移的。但"一分耕耘，一分收获"，只要付出必有收获。一个人怎样度过自己的一生，不仅仅是自己的选择，还是父母从小教育的人生观和价值观在起作用。每个孩子生下来都像是一张白纸，父母给他写下善良，他就会变得有爱心；父母给他写下坚强，他会变得独立；父母给他写下勤奋，他会变得自律。所有孩子行为的背后，其实反映的都是父母的修养和胸怀。

孟母教子的故事可谓家喻户晓，孟母是古代成功教育孩子的典范。孟母为了孩子的教育，不惜多次搬家，这就是孟母三迁的故事。孟母发现孟轲逃学，便拿起一把剪刀把正在织的布剪断了。孟轲惊慌地问母亲，好端端的布为什么剪断呢？孟母说，你荒废学业，如同剪断这块布一样。有德行的君子，只有通过学习，勤学多问，才能使自己的学识渊博起来，才能成为对社会和国家有用的人，才可以远离危险和祸患。如果你不好好读书，荒废了学业，将来必定一事无成。从此，孟轲勤学不止，成为伟大的思想家、教育家、政治家。

历史上著名的"五子登科"的典故，说的是五代时期的窦燕山教子的故事。窦燕山有五个儿子，他对儿子们实行严格的家教。他的严格不仅是要求孩子，而且也严格自律，他以身作则，用自己的言行举止去影响孩子，塑造孩子良好的品格。窦燕山家里的私塾，聘请名师授业，家里往来很多有识之士，为五个儿子创造了一种好的学习环境。窦燕山自己也常与孩子一起读书学习。苏州博物馆内收藏着一幅"窦燕山教子图"，上面画着父子六人读书学习的场景：窦燕山坐在正中间，手捧书卷，他的身后是手捧书的儿子；右侧是认真倾听的儿子；前面三个儿子，两个低头认真阅读，一个手托腮认真听父亲读书。那种舐犊之情、拳拳父爱，那种父子六人沉浸书香的专注，被诠释得淋漓尽致。窦家虽然家庭成员不少，但人人和睦相处。融洽和睦的家庭环境，造就了五个孩子健康的性情。最终，五个儿子成才似乎是水到渠成的事，他们先后登科及第，入仕为官，被称为"窦氏五龙"。

发祥于山西省闻喜县礼元镇的裴氏家族是中国历史上的名门望族。裴氏家族之所以声名显赫，历久不衰，除了特定的历史因素外，和裴家重视家庭教育有关。《河东裴氏家训》中讲："家庭教育，立人丕基。诲尔谆谆，性乃不移。谨信泛爱，重道尊师。传子一经，金玉薄之。"意思是，家庭教育是人成长的基础。坚持不懈地教育引导，孩子才不会走邪路。教育子孙要言行谨慎，讲信用，泛爱他人，重视道德的培养，尊敬师长。多让子孙读一些经典，不要给子孙留太多的钱财。

与黄宗羲、李颙并称"明末清初三大儒"的著名理学大家孙奇逢，给子孙留有《孝友堂家规》与《孝友堂家训》两部传家宝训，其核心就是要蒙以养正，教子成人。孙奇逢说："士大夫教诫子弟，是第一要紧事。子弟不成人，富贵适以益其恶；子弟能自立，贫贱益以固其节。"孙奇逢认为，教育孩子是家长最为紧要的事情、最为重要的任务，子孙如果不成人，富贵的条件反而会助其走向邪路；子孙如果成人了，即使贫贱也能坚守气节。

而现在的一些家长不重视家庭教育，在认识上有误区，认为对孩子教育是学校和老师的事，以为一个孩子学好学坏、成才不成才，跟上什么样的学校有直接关系。所以，有的家长为了孩子能上重点学校，不惜血本；而孩子如果没有学好，则抱怨学校和老师。

对于孩子的成长，家教才是最重要的，决定着孩子的教养和素质，直接关系到孩子的健康成长。正如苏联教育家苏霍姆林斯基在《家长教育学》中说的："教育人，教育自己的子女——这是一个公民的最重要的、第一位的社会工作，是他作为一个公民的义务。家庭教育好比植物的根苗，根苗茁壮才能枝繁叶茂，开花结果。良好的学校教育是建立在良好的家庭道德基础上的。"如果把孩子的教育全部交给学校和老师，而放弃自己的教育责任，这既不明智，也极不负责任。学校和老师固然有教育的责任，但代替不了家长，因为家庭与学校相比，除了有不同的教育起点、教育内容、教育方式外，还具有独特的教育优势。

一是家长对孩子的教育进行得最早。早期教育的效果最好，因为孩子具有极强的可塑性。孩子出生之前，家长对孩子就有意无意地进行了胎教，胎儿在体内就受到母亲"体内环境"和"体外环境"的直接影响，胎儿的身心和性情健康与否，与母亲有着密切的关系。孩子一出生便接触到家长，是家长教孩子爬行、走路、说话、吃饭、洗手、识字、做家务等，家长怎么教，孩子就怎么学。

二是家长的教育是在孩子模仿性最强的年龄进行的。家长不但占有先入为主的条件，而且一言一行、一举一动都成为孩子模仿的对象；家长的生活态度、性格特点、品格修养、行为习惯、兴趣爱好、人生观和价值观等，无不使孩子耳濡目染、潜移默化，受到终生的影响。

三是家庭教育具有及时性。家长与孩子朝夕相处，对孩子的情况可以说是了如指掌。家长通过孩子的言行举止，可以及时掌握其心理状态和变化，发现孩子身上存在的问题，能够及时教育、及时纠偏，使不良言行习惯消灭在萌芽状态。并且家长只有一个或几个孩子，教育起来比较有时间和精力，而老师每学期都有几十个、上百个学生，在时间和精力上都是有限的，很难顾及每个孩子。

四是家庭教育具有天然的权威性。孩子在伦理道德和物质生活的需求方面对家长有很大的依赖性，决定了家长对孩子有较大的制约作用，家长的教育易于被孩子接受和服从。对于幼儿来说，尤其是这样。我们经常可以见到，幼儿在与其他小朋友们玩耍中，出现争执时，往往引用家长的话来证实自己是对的，如"我爸爸是这样说的""我妈妈是这样做的"等。

五是家长教育孩子的时间最长。孩子从出生直到入园前一直在家庭，即使入园、入学，孩子很多时间仍在家庭中。孩子与家长相处时间最长，孩子的老师会不断更换，而家长是终生不变的。家长是孩子的第一任老师，也是终生的老师，家长的一言一行、一举一动都是孩子最鲜活、最直接的教科书，都在潜移默化地影响着孩子的身心成长。

因此，家庭教育是立德树人的第一个环节，家庭教育如果不到位、不正确，不仅会抵消学校教育的效果，还会给孩子的成长造成消极影响。因此，明智的、负责任的家长没有不重视家庭教育的。

家长对孩子的教育是有"有效期"的。孩子十二三岁以前，是家长教育的"黄金期"。这期间，在孩子的心目中，家长是无所不能的。孩子不仅信赖，而且依赖家长，这个阶段的教育比任何时候都重要。孩子的教育一生只有一次，没办法撤回，也没办法重来。家长如果错过了，便永远不会有第二次机会。所以，家长不管挣了多少钱、事业发展有多顺利，如果孩子的教育出现问题，将来一定后悔莫及，家长也将不得不无休止地为放弃教育孩子的责任所带来的后果买单。

孩子是一个家庭的希望，也是一个国家和民族的未来。因此，教育好自己的孩子，不仅是家长最重要的事，也是家长留给孩子的最宝贵财富；不只是关系自己家庭幸福的事，也是为国家和社会的和谐发展贡献力量。好的家长不应把教育孩子当作额外的负担和义务，而应该当作自己的责任和享受。只有享受这种教育的家长，才能演绎出教育的精彩。

第二篇　家庭教育教什么

七、要教做人之道

中国传统的家庭教育始终以伦理道德为核心，认为良好的道德修养是做人、立世的根本。《礼记·学记》中讲："教也者，长善而救其失者也。"意思是，教育就是培养人的善心，纠正人的过错和缺点。也就是说，要教会孩子如何做人。学会做人，才能在人生的大道上不迷失方向，才能不走或少走弯路，才能走得更踏实、更稳健，才能越走越远、越走越好。

《左传》中讲："爱子，教之以义方。"意思是说，爱自己的孩子，就应当用仁义来教导他。《资治通鉴》中讲："爱之不以道，适所以害之也。"就是说，如果不用道义来教导孩子，那就不是爱孩子，反而是害了他。从《左传》到《资治通鉴》，相隔一千多年，但是这两句话一正一反，说的是同一件事，那就是我们应当怎样爱孩子、什么样的爱才是真正的爱。

在《左传》中，说"爱子，教之以义方"这句话的，是春秋时期卫国卫庄公的大臣石碏。那么，石碏为什么要说这句话呢？因为他看到，卫庄公在以一种不符合道义的方式爱他的小儿子州吁。州吁喜欢舞枪弄棒，其身边也聚集了一大批亡命之徒。如果让州吁再这样下去的话，那必然会威胁到太子的地位，从而造成卫国政局的动荡。于是石碏就对庄公说了这句话，如果你真的爱你儿子的话，那你应该用道义来引导他。石碏甚至还说，如果你真的想废长立幼，想立州吁为太子，那你就赶紧把这件事定下来，否则，那就是在害州吁，就是在自取祸患。但是卫庄公是一个非常胆怯的人，废长立幼这样不符合礼法的事情他不敢做，于是他就继续糊涂地爱着州吁，仍然纵容州吁发展自己的势力。结果，庄公死了之后，太子即位，很快就被州吁杀了。后来，州吁又被卫国人给杀掉了。两个儿子没有一个好下场的，实际上是他们的父亲卫庄公用违背道义的错爱杀死了他们。

但遗憾的是，像卫庄公这样糊涂的家长屡见不鲜，所以就有了后面这句"爱之不以道，适所以害之也。"这位糊涂的父亲是十六国时期后赵的统治者石虎。石虎立有太子，名石宣，但是石虎更爱他的小儿子石韬。于是这位爱子心切的父亲，就给了太子石宣和小儿子石韬以同等的机会，让这两个儿子轮流处理国家大事。石虎的这个决定让当时的大臣申钟感到惴惴不安，于是他就对石虎说了这句话，如果你不用道义爱你的儿子，那就是害了他们。结果是石宣杀了石韬，而后石虎又杀了石宣，上演了兄杀弟、父杀子的人伦惨剧。

为什么"爱之不以道，适所以害之也"的悲剧会不断地发生？因为溺爱是一件特别简单的事情，而"教之以义方"却不简单。首先需要弄清楚，什么是对的，什么是错的；什么是对孩子有好处的，什么是有害的，而后才能"教之以义方"，给孩子正确的爱。

司马光在《温公家范》中，提出了以德以礼、以廉以俭的家庭教育对子孙后代的重要性。司马光认为，应该用道德、礼法、勤俭、廉洁来教育子孙，否则，就会导致子孙后代只知道追逐利益，而没有了道义，"惟知有利，不知有义故也"。他指出，"积金以遗子孙，子孙未必能尽守；积书以遗子孙，子孙未必能尽读；不如积阴德于冥冥之中，以为子孙长久之计"。因此，在司马光看来，圣贤人的高尚品质不仅对自己有益，还能惠及子孙，他们留给后代的是高尚的道德修养。

习近平在 2016 年 12 月会见第一届全国文明家庭代表时说，家庭是人生的第一个课堂，家长是孩子的第一任老师。孩子们从牙牙学语起就开始接受家教，有什么样的家教，就有什么样的人。家庭教育涉及很多方面，但最重要的是品德教育，是如何做人的教育。2013 年 11 月，习近平在视察曲阜孔子研究院时讲道："国无德不兴，人无德不立。"从国家到个人，"失德"是非常可怕的。一个国家没有道德，这个国家就无法兴盛；一个人没有道德，就无以立身处世。2021 年 3 月 6 日，习近平在看望参加全国政协会议的医药卫生界教育界委员时说，教育，无论学校教育还是家庭教育，都不能过于注重分数。分数是一时之得，要从一生的成长目标来看。如果最后没有形成健康成熟的人格，那是不合格的。所以，《中华人民共和国家庭教育促进法》明确规定，家庭教育的根本任务是立德树人。

家庭教育不是教才艺，而是教做人之道，让孩子从小知道该怎么做、不该怎么做，懂得是非、善恶、美丑，这样做人就有了方向和标准。

　　梁启超一直遵循"先学做人，再学做事"的理念。他在家书中曾多次告诫孩子："如果做成一个人，智识自然越多越好；如果做不成一个人，智识却是越多越坏。""至于将来能否大成，大成到什么程度，当然还是以天才为之分限。我平生最服膺曾文正两句话：'莫问收获，但问耕耘。将来成就如何，现在想它作甚？着急它作甚？一面不可骄盈自满，一面又不可怯弱自馁，尽自己能力做去，做到哪里是哪里，如此则可以无入而不自得，而于社会亦总有多少贡献。我一生学问得力专在此一点，我盼望你们都能应用我这点精神。"这句话意在说明，我们做事，不能只想着回报、酬劳，要想着把事情做好，耕耘好自己的一片天地，自然会有好的结果。此外，他还非常重视传统文化的教育，要求子女从小读《论语》《孟子》，学习做人。在他的悉心培养下，9个孩子不仅都才华斐然，人品也一直为人称道。就像南怀瑾先生说的："不要以为拿什么大学文凭、有个博士学位就厉害了，你要晓得，教育的目的是成功做一个人。"门门功课一百分，不如学会善良和感恩。教孩子学会明辨是非，他才不会轻易误入歧途；帮孩子养成健全的人格，他的路才会越走越远。

　　被誉为"华人第一神探"的李昌钰，他的母亲王淑贞曾是一位大家闺秀。丈夫李浩民不幸早逝，王淑贞独自担起抚养子女的重任。"我的母亲也是我的父亲，也是我的老师。她是我最敬佩的人，因为她在挑战她的人生。先生死了，她可以改嫁，可以把孩子送去孤儿院，但她都没有。在她的鼓励下，我们兄弟姊妹13个，最后都成为博士。"李昌钰后来回忆说。王淑贞自己省吃俭用，却总是乐于帮助人，对人很大方，她的勤劳、善良和坚强影响了孩子们的一生。当时家庭条件很艰苦，在美读博时，李昌钰身兼三个工作，非常辛苦。正是在王淑贞的教育下，李家13个孩子全部被培养成了博士，其中有3位被授予"美国十大杰出青年"的称号。女儿李小枫不仅是纽约大学终身教授，也是世界著名的生物学家、艾滋病防护专家。李小枫把自己成绩的很大部分归功于母亲。过去她和丈夫忙于工作时，母亲替她照顾、教育三个儿子，教授他们"四书五经"，使他们都考上了哈佛大学。无论是在中国，还是在外国，这样做人的教子佳绩都算得上绝无仅有，连克林顿、布什做总统时都在母亲节写信赞誉她是一位"伟大的母亲"。

　　最好的教育，从来不是指物质的丰盛，而是一种道德和精神的传递。王淑贞一家定居在桃园时，当时二子李昌铎经营鱼塘，不幸发生意外，一名工人掉进鱼塘溺亡了。有人说，这是工人失足，并非李昌铎的责任，但王淑贞还是坚持要赔偿对方，最后只好将鱼塘变卖。王淑贞的这个决定，起初连儿女们都不能理解，明明可以不用负责任，哪怕有一阵子的流言蜚语，至少生计保了下来。但王淑贞认为生意如同做人，要赚良心钱，为客户和工人负责任。王淑贞经常跟孩子们说：待人要好，做事要专心，少说话，多做事。待人要好，就是做人要心存善良。这是做人的第一要义，人可以无才，但不能无德。做事要专心，就是做事、学习都不能马马虎虎、三心二意，只有专心去做，才会有收获。少说话，就是要内敛自守，言语谨慎。多做事，就是要实干，用行动把理想和想法变成现实。

蔡笑晚是浙江一位普通的父亲，在农村的一所破旧老屋中，他把6个孩子培养成才，5个博士，1个硕士，他的家庭被评为"全国最美家庭"。蔡笑晚最成功的地方，就是对孩子道德品质的培养。他的家庭教育不仅仅是教孩子认几个字，会几道题，看几本书，有几个爱好和技能；而是先教孩子做人，做一个道德高尚、心态良好、意志坚强、自强自立的人。

俗话讲：做事先做人。大凡事业有成的人，都是有道德的人。全国道德模范郭明义，之所以取得那么好的成绩，就是人做得好。他的名言就是："奉献是我最大的快乐和自豪"。他始终坚持三条："每天加点码，常年坚持做"；"勤学真本领，苦练硬功夫"；"少想自己，多帮别人"。他1977年参军，1982年复员到齐大山铁矿工作，无论在什么岗位上，都以做到"最好"履行着自己的承诺；无论做什么，他都兢兢业业、任劳任怨，干一行爱一行、钻一行精一行。因而他先后获得部队学雷锋标兵、鞍钢劳动模范、鞍山市特等劳动模范、全国无偿献血奉献奖金奖、中央企业优秀共产党员、全国"五一劳动奖章"等荣誉称号，成为中国共产党第十八届中央委员会候补委员，被中华全国总工会第十六届执行委员会选举为全国总工会副主席。

孔子说："如有周公之才之美，使骄且吝，其余不足观也。"意思是说，这个人即使有周公的才华，但是他又傲慢又吝啬，其余也不用看了。这就告诉我们，一个人的基本素质是道德的素质、做人的素质，知识和技能只是一技之长，是谋生的手段。做人教育比知识技能教育重要得多，如果连人都不会做，那么无论做什么职业，无论赚了多少钱，无论看起来多么成功，那都不是真正意义上的成功。即使一时光芒万丈，少了人格这副骨架的支撑，也不会走得长久和太远。

不少家长认为，家庭教育就是开发孩子的智力，只要孩子把学习搞好了，别的什么都不用管了。让孩子从两三岁开始学才艺，四五岁学英语，上学后上各种辅导班，成绩一定要名列前茅，将来一定要上名牌大学。似乎只有这样，家长的教育才算成功，孩子才算成才。实践证明，这是对家庭教育的极大误解，把真正的教育忽略掉了。试想，如果一个孩子不知道人该怎么做，缺少对生命的认知，一遇到挫折就产生轻生的念头；没有梦想和追求，自己将来想做什么都不知道；不懂得保护自己，甚至读了博士依然被坏人拐卖；不能与别人共享，自私自利，像这样的孩子纵然多才多艺、门门功课第一，又能怎样？

蔡元培先生在《中国人的修养》一书中说道："决定孩子一生的不是学习成绩，而是健全的人格修养！"江苏省锡山高级中学校长唐江澎在参加全国政协会议、接受媒体采访时说："孩子没有分数，就过不了今天的高考，但如果只有分数，恐怕也赢不了未来的大考。分数不是教育的全部内容，更不是教育的根本目标。教育只关注升学率，国家会没有核心竞争力。好的教育应该是培养终生运动者、责任担当者、问题解决者和优雅生活者，给孩子们健全而优秀的人格，赢得未来的幸福，造福国家社会。""我教了四十多年高中了，在我看来，让幼儿园的孩子养成整理东西的习惯，远比早识字重要；让孩子多读书，远比做阅读理解题重要。一周七八个补习班，逼到最后孩子没了兴趣，也就没了学习。"家长一定要懂得，让孩子将来在世界上生存，得到快乐和幸福，最重要的不是名次，是做人的品行。以为孩子只要学习成绩上去了，一俊遮百丑，其实，以后一定有很多的麻烦在等着他。正如新东方教育集团的俞敏洪说的，"从孩子一辈子的角度来说，你的孩子分数是好是坏，进北大还是进普通大学，没有任何的本质区别。真正能把孩子一辈子距离拉大的，是与他为人处事有关系的人品问题"。

家庭教育最重要的任务应该是教会孩子做人，提升孩子的品格修养，帮助孩子打牢人生的根基。做人是基础，像树根；做事就是树干，命运就是树冠，是枝叶花果。树根扎好了，树干才能粗壮，树冠才能枝繁叶茂，才能果实累累。

八、养大德者方可成大业

要引导孩子养大德，就是要教育孩子爱党、爱国、爱人民、爱集体、爱社会主义，树立维护国家统一的观念，铸牢中华民族共同体意识，培养家国情怀。

2014 年，习近平在北大师生座谈会上说，要修德，加强道德修养，注重道德实践。"德者，本也。"蔡元培先生说过："若无德，则虽体魄智力发达，适足助其为恶。"道德之于个人、之于社会，都具有基础性意义，做人做事第一位的是崇德修身。因为德是首要、是方向，一个人只有明大德、守公德、严私德，其才方能用得其所。修德，既要立意高远，又要立足平实。要立志报效祖国、服务人民，这是大德，养大德者方可成大业。

中国传统的家庭教育，十分注重对孩子进行忠的教育。忠，从大的方面说，就是要忠于自己的国家，忠于人民；从小的方面说，就是要忠于自己的角色本分，忠于岗位职责，爱岗敬业。这在古代被认为是人必须具有的八种基本德行（孝悌忠信礼义廉耻）之一。

岳母刺字的故事可谓家喻户晓。岳母姚氏积极勉励岳飞从戎报国，还在岳飞后背刺上"精忠报国"四个字。岳飞投身抗金前线，忠心耿耿，终成一代名将，美名千古流传。其母姚氏则被尊为中国古代四大贤母之一，被奉作母教典范。

岳飞曾任节度使等职，为人正直无私，严于治军，他所统率的军队，纪律严明，"冻死不拆屋，饿死不掳掠"，而且训练严格，被称为"岳家军"。朝廷传下圣旨，召岳飞进京受职，岳母叮咛儿子，勿忘"精忠报国"。岳飞牢记母亲教诲，英勇杀敌，带兵多次大败金兵，金兵哀叹："撼山易，撼岳家军难！"岳飞不仅在军事上战功赫赫，而且在文学上颇有建树。他所作的《满江红》堪称千古绝唱："怒发冲冠，凭栏处，潇潇雨歇。抬望眼，仰天长啸，壮怀激烈。三十功名尘与土，八千里路云和月。莫等闲，白了少年头，空悲切。靖康耻，犹未雪。臣子恨，何时灭！驾长车，踏破贺兰山缺。壮志饥餐胡虏肉，笑谈渴饮匈奴血。待从头收拾旧山河，朝天阙。"全词格调高亢激越，气势雄浑，蕴含着岳飞悲壮的爱国情怀，给世人留下了宝贵的精神财富。岳母刺字的故事彰显了岳母的深明大义、教子有方。岳飞之所以能够成为一代名将，离不开岳母从小对他的教导。正是因为岳母懂得精忠报国，才能言传身教，使岳飞能够从小立志报国，在国家危难之时能够奋不顾身，矢志不渝。

王阳明是明代著名的思想家、文学家、哲学家和军事家，他一生为国为民，立院讲学，平定叛乱。王阳明之所以取得如此巨大的成就，是与他接受的良好家教分不开的。他出生在一个世代书香的官宦家庭，从小就受到忠君爱国、心怀天下、建功立业的教育和熏染。小时候就读私塾时，一次与老师讨论何为天下最要紧之事，他认为，科举并非第一等要紧事，最要紧的是读书做一个圣贤人。他志向远大，读书刻苦，关心世事，敢以天下为己任。英宗正统年间，英宗被蒙古瓦剌部所俘，朝廷赔款求和。这件事情在王阳明幼小的心中投下了巨大的阴影，他发誓一定要学好兵法，为国效忠，十五岁时就屡次上书皇帝，献策平定动乱。同年，他出游居庸关、山海关，纵览山川形势，那时就已经定了保国献身之志。

　　中国近代著名的思想家、教育家梁启超先生在家庭教育中，特别注重对孩子进行爱国教育和道德教育。他虽对孩子的个性和兴趣不强加干涉，从来都以尊重为先，但有一条主线始终贯穿在他的教育理念中，就是"要常思报社会、国家之恩"。梁启超把自己的爱国理念通过生活、学习中的点点滴滴，对子女潜移默化。梁启超的七个子女都曾经留学海外并学有所成，学成后全部选择了回国，为祖国的事业拼尽全力。按照梁启超的话说，"尽职尽责，就是一等人物"。

　　在中华民族的历史上，无论哪个时代，总会有很多仁人志士，志存高远，无论遇到什么艰难险阻，始终胸怀国家、民族。西汉时的苏武奉命出使匈奴，匈奴首领胁迫他投降，先引诱他，不成之后又罚他到极其艰苦的偏远地方牧羊，断绝他的饮食来源。苏武始终不为所动，在匈奴被囚 19 年，最终回到汉朝。历史上曾涌现出许多著名的爱国者，如不畏强暴的晏婴，英勇抗击匈奴的卫青、霍去病，"男儿到死心如铁"的辛弃疾，保卫北京的于谦，抗击倭寇的戚继光，横戈戍边的袁崇焕，"也留正气在乾坤"的张煌言，收复台湾的郑成功等，他们这种伟大的爱国精神，都与其良好的家庭教育密不可分。

　　中国传统的家国情怀教育还体现在很多家规家训当中。自五代时期吴越王钱镠以来，钱氏家族被公认为"千年名门望族"，像我们熟悉的钱学森、钱伟长、钱三强、钱穆、钱钟书等一大批文坛硕儒、科技巨擘，都与《钱氏家训》的"爱民如子，去蠹如仇""利在一身勿谋也，利在天下者必谋之"等的教育有很大关系。钱学森之父钱均夫曾留学日本，他说："我出去，就是要学教育，回国就是要改造中国的传统教育，为国家培养富国强民的人才"。怀揣着"兴教救国"的抱负，钱均夫 1908 年冬回国，随后出任浙江省省立第一中学的校长。钱学森之子钱永刚在给钱氏宗亲后辈的一封信中说，"我父亲钱学森说过，我这一生，国家对我很重视，但社会主义建设需要更多的钱学森，国家才会有更大的发展。身为钱氏宗亲的一员，你们肩负了报效祖国的使命。将来，你们会有更多的机会，走出国门、开阔视野、学习知识，希望你们能走出去，也能走回来，不忘回报与贡献养育和培养你们的国家。身为钱氏宗亲的一员，希望你们切记，'利在一身勿谋也，利在天下必谋之'的家风家训。在一如既往踏实勤奋、创新求索的征程上，集大成、得智慧，为民族的复兴、祖国的强盛、人民的幸福，贡献我们的一份微薄之力。"

　　喻茂坚是明代法学家，著名廉吏，他把自己为学为官思想融到对后世子孙教育中，曾留给后世子孙两副对联——《垂训联》："衍祖宗一脉真传，克忠克孝；教子孙两行正路，惟读惟耕。"《训示联》："事五尺天而天知，存方寸地而地知，为人父母无愧；领千钟粟以粟养，读万卷书以书养，在我子孙自修。"作为家规家训，教育子孙耕读为本，忠孝传家。喻氏后人将喻茂坚的家训进行了补充，形成了完整的喻氏家规家训：一是注重文化教育，要求子孙以耕读为本，鼓励大家认真读书；二是注重德行修养，教导子孙后代忠孝两全，孝敬父母、忠君爱国；三是注重遵纪守法，教导子孙尊崇法律，不要违法乱纪。数百年来，优良的家规家训哺育出许多优秀的喻氏族人，仅明清时期取得功名的就有300多人，涌现出一批清正廉明、秉公执法的好官，如弹劾权奸魏忠贤的兵部尚书喻思恂、秉公主审魏忠贤同党的巡抚喻思慥等。

宋代政治家范仲淹在其《家训百字铭》中，教育子孙要"孝道当竭力，忠勇表丹诚"。明代思想家袁了凡在其《了凡四训》中，教育子孙要"远思扬祖宗之德，近思盖父母之愆；上思报国之恩，下思造家之福；外思济人之急，内思闲己之邪"。明末著名理学家、教育家朱柏庐在《朱子治家格言》中说："读书志在圣贤，非徒科第；为官心存君国，岂计身家。"汉代开国皇帝刘邦的后裔刘氏家族的家训，第一条就是"爱国"，他们认为：人之所以要爱国，是因为国家给了人们安定，给了人们依靠，没有国哪有家，没有强大的国家，国人必受欺凌，所以爱国就要像爱自己的母亲一样重要。

2018年，习近平在北京大学师生座谈会上讲话指出：要爱国，忠于祖国，忠于人民。爱国，是人世间最深层、最持久的情感，是一个人立德之源、立功之本。孙中山先生说，做人最大的事情，"就是要知道怎么样爱国"。我们常讲，做人要有气节、要有人格。气节也好，人格也好，爱国是第一位的。我们是中华儿女，要了解中华民族历史，秉承中华文化基因，有民族自豪感和文化自信心。要时时想到国家，处处想到人民，做到"利于国者爱之，害于国者恶之"。爱国，不能停留在口号上，而是要把自己的理想同祖国的前途、把自己的人生同民族的命运紧密联系在一起，扎根人民，奉献国家。

能够爱祖国、爱人民就是一个人的大格局、高境界，有了这样的大格局、高境界，才能跳出"小我"，自觉地把自己的人生和事业融到为祖国服务、为人民服务中去，紧跟时代的前进步伐，和祖国的发展同频共振；才能极大地激发自己内心的崇高感、使命感和责任感，由此生发出无穷的积极性、主动性和创造力。

梁启超的长子梁思成早年赴美留学，学有所成后谢绝了国外的挽留，毅然做出了回报祖国的选择，那时的中国还处在兵荒马乱之中。梁思成回国的第一件事就是抓紧时间"破译"两部建筑方面的史籍，一部是宋代的《营造法式》，一部是清代的《工程做法则列》。为了"破译"准确，他要对大量古代建筑进行实地调查测绘。他在深秋之夜挤在火车的货车厢上，毯子里裹些报纸用以御寒；在破庙里住宿时，铺好的被单上有很多跳蚤叮咬，因为疲劳，根本顾不上这么多，常常是倒下便睡……梁思成与妻子林徽因居住的小屋低矮阴湿，屋顶上有成群的老鼠为伍，睡床上有成群的臭虫作伴。由于生活拮据，不得已，梁思成只好将派克钢笔、瑞士手表……这些珍贵的物品一件件地"吃掉"。就是在这样艰难的环境里，梁思成竟然完成了《营造法式》最主要篇章的图样，征服了这本"天书"，编写了我国第一部《中国建筑史图录》。林徽因身患重病后，他们远在美国的朋友、同学纷纷来信，劝说他们出国访学、治病、居住。他们又一次做出了选择，梁思成说："我的祖国正在灾难之中，我不能离开。假使我必须死在刺刀或炸弹下，我要死在祖国的大地上。"梁思成本可留在异国过着安逸的生活，可他为了祖国，毅然放弃了自己的一切，在祖国的怀抱奋发拼搏，取得了巨大成就，被誉为中国近代建筑之父，成为中国现代建筑学的奠基人。

1949 年，新中国的成立使客居美国的钱学森心潮澎湃，10 多年的辛勤准备，终于到了报效祖国的时候，他毫不犹豫地放弃了优越的一切。1950 年，钱学森一家人准备离开美国时，美国国防部以莫须有的罪名通过海关扣留了他。之后，美国司法部签署了逮捕令，钱学森失去了自由。钱学森没有屈服，在失去自由的日子里，他一方面继续着自己的科学研究，一方面寻找回国的时机。1955 年，中美在日内瓦举行大使级会谈，王炳南大使根据周总理的指示与美方交涉，美国政府只得无奈地允许钱学森回国。在美国的 20 年里，钱学森一直保留着中国国籍。他说："我在美国那么长时间，从来没想过这一辈子要在那里待下去，因为我是中国人。"由于他回国工作，中国导弹、原子弹的发射向前推进了至少 20 年。钱学森因此成为"中国航天之父""中国导弹之父""中国自动化控制之父""火箭之王"。

曹德旺是福耀玻璃工业集团股份有限公司的董事长，是享誉全球的"玻璃大王"，专注玻璃制造 30 多年。为实现"为中国人做一片自己的玻璃"发展目标，他改变了世界汽车玻璃行业格局，将福耀玻璃打造为全球最大的汽车玻璃供应商。曹德旺获得了企业界奥斯卡之称的"安永全球企业家大奖"，是首位华人获得者；并获评 2020 十大经济年度人物。曹德旺取得这样的成就，与他的大格局、高境界是分不开的。他说："我一直认为，企业家的责任有三条：国家因为有你而强大，社会因为有你而进步，人民因为有你而富足。做到这三点，才无愧于企业家的称号。所以企业家要有担当，不仅仅做自己企业的事情，还必须有家国情怀。"

　　家庭是人生的第一个课堂，注重培育孩子的爱国主义情怀，既是家长义不容辞的责任，也是为孩子培养大格局、高境界。要让孩子从小就明白，能有今天如此幸福的生活，离不开那些为国家抛头颅洒热血的人民英雄，离不开中国共产党的英明领导；有国才有家，只有国家不断强大，我们才能过得越来越好；只有我们每一个人都不断努力，国家才能变得越来越强大！

　　引导孩子爱党、爱祖国、爱人民、爱社会主义，不是喊喊口号，而是要脚踏实地，要从身边爱起，从小事做起，从自己的言行举止做起。要让孩子明白，从小好好学习就是爱国，力所能及地帮助他人就是爱国，节约水电和粮食就是爱国，遵纪守法就是爱国，随手捡起路上的垃圾就是爱国，为灾区群众捐款捐物就是爱国……

　　所以，只要家长时时留意、处处留心，生活中到处都是培养孩子爱国主义情感的生动课堂。比如，可以通过观看电影、电视剧，讲故事，阅读书籍，外出旅游，参观纪念馆，参加社会公益等，引导孩子把自己的生活、学习、前途、命运、一言一行与祖国和人民联系起来，使孩子经常受到爱国主义精神的感染，这样，爱国主义情感就会在孩子的心灵中慢慢扎根发芽、开花结果。

九、孝悌传家久

　　做人之道首在孝悌，要教孩子孝悌。知孝悌，对个人来说，是道德修养的根本，也是立身于世的起点；对家庭来说，是和睦幸福的保证，也是良好家风传承的基石；对社会来说，是和谐稳定的基础，也是良好社会风气形成的源泉。

　　我们看看"教"字是怎么写的：左边一个孝，右边一个文，就是要先教孝，再学文。为什么？孝是人道第一步，不仅是道德的原点，也是爱的原点、善的原点。因为家长与子女关系最亲，子女对家长的爱是一个人最早产生的感情，是德的根本和基础。孝可以开启人的本善，为什么孝有这个能力呢？孩子呱呱坠地，首先感受到的是父母对他的爱，他对父母的情感是本能的。顺着这个情感教育孩子，让他懂得报父母恩；报父母恩就是孝，顺理成章。水有源，木有本，父母者，人子之本源也，孝本来就是人的天性的自然萌发和流露。

　　所以，《孝经》讲："夫孝，德之本也，教之所由生也。"意思是，孝是道德的根本，一切教化和教育都是从孝道开始的。《弟子规》开篇是"入则孝"，然后才是"悌、谨、信、爱众、亲仁、学文"，说的是教育的次第。《孝经》还讲："不爱其亲而爱他人者，谓之悖德；不敬其亲而敬他人者，谓之悖礼。"悖即违背的意思，不爱自己的父母而爱他人，就是违背人性人道，是不可能的；不尊重自己的父母而尊重他人，是违背礼法的，都是虚假的。也就是说，父母对我们恩重如山，如果对自己的父母都不爱、不敬，而对他人爱敬，那是难以想象的，如果表现出对他人的爱敬，那一定是有条件的、暂时的。

《孝经》中讲："爱亲者，不敢恶于人；敬亲者，不敢慢于人。"孩子从小学会了孝，爱他的父母，爱心被滋养，长大就不会去伤害别人；孩子从小对父母恭敬，长大就不会傲慢待人。所以，古人说，"百善孝为先"，"孝心开，百善皆开"，认为孝是所有善中的第一善，一个人只有孝心打开了，对自己的父母能够尽孝，那么所有的善才能从内心激发出来，进而爱自己的兄弟姐妹，才会扩展到爱社会上的其他人。

孔子的学生有若说："孝悌也者，其为仁之本与！"孝敬家长，尊老爱幼，是实行仁德的根本。悌就是悌敬，兄弟姐妹要相互关爱。引申为：对年长者要恭敬，对年幼者要爱护。悌是孝的延续，只有兄弟姐妹和睦了，家长才会高兴，家庭才能兴旺安宁。正如《弟子规》上说的，"兄道友，弟道恭，兄弟睦，孝在中。"所以，《孝经》讲："夫孝，天之经也，地之义也，民之行也。"意思是，孝道犹如天上日月星辰的运行，地上万物的自然生长，天经地义，乃是人类最为根本首要的品行。

有些人理解的孝敬，就是给家长吃好喝好，其实这是远远不够的。有弟子问什么是孝？孔子说，"今之孝者，是谓能养，至于犬马，皆能有养，不敬，何以别乎？"意思是，现在的所谓孝子，认为能够奉养家长就尽到了孝道，而对于家里的犬马也同样是养，如果不尊敬家长的话，那与养狗、养马有什么区别呢？所以，孝敬最重要的是从内心表达出对家长的恭敬之心、感恩之心。孔子还说"色难"，家长有事，儿女去代劳，有好东西让家长先吃，这就是孝了吗？这还不够，对家长保持和颜悦色是最难能可贵的。除了尊敬家长之外，还要做到使"父母唯其疾之忧"。比如不守规矩，不好好学习，家长会担忧，那就是不孝；结交一些不三不四的朋友让家长担忧，这也是不孝；走上工作岗位，工作不认真负责，不知道哪一天会被开除，让家长战战兢兢，这还是不孝。所以，一个真正的孝子，他为人处事、待人接物都应当能够让家长放心。

宗圣曾氏家族，迄今后裔已有 80 余代，遍布全国乃至世界各地。在两千多年的历史长河中，曾氏家族虽历经沧桑变迁，但曾氏后裔秉承曾子遗教，传扬孝悌之道，铸就了"以孝为本"的曾氏家风。曾氏家族的家教，可称为孝悌传家。而曾子的孝行在孔门诸弟子中也是最为突出的，他躬耕事亲、耘瓜受杖、孝事后母的故事，尤其为后人称道。曾子的子孙曾元、曾申、曾华、曾西等人，也从曾子的言传身教中深深体悟到孝道的重要，并将其落实到自己的日常生活当中。

曾子六十七代孙曾衍咏，把孝看作曾氏家族的家教传统，他在《武城曾氏族谱叙》中说："《孝经》一书，家教也。……我祖大圣大贤，门第高矣。父子公孙，载诸经传。羽翼大道，维持人心，其功炳耀天壤。而其最者，孝之一事。问答成经，垂训万世。凡读书种子，无不祖之宗之，常恐有玷其门墙。况为其后者，其于先训，又当为何如也？"对宗圣曾子提倡的孝道，表现出了由衷的崇敬之情和以孝为教、垂训子孙的殷切期望。正是由于曾氏家族对孝悌的倡导，曾氏后裔勤勉自励，进德修业，立身行道，内则尽力于和谐家庭和宗族，外则尽力于服务社会和国家，孕育了一代又一代孝子忠臣、仁人义士。比如，坚志忠义不事新莽的曾据、西府养亲的曾孝宽、养亲抚孤的曾鹤龄、三朝名相曾公亮、忠心谋国的曾从龙、"唐宋八大家"之一的曾巩，文才魁天下的曾棨、清代"中兴第一名臣"曾国藩等。

裴氏家族是中国历史上声势显赫的名门巨族，在上下两千年间，其家族人才济济，名流辈出，在政治、军事、外交、科学、文化等多方面有不凡的建树，在中国历史上曾有过重大影响。兴盛的重要原因在于孝悌的家教。《河东裴氏家训》第一条，敬奉祖先："慎终追远，木本水源。生事死葬，祭祀礼存。立志向善，做贤子孙。贻谋燕翼，勿忘祖恩。"第二条，孝顺父母："父母恩德，同比昊天。人生百行，孝顺为先。跪乳反哺，物类犹然。况人最灵，孺慕勿迁。"第三条，友爱兄弟："世间难得，莫如兄弟。连气分形，友恭以礼。同心同德，团结一体。姜被田荆，怡怡后启。"意思是，要敬重祭奉祖先，水有源，木有本。对家长生前侍奉，死后安葬，遵行祭祀之礼。一心向善，做一个贤良的子孙。子孙后代安居乐业，不要忘记祖先的恩德。家长的恩德，同比上天。人生的百种行为，孝敬第一。羊羔跪乳、乌鸦反哺，动物都能做到这样，何况是世间最有灵性的人，要给孩子立下榜样不要改变。人世间最难得莫如兄弟，一娘同胞，关系密切。兄友弟恭，同心同德，团结和睦，就像古代姜肱和田真兄弟一样，得到后人称赞。

南宋理学家吕祖谦所属家族东莱吕氏是一个延续了百多年的大家族，人才辈出，究其原因，正在于孝悌家风的教化。吕祖谦在《家范·宗法》中说："亲亲故尊祖，尊祖故敬宗。此一篇之纲目。人爱其父母，则必推其生我父母者，祖也。又推而上之，求其生我祖者，则又曾祖也。尊其所自来，则敬宗。儒者之道，必始于亲。此非是人安排，盖天之生物，使之一本，天使之也。譬如木根，枝叶繁盛，而所本者只是一根。"意思是，亲爱家长就会尊敬祖先，尊敬祖先就会敬爱宗族。这是一篇的纲目。人亲爱自己的家长，就必然会推及生我家长的人，那就是祖家长。再推上去，生我祖家长的，那就是曾祖家长。尊重自己的来处，所以就敬爱宗族。儒者之道，必然始于孝亲。这并非是人的安排，而是天生万物都使它有一个根本，是天道使然。比如树根，枝叶再繁茂，其本在于根。

南宋学者陆九韶在《家制·居家正本篇》中说："一家之事，贵于安宁和睦悠久也，其道在于孝悌谦逊。"意思是，一个家庭，最可贵的是能够久远保持安宁和睦，而保持的方法在于孝悌谦逊。《了凡四训》讲："试看忠孝之家，子孙未有不绵远而昌盛者。"曾国藩也一再强调，孝友对于家庭至关重要，他在写给弟弟的信中说："吾细思凡天下官宦之家，多只一代享用便尽。其子孙始而骄佚，继而充荡，终而沟壑，能庆延一二代者鲜矣。商贾之家，勤俭者能延三四代；耕读之家，谨朴者能延五六代；孝友之家，则可以绵延十代八代。我今赖祖宗之积累，少年早达，深恐其以一身享用殆尽，故教诸弟及儿辈，但愿其为耕读孝友之家，不愿其为仕宦之家。"曾国藩最推崇的是孝友之家，孝友指的是孝敬家长、友爱兄弟姐妹，是一种优良的家风。其实，不论是官宦之家、商贾之家，还是耕读之家，只要能够保持孝悌的家风，便可以长久地兴旺发达。曾国藩苦口婆心劝勉弟弟和儿孙们，不要总想着升官发财，培养和保持良好的家风，才是最重要的事。正所谓"忠孝传家久，诗书继世长"。

孔子说，"弃老而取幼，家之不祥也"。意思是，一个家庭不孝敬老人，却把孩子摆在第一位，这是不吉祥的征兆。著名家训《朱子治家格言》里说，"伦常乖舛，立见消亡"。"乖舛"就是违背、偏离的意思，"伦常乖舛"就是违背、背离了人伦大道；"立见消亡"就是很快就会出现灾祸，比如发生矛盾、不和谐、疾病、灾祸、失败、夭折、死亡等。伦常大道走好了，家庭就自然会和谐，伦常大道走不好，家庭怎么可能不出问题。为什么现在有不少家庭不和谐？因为"伦常乖舛"了，违背了孝悌之道，家长不会当家长了，子女不会当子女了，丈夫不会当丈夫了，妻子不会当妻子了，长辈不会当长辈了，晚辈不会当晚辈了，所以才出了这么多问题。

家长不会教育，往往造成孩子不懂孝道，不会做人。1名硕士三年级学生，因课题实验长期受挫，以及可能面临延期毕业的压力，在实验室结束了自己的生命。1名17岁高三女生，仅仅因为一次模拟考试成绩退步而选择自杀。如果他们懂得《孝经》上讲的，"身体发肤，受之父母，不敢毁伤，孝之始也"的道理，怎么会走这一步呢？

兄弟姐妹之间不能和睦相处，是因为不懂得长幼有序的悌道。《弟子规》讲："兄道友，弟道恭，兄弟睦，孝在中；财物轻，怨何生，言语忍，忿自泯；或饮食，或坐走，长者先，幼者后。"这才是正常的秩序。在现实生活当中，兄不友，弟不恭，兄弟姐妹关系不好，有的形同仇人，甚至闹上法庭。有的是因为钱财问题，嫌老人分配不公，或对家长遗产的争执，嫌自己得到的少；有的是因为养老问题，互相攀比不孝，看自己付出的多，光嫌他人不孝。长幼关系秩序颠倒了，没有秩序了，肯定会出问题。

孝悌是做人的根本，有了孝悌的家风，家庭才能和睦。家和万事兴，家庭没有不兴旺发达的。"君子务本，本立而道生。"君子抓住了这个根本，就自然懂得了为人处事的大道该怎么走。想让一个家庭长盛不衰，就要传承孝悌之道，让子孙后代尊老爱幼，营造出家庭兴旺的氛围。不孝敬老人，兄弟姐妹不和睦，人就失去了做人的根基。

十、积善之家必有余庆

要教孩子善良。《说文解字》解释"育"字，是"养子使作善也"。善良就是存好心、说好话、办好事、做好人。换句话说，善良就是爱，就是付出，就是利他；就是做对他人、对家庭、对单位、对国家、对社会有利的事，成人之美，解人之困，救人之急，助人为乐，积极参加社会公益等。孩子学会善良，也就明白了人生的价值和意义，就为其将来的成功和幸福奠定了坚实基础。

《道德经》中说："圣人不积，既以为人，己愈有；既以与人，己愈多。天之道，利而不害；圣人之道，为而不争。"意思是，圣人并不为自己积聚，他尽力帮助别人，自己反而更充足；他尽可能给予别人，自己反而更富有。自然的法则，是利物而不害物；圣人的准则，是帮助别人而不和别人争夺。

《易经》中说："积善之家必有余庆，积不善之家必有余殃。"积善之家有良好的家教和家风，子孙知道怎么做人，有道德修养，自然会有余庆。积不善之家，有不善的家教和家风，子孙不会做人，甚至作恶多端，必然会有余殃。正如古语说的，"莫道善恶无人见，远在儿孙近在身"，"富不过三代"，原因就在这里。

宋代政治家、军事家、文学家范仲淹出身贫寒，但他从小立下了救助穷苦人的愿望，即使发达后还是保持着简朴的生活。有一次，他在苏州买屋居住，一位风水先生盛赞此屋风水极佳，后代必出公卿。范仲淹认为，既然此屋风水能使后代显贵，不如改为学堂，让苏州城百姓的子弟入学，将来众人的子弟都能贤达显贵，岂不是更为有益吗？于是把住宅捐出来，改作学堂。他还拿出自己的收入救济那些贫苦的人，先后救济过三百多家。后来范仲淹四个儿子长大成人，均聪颖非凡，德才兼备，分别官至宰相、公卿、侍郎，其后代子孙均贤德显贵，绵延不绝。

乔家大院，是清末山西首富乔致庸主持修建的家宅，被称为"北方民居建筑的一颗明珠"，民间素有"皇家有故宫，民宅看乔家"的说法。乔致庸曾教育子孙说："唯无私才可讼大公，唯大公才可成大器。"他把积德行善当作家教要义。为帮助乡邻，乔家常年把三头牛拴在门外，谁家要用就牵去，傍晚再送还。乡邻如有病无钱求医，或者家境困难过不了年的，只要找到乔家门前，都可以得到救济。乔家的用人有的不检点，小偷小摸被抓住的时候，乔致庸也极为宽容，他说："他总是凄惶得不行才偷，再说，咱家的东西还多呢，丢上一两件也不觉少，由他的吧！"此事便不了了之。清光绪三年（1877年），天遭大旱，寸草不生，当时乔致庸曾开仓赈济。对此，光绪八年（1882年）版《祁县志》有记述，并给予褒奖。俗话说，忠厚传家久，只有把厚道的品质世世代代传下去，家庭才能够长久地绵延下去。

中国历史上最大规模的私人企业，号称第一财主的山东牟氏庄园，打破了富不过三代的记录，传了十几代。这是怎么做到的呢？这个家族自创业就一直秉持着乐善好施、行善积德的理念。代代如此，也代代兴旺。这个庄园没有围墙，也不需要护卫，因为知道这家人富裕，大家都能沾光，所以当地的人都自发地保护着这个庄子。

晚清时期，安徽的周氏家族也是声名远扬、文商并举的大家族。《周氏家训》中讲："心为一身之主，身为一家之主，培心地即培家本也。人生世间，百物受用有尽，惟此善根无尽。"周氏后人之所以多善良利他，跟"培心地"这一家训有莫大关系。在中国近代史上，几代周家人在政界、商界、学界都颇有建树。周馥为官时，体察民情，时常周济穷人，做出了很多善举；他一身正气、勇于担当，于朝廷危难时，治水、兴实业、理外交，政绩突出。周馥育有六子，四子周学熙尤为出色，是近代著名的实业家。周学熙曾经回忆，母亲吴太夫人性极慈祥，生平见贫苦人，施济如恐不及。其母曾经告诫周学熙："家乡山多田少，生计艰难，汝异日有力，必多办善举。"周学熙谨记不敢忘，热心为家乡办学校、建医院、创讲习所、造大桥、筑河坝、辟义田、护文物等，做了许多泽被后世的实事，使乡人受益至今。周家几代人皆以忠厚慈善著称，他们秉承"自奉极薄，待人极厚"的品德，为当地做了很多好事。

　　有人可能会说，行善是有钱人的事。这是认识上的偏差，并不是非要有钱了才能做善事，才能利他，关键是要有一颗利他的心。有了利他的心，时时处处都能利他，如拾金不昧、义务劳动、志愿者服务、随手关开关、捡拾垃圾、给老弱病残让座、劝解他人之间的矛盾等。对于学生来说，看到厕所里面亮着灯，就顺手关掉了；看到教室里没有人，但空调都开着，就给关上了。这并不仅仅是为了省钱，更重要的是节能、环保，避免浪费。其实，很多善事都是举手之劳，关键是要有这种意识，要养成日行一善的习惯，好运自然会来。

　　可能有人会问，当今社会竞争激烈，善良、利他会不会吃亏？善良的人能够处处为他人着想，人际关系会很和谐，走到哪里都受人欢迎和尊重。自私的人表现出来的是以自我为中心，自以为是，傲慢无理，不知道为别人考虑，这样的人走到哪里，都是不受人欢迎、不受人尊重的，人际关系会出现很多障碍。现在的一些孩子在一起之所以不能够和谐相处，就是因为他们在家是"小公主""小皇帝"，所有的人都要考虑他的需要，考虑他的感受，为他着想，这种思维方式已经形成了。当诸多的"小公主""小皇帝"走到一起的时候，不发生矛盾、不发生冲突那就不正常了。

　　孟子说："爱人者，人恒爱之，敬人者，人恒敬之。"爱人、敬人的人，才会得到他人的关爱与敬重。利他其实就是利己，就如考试时，自己做的加分题一样，每一次利他，都会给自己的人生加分，都会成为自己人生的助力。俗话讲："爱出者爱返，福往者福来。"爱是送不出去的，它一定会返回来。《了凡四训》中说："造命者天，立命者我，力行善事，广积阴德，何福不可求哉？"想让自己的孩子在人生的旅途中，贵人多多，唯一的办法就是教会孩子善良，先做别人的贵人。

　　我们扪心自问：你是喜欢善良的人，还是喜欢自私自利的人？你是尊重善良的人，还是尊重自私自利的人？你是愿意与善良的人合作，还是愿意与自私自利的人合作？毫无疑问，大家都喜欢和尊重善良的人，那我们为什么不让孩子学会善良呢？

　　新东方教育集团的俞敏洪谈到自己成功时说，不是因为有了新东方，赚了钱，而是有一个做人的准则：做一个善良的人，做一个心中没有邪恶念头的人。从小到大，他没有做过伤害别人的事情，并且非常愿意去帮助别人。他说："我从小就特别热爱劳动，干农活，干家务活。我在14岁的时候，就获得了我们县里的插秧冠军；17岁时，我是县里优秀的手扶拖拉机手，家长的勤劳教会了我勤劳。我从小学一年级起就一直打扫教室卫生。到了北大以后我养成了一个习惯，每天为宿舍打扫卫生，这一打扫就干了四年，所以我们宿舍从来没排过卫生值日表。另外，我每天都拎着宿舍的水壶去给同学打水，把它当作一种体育锻炼，我并不觉得打水是一件吃亏的事情，因为大家都是同学，互相帮助是理所当然的。有人说我傻，有人问我这样打水有什么好处？我相信好处是会有的，你做一件善事，它的回报可能今年会出现，也有可能是10年后出现。如果你做了一件好事，当天就要求回报，那你一定是个势利眼，也是个心胸狭窄的人。你不要求回报，回报也会来。当你有困难的时候，周围的人都觉得你是好人，他们能不伸手帮你吗？当然，我打水的时候并没有想到我有困难时他们会来帮我。但是10年后的1995年，新东方已经做到了一定规模，我希望找合作者，就跑到了美国和加拿大去寻找我的那些同学。他们回来了，给了我一个十分意外的理由。他们说：'俞敏洪，我们回来是冲着你过去为我们扫了4年的地，打了4年水。''我们知道，你有这样的一种品质，所以，你有饭吃，肯定不会给我们粥喝。'这些人的加入奠定了新东方发展的基础，新东方才会不断地做大，做成上市公司，做成了今天的规模。"

其实，一个人成年后，在厨房里做厨师和在实验室里做科学研究，本质上没有差别，都可以养活自己，都可以活得有尊严。差别是什么？是这个人是否有爱心，是奉献还是索取，是利他还是利己。犯罪的人，之所以犯罪，最重要的原因就是利己。有些人很善良，大家觉得他很"傻"，"傻"得大家都可以占他便宜，但正因为大家都占他的便宜，大家发现不用躲他，结果这个"傻"人身边会有很多的朋友；有些人很精，喜欢占便宜，周围的人跟他在一起都吃亏，所以大家都离他远远的，这个人身边没有什么朋友，甚至连夫妻、家人都不能和睦相处，事业必然一事无成。

有一位妈妈对宝贝儿子说：儿子，有个轻松的工作干着就行，家里不缺钱，别累着。儿子第一份工作是开车运货，因为是熟人介绍的，公司分派给他的工作任务就不重。妈妈还不放心，反复叮嘱儿子：干活不要太累，要学机灵一点。结果干了两个月，这位身强力壮的小伙儿就被辞退了。紧接着，家人又帮儿子在家附近找了一份协警的工作，因偷懒，他又被解雇。后来，他找到了一份保安的工作，没做多久，又辞职了。兜兜转转，每份工作，都做不长久。到了该结婚的年纪，妈妈给儿子物色了自己很满意的媳妇。婚后，这位男子汉连"钱多事少离家近"的活儿也不干了，每天待在家里上网打游戏。显而易见，这样的婚姻不可能幸福。这位妈妈痛悔不已！她意识到，是自己错误的教育亲手"造就"了儿子的今天。一事无成、婚姻不幸……孩子的一生，可能就这么生活在纠结和痛苦之中。

"种瓜得瓜，种豆得豆"，行为的作用与反作用是人生的重大真理。最好的教育，不是教孩子如何去占便宜、如何不吃亏，而是让孩子学会善良，学会去利他、去爱。很多孩子在成年之后遇到了各种人际关系问题：生活上处理不好家庭关系，学习上处理不好师生关系、同学关系，工作上处理不好同事关系等等，究其原因，都是因为爱的能力的缺失。美国心理学家弗洛姆在《爱的艺术》一书中提道："爱首先不是同一个特定的人的关系，它是一种态度，一种性格倾向。这种态度和性格倾向决定了一个人同整个世界的关系，而不是同一个爱的对象的关系。"懂得利他、会爱的孩子，内心充盈、有温度，是有足够力量的。无论身处何种困境，善良都是帮助孩子化解外界一切棱角的武器，是帮助孩子更好地向前走的不竭动力。

凡是善良的孩子，他的生命状态都会相对舒展、热烈、真诚；而那些不会主动去爱他人的孩子，往往会感到压抑，与之相应，自卑、消沉、孤独等负面状态接踵而来。每个孩子来到世上，都是带着无穷的爱的宝藏而来，若不开发，他的生命能量就难以释放，他会感到难以言喻的不舒展，甚至是憋闷，像万物萌发的春天里一只不能破茧的蝴蝶。点燃心中的爱，是自己的生命需要，是与生俱来的生命力的充分表达。每个人都想活得舒展，把生命的精彩与辉煌展现得淋漓尽致，让生命得到充分燃烧。比起索求，人们内心深处更大的渴望是付出。当无怨无悔地付出爱，自己内心就得到了最大的净化与满足。

那么，如何让孩子学会善良，让生命充分绽放？就是让孩子去爱他人、去爱更多的人。一位志愿者感慨，原先在企业担任高管，一个月数万元的工资，却仍在攀比、算计某某人干的活比自己少、工资却比自己高……日子过得并不那么开心。但是当他退休了，去从事一份公益事业的时候，尽管没有工资，甚至有时要拿出自己的退休工资帮人，但他的心情却非常快乐，看到同事、伙伴因自己的支持而得到成长，自己内心得到了极大的满足。无论对谁，当能付出一份纯粹的、无条件的爱时，就开发了自己心中的宝藏，收获了内心的圆满，这就是"以其无私，故能成其私"。对于孩子，同样如此。当孩子懂得爱家长、爱同学、爱老师、爱更多人时，他会感到如此富有，如此有价值，会感觉身体的每一个细胞都在燃烧，都在与周围的世界同频共振，乐在其中，妙不可言。拥有付出爱的能力，恰恰说明我们活得如此无畏、勇敢、洒脱、舒展。若天天惦记着别人爱我多不多，爱我多就多付出，爱我少就不付出，这就变成了算计，变成了交易。

爱需要行动。比如，在乘坐电梯的过程中，遇见一位陌生人，如果我们主动给予对方微笑，对方回报以微笑，那么接下来的时间，走起路、做起事来都是愉快的。人与人之间的关系就是这样简单微妙。每个人都渴望温柔、微笑和爱，但都渴望别人主动给予，我们为何不先迈出第一步呢？孩子对爸爸妈妈、老师同学微笑，在学校主动承担劳动，帮助同学解答问题，谁不喜欢这样的孩子呢？

人的心中拥有无尽的爱，心中的爱不会越用越少，只会越用越多，这是生命的本质和真相。爱别人更多，才能得到更多的爱。因而，家长总希望给孩子最好的东西，须知最好的东西就是善良的品格和教养，就是让孩子去爱更多人，这是通往幸福和成功人生的大道。有智慧的家长，就是能够将这一人生的重大真相告诉孩子，引领孩子朝向光明的方向成长。

十一、俭以养德

要教孩子节俭。勤俭节约是我们中华民族的传统美德，也因此留下了很多脍炙人口的诗句、格言，比如"谁知盘中餐，粒粒皆辛苦。""一粥一饭，当思来处不易；半丝半缕，恒念物力维艰。""静以修身，俭以养德。"等。

古圣先贤特别重视俭朴节约，在他们看来，俭的品格培养，与德、廉以及一个人的安身立命，有着不可分割的关系。古代很多家训中，都谈及俭朴，与家训作者的家庭贫富差距、官位的大小高低无关，而是一种历史经验的总结，是中华优秀传统文化在家庭教育中的体现。

唐代诗人李商隐在《咏史》中说："历览前贤国与家，成由勤俭败由奢。"纵观华夏历史，穷奢极欲导致身死国灭的教训数见不鲜。夏桀、商纣亡于奢靡无度，荒淫暴虐。秦穆公奉行"以俭得之，以奢失之"的为政理念，勤俭治国，为秦的强大乃至后来的统一打下了坚实基础。秦始皇兴建阿房宫豪华盖世，终为楚人一炬。汉文帝崇尚勤俭，力戒奢侈，从而开创了"文景之治"的局面。然而，汉代自景帝以后"淫侈之俗，日日以长"，上自皇帝，下至公卿大夫、庶民工商，奢侈之风盛行，从而国势日颓，为亡国埋下祸根。隋炀帝沉迷于灯红酒绿，不理朝政，荒淫至极，落了个灭亡的下场。唐明皇沉醉于享受美色，而致安史之乱，盛唐趋衰。前事不忘，后事之师，总结历史经验教训，成功在于勤俭，奢侈则招致破败。

司马光生活俭朴，为人稳重踏实，更是把俭朴作为教子成才的主要内容。据历史记载，司马光十分注意教育孩子力戒奢侈，谨身节用。当他看到儿子司马康读书用指甲抓书页时，认真传授了他爱护书籍的经验与方法：读书前，先要把书桌擦干净，垫上桌布；读书时，要坐得端端正正；翻书页时，先用右手拇指的侧面把书页的边缘托起，再用食指轻轻盖住以揭开一页。他告诫儿子，做生意的人要多积蓄一些本钱，读书人就应该好好爱护书籍。他常教育儿子说：食丰而生奢，阔盛而生侈。为了使儿子认识崇尚俭朴的重要，他以家书的体裁写了《训俭示康》。文中赞扬了李沆、鲁宗道和张文节等官员的俭约作风，并援引张文节的话说："由俭入奢易，由奢入俭难。"告诫儿子这句至理名言是，"大贤之深谋远虑，岂庸人所及哉"。接着，他又援引春秋时鲁国大夫御孙说的话："俭，德之共也；侈，恶之大也。"并对道德和俭约的关系作了辩证而详尽的解释。他说："言有德者皆由俭来也。夫俭则寡欲，君子寡欲则不役于物，可以直道而行；小人寡欲则能谨身节用，远罪丰家。"反之，"侈则多欲，君子多欲则贪慕富贵，枉道速祸；小人多欲则多求妄用，败家丧身"。《训俭示康》这篇文章，写得有理有据，真切动人。司马康读时，忍不住流下了眼泪。此后，他一生始终把父亲的这篇家训，当作做人的镜子，用来鞭策自己。司马康历任校书郎、著作郎兼任侍讲，以博古通今、为人廉洁和生活俭朴而称誉于世。

范仲淹两岁丧父，由于家境贫寒，曾寄居长白山的佛寺读书。每天晚上煮一锅小米粥，经过一宿凝成胶状，早起后用刀划为四块，早晚各取两块，这就是他一天的食物，这样的生活他维持了三年。尽管后来官至参知政事，范仲淹仍保持着节俭朴素的生活作风，对子女也同样严格要求。次子范纯仁娶的是官宦世家王质之女，王质的伯父是北宋真宗时期担任宰相的王旦。范纯仁之妻由于出身名门望族，自幼生长于锦绣堆中，据说在娘家曾用罗绮做帷幔，罗绮是一种质地轻软而又有花纹的高级丝织品，价格昂贵。在儿媳妇未过门前，范仲淹听说了此事，尽管与王质是好友，仍不留情面地当众说："罗绮岂帷幔之物耶？吾家素清俭，安得乱吾家法，敢持至吾家，当火于庭！"范仲淹给亲家及未过门的儿媳妇"上了一堂俭朴课"。范仲淹俭朴并非吝啬，在帮助他人时，非常大度慷慨。正是范仲淹勤俭的家风，造就了子孙勤俭的品格，范纯仁从布衣到宰相，廉洁勤俭始终如一。

曾国藩一生修身立德，以"内圣外王"为人生追求，给自己定下了"不为圣贤，便为禽兽；不问收获，只问耕耘"的座右铭。曾国藩自奉清苦，一生廉俭自守。虽官至一品，在饮食上，曾国藩却非常节俭，每餐荤菜多则一样，少则没有；如果有客人来，则添一样荤菜。因此，时人笑称其为"一品宰相"。他吃饭时，若见饭中有带壳谷物，还会将其捡出，将硬壳剥去，再吃掉。曾国藩经常在家书中，教育子侄辈们要时刻保持勤俭的家风。咸丰六年（1856年），曾国藩专门给年仅9岁的小儿子曾纪鸿写了封信，他先夸奖孩子懂事了，然后就说："凡人多望子孙为大官，余不愿为大官，但愿为读书明理之君子。勤俭自持，习劳习苦，可以处乐，可以处约，此君子也。"他最后还叮嘱儿子说："尔年尚幼，切不可贪爱奢华，不可惯习懒惰。无论大家小家、士农工商，勤苦俭约，未有不兴，骄奢倦怠，未有不败。"在给家人的书信中，他还写道："欲求廉介，必先崇俭朴。""家败离不开奢字，人败离不开逸字。""凡家道所以可久者，不恃一时之官爵，而恃长远之家规。""居家之道，惟崇俭可以长久，处乱世尤以戒奢侈为要义。""家俭则兴，人勤则健；能勤能俭，永不贫贱。"曾国藩要求家中人自行养猪、种蔬菜，不可饭食奢侈；并要求子孙除读书外，亲自打扫卫生，扫屋、抹桌凳、收粪、锄草……曾国藩不仅严格地要求子女，更重要的是以身作则，率先垂范，使俭朴勤奋、求学务实的家风代代相传。曾氏家族从曾国藩开始，200年间共出有名望的人才240余人，赢得了"曾家无一废人"的美誉。如此长盛不衰的家族，得益于曾国藩勤俭明理的家教。

梁启超因为自己身处高位，而且工作收入、稿费收入都很高，所以家庭条件很好。但是他始终牢记自己的寒门出身，同时十分重视教育孩子们要能过贫苦的生活。他在写给孩子们的信中说："处忧患最是人生幸事，能使人精神振奋，志气强立。两年来所境较安适，而不知不识之间德业已日退，在我尤然，况于汝辈，今复还我忧患生涯，而心境之愉快视前此乃不啻天壤，此亦天之所以玉成汝辈也。"梁启超认为，忧患可以磨炼人的精神和意志，而安适的生活则会让人丧失奋斗之心，所以，忧患对于生活其实是有帮助的。梁启超总是告诫孩子们，人不仅要善处忧患，还要能过贫苦的生活。要谨记梁家出身寒门，所以不可以富贵自处，而应知道人生虽离不开物质基础，但"人类之物质生活，应以不妨碍精神生活之发展为限度，太丰妨焉，太谷亦妨焉！应使人人皆为不丰不谷的平均享用，以助成精神生活之自由而向上"。所以，他时常教育孩子们要学会吃苦、懂得吃苦，并保持勤劳俭朴的生活作风。

山西乔家大院内宅的门上，有乔致庸亲书的一副对联："求名求利莫求人，须求己；惜衣惜食非惜财，缘惜福"。意思是说，乔家人要靠自己的努力勤奋来获取名利，而不是靠别人的帮助；节俭珍惜不是因为怕浪费钱，而是要懂得知足惜福。乔致庸知道，乔家虽然家大业大，但子孙若是懒惰散漫、挥霍无度，败亡也只在朝夕之间。他常说："有钱不能浪费，浪费则对钱不敬，不敬则得罪钱，得罪钱则受穷。"因此乔家大院里，各个院子每年的开支都有限额，而且由当家人统一分配，从根本上杜绝败家子的出现。山西有很多大家族的宅院都有戏台，但乔家没有，怕的是后人玩物丧志。在"报本堂"，有乔家第一代先人的泥塑，泥塑旁边放着一个要饭的篮子和一根打狗棍，以此来警示子孙，自己的先辈也是穷苦人出身，不要过了几天富贵的日子，就忘了本。子孙一旦浪费粮食，都要被命令跪诵"一粥一饭，当思来处不易，半丝半缕，恒念物力维艰"，直到真正认识到自己的错误，磕头谢罪，乔致庸才会放他们离去。也正是这样，乔家虽然富可敌国，却没有因为财富产生"奢华糜烂、摆阔逞凶"的风气，无论是本县的居民还是往来的客商，对乔家都是赞誉有加，乔家的生意也是蒸蒸日上。

事实上，古时令人尊重的名门望族，即便积金满堂，也无不以俭约为德。物质条件极大丰富的时代，格外需要恪守俭朴、克制物欲。无论家境多么富有，都不要放任孩子糟蹋粮食，不可纵容孩子不劳而获。教会孩子尊重他人的劳动成果，勤俭节约，感念国家与时代，这是家长给予孩子的最好礼物，必将惠及孩子的一生。

古人云：欲是深渊。奢靡之风，往往使人沉溺于享乐奢侈而不能自拔，导致的是欲令智昏、欲壑难填，久而久之就会走上玩物丧志的道路，甚至为了满足自己不断增长的欲望而泯灭天良。北宋宰相蔡京在执掌国政时，饮食用度非常奢侈。上行而下效，蔡京的管家翟谦，也浪费无度。有一次，翟谦宴请客人500多人。厨师上汤时，有一客人随便说了一句："鸭舌做汤既鲜美又补养。"翟谦示意了一下左右，他的下人马上心领神会，过了不久就为每人端上一碗鸭舌汤，每碗里都有三只鸭舌，客人看后惊叹不止。一位客人戏言说："这还不够，能再添一些吗？"翟谦说："既然有心请客，还怕大肚汉吗？"于是又给每人添了一碗鸭舌汤。翟谦这一次请客，就杀了3 000多只鸭子。后来蔡京被贬流放，翟谦的家产也被充公，落到了贫无立锥之地的地步，最后沿街乞讨，饿死在街头。

晚清重臣李鸿章死后留给儿女的财产颇丰。李子嘉是李鸿章的孙子，含着金钥匙出生的李子嘉自幼深得家长喜爱，父亲死后，他与哥哥李厚甫平分了父亲的家产。但因父亲死时，母亲尚在世，他又喜欢挥霍，他的一部分家产便被母亲管理。但即便少了母亲管理的那部分，李子嘉依旧富甲一方，有一万多亩租田、不少楼房……这些都是李子嘉手上的不动产。除了这些之外，李子嘉每月可固定从银行取现500元作为零花。但他肆意挥霍，吃喝嫖赌，甚至吸鸦片，财产很快败光，最后沦落为乞丐，悲惨而死。

《群书治要·文子》中讲："生而贵者骄，生而富者奢。故富贵不以明道自鉴，而能无为非者，寡矣。"意思是，生来就显贵的人，容易骄纵；生来就富足的人，容易奢侈。所以，富贵之人如果不以做人的道理自我反省，而能够不做错事的就很少了。所以，中国自古以来就有"富不过三代"的说法。这一规律，无论对于一个家族，还是一个国家乃至企业，都同样适用。这是因为第一代创业的人往往是白手起家、兢兢业业、艰苦奋斗，用自己的双手创下了事业；第二代虽然条件好了，但还能耳闻目睹父辈创业的艰难，知道克勤克俭、励精图治，使事业发展壮大；但是到了第三代，他们一出生，就过上衣来伸手、饭来张口的生活，不知祖辈父辈创业的艰难，过上骄奢淫逸、铺张浪费的生活，很快就把祖辈父辈辛苦创下的基业败光了。

历史上，凡是富贵能够承传三代以上的家族，都特别重视家庭教育，尤其重视节俭美德的培养，从而使得"君子以俭德辟难，不可荣以禄""在上不骄，高而不危；制节谨度，满而不溢。高而不危，所以长守贵也；满而不溢，所以长守富也"等思想深入人心。这样才能做到凡事节约而不奢侈浪费，并能控制自己的欲望，把财富、权势作为建立仁德、施行道义的工具，而不是骄奢淫逸的资本，从而避免身败名裂，乃至"富贵不过三代"的悲剧。

我们的传统文化里，有积福和惜福的说法。一个人能够积福加上惜福，才能有福。一个人的福气，就相当于银行里的存款，如何才能让存款越来越多呢？就是要不断往银行里存，再省着点花。如何让自己的福气越来越大呢？那就是把自己的道德修养提高，增厚自己的德行，相当于"增收"，像不断往银行里存钱；惜衣、惜食、惜物，减少福气的耗损，相当于"节支"，就像银行里的存款花的少。这样，一个人的福气会越来越大，越来越顺。

民国时期的朱庆澜先生在《家庭教育》一书中说："不勤不俭，不但害小孩的志气，而且害他的身体；不俭不但教小孩眼前枉使几个钱，并且教他将来受不尽的苦。"俭朴节约不仅可以养德，可以持家，还可以保护环境，节约资源；而奢侈浪费对自己、对子孙、对家庭、对国家、对社会、对环保、对资源有百害而无一利。

十二、安全、健康地成长是成才的基础

要教育孩子学会安全、健康地生活。家长要关注孩子的心理健康，教导其珍爱生命；并对孩子进行交通出行、健康上网和防欺凌、防溺水、防诈骗、防拐卖、防性侵等方面的安全知识教育，帮助其掌握安全知识和技能，增强其自我保护的意识和能力。让孩子学会健康地吃饭、睡觉、穿衣和运动等，促进其身心健康发展。

无论是追求成才、成功，还是追求幸福生活，生命健康是基础。正如习近平2021年3月在福建考察调研时说的："人民至上、生命至上。人民的幸福生活，一个最重要的指标就是健康。健康是1，其他的都是后边的0，1没有了什么都没有了。"

当代社会，与古代相比，生活、学习和工作条件越来越好，同时也相伴出现了更多的危险性因素和诱惑，比如用电安全、交通安全、上网安全、游戏娱乐、竞争压力等，如果不加强相应的教育和防护，就会对人尤其是一些未成年人的身心造成不必要的伤害。

如果加强对孩子生命安全、健康方面的教育，提高其自我保护意识和保护能力，可以减少很多危险事件的发生。

第一，要关注孩子的心理健康，教导其珍爱生命。

孩子尽管现在的生活条件越来越好，但所面临的压力却越来越大，主要是学习的压力。家长的期盼、学校的要求以及与身边同学的比较，久而久之，就会出现各种问题，如厌学、叛逆、抑郁，甚至是自残、自杀。

正常的人对于死亡都有本能的恐惧，人之所以会轻生和自杀一般都有程度不同的精神问题，常见的就是抑郁，而抑郁主要由于长时间的压力。所以，解决这个问题，首要的就是家长给自己和孩子减压。家长要真正认识到孩子的健康成长比成绩重要，没有了健康和生命，再好的成绩也没有用。成才的路有很多，并不是只有学习成绩好这一条。家长自己想明白了，就自然不会把过高的期望和压力传导给孩子。

要给予孩子更多的自主权，让孩子学会掌控自己的生活。家长要顺应孩子的成长规律，尊重孩子的个性、兴趣和个体差异，不要盲目攀比。被迫接受自己无法改变的现实和无法实现的目标，会让孩子变得消极、悲观、压抑，感到无助和迷茫。家长过分地控制和包办，反而成了孩子成长的拦路虎。

平时要多与孩子沟通交流，多倾听孩子的心声，才能进入孩子的内心，让孩子感受到父母的关心和爱。尤其是在孩子遇到苦恼、困难或不如意时，更要多倾听、多指导，让孩子学会积极面对，勇敢地战胜眼前的困难或挫折。

要多留意孩子的情绪变化。当发现孩子情绪反常，对生活表现出痛苦、失望时，一定要给孩子及时的指导，帮助孩子疏导情绪。孩子出现不好的情绪是难免的，家长要帮助孩子去释放。比如引导孩子把心中的苦闷与压力说出来，允许孩子大哭一场，给孩子吼叫的机会，使其心中的痛苦、郁闷情绪得以宣泄。

要教育孩子珍爱生命和健康。保护好自己的身体健康，不仅是自己的事，还关系到对父母的孝。《孝经》上讲："身体发肤，受之父母，不敢毁伤，孝之始也。"意思是，一个人的身体，哪怕是头发和皮肤，都来自父母，因此，作为子女就应当珍惜自己的身体，不能糟蹋、损害和毁伤，这是孝道的开始。人要懂得感念父母的恩情，切不可在生活中放纵自己或因一些挫折就随意伤害自己，否则就是不孝。《弟子规》中讲："身有伤，贻亲忧；德有伤，贻亲羞。"意思是，要爱护自己的身体，不要使身体轻易受到伤害，让父母担忧；要注重自己的品德修养，不可以做出伤风败德的事，使父母蒙受耻辱。

要教育孩子认识生命的价值。生命的价值在于爱，爱自己、爱父母、爱他人。人生不过百年，在这短暂的生命中，要让自己成为一个有价值的人，为家庭、为社会、为国家、为人民做出应有的贡献，用有限的生命创造更加美好的未来。如果不珍惜生命，导致伤亡，不仅对不起父母，也是毫无价值的。正如孟子讲的，"知命者不立乎岩墙之下。尽其道而死者，正命也；桎梏死者，非正命也"。意思是，一个君子不会站立在危墙下面。力行仁义道德而死的，重于泰山；因违法、违背规律而死的，轻于鸿毛。

第二，要重视安全教育，增强孩子的自我保护意识和能力。

对孩子进行安全教育十分重要，而一些家长对此并不太重视，认为每天都陪伴孩子左右，不会发生什么意外，其实很多危险都是在不经意间发生的。还有一些家长不知道从何教起，或者将安全教育依赖于学校和老师。学校和老师固然有这方面的责任，但代替不了家长，孩子的安全防范意识和能力，需要从小根据其年龄和智力特点，循序渐进地培养。

日常生活是最好的课堂，很多安全知识教育在日常生活中就可以完成。比如，用电时怎么防止触电、过马路应怎么过、喝水怎样防烫伤等。要让孩子懂得什么情况是安全的，如何避免一些危险情况，以及遇到各种可能的危险，应该怎么保护自己，可以在生活中演示给孩子看，这样孩子的防范意识和能力就会逐渐增强。

一些重要的人身安全防范知识，是家长特别需要告知孩子的。比如，关于防欺凌。要让孩子学会关爱他人，遇事多宽容、多谦让，学会与他人友好相处；遇到一些不好的人，要敬而远之；上下学要尽量与同学结伴同行；不要单独去一些偏僻的地方。一旦遇到有人恶意的欺侮、打骂，首先要保持镇定，义正词严地告知对方欺负人是违法行为；遇到勒索钱财的，可以先把钱给对方，避免受到伤害；尽量不以暴制暴，否则容易造成更大的伤害；遇到欺凌，一定要及时告诉老师和家长；等等。

关于防诈骗。要告诉孩子不要贪占便宜，馅饼往往就是陷阱；遇到可疑和不明情况，要及时告知家长；不要向别人透露个人隐私；不要随意让孩子玩手机；非必要不要告知孩子手机银行支付密码；接到陌生电话，只要谈到银行卡的一律挂掉，谈到中奖的一律挂掉，所有短信但凡让点击链接的一律删掉，微信里不认识的人发来链接一律不点；等等。万一被骗，要让孩子知道保存好证据，尽可能记下诈骗者的电话号码、电子邮件地址、QQ 号、微信号等，记住诈骗者的口音、语言特征，及时向公安机关报案。

关于防拐卖。要让孩子知道，一人独自在家，不要轻易给陌生人开门；不搭陌生人的便车，不接受陌生人的钱财、玩具、礼物或食物；尽量避免单独出门，外出最好结伴而行；尽量避免走人少的巷子；如果感觉有危险，就赶快跑开，去人多的地方寻求大人帮忙；在外面与父母走散了，要在原位置等候，可以向穿制服的工作人员求助；遇到危险时，一定要在人多的场合大声呼救；要熟记家长的姓名、电话号码、工作单位、家庭住址等。

关于防性侵。要让孩子慢慢了解自己的身体，知道哪些部位是重要的、隐私的；隐私的地方，不能随意被外人看和触摸；如果有人触摸自己的隐私部位，要予以拒绝，并立即想办法走开；对强行触碰的，一定要及时告诉家长；不要轻易接受他人尤其是陌生人的饮料和食品；不要独自到偏僻的地方；尽量避免黑夜单独外出；外出尽量结伴而行；衣着打扮要得体，不要太暴露；不在网络上与陌生人聊天和视频等。

关于防溺水。要告知孩子，在深水边玩耍、玩水很危险；不会游泳不可以下水；即使会游泳也要结伴；游泳应到有安全保障区的游泳区内进行；不要到水情不明或比较危险的地方游泳；游泳前应充分活动关节；如果发生抽筋，要边呼喊边自救；游泳时间不宜过长；游泳时不要跳水、打闹、搞恶作剧等。

关于交通安全。要让孩子懂得必要的交通规则；在室外玩耍时要注意躲避车辆；不要在路中间玩；一定不要闯红灯；在十字路口过马路要走斑马线；即便是绿灯通过时，也要谨防车辆；在非十字路口不要横穿马路，允许行人通过的，也不要与车辆争道等。

关于健康上网。不要让孩子过早接触网络；要在家里上网，避免到网吧上网；要用电脑上网，避免用手机上网；要与孩子商定上网规则和要求，明确规定什么时间可以上网，限制上网时间；网络设备不要设在孩子的卧室；禁止上网浏览黄色、暴力、恐怖等内容；禁止或严格限制玩游戏；多引导孩子阅读，或到室外活动等。

第三，要教育孩子学会健康生活。

这个问题看上去很简单，但也不容忽视。我们经常可以看到学校放学的时候，尤其是小学，不少孩子一出校门马上跑到学校周边的小摊点买东西吃。这些快餐食品大多属于我们通常所说的垃圾食品，偶尔吃点问题不大，但要经常吃就有问题了。

对于垃圾食品的危害，众所周知。专家指出，油炸、烧烤、腌制、膨化等加工食品中含有很多有害物质，加入了甚至过量加入了防腐剂、激素、香精、色素、甜味素等各种添加剂，肉制品里可能还有瘦肉精、抗生素、激素等，汽水、可乐类食品含磷酸、碳酸等，经常大量食用对身体都会造成危害。剑桥大学研究人员通过小鼠实验发现，9天的高脂饮食就会令小鼠在走迷宫时犯更多错误，这说明垃圾食品可能扰乱注意力，令人无法专心致志地学习和做事。

还有的孩子早上经常不吃早餐，这容易导致孩子患胆结石、胃病，易发胖，还会影响孩子身体机能的正常发育，使思维迟钝，导致学习效率低下等。

吃饭的目的在于保证我们身体所需的营养，而不是满足口舌之欲，放纵欲望。《黄帝内经》说，人要"食饮有节"。食主要是指吃饭，饮包括饮水、饮酒等；食饮有节就是要有规律，有节度，不忍渴挨饿，不暴饮暴食。而现在的一些人不会吃饭了，该吃的不吃，不该吃的乱吃，暴饮暴食、嗜荤如命等，这样违背饮食之道，量变积累到一定程度能不得病吗？

不光是吃饭，睡觉也有道。《黄帝内经》说，人要"起居有常"。所谓的起居，主要是指睡觉、起床；这个"常"就是天道，是规律，是不能改变的。《黄帝内经》还说，要"法于阴阳"。天地间最大的阴阳是白天与黑夜，晚上早睡以养阴，白天活动以养阳。当你不能顺应自然规律，身体就会慢慢出现疾病，因为你身体的阴阳已经跟大自然的阴阳脱节了。人生活在天地自然之中，就要学会顺应它，跟上它的节奏，随着天地的变化而变化。天亮了的时候，要起来生活、学习和工作；当天黑下来的时候，就要休息、进入睡眠的状态。踏着天地的节拍去生活，"日出而作，日落而息"，这样才能保证身体的健康。而现在的一些人该睡时不睡，该起时不起，阴阳颠倒，就违背规律了。

晚上睡觉的一个重要功能就是身体排毒，不睡觉或睡觉太晚，身体的毒素排不出去，时间长了就会得病。子时（23点到凌晨1点）胆经开了，如若不睡，大伤胆气，由于脏腑皆取决于胆，胆气一虚，全身脏腑功能下降，代谢力、免疫力纷纷下降，人体机能大大降低。

早晨要早起，春夏秋季要在6点之前起床，即使在冬天，也不要超过7点起床，因为人在寅时（3点到5点）肺经旺的时候起床，能够使肺气得以舒展，以顺应阳气的舒长，来完成新陈代谢，肃降浊气，使肺气清，这样有助于养肺和顺应太阳的天势升起人体阳气，使人一天阳气充足。

　　穿衣也有道。衣服的基本功能，一是遮体，二是保暖，三是美观。但现在的一些人已经异化了衣服的功能，不该露的露着，该保暖的不保暖，穿奇装异服追求时尚。尤其是年轻的女性穿得过于暴露，很冷了还穿着裙子，穿短袜露着脚踝，穿乞丐服露着膝盖，穿低腰服露着肚脐和后腰。俗话说，"白露身不露，寒露脚不露"，"寒从脚起，病从口入"，"男不露背，女不露腹"，等等。中医文化讲，脚、腿、腹、背部等都是经络聚集的地方，有一些重要的穴位，需要保暖，如果长时间受寒着凉，会引起很多问题，如关节炎等；上了年纪，会腿痛、腰背痛；可能造成宫寒，导致不孕不育；等等。穿着过于暴露不仅不利于健康，而且有伤风化。

　　一些人盲目学习西方生活方式，穿衣袒胸露背以为很时尚，有的夏天穿着西装、盖着被子开空调，追求舒服，但却不知道我们与西方人体质不一样。西方人热量大，他们那种生活方式的形成，既有文化上的原因，又是适应其体质的需要。西方人一年四季不喝热水，甚至西方的妇女生了孩子，马上就可以喝冰水，哪一个中国妇女敢这样做？夏天出汗是自然规律，是人体排毒的过程，不出汗，毒排不出来，时间长了能不生病吗？

　　还有一些年轻的妈妈不仅喜欢打扮自己，还热衷于打扮孩子。曾经在网上看到的一位资深教师的忠告：孩子只要干净、整洁、舒适就足够了，尤其是女孩子。把孩子打扮得过于花枝招展会本末倒置，可能对孩子有不利的影响。一是会让孩子过于追求外表美。孩子享受惯了外表美带来的夸奖与赞美，对外表美的执着就会越发深刻，很容易忽视学习，忽视这个年纪他们应该做的事情。二是助长孩子的虚荣心。小孩子的心智尚未发育完善，容易受到外界的影响，当家长过于注重打扮，也是在助长孩子虚荣心的膨胀，孩子想比其他人穿得更好更贵，不愿被别人超过，最终衍变成不健康的心理。三是容易导致孩子早熟。早熟是当今孩子面临的一个很严峻的问题，而给孩子打扮得过于漂亮，也是在对孩子的早熟推波助澜。那么，应该如何打扮自己的孩子呢？其实，童真就是孩子最好的打扮，再简单的衣服穿在孩子身上，也挑不出任何毛病。更不要去给孩子烫头、化妆、做指甲，以免伤害孩子身心的健康发展。

　　中国疾病预防控制中心的数据显示，我国 18 岁以下的肥胖人群已达 1.2亿。中国 12 至 18 岁的孩子中，1.9％患有糖尿病。国家卫健委曾在举行例行发布会上通报，我国 6 至 17 岁的孩子超重率是 9.6％，肥胖率 6.4％，二者相加达到 16％。在不满 17 岁的孩子中，有 1/3 至少出现了一种心血管危险因素。专家表示，超重和肥胖严重危害身心健康，超重和肥胖儿童患高血压的风险是正常体重儿童的 3 至 4 倍；且血脂已经出现异常，成年后患糖尿病和冠心病的风险也大大增加。

为什么会出现这样的现象？与一些人不会吃饭、不会睡觉、不会穿衣、不运动等有很大关系。每一位家长都希望自己的孩子身体健康，那么，怎么才能使孩子健康呢？那就必须让孩子学会吃饭、学会睡觉、学会穿衣、学会运动，要依道而行，拥有一个健康的生活方式；如果逆道而行，违背做人的道和规律，不健康地生活，那怎么可能健康呢？

十三、家务劳动是孩子成长的必修课

要教孩子劳动。不仅要让孩子从小学会自己的事情自己做，还要力所能及地做家务劳动，学会自理和自立。

我国古代非常重视孩子劳动的锻炼。朱熹在《童蒙须知》中提道："童蒙之学，始于衣服冠履，次及言语步趋，次及洒扫涓洁，次及读书写文字，及有杂细事宜，皆所当知。"意思是，从孩子小的时候，家长就要让他们做力所能及的事，并让他们养成良好的习惯。曾国藩曾在家书中写道："吾来子侄半耕半读，以守先人之旧，慎无存半点官气。不许坐轿，不许使唤人取水添茶等事；其拾柴收粪等事，须一一为之；插田蒔禾等事，亦时时学之。庶渐渐务本而不习于淫逸矣，至要至要，千嘱万嘱。"他要求，家里的子侄，一定要边读书边劳动，不要丢掉曾家劳动的传统，不能有半点官气，不能坐轿子，不能让别人侍候自己，拾柴、收粪等事都要做，插田、种禾等活都要学会，这样才不会忘本而骄奢淫逸，要求子侄千万要记住。曾国藩认为，判断一个孩子长大后有没有出息，主要看三条：第一看这个孩子几点起床；第二看他是不是主动做家务；第三看这个孩子是不是喜欢读书。

在现实生活中，有的家长怕孩子做不好，自己重新再做太麻烦，因而不让孩子做；有的家长为了让孩子有个好的学习成绩，不让孩子做家务，怕耽误学习；有的家长认为孩子还小，家务活不用学，等孩子长大了，自然就会了；有的家长则是对孩子过于溺爱，不舍得让孩子做家务，从小就像宝贝一样被捧在手心里，使孩子从小就养成衣来伸手、饭来张口、凡事都依赖家长的习惯。

其实，即便孩子无法独立完成某件事或者完成很吃力的时候，家长也应多给孩子提供尝试和锻炼的机会，让孩子从不断尝试中积累经验、提高能力。就如让孩子自己使用筷子吃饭，不要因为担心孩子把饭菜洒到地上，就一直帮忙喂他吃，要相信孩子通过不断练习，很快就可以自己熟练使用筷子。如果家长担心孩子做不好就帮他做，阻止他尝试，他就永远也做不好。每个孩子都会有无数的第一次，有可能成功，也有可能失败。不要害怕孩子失败，失败不仅是正常的，更是孩子成长的一次机会，就像孩子学走路时摔倒一样，无论是成功还是失败都是给孩子的人生积累经验。

"本人当局长，从明天开始大家回去落实：全盘锦市的孩子回家都要做家务劳动。有时间多做，没时间少做，但不能停下来。一分钟也要做，做半个小时那就更好。"这段话，来源于一位教育改革家的讲座，他就是魏书生，全国特级语文教师。在他的手下，再乱的班级也能变好，再差的学生也能成才。他任盘锦市教育局局长 13 年，该市每年升学率遥遥领先。他是中国教育界的传奇人物，首届"中国十大杰出青年"。他也是一位成功的父亲，儿子以优异成绩进入清华大学。很多人不理解，说魏老师当教育局局长，研究的首先不是分数，不是考试，不是升学率，怎么是家务劳动呢？他说："一个人的头等大事，就是承担家庭责任。某个人说自己爱祖国、爱人民，看不见摸不着。他如果不爱自己家长的话，你说他爱祖国、爱人民，100％是骗人的，用不着论证。爱家长，挂在嘴边上说空话，那不是骗人的吗？人一定要学会用行动去心疼家长，能承担家庭责任。一个孩子从小知道心疼家长，长大了他自然会心疼他人，心疼集体和国家。"看看高校开学时最普遍的场景，孩子趾高气扬地在前面空着手走，老爸老妈走在后面扛着行李。就如魏书生所说："你最悲惨的不是累着了自己，而是惯出了逆子这颗心。"孩子从小一点都不知道心疼你，他怎么可能心疼更多的人？没有血缘关系的人，他更不知道心疼了。这样的孩子一辈子都不会有幸福感。因为人的幸福感更多的是在心疼别人、关心别人、为别人做事中产生的，而被惯着的孩子心里只装着自己。魏书生如是总结："大家千万别小看做家务劳动这件事情，从小知道心疼家长、承担家庭责任的孩子，你想让他学习不努力，都是不可能的事情。这是规律，这是问题的根。"

中国教育科学研究院对全国 2 万名小学生家庭进行的调查表明，做家务的孩子比不做家务的孩子，成绩优秀的比例高了 27 倍。另有专家指出，在孩子的成长过程中，家务劳动与孩子的动作技能、认知能力的发展以及责任感的培养有着密不可分的关系；凡是从小就好吃懒做、不爱劳动的人，长大了多不能吃苦，独立自谋能力差，工作成就平平。

2020 年 3 月，中共中央、国务院印发了《关于全面加强新时代大中小学劳动教育的意见》，强调：要把劳动教育纳入人才培养全过程，贯通大中小各学段，贯穿家庭、学校、社会各方面，促进学生形成正确的世界观、人生观、价值观。家庭是劳动教育的重要实践基地，也是劳动教育的鲜活课堂，家庭应当发挥十分重要的作用。

孩子都是在尝试和体验中长大，体验越多，感受越深。孩子的能力和思维的发展，正是从做简单家务和生活自理开始的，这才是真正的"起跑线"，这样做不仅是为家长分担，更是在培养孩子的各种能力，对孩子的学习、生活和成长都是很有帮助的。

一是有利于孩子树立正确的劳动观。让孩子做家务劳动，可以很好地培养孩子的劳动意识、劳动能力和劳动情感。在劳动中收获劳动的成果和劳动的快乐，孩子才会尊重劳动，才能在实践中真正懂得一分耕耘一分收获、没有耕耘就没有收获的道理。

二是有利于提高孩子的责任意识。每个家庭成员对家务劳动都有相应的责任和义务，未成年的孩子也不例外，凡是孩子能做到的事情，家长尽量不要替他去做。孩子从自己的事情自己做，到帮助家人做，从小学着为家中尽一份心力，会逐渐意识到自己也是家庭成员，要对家庭的事情负责。时间长了，孩子的责任感就形成了，对他以后的生活、事业都会带来很大的帮助。

三是有利于培养孩子的感恩意识。俗话讲，"习劳知感恩"。孩子做家务的过程，其实就是体验生活、感受生活的过程。通过做家务，孩子能感受到家长劳动的辛劳，知道家长的不容易，才能懂得感恩。有了感恩之心，读书学习自然也就有了动力，这种动力不是来自家长的奖品和夸奖，而是发自内心的，是为了报家长养育的恩德。

四是有利于训练孩子动作的协调性。在做家务的过程中，孩子需要调动各个器官，变换各种动作，可以有效锻炼孩子双手的灵活性、手眼协调能力、握力、臂力、大小肌肉等，提高动作敏感度，孩子的身体协调能力也会随之增强。

五是有利于促进孩子的智力发展。孩子的认知能力不能只靠书本，更重要的是要通过生活实践去探索和发展。俗话说"心灵手巧"，孩子经常动手，不仅能让孩子在劳动中不断积累生活知识和经验，使手部活动变得灵巧，而且还能促进孩子大脑中枢神经的发展，使人变得更聪明、更智慧。

六是有利于帮助孩子提高解决问题的能力。孩子在干家务时会面对一次又一次的困难，通过自己动手、思考、探索来解决诸多问题，解决各种问题的能力就会不断得到提高。

七是有利于磨炼孩子的意志。一些家务劳动对初学做事的孩子来说并不容易。比如扫地，要握好扫帚均匀地扫干净，不留死角，不能有遗留物，不能扬起灰尘，这就不是孩子一下子可以做好的，需要有耐心，反复练习，付出体力和脑力。坚持家务劳动，能锻炼孩子的意志力。

八是有利于培养孩子的自信心。孩子的自信心需要在长期的实践中慢慢形成。孩子学会做家务，受到家长的肯定和鼓励，会获得参与家庭工作的喜悦感、克服困难完成家务的成就感、承担责任的满足感、被需要的自我价值感等，这些都能很好地增强孩子的自信心。

九是有利于提高学习效率。孩子的注意力集中不了太长时间，而人在劳动和运动时，大脑的思维部分是休息的，劳动一段时间再学习，效率就会明显提高。

十是有利于提升独立生活能力。孩子的独立生活能力是从做家务开始的，在由易到难、由简单到复杂的家务劳动中，不断积累和掌握生活技能，这样未来独立生活的能力就强，面对各种环境，也能快速适应。不让孩子做家务，就等于剥夺了孩子自理能力锻炼和发展的机会，久而久之，孩子也就丧失了独立生活的能力。

总之，让孩子从小学做家务，有百利而无一害。家长切不可溺爱孩子，而包办代替，要把家务劳动作为一种重要的教育，作为孩子成长的必修课。

有时候大人认为很辛苦的事情，而对于正处在好奇心比较浓厚的幼儿阶段的孩子来说却是一种乐趣。小孩子想尝试做家务，家长应当积极鼓励，因势利导，引导孩子跟着家长一起做，放手让孩子去做力所能及的事情，孩子可能比我们想象的做得更好。有一位家长说：起初，女儿向我提出自己要单独整理衣橱的想法时，我也曾一度犹豫过，但最终还是持有一种观望的态度答应了。因为女儿这么小，是否有这个能力和足够的耐性把衣橱打理好，还是个未知数。可是，实践证明女儿做到了，而且做得还很好。看着女儿每次都把洗干净的衣服叠整齐后，再分门别类地放好，我心里格外欣慰。如果当时没有答应女儿的要求，不给她尝试的机会的话，相信到现在还只能是我一手操办，自己劳累不说，女儿也失去了这个宝贵的成长机会了。

家长不仅要尊重和珍惜孩子这份好奇心，还要多给孩子创造一些机会进行尝试。从小事做起，由易到难，家长可以通过具体示范，传授给孩子一些做事的方法和技巧等。比如让孩子从自己洗手、洗脸、刷牙开始，逐渐学会自己穿衣、穿鞋系带、大小便等；从自己洗自己的袜子开始，学会洗衣服、晾晒衣服、收衣服等。

在孩子做家务劳动的过程中，或完成后，家长要给予适当的肯定、鼓励和表扬。当孩子的努力被肯定时，会感到很兴奋、很愉悦，在很大程度上就增进了孩子的自豪感和自信心，这样孩子越做越有积极性，越有成就感，一次比一次做得更好。切不可急于求成，对孩子提出过高的要求；也不可因为孩子一时没有达到要求，就责备批评，更不要横加指责，家长需要做的是多鼓励，多耐心指导和帮助，让孩子在循序渐进中不断提高和锻炼自己。

十四、"志不立，天下无可成之事"

教孩子立志，就是要教孩子确定自己人生的方向、目标、理想和追求，并树立实现目标的坚定信心和自强不息的顽强斗志。

古人讲，"有志者事竟成"。立志不仅是为了给自己的人生确立奋斗的方向和目标，而且还由此不断激发自己奋发向上的动力，激励自己发愤图强，努力拼搏，永不停息。也就是说，立志向不仅是心想，更重要的是行动。

明代心学大师王阳明在写给弟弟王守文的《示弟立志说》中说："夫学，莫先于立志。""君子之学，无时无处而不以立志为事。"在王阳明看来，"盖终身问学之功，只是立得志而已。"王阳明在《教条示龙场诸生》里第一条讲的便是立志："志不立，天下无可成之事。虽百工技艺，未有不本于志者。今学者旷废隳惰，玩岁愒时，而百无所成，皆由于志之未立耳。故立志而圣，则圣矣；立志而贤，则贤矣。志不立，如无舵之舟，无衔之马，漂荡奔逸，终亦何所底乎？"意思是，志向不能立定，天下便没有可做得成功的事情。即使是各行各业能工巧匠，也没有不把立志作为根本的。现在的一些读书人，旷废学业，堕落懒散，贪玩而荒费时日，因此百事无成，这都是由于志向未能立定罢了。所以立志做圣人，就可以成为圣人；立志做贤人，就可成为贤人。志向没有立定，就好像没有舵的船，没有缰绳的马，随水漂流，任意奔跑，最后又能到什么地方呢？在王阳明看来，人人都可以成功，但是如果没有志向的话，就会荒废自己的本心，不思进取，无所事事，浑浑噩噩，嬉戏享乐，最后一事无成，荒废一生。

现在有一些孩子不学习，整天玩手机，看电视，上网聊天打游戏，一个很重要的原因就是没有志向，没有目标，没有追求，没有理想，对自己的将来茫然无知。这是一个非常严重的问题。甚至一些看似非常优秀的年轻人，也感到内心空虚，感觉不到生命的意义、活着的价值和动力，就像漂泊在茫茫大海上的孤舟一样。

一位在高校工作的精神科医生，也是学校的心理咨询师，除了为学生提供咨询服务外，一个非常重要的工作是自杀预防和危机干预。他接待的一位高考状元在一次尝试自杀未遂后，这样说道："不是说因为学习好、工作好了，我就开心了，我不知道为什么要活着，我总是对自己不满足，总是想各方面做得更好，但是这样的人生似乎没有头。我感觉自己在一个四分五裂的小岛上，不知道自己在干什么，要得到什么样的东西，时不时感觉到恐惧。19 年来，我从来没有为自己活过，也从来没有活过。"像这样的例子还有不少："我的世界是一个充满迷雾的草坪，草坪上有井，但不知道在何处，所以有可能走着路就不小心掉进去了，在漆黑的井底我摔断了腿拼命地喊，我觉得我完全没有自我。这一切好难。"这是另一个学生的描述。

这位精神科医生说："这样的案件，在过去三四年中经历了很多，而且越来越多，让我想到一个词，叫做空心病。他们共同的特点，就像他们告诉我的：'老师，我不知道我是谁，我不知道我到哪儿去，我的自我在哪里，我觉得我从来没有来过这个世界，我过去的日子好像是为别人在活着，我不知道自己要成为什么样的人。'他们往往是人们眼中的'好孩子'。他们会有强烈的孤独感和无意义感，有自杀意念，这种自杀意念并不是因为现实中的困难、痛苦和挫折。用他们的话来讲就是：'我不是那么想要去死，但是我不知道我为什么还要活着。我完全不知道我活着的价值和意义是什么，每天的生活像行尸走肉，如果是这样，还不如早点结束。'"

这位医生说："我觉得，一切向分数看，忽视对学生品德、体育、美育的教育，已经成为很多人的教育观，人们都认为能够挣到钱才是人生更大的赢家。曾经有一个学生，他退学的原因是，学习经济管理根本就不是他想要的，他高考填志愿想学历史的时候被所有人嘲笑，说脑子进水才会学历史，后来这个同学尽管经济学得很好还是要求退学。我跟那些空心病的学生交流，他们为什么找不到自己？因为他们自己的家长没有能够让他们看到一个人怎么样有尊严、有价值、有意义地活着，这个大概是根本原因。"

北京师范大学中国教育政策研究院执行院长张志勇在一篇文章中谈到：教育到底是干什么的？现在孩子上小学为了上中学，上中学是为了考大学，考大学是为了找工作。在这样一个话语体系里，根本没有培养人的问题。只有当教育和生活有了真正的内在联系，教育本身才更有意义，学生的学习也才更有兴趣。为什么孩子们感觉到今天的学习生活最苦、最累，因为他们所学的东西与生活有很大的距离。考大学是为了什么？不少孩子认为，就是为了改变自己的命运，让家长和自己过上好日子，而没有把自己将来的事业同国家和民族的未来联系起来，没有对国家未来的关心，更没有对人类命运的关怀。这样的教育，造成了孩子的境界不高。他们没有自我内在发展动力，没有强大境界支撑下的动力，所有的压力都来自学校和家长强加的通过考学改变命运的压力。当我们培养的孩子缺乏学习兴趣、独立性和社会责任感的时候，我们的人才培养就是非常值得忧虑的。世界著名科学家、教育家钱伟长是一个非常好的例子，钱伟长是因为历史和语文考了满分进入清华的，他的物理只考了 5 分，但是他却成了中国近代物理学的奠基人。为什么？日本人入侵中国了，他要报效祖国，就毅然放弃了中文，改学了物理。他没有物理学的基础，可他成了这个领域的大家。这说明情怀和境界是决定人生和事业高度的重要因素，是推动人发展的重要因素。因此，教育就是要唤醒孩子内在的追求，没有内在人格的自我觉醒，外在的所谓各种压力，对孩子的学习与成长所起的作用不仅是短暂的，而且对孩子的终身发展是有害的。

给孩子的最美好的东西，不是分数，不是金钱，是方向，是目标，是理想。因此，教育孩子立志十分重要，有了志向，才能明白人活着的价值和意义，才能使内心拥有无尽的激情和力量，才能使学习和生活充满希望。

不仅要立志，还要立大志。就像射箭，必须是瞄准十环靶心，瞄准十环可能打中六七环，不瞄十环可能就脱靶了。正如孔子所说："取乎其上，得乎其中；取乎其中，得乎其下；取乎其下，则无所得矣。"

古往今来，能成大事者，都是有雄心壮志的人。一个人志向的高低，决定了他格局的大小，进而决定他成就的大小。"燕雀安知鸿鹄之志"，很多人在立志时，就已经在人生道路上拉开了差距。范仲淹从小就立有大志，有一天，他见到一位算命先生，就问："你看我能不能当宰相？"这位算命先生说："你小小年纪口气这么大？"范仲淹接着又问："你再看看我能不能当医生？"算命先生有些纳闷，就问他："你为什么选择这两个如此悬殊的志愿？"范仲淹回答："因为良相和良医都可以救人。"算命先生感动地对范仲淹说："你这一颗心乃宰相之心，你以后一定可以当宰相。"诸葛亮在《诫外甥书》中教导子孙："志当存高远。"北宋大儒张载云："为天地立心，为生民立命，为往圣继绝学，为万世开太平。"

钱氏家族何以能人才辈出？重要原因在于其子弟立大志。著名的《钱氏家训》有一个重要内容，就是教育子孙要胸怀大志："利在一身勿谋也，利在天下者谋之""利在一时勿谋也，利在万世者谋之"。钱伟长的名字就是叔叔钱穆给取的，"之所以取名'伟长'，是因为建安七子中有个人叫徐干，而徐干之字号就叫'伟长'"。"九一八"事变后，钱伟长立下志向："我要弃文从理，科技救国。"后来钱伟长成为中国力学之父、应用数学之父，为中国机械工业、土木建筑、航空航天做出了巨大贡献。钱学森也一样，他原本准备报考清华，但看到中国科技之孱弱后，遂立志要从事"科技救国"，于是报考了上海交通大学机械工程系，因为这个系在当时是全国最棒的。正是这样的志向，使他成为中国导弹之父。

　　孩子能否立大志，关键是家长要有格局。这个格局，主要是指家长为人处世的准则，也就是价值观。当家长的价值观正确的时候，孩子从小会显得比较单纯，懂得利他，会经常"吃亏"。但是，从长远来看，这些孩子往往会发展得很好，取得很好的人生成就，生活也过得很幸福。有一位企业家，陕西农村的，北大毕业，三十多岁就把企业上市了。这样一位青年才俊身上所拥有的优良品质，来源于他不识字的母亲。他的母亲朴实、真诚、坚韧，具有极高的道德感，而且具有一股特别的侠义之气。不要每天紧紧盯着孩子的作业和考试成绩，要关心孩子真正的兴趣和天赋所在，帮助孩子树立人生的目标，找到生命存在的价值和意义。这是家长能够给孩子的最好的教育，而且，每个家长都可以做到。

　　著名家庭教育专家蔡笑晚先生的教育理念被誉为家庭教育的"孙子兵法"。他有6个孩子，5个博士、1个硕士，事业上也都取得了斐然的成绩。蔡笑晚曾说过这样一段话："多少人称我的孩子们是天才，但是我心里清楚，人的智力相差无几，真正决定成才的，是容易被人忽略的非智力因素，如信念、意志、视野、道德、健康、自信等。我的六个孩子之所以个个成才，关键在此。"在蔡笑晚眼中，家长不仅要关注孩子的智力教育，更重要的是要把孩子的"志"立好。蔡笑晚认为，"志"有两层意思：一是志向，心中的向往和追求；二是志气，人对自身行为准则的要求。从小将这颗种子种在心间，会慢慢生根发芽，让孩子对自身的定位和方向根深蒂固，今后基本没有什么力量可以动摇、改变它。为了让孩子们从小立志，蔡笑晚在家里的很多地方都张贴了爱因斯坦、牛顿、居里夫人等科学家的照片，他也经常给孩子们讲一些伟大人物的传记故事。小女儿天西在5岁的时候，就说要做"居里夫人"。蔡笑晚还经常带孩子们读古希腊《荷马史诗》中的一段：莫辜负你一片聪明美质，你须抖擞精神，留个芳名在青史。他坚信，"从小立大志的孩子，不会满足于现状，取得成绩后，还有更上一层楼的决心和气魄"。当然，有了大的方向和目标后，还要继续分解成一系列中期目标和短期目标，也必须付诸具体的行动。如，在高中阶段，蔡笑晚和孩子们一起制定了这样的中期目标：一是牢固掌握基础知识，二是全面发展身体等各种素质。再把每个学期作为短期目标，细化到每周怎么分配时间，怎么学习和复习，怎么安排其他活动等。有明确的目标和实现目标的决心，奇迹就会出现。小女儿天西14岁就考入了中科大少年班，18岁就考取了麻省理工学院（后又转入哈佛大学）的博士生。既能高瞻远瞩又能脚踏实地，既有方向又有合理的计划，既有目标又有极强的行动力，这样的孩子又怎会不出色、不成功呢？

立下志向，并非仅仅一个目标，关键是要"咬定青山不放松"，为实现目标和理想而努力奋斗。正像王阳明所说的，一个真正立志的人，要"正目而视之，无他见也；倾耳而听之，无他闻也；如猫捕鼠，如鸡孵卵"。意思是说，真正立志之人，眼里、心里都只有自己的志向，就像猫捕鼠和鸡孵卵一样专心致志、心无旁骛地去做，内心永远专注于此，无时无刻不在理想和目标。如此立志，方算立志！没有这种精神和状态，谈不上真正的立志，只不过是一种空想罢了。

王阳明 11 岁曾问私塾老师："何为第一等事？"老师说："惟读书登第耳。"王阳明却并不认同，认为"登第恐非第一等事，或读书学圣贤耳"。王阳明年少就立下了"读书学圣贤"的志向，并把它当作一生的追求，既成就了他心学大师的地位，也为后世树立了读书学习的榜样。周恩来从小学时就立志"为中华之崛起"而读书，到南开大学毕业时与同学们互赠"愿相会于中华腾飞世界时"的留言，到日本留学又回国参加五四运动，再到欧洲勤工俭学又回国投身革命，就一直为中华之崛起而奋斗。周恩来这种坚定的理想信念和执着的人生追求永远是我们学习的典范。

要让孩子明白，"世界上没有坐享其成的好事，要幸福就要奋斗"，"奋斗本身就是一种幸福，只有奋斗的人生才称得上幸福的人生"，"奋斗是青春最靓丽的底色"。没有奋斗一切都是空想，没有奋斗就不会有成功。就像《真心英雄》这首歌唱的那样："把握生命里的每一分钟，全力以赴我们心中的梦，不经历风雨怎么见彩虹，没有人能随随便便成功。"把握自己的命运全靠拼搏和奋斗，没有任何捷径。

人生就是在不断地选择，选择人生的方向和目标，选择如何走向这个方向和如何实现这个目标，不同的选择必然有不同的结果，命运都是自己不断选择的结果。选择远大志向还是自私自利，选择拼搏与奋斗还是安逸和懈怠，必然会收获截然不同的人生。

十五、教育就是习惯的培养

要教孩子养成良好的习惯。习惯是一个人长期形成的、不需要思考的、自动重复的言行。孔子说："少成若天性，习惯如自然。"意思是，小时候养成的习惯，就像人的天性一样，会自然而然地呈现出来。

习惯是一种顽强而巨大的力量，人们一旦养成了一个习惯，不需要经过大脑思考，就会不自觉地按照这个轨道运行，自然就产生相应的言行。有调查研究表明，人们日常活动的 90％源自习惯和惯性，也就是说，大多数的日常活动都只是习惯而已，人就生活在习惯当中，每天都在重复着几百个、上千个习惯。如：晚上几点睡觉是习惯，睡觉是侧位还是平躺是习惯，几点起床是习惯，吃饭坐在饭桌的什么位置是习惯，到办公室把包放在什么地方是习惯，怎么洗澡、刷牙、读报、吃饭、上班、思考处理问题等，都是习惯。从某种意义上说，人生不过是无数习惯的总和。

　　然而，习惯并不仅仅是日常惯例那么简单，它影响到一个人生活和工作的方方面面。古人说："养其习于意蒙，则作圣之基立于此。"意思是，孩子养成良好的习惯，就为其成圣成贤奠定了基础。教育家陈鹤琴先生说："习惯养得好，终生受其益，习惯养成不好，终生受其累。"英国哲学家培根在谈到习惯时深有感触地说："习惯真是一种顽强而巨大的力量，它可以主宰人的一生，因此，人从幼年起就应该通过教育培养一种良好的习惯。"习惯如同雨水一般，润万物于无声，却有着滴水穿石的力量。人们在不知不觉中养成习惯，也在不知不觉中造就或阻碍着自己的人生，好的习惯是人们走向成功的钥匙，而坏的习惯则是通向失败的滑梯。

　　我们看下孩子养成"优先用餐权"的习惯后会怎样。一个女儿特别爱吃鱼肚子肉，嫩嫩的、刺还少。以前每次吃鱼，妈妈总是先夹下鱼肚子肉，放到女儿碗里。可是前几天，姥姥说牙口不好了，妈妈就随手把一块鱼肚子肉夹到姥姥碗里了。没想到女儿不干了，一脸不情愿："哎呀，妈妈，我也想吃那块！"女儿当时那语气，明显就是埋怨妈妈把本该"属于她"的鱼肉给了别人。你看，妈妈为她夹了那么多次，就这一次没随她的意，她反而埋怨起妈妈来了。在很多家庭里，享有"优先用餐权"的大多是孩子，菜还没上齐，赶紧让孩子先吃着。给孩子养成这样的习惯，孩子就把家长的爱理解为理所应当，什么感恩、孝敬都是奢谈。

　　那些优秀的人并不是毅力多强、天资多高，只是他们养成了很多良好的习惯。一个媒体曾经采访董卿，问董卿关于阅读的情况。董卿回答："我基本上保持每天睡前 1 个小时阅读，雷打不动，很多人问我还在坚持吗，无所谓坚持不坚持，这是一个习惯了。"一个好习惯无形中成就一个人，能做出"朗读者"这样广受好评的文化节目，没有过硬的文化功底是做不好的。正如新东方董事长俞敏洪说的："一个人之所以优秀是因为有优秀的习惯。你当时看不出习惯的威力有多大，关键时刻就明白习惯的力量了。"不是一个人优秀了才有好习惯，而是养成了很多好习惯，才让人变得越来越优秀。习惯的力量能够推着自己不断前进。

美国著名的哲学家、教育学家威廉·詹姆斯曾经说过："播下一个行动，你将收获一种习惯；播下一种习惯，你将收获一种性格；播下一种性格，你将收获一种命运。"性格其实就是习惯的总和，就是习惯性的表现。习惯决定行为，行为决定性格，性格决定命运。人与人的差别往往在于有没有好的习惯，好习惯不仅给自己的幸福人生奠定好的基础，而且周围的人都很舒服，各种人际关系和谐；不好的习惯不仅损害自己的身体，影响自己的学业和工作，还会造成周围人的反感和人际关系的矛盾冲突。比如在学校，早上如果按要求 6 点多起床，跑跑操，锻炼锻炼身体，再洗漱洗漱，吃过早餐，8 点上课之前轻轻松松就可以到教室，对身体有益，还不影响上课学习，更不会受到老师的批评。如果 7 点多起床，就没有时间锻炼身体，或者没有时间吃饭，或者就要迟到，而不吃饭伤身体，迟到不仅影响老师讲课和自己的学业，还会受到老师的批评。这就是好习惯与坏习惯带来的迥然不同的结果。人的很多疾病往往与自己的陋习有很大关系，如经常熬夜、早上赖床、不吃早餐、经常吃垃圾食品、暴饮暴食、抽烟喝酒、长时间玩手机或上网玩游戏等。

《颜氏家训》曰："吾见世间，无教而有爱，每不能然；饮食运为，恣其所欲，宜诫翻奖，应诃反笑，至有识知，谓法当尔。骄慢已习，方复制之，捶挞至死而无威，忿怒日隆而增怨，逮于成长，终为败德。孔子云'少成若天性，习惯如自然'是也。"意思是，我看世上有些家长对子女不加以教诲，而一味溺爱，往往不能这样。家长对孩子的饮食起居、言行举止过于迁就，任其为所欲为。应该训诫的，反而加以赞赏；应该呵责的，反而一笑了之。这样孩子长大以后，还以为从前的所作所为本来就应该这样，骄横轻慢的习惯已经养成，这时再去管教他，纵使把他打死，也难以让他畏惧、听从；家长越来越愤怒，也只会增加相互的怨恨，这样的孩子长大以后，必然败德破家。孔子说过："从小养成的就像天性，习惯了的也就成了自然。"就是这个意思。

有些家长对孩子的要求就是：你什么都别管，只要把成绩提上去就好。却没有告诉孩子，怎样才能考高分，怎么才能保证一直拿好成绩。好习惯犹如房子的地基，先把地基建好了，房子才会坚固。孩子之间真正竞争的不是智力，而是良好的习惯。优秀与平庸间的不同，并不在于懂得道理的多少，而是能否把一个又一个好的道理，转化成一个又一个好的习惯。有些道理谁都懂，但又有多少人能真正将道理融入生活变成一种习惯？再好的人生哲理，不把它变成一种习惯，对人生的改变也无济于事。能让人生发生改变的从来不是写在纸上、听在耳里的大道理，而是要将道理变成习惯，当拥有了一个又一个的好习惯，何愁自己的人生不越变越好呢？

明代哲学家、政治家、军事家、文学家王阳明说："变化气质，难在克服习气。"要改变一个人，最重要的是养成良好的习惯。教育家叶圣陶先生说过："教育就是习惯的培养。"习惯会变成一个人的性格，进而成为一个人的命运。因此，抓住孩子习惯培养这个根本，就抓住了家庭教育最有效的一条途径，这也是家庭教育最重要的目标和任务之一。

培养良好的饮食习惯。在吃饭时，不要让孩子边吃边玩或者边吃饭边看电视；要让孩子学会独立吃饭，不要怕孩子弄撒饭；吃饭时不要责怪、批评甚至吓唬孩子；不要让孩子挑食、偏食；尽量少让孩子吃零食，更不要无节制地吃零食。不是孩子想要吃什么就让吃什么，而是为了孩子的健康需要吃什么就吃什么。

培养良好的作息习惯。现在越来越多的孩子喜欢熬夜，其实熬夜对人危害很大，不仅影响孩子发育，容易让孩子长不高，还会降低免疫力，影响智力、情绪和视力。要让孩子养成早睡早起的习惯，尽量不熬夜，保证孩子的睡眠时间；早晨起床有规律，不要睡懒觉。

培养良好的读书习惯。孩子有阅读的习惯，不仅词汇会大幅增加，而且对于见识、知识的拓展也能打下坚实的基础。所以阅读对孩子很重要。开始孩子不会看书，家长可以给他讲书，再指导孩子看书，家长孩子各自看，看后互相交流书上内容，逐渐地以孩子讲为主，家长要多鼓励表扬。

培养文明礼貌的习惯。亲戚朋友来家里，要让孩子主动问好；到幼儿园和学校要向老师问好；有礼貌接听电话；在家要尊敬老人，帮助家长做些力所能及的家务；在社会上礼敬他人，懂得使用敬语，讲究公德，不乱扔垃圾，爱惜公物；等等。

培养独立解决问题的习惯。要放手和引导孩子分析、解决自己遇到的问题，遇到事情要冷静，积极想办法解决问题，而不是消极等待。或许在此过程中，孩子会做得不十分恰当，但家长不要求全责备，要指导孩子独立思考、勇于实践，帮助他们不断地成长起来。

培养专注的习惯。绝大部分孩子智力都差不多，影响成绩的关键是专注力。当孩子正在做一件事情时，家长不要一会儿问孩子要不要喝水，要不要上厕所，坐姿要调整等，看上去在关心孩子，其实是在不经意间打断了孩子的思路。如果孩子在专注做某件事情时被打断，长期如此，孩子的专注力就会越来越差。让孩子能够享受到由始至终的连续感和成功感，专注力就是在这一次次的独自探索、独立完成中慢慢提高的。

培养劳动的习惯。可以让孩子从自我服务做起：整理自己的床铺、书桌、洗袜子等，同时也可以承担一些家务，如扫地、倒垃圾、收拾碗筷、帮长辈盛饭等。不在于孩子干了多少活，而是告诉孩子一分汗水一分收获，天下没有不劳而获的事；同时让孩子明白不但自己的事情应该自己做，作为家庭中的一员，还有义务为这个家庭尽到自己应尽的责任。

培养吃苦耐劳的习惯。能吃得了苦、耐得了劳也是做人的一种能力。让孩子适当吃点苦，受点累，更能体会生活的不易。一些家长怕孩子吃苦，总想为孩子提供最好的条件，让孩子从小就有一种优越感，甚至娇娇滴滴；总想着孩子还小，有的甚至怕孩子耽误学习，一切本该孩子自己去做的事情，家长包办，孩子慢慢就养成好逸恶劳、养尊处优的恶习，成了温室里"豆芽菜"。当给予孩子过于优越的物质生活和条件时，孩子们就不懂得珍惜，甚至会挥霍浪费。

好的习惯往往不会自动形成，是需要培养的。无论是有意识的，还是无意识的，都是反复重复后形成的。有研究表明，21天就足以形成一个习惯。当然，如果要改变一个习惯，也跟这个习惯形成的时间有很大关联，改变会更难，要花费更多时间。

有一句古话说："三岁看大，七岁看老。"古人认为，幼儿心地纯洁，可塑性大，培养习惯很容易，如能及早养成良好习惯，就会收到事半功倍的效果；而坏的习惯一旦养成，便很难纠正。《道德经》曰："合抱之木，生于毫末；九层之台，起于垒土；千里之行，始于足下。"培养良好的习惯，不要急于求成，一定要从一点一滴的日常言行做起，同时，需要家长的耐心和智慧。

第三篇　家庭教育怎么教

十六、家长的言行举止都是教育

明白了对孩子应该教些什么，接下来就是如何教的问题。

在如何教育的问题上，有一些家长在认识上有误区，认为教育孩子就是我说你听，就是说教，就是批评，就是指责，甚至是打骂。而认识不到，家长对孩子的教育是全方位、全天候的，不仅有言教，还有身教和境教。也就是说，家长所有的言行举止、行住坐卧、衣食起居，包括家长平常所营造的家庭氛围，哪怕是物品的摆放等，对孩子来说都是教育，而且每时每刻都在教育中，只不过有时是家长有意识的教育，更多的时候是无意识的教育。换句话说，教育无处不在、无所不有，孩子所能听到的、看到的、所能感受到的，能够让孩子受到影响的言语、所作所为和环境氛围，都是教育。只不过有的是正面的，有的是负面的，不是正面的教育，往往就是负面的教育。

战国末期的思想家、教育家、政治家荀子曰："蓬生麻中，不扶自直；白沙在涅，与之俱黑。"意思是，蓬草长在麻地里，不用扶持也能长直；白沙混进了黑土里，就会变得和土一样黑。荀子认为，人的品性都是潜移默化的结果，处在好的环境自然会塑造出良好的品性，处在不好的环境就会塑造出不好的品性。南北朝时期的教育家、文学家颜之推也说："人在年少，神情未定，所与款狎，熏渍陶染，言笑举动，无心于学，潜移暗化，自然似之；何况操履艺能，较明易习者也？是以与善人居，如入芝兰之室，久而自芳也；与恶人居，如入鲍鱼之肆，久而自臭也。"意思是，人在年少时，品性还没有形成，与谁在一起，就会受到谁的熏陶，其言行举止，虽然无意学习别人，但是潜移默化，自然而然就会像别人了；更何况那些有意识要学习的技能呢？因此，和好人在一起，就像进入养育芝兰的房子，时间长了自己也芳香了；和坏人在一起，就像进入卖鱼虾的店铺，时间长了自己也臭了。这就告诉我们一个道理，有什么样的家长和家庭氛围，就会塑造出什么样的孩子，正所谓"近朱者赤，近墨者黑"。

孩子一出生就像一张白纸，如何起步、朝哪个方向走、走到哪里去，完全取决于家长。家长就是孩子的老师，家长的一言一行、一举一动、一点一滴，不管家长愿不愿意、想到没想到，都会被孩子有意或无意地看在眼里，听在耳里，记在心里，对孩子产生影响。正如苏联教育家马卡连柯说的："不要以为只有你们在教训孩子、命令孩子的时候才是教育，你们在生活的每时每刻，甚至你们不在场的时候，也是在教育。"

孩子对外界的认知态度、生活习惯、语言风格、思维方式、对人对事的评价和善恶是非的价值判断，是从学习和模仿家长开始的，家长身上的优点也好，缺点也罢，孩子都会学习和模仿。家长的语言、行为、思想、观念、习惯，生活中的每个小细节，甚至是眼神，对孩子都有着潜移默化的影响。可以说，孩子的好与坏都是家长有意或无意教出来的，在孩子的身上，总能找到家长的影子。

华为公司的创始人兼总裁任正非说，家长的言传身教令他受益终身。任正非的家长都是乡村教师，他们的品格和为人处世之道深深烙在任正非心里。

从家长身上学会了忍耐。穷日子对于有七个子女的任家来说更是艰难。任正非发现，母亲的那份食物经常跑到自己和兄弟姐妹们的碗里。当时因为口粮缺乏，每个人都饿得头晕眼花，而作为家里的主要劳动力，母亲却总是在这种情况下让出食物，这让任正非感到奇怪：难道母亲不饿吗？后来任正非悄悄观察母亲，发现她同样在忍受着饥饿的折磨，经常饿得走路都打战，却依然强撑着照顾孩子，打理家务。母亲忍饥挨饿的样子给任正非留下了深刻的印象。当时家里穷得连一个可以上锁的柜子都没有，仅有的一点口粮就装在瓦罐里，可是饿得头晕眼花的任正非从未打开瓦罐去抓一把，因为他知道，如果自己这样做了，也许就会有一两个弟弟妹妹因为缺少食物而饿死。他选择了和母亲同样的做法：克制和忍耐。创办华为后，任正非屡次陷入困境，但他一直记得母亲的话："忍一忍总会过去。"这种忍耐伴随了他大半生，支撑着他披荆斩棘、永不言败，在创业的道路上艰难前行。

从家长身上学会了不自私。任正非的家长为教育倾注了毕生的精力，教书匠的薪水本就微薄，要养活七个孩子已是不易，但只要有余钱，父亲就会帮一把无钱缴纳学费的孩子。而母亲为父亲准备的口粮也常常被家境贫困的孩子吃掉，任父则经常饿着肚子在油灯下批改作业。他常说："穷人家孩子读书不易，能帮一把就帮一把。"任父和任母善于为他人着想却总是忘记自己，他们一生节俭，穷时如此，生活条件好了也是如此。家长的不自私和乐于付出一直影响着任正非。在领导华为的过程中，任正非也非常懂得设身处地为员工着想，并想方设法为员工谋福利。因此在企业发展的过程中，他一直计划着在与员工分担责任的同时分享利益，由此设计了员工持股制度。

从家长身上学会了踏实做事。除了忍耐和不自私，任正非还从家长那里学到了低调踏实的作风。任父不仅是村里第一位大学生，还曾在抗日救亡运动中担任过青年领袖。但他的性格非常谦逊，从不居功。在从事教育的过程中，兢兢业业，不辞劳苦。在"文革"期间，被打成反动派，下放到乡下劳动，但他劳动起来一点都不马虎，无论是下田干活还是饲养牲口都做得有模有样。他告诉子女："任何职业都值得我们用心去做。"而任母亦是如此，她的文化程度不高，却自学成才，努力完成自己的教学任务，就在这种情况下，她还被评为了中学的高级教师。她的学生中，不少是省、地级干部及优秀的技术专家。

家长是任正非最好的人生榜样，即便是现在，他依然能清晰地回忆起童年时代母亲讲过的励志故事，也记得她的教诲："一个强大的人要时刻记得他人。"正是这样的言传身教滋养着任正非，使其成长为一位受人尊敬的企业家。

曾经，北京卫视一档装修改造节目的回访视频在网上火了。北京一个胡同里，一家三口，房子只有 $10m^2$。然而，生活的不便利没有难倒他们。女主人沈女士的物欲极低，不爱梳妆打扮，春夏秋冬每个季节只有几套换洗的衣物，根本没有化妆品。当北京卫视《暖暖的新家》节目组邀请设计师为他们改造装修房子时，大家都以为沈女士是由于没有多余的空间放置衣物才不装扮，打算为她设计一个衣柜。结果，沈女士的回答让所有人出乎意料："我不需要太多的衣服，穿得舒服干净就可以了，即使房子再大，我也不会多添置衣物的。""设计师如果可以拓展更大的空间，我宁可不要衣柜，而是换成书架。"原来，在这个多把椅子都放不下的家里，居然满满当当地塞下了上万本藏书。沈女士说，一家三口已经将近十年都没看过电视了，休闲娱乐时间全用来看书学习。或许正是"腹有诗书气自华"的缘故，他们看待许多事都十分乐观豁达，无论是大人还是孩子，气质淡定从容，且不骄不躁，脸上总挂满了和煦灿烂的微笑。儿子乖巧懂事，善良开朗，喜欢看书，从来没抱怨过家长未能给予他更丰裕的物质享受。而爸爸每周都会买一束鲜花回家，把局促拥挤、平平常常的每一天过成了优美的诗。他们生活拮据，却给彼此很多关爱。即便在金钱上无法让孩子过上更好的生活，但精神并不贫乏，在这样家庭氛围的孩子，怎么能学不好呢？

在河北石家庄，一个老奶奶拉着一个小女孩过马路。一辆车开了过来，祖孙俩下意识地打算让车，没想到，车主停了下来让她们先过。奶奶示意小女孩说"谢谢"，小女孩向车鞠了个躬，走的时候还挥了挥手，短短几秒，却令人感到无比温馨。家长是孩子最好的老师，孩子的一言一行都是家长的翻版，只有家长把教育贯穿到生活中的每一个细节，孩子才能学得好。

作家刘继荣在《坐在路边鼓掌的人》一书中，写过自己的亲身经历：有一天，她听到儿子在电话里和同学说自己没有幸福感，又想起上次家长会，老师说她儿子变得内向偏激，每次作文都悲观消极。她很惊讶，儿子小小年纪，啥也不缺，怎么会不幸福？后来突然反应过来，近一两年来，下班后她进门就苦着脸奔向厨房，每天还到处抱怨诉苦。日复一日，一成不变的"怨妇联播"，儿子把她的坏情绪全盘吸收了。她开始反思，一个情绪不稳定、凡事喜欢抱怨的母亲，怎么会培养出有幸福感的孩子？为了儿子，她决定改变自己。进家门前再累也要揉揉脸，露出一个温暖的微笑；洗菜做饭时，不再唉声叹气；晚饭后，不带手机，只带儿子，去楼下的体育馆打乒乓球。与儿子一起听音乐，去公园看花开，骑车去郊区，听儿子坐在树杈上大声唱歌……后来，她逐渐发现儿子脸上的笑容和满足感变多了。孩子是父母情绪的接收器，当父母不安时，孩子就会立即警觉。当父母放松时，孩子才会感到愉悦。爱抱怨的妈妈，带给孩子的是压抑的情绪和难以安放的心灵，而一个阳光快乐的妈妈，就是一座鸟语花香的天堂。正如苏联教育家苏霍姆林斯基说的："父母自身的行为对孩子有重大影响。不要以为只有你们同孩子谈话和教导孩子、吩咐孩子的时候，才是在教育孩子。""你生活的每一瞬间，都是在教育孩子。"

不少家长常常感叹，自己家的孩子不如别人家的孩子懂事，将孩子不好的习惯怪罪到学校和老师身上，怪罪到孩子身上，唯独没有怪罪到自己身上。其实，家长每时每刻都在教，只是自己没有意识到，没有意识到自己的言行对孩子产生的影响。孩子的问题往往不是孩子自身造成的，而是家长问题的折射，家长常常是孩子问题的最大制造者，同时也是孩子改正错误与缺点的最大障碍。

新教育实验发起人朱永新先生讲道："生活毁灭人是无声无息的，有如滴水穿石；同样，生活成就人也是无声无息的。"这句话是非常有道理的。教育家陶行知先生就主张"生活即教育"，"好生活就是好教育"。家庭教育专家赵忠心先生也讲："家庭教育本来就是生活教育，是寓教育于日常生活之中。"把生活安排好，让生活本身去滋养孩子成长，就是很巧妙也很见效的教育。

日常生活中有无数的教育契机。比如，带孩子坐地铁，孩子看到候车站台的地上印着脚印，好奇地问这是干啥的，家长告诉他，这是排队用的，排队是为了有秩序，这样孩子就懂得了什么是公共规则；带孩子等公共汽车或电梯的时候，让老人先上，就是在教孩子尊老；孩子吃冰糕，把包装纸扔到垃圾箱里，就是教孩子不乱扔垃圾；在车上不小心撒了东西，家长去捡，孩子也会被带动起来，这就让孩子懂得了应该去维护公共卫生。诸如这些，都是很好的"润物细无声"般的教育。生活中这样的契机其实有很多，关键是家长是否能够有意识地去运用。比如吃饭时，第一筷子菜先夹给谁？一般都是爸爸妈妈给孩子夹上，爷爷奶奶或姥姥姥爷也是这么做。其实应该反过来，爸爸妈妈先给老人夹上菜。如果先给老人夹了，并动员一下孩子也给老人夹，想必他是很愿意的；受到夸奖的话，他还会给爸爸妈妈夹上，这是多么自然的孝老爱亲的生活教育啊！

家庭教育的方法其实是非常丰富的，不是像一些人理解的，无非就是给孩子说说道理、陪着写写作业那么简单。实际上，与家庭有关的所有人、事、物都会影响到孩子的成长。包括孩子身边的人，如爸爸妈妈、爷爷奶奶、姥姥姥爷、兄弟姊妹、亲戚朋友以及街坊四邻等；包括家长对各种事情的认识和处理方法；包括家庭成员的饮食起居、衣食住行等生活习惯；包括家里物品的摆放、家居布置、卫生状况；等等。这些对孩子来说都是教育，都对孩子产生着潜移默化的影响。比如，孩子从小生长在一个物品摆放凌乱、不整洁的家庭，孩子就会习以为常，长大后其物品也会是凌乱不堪；而孩子生活在一个物品整洁有序的家庭，长大后其物品也会摆放整洁有序。因此，家长对自己以及孩子身边的所有人事物都应全面顾及，尽最大可能做到有利于孩子的成长，这才是好的家庭教育。

法国著名作家罗兰曾说："生命不是一个可以孤立成长的个体。它似一架灵敏的摄像机，沿途摄入所闻所见。每一分每一寸的日常小事，都是织造人格的纤维。环境中每一个人的言行品格，都是融入成长过程的建材，使这个人的思想感情与行为受到感染，左右着这个人的生活态度。"要知道，孩子处于不知事的年纪，家长作为孩子最亲近的人，家长的言行举止，孩子都会学习和模仿，都会对孩子产生影响。因此，做家长的务必要好好修养自己的身心，一定要谨言慎行，为孩子健康成长营造一个好的教育氛围和环境。

十七、"言教者讼，身教者从"

《大学》曰："尧舜帅天下以仁，而民从之；桀纣帅天下以暴，而民从之。其所令反其所好，而民不从。是故君子有诸己而后求诸人，无诸己而后非诸人。所藏乎身不恕，而能喻诸人者，未之有也。"意思是，尧舜用仁爱率领天下，老百姓就跟随着仁爱；桀纣用凶暴率领天下，老百姓就跟随着凶暴。上级的命令与自己的实际做法相反，老百姓是不会服从的。所以，品德高尚的人总是自己先做到，然后才要求别人做到；自己先不这样做，然后才要求别人不这样做。不采取这种推己及人的恕道而想让别人按自己的意思去做，那是不可能的。

《颜氏家训》曰："夫风化者，自上而行于下者也，自先而施于后者也。"意思是，教育感化这件事，是从上向下推行的，是从先向后施行影响的。好的家庭教育，是由长及幼的潜移默化，育人先育己，父母做好了，才能带给孩子好的榜样。北宋理学家程颐在《伊川易传》中说："治家之道，以正身为本，故云反身之谓。""威严不先行于己，则人怨而不服。"意思是，要治家，家长身正是根本，不先严于律己，孩子抱怨而不服。元代郑太和在《郑氏规范》中说："为家长者，当以至诚待下，一言不可妄发，一行不可妄为，庶合古人以身教之之意。"意思是，作为家长应当真诚，言行举止不能不谨慎，以身作则方能以身教之。

《说文解字》对教字是这样解释的："教，上所施、下所效。"意思是，上面是怎样做的，下面就怎么效仿，以身作则就是最有效的教育方法。家长和孩子接触最早，而且时间最长，因而是孩子学习的最直接、最具体的榜样。榜样的力量是无穷的。

梁启超先生曾在家书中写道："我最少也要不愧做你们姊妹兄弟的模范。"先生一生奔波不停、笔耕不辍，政治、文学建树不计其数。在大是大非前，始终坚守内心的原则，待人处世上也有自己的一套方法。有这样的父亲做楷模，孩子们自然不会放松对自己的要求。其成功的家教成果背后，藏着一个教育真相：家长是最好的老师，身教是最好的教育。

南宋文学家、史学家、爱国诗人陆游，不但文学成就颇丰，在教育子女方面十分用心。为了督促儿子读书，陆游以身作则，"夜深常共短檠灯"，"更伴吾儿学数年"。用自己活到老、学到老的精神，激励儿子勤奋学习。还为儿子子聿写下了极具知名度的劝学篇《冬夜读书示子聿》："古人学问无遗力，少壮工夫老始成；纸上得来终觉浅，绝知此事要躬行。"告诉子聿为学之要，只有不遗余力，持之以恒，才能取得成功；还要注意学以致用，身体力行，用所学的道理矫正自己的不良行为，进而陶冶情操、完善人格，不能死读书，读死书。

明太祖朱元璋为教育好子女，注重以身作则，成为皇子们的榜样。为了增强皇子对社会的了解，朱元璋常命诸皇子出城下乡，接触农村生活，了解民间疾苦。朱元璋还曾亲率儿子们走访农家，察看农民的居住条件、饮食状况和日常生活。也曾在大内辟地种菜，并召来诸皇子进行现场教育，告诫他们："此非不可起亭馆台榭，为游观之所，今但令内使种蔬，诚不忍伤民之财，劳民之力耳。"这番告诫的目的，就是要让皇子们从小养成爱惜民财民力的好习惯。因此，教育子女与其喋喋不休讲大道理，不如身体力行，做好每一件事，以自己的行为做子女的表率，以收潜移默化之功。

清代政治家曾国藩要求家人所做的事情，他自己不仅能做到，而且做得更好，这种厚重的人格魅力深深印刻在他子孙后代的心里。曾国藩做了一件衣服之后，会十几年乃至几十年都在穿用；在日常饮食上也有严格的要求，绝不浪费一粒粮食。在工作方面，曾国藩每天日理万机，自晨至晚，从不懈怠；晚年右目失明，仍然天天坚持不懈；他所写日记，直到临死之前一日才停止。在孝的方面，曾国藩堪称模范。曾国藩对祖父母、父母极其恭敬孝顺，他始终以很低的姿态给家长长辈写信，常常盛赞其德其行，时时嘘寒问暖，经常禀报商议家事，恳请兄弟子侄尽孝尽责，还经常为不能亲身孝敬父母长辈而内疚惭愧。道光二十九年（1849 年）四月致诸弟信中说："我在京寓，食膏粱而衣锦绣，竟不能效半点孙子之职；妻子皆安坐享用，不能分母亲之劳，每一念及，不觉汗下。"

曾国藩要求他的儿子曾纪泽看《汉书》，"须以勤敏行之。每日至少亦须看二十页，不必惑于在精不在多之说。今日半页，明日数页，又明日耽阁间断，或数年而不能毕一部。如煮饭然，歇火则冷，小火则不熟，须用大柴大火乃易成也。"他是这么要求孩子的，也是这么要求自己的。曾国藩给自己规定，必须做到自定的十二条功课，即主敬、静坐、早起、读书不贰、读史、谨言、养气、保身、日知所亡、月无忘所能、作字、夜不出门。他把自己制定的一系列必须遵循的规矩严格落实，一坚持就是一辈子。他还经常把自己的日记寄回家中，让后辈传阅，以此来给他们树立榜样，而他的后辈也没有辜负他的一片苦心，无一不勤勉克己，努力向学。

美国"华人船王"赵锡成有 6 个孩子，都非常优秀，全部毕业于常春藤名校，其中 4 人拥有哈佛大学的学位。6 个孩子都能在各自的人生道路上创造辉煌，有一个最重要的原因就是家长的身教。赵锡成一生都在努力工作，为了梦想从未停止过读书。移民美国后，每天下班后和孩子们一起学英语；40多岁的时候还在攻读研究生学位。不仅赵锡成从未停止过学习，他的妻子朱木兰也没有放弃过对知识的渴求，53岁的她还考入了大学攻读硕士学位。

央视主持人白岩松在谈到对孩子的教育时说："外界通常对我有一个误解，就是作为一个全国人民都熟知的'国脸'，我应该不是一个好父亲，'他那么忙，哪来时间陪孩子，又拿什么影响孩子？'教育的最高境界是'不言之教'，是父母身体力行带给孩子的梦想。比如：我是阿根廷队的球迷，我和妻子在家不是看书，就是听音乐，除了看足球比赛我们很少看电视，我从来没有引导孩子喜欢哪一支球队，也没有说过你要喜欢看书等。现在我的孩子是阿根廷队的球迷，他从来不看电子书，房间里堆满了纸质书。比如，我家里住顶层，每到晚上坐电梯回家。上了顶层后，我都会摁下'1'，让电梯下去。因为晚上的大多数人都是回家，如此方便其他回家的人，缩短等待时间。后来我发现，以后每晚回家，孩子非常自然地也有了这个习惯，而我从未跟孩子说过'你该怎么怎么做'的话。家长是一个润物细无声的角色，所谓言传身教，你认为这个年龄的孩子，你天天摁在这儿，跟他讲大道理有用吗？"

曾经走红网络的清华大学学生陈逸贤，不仅学习能力很强，而且经常参加各种文体活动。他是学校艺术团合唱队队员，策划制作过两届学生节班剧，还跟随集体参加过10余场校级演出。陈逸贤上中学时，班里有家长前来咨询班主任，孩子喜欢玩手机怎么办？班主任请来了陈逸贤的父亲，让他谈谈自己的看法。然后在场的所有人就看到，他从口袋里掏出了一部老人机，说："要求孩子做到的，家长必须做到，否则是不公平的。"父子俩使用的都是老人机，没有办法打游戏，更没有办法刷剧、刷短视频。为了培养陈逸贤的底线意识，父母规定做完作业，可以看一个小时的电视，但如果超时了，就要接受一个星期不能看电视的惩罚。其余时间，父母也不会打开电视，而是会选择看书，陈逸贤不好意思干别的事，自然也跟着看书。陈逸贤的父母一方面言传身教，另一方面也充分信任孩子。陈逸贤的课外兴趣班就完全是根据他自己的兴趣爱好所选，高中毕业填报志愿时，父母也没有任何的干涉。

不少家长教育孩子总是说教，或是训斥，这恰恰忽视了其行为的教育作用。无数事例证明，孩子最初的行为习惯都是从家长身上学来的，都是家长教育和影响的结果。比如生活中，有的家长喜欢看书，孩子也喜欢看书；家长节俭，孩子也节俭；家长喜欢帮人，孩子也喜欢帮人。而有些家长喜欢打牌，孩子便常会凑过去看，慢慢就学会了；有的家长喜欢看电视，孩子也跟着一起看；家长喜欢玩手机，孩子从小便学会玩手机；家长常常讲粗话，孩子也会说脏话；家长喜欢熬夜，孩子也跟着熬夜；母亲爱打扮，其女儿也喜欢打扮；等等。孩子是家长的影子，是家长的"复印件"。孩子身上的优点，正是家长美德的传承；而孩子身上的顽劣，往往是家长缺点的映射。

有一个孩子学习成绩特别优秀，而且品德也很好，性格沉静、和善。当询问家长的教育方法时，家长却说，没有特别教过孩子！没有逼过孩子读书，也没有为他请过家教，孩子好像天生就很乖、不用教似的。后来才发现，孩子的家长都是很喜欢读书学习的人，他们下班回家后，吃过饭，大家一起收拾完家务，家长便都看书学习了。虽然家里有电视，但很少看。因此，孩子看到家长那么勤奋好学，自然而然就沉下心来写作业、看书，根本不用催。钱永刚教授在回忆自己的父亲钱学森时说过："如果说我们家有什么教育秘诀的话，那就是'不教育'；要说言传，我们家几乎没有，主要靠身教。"

有一位父亲自己上学时成绩很差，后来虽经努力打拼有了一点成绩，但读书的心结始终存在。有了孩子之后，他对孩子寄予厚望，给孩子请了各种家教，希望他能读书有成。但父亲没有意识到，孩子一直在观察自己。有一天，父亲在催促孩子读书的时候，孩子冷不丁怼回来一句话："你只是让我读书，自己却在一边瞎乐，你都不喜欢读书，为什么一定要我喜欢？"

曾有家长对自己的孩子不成器、懒惰、自私、不孝敬自己抱怨说："我从来没有教过他不尊老爱幼，我从来没有教过他不学习，为了让他学习还打过、骂过！"是的，你可能没有用语言教过他这样，但你一定用实际行动教给他了，这比语言更生动、更有效。就如孝道，你对孩子百依百顺，而对自己的父母不管不问，不孝敬自己的父母，怎么指望孩子以后孝敬你呢？

随着孩子一天天长大，你可能发现孩子身上有许多坏毛病，难以教化，却不知道，自己的日常言行已在无形中教育了孩子。生活中，整天拿着手机躺在床上或沙发上聊天、刷微信，却不让孩子玩手机；平时不看书不学习，抽烟喝酒打麻将，却要孩子勤奋读书；半夜不睡觉，打牌看球玩游戏，却让孩子早睡早起；等等。有一句谚语说："孩子都是看着家长的背影成长起来的。"不是孩子做不到，是自己没有做到。"家长是孩子的第一任老师"，这句话很多人都挂在嘴边，但好像只是在嘴上说说，并没有真正重视这件事。

一位妈妈说："在孩子很小的时候，有一天在车上给孩子喝酸奶，我随手将手里的吸管塑料套从车窗扔了出去，因为吸管塑料套很小而且透明，我以为这么小的垃圾不会对环境造成多大的负担。结果我的这一举动被尚且年幼的儿子全盘吸收，他喝完酸奶，也依样照葫芦画瓢地随手将酸奶盒扔了出去。我见状急忙阻止他，告诉他不可以从车窗往外扔东西，他惊诧地瞪圆了双眼，匪夷所思地说道：妈妈刚才也扔了。一句话让我瞠目结舌、哑口无言。这件事之后，我知道家长的一言一行影响着孩子的一生，因此，下决心从我做起，做个好人，做孩子的好榜样。"

古人说："言教者讼，身教者从。"意思是，用言语教导，容易引起争论、对立、逆反；身教就是不要靠说，而是要身体力行，这样孩子自然受到感化，也就会跟着家长去学。空洞的说教所起的作用往往微乎其微，孩子不仅不会听，还会逆反。所以，教育不只是言教，更重要的是身教，正如俗话说的，"身教重于言教"。比如，一家人在一起吃饭，是让老人坐主位，还是让孩子坐主位？好吃的饭菜是夹给老人，还是夹给孩子？如果能做到先老人、后孩子，孩子从小就会明白要尊重家长、尊重老人的道理；如果先孩子、后老人，无形中就会让孩子从小形成以自己为中心、所有人都必须为"我"服务的意识，这对孩子以后的成长会带来很大的危害。再如，家长答应孩子的事一定要兑现，兑现有困难的事不要轻易许诺；如果家长经常说话不算话，不仅会降低在孩子心目中的可信度，并且孩子也会下意识地效仿，对自己说出的话不负责任，便会成为他的一种不良习惯。因此，如果我们想让孩子讲文明懂礼貌，自己就不应该举止粗俗、口出污言；如果我们想让孩子喜欢学习、读书，自己就要多读书、学习，而不是整日抱着手机刷屏、玩游戏；你让孩子孝敬自己，自己却不能身体力行地孝敬自己的父母，这样就把教育变成了说教，那就很难起到预期的效果。

作家郑渊洁老师总结自己的育儿经验时说："闭上你的嘴，抬起你的腿，走你的人生路，演示给孩子看。"成功的家长不是愿意为孩子花多少钱，而是先做好自己，再影响孩子。孩子是天生的模仿家，家长想教好孩子，就先做好自己，发挥以身示范的作用。有一位妈妈深有感触地说："好孩子是领出来的，不是说出来的。我带着孩子去爬山，不仅仅是爬山，我会把沿途的垃圾随手拾起来带下山，孩子看到我怎么做，他自然这么做，而且比我做得更好。有些难捡的垃圾他也不放过，这样的爬山形式带给我们更多的乐趣，我们只顾着捡垃圾，忘了爬山的累，忘了腿会酸，忘了会流汗……只感受到满满一袋子的垃圾被我们带下山、扔进垃圾桶的那种成功喜悦。后来有了弟弟，弟弟从很小就开始养成随手捡垃圾的习惯，只要一看到垃圾，就会条件反射地去捡。正如古圣先贤所说的：孩子不用管，全凭德行感。要想孩子成为什么样的人，自己先成为那样的人；不想让孩子做什么，自己就不要做什么。原件什么样，复印件自然什么样。"

　　没有哪个孩子一出生就是坏孩子。孩子不好，不要抱怨孩子，不好的孩子本身就是家长的受害者，根子是家长没有教好、没有做好。因此，为了教育好孩子，在日常生活中，家长要以身示教，凡是不愿意在孩子身上看到的，首先要杜绝在自己身上发生，时时处处做孩子的榜样和表率。

十八、教儿教女先教己

　　成为家长容易，但胜任这一职位并不容易。作为家长总是能挑出孩子的各种问题，却很少意识到，其实这些问题基本都源于家长。一方面，是一些家长因"三观"不正而表现出来的言行问题，潜移默化地投射到孩子身上；另一方面，是家长的教育方式方法有问题，比如该管的时候、该管的事不管，不该管的时候、不该管的事却使劲管。这些问题，对孩子的成长都是不利的。

　　子曰："其身正，不令而行；其身不正，虽令不从。"意思是，作为上级，或老师，或家长，自己榜样做好了，对下级、学生、孩子即使不要求他们，他们也会跟着去做；自己做不好，虽然严厉命令，他们也不会听从。"苟正其身矣，于从政乎何有？不能正其身，如正人何？"意思是，上级如果能够提升和端正自身，那么对于管理这件事，又有何难呢？如果上级不能提升和端正自身，又怎么能够使别人端正呢？

　　其实，无论是治国、治企，还是治家，道理都是一样的，领导人、老板、老师、家长等都是上级，都一样需要先教己，先提高自己的道德修养，提高自己的教育管理水平和能力。

　　家长如果"三观"不正，不会做人，背离做人的轨道，不明是非、善恶、美丑，必然通过其日常的为人处世、待人接物中的言行举止表现出来，孩子长期在家长的熏陶和影响下，就潜移默化地学会了家长的样子。

　　有一家人在饭店吃饭，吃到一半，小孩大概是无聊了，不停地在玩弄桌上的餐具。后来就开始扔餐具，把杯子给打碎了。服务员急匆匆赶过来收拾，孩子却变本加厉，站到椅子上，用手大力地拍打服务员。旁边的人看不下去，忍不住说道："这孩子都皮成这样了，你们家长还是管一管吧。"没想到，孩子的爸爸却颇有些自豪地说："我家孩子从小就鬼灵精怪，我们也管不了。"听完他爸爸的话，这孩子更加得意了，直接爬到了桌子上。众人一片唏嘘，这是什么家长啊！难怪会有这样没素质的孩子。

　　在一所学校，一位班主任老师看到一名学生上课总是玩手机，对他提醒几次都没有效果。为了不让他上课玩手机，老师就把他的手机暂时收了起来，于是这个学生就借同学的手机玩,没有办法,老师就打电话告知其父亲,本想让其父亲一起教育教育孩子,可没想到的是,父亲不仅没有对老师说一句感谢的话,反而指责老师说:"谁让你把我孩子的手机收起来了?害得我联系不上他,把我吓坏了!"老师告诉他:"孩子上课光玩手机,如果再这样下去,就要让他回家了。"接下来,这位父亲不仅没有表现出应有的态度,还厉声对老师说:"行,你开啊!你今天就把我孩子开了吧!"像这样的父亲,做人的基本素养都没有,怎么可能教出懂事的孩子?

不会做人的家长,教不出懂事的孩子。孩子身上的问题,其根源都来自家长。有的家长连自己都缺乏明辨是非、身体力行的能力,孩子又能好到哪里去呢!有些家长肆意娇惯、放纵孩子,还以为是在爱孩子,实际却是在害孩子而不自知。不解决家长问题,所有的教育都会有问题。

每一位家长都希望能教育出一个品学兼优的好孩子,然而,随着孩子慢慢长大,却发现孩子身上有许多不好的毛病,殊不知,自己的日常言行已在无形中影响了孩子。孩子有问题只是结果,原因在家长身上。孩子固然需要教,但更需要教的是家长!

很多家长总想着如何教育孩子,却从来没有想过,教育好孩子,需要先教育好自己!孩子是天生的学习者、模仿者,外部环境是什么,他就吸收什么。孩子的目光像永不休息的雷达,不停地注视着家长的言行举止,模仿着家长的行为习惯。孩子每时每刻都在接收家长发出的信息,即使是襁褓中的婴儿,也会收到家长的信息。如果说家长是孩子最好的老师,那么孩子是家长最直接的镜子,家长言传身教,孩子耳濡目染。孩子的不足,恰恰反射出家长的不足。

英国BBC曾经拍过一个纪录片,叫《56UP》。该纪录片选择了14个不同家庭的孩子进行跟踪拍摄,每七年记录一次。从7岁开始,14岁、21岁、28岁、35岁、42岁、49岁,一直到片子播出前的56岁。几十年过去了,导演从青年人成了老年人,拍摄的结果震撼了所有人。孩子们最后都慢慢活成了和父母一样的人。从小有着高度自律习惯的家庭,孩子一直保持着不错的体型和身材,成为社会的精英;自小就对孩子疏于照顾和要求的家庭,长大后的孩子多半过得不好;那些上一代婚姻糟糕的孩子,在他们日后的婚姻里,也或多或少出现了父母的错误。

一个家庭就好像是一棵大树,要想枝繁叶茂,首先需要有一个稳固的根基,这样才能为枝叶输送充足的营养和水分。那么谁是一个家庭的根基呢?就是每一位家长。现在的家长对孩子的教育都非常关心,但是却往往把关注的方向和重点搞错了。不少家长以为给予了孩子优越的物质生活和条件，孩子就可以健康幸福地成长了，殊不知孩子需要的不仅仅是物质生活，更重要的是教育，是正确的教育。

曾被评为中国书香之家的李岩一家，是因学习而改变的典范。毕业于山西矿业学院的李岩做过工程师，后来辞职创办了"第二书房"。李岩无论去哪里，都会随身带一本书，女儿从小耳濡目染，也养成了随身带书、随时阅读的习惯，后来成为北大才女，并出版了自己的著作。李岩的太太在陪伴女儿成长的过程中，也自学成才，成了家庭教育专家。没有天生的成功家长，也没有不需要学习的家长，成功的家长都是不断学习、提高的结果。从李岩的家庭看，正是因为家长的自我提升，潜移默化地影响了女儿阅读习惯的养成。在这样充满学习氛围的家庭中长大的孩子，学习就会成为孩子的习惯，而不是一种被强制的负担。

2017 年，上海女孩武亦姝登上《中国诗词大会》舞台，三战三捷。一举夺冠后，无数观众被她深厚的文化底蕴和优雅的谈吐所折服，尤其是在争夺攻擂资格的"飞花令"环节。当期的飞花令主题字是"月"，她和博士姐姐以"月"字吟诗，在被主持人提醒所说诗句重复后，全场氛围紧张到了临界点，她却从容淡定，吟出《诗经·七月》里的那句，"七月在野，八月在宇，九月在户，十月蟋蟀入我床下。"引得评委拍案叫绝。获奖之后，各路代言和娱乐公司纷纷上门，想要以"天才少女"的名号签约武亦姝。然而武亦姝的妈妈却说："天才是不存在的。任何一个优秀的孩子，都不是横空出世的奇迹，而是有迹可循的因果。它的因，在家庭；它的根，在家长。"武亦姝的高考成绩是 613 分（上海高考满分 660 分），被清华大学理科新雅书院录取。

武亦姝的妈妈是小学教师，爸爸在科研机构工作。2001 年 5 月，武亦姝出生在这么一个普通的知识分子家庭。作为家中独女，武亦姝刚进幼儿园，家长就为她制定了一套"家教方案"：增加女儿的知识储备。然而小时候的武亦姝很调皮，不光不愿意学习，连幼儿园布置的作业也草草了事，是老师眼里的"差生"。于是，武亦姝的家长带着她去拜访一位朋友，朋友家的小孩非常爱读书，夫妻俩问孩子是怎么培养的，结果朋友给出的答案出人意料：根本没有培养过。孩子的父亲是学者，母亲是作家，家中藏书很多，客厅、书房、卧室、儿童房、卫生间，随处可见。只要你想读，随手就能拿到自己喜欢的读物。闲来无事，全家人就聚在一起读书，相互讨论，共同提高。这番谈话给武亦姝的妈妈触动很大。

回家后，武亦姝的爸爸妈妈首先改变自己。棋牌室不去了，手机不玩了，开始学习《二十四史》和《山海经》等传统文化经典。家里出现频率最高的游戏是"诗词接龙"。从幼儿园到读高中，武亦姝从未远离过诗词。如此数年，小时候顽皮厌学的亦姝，蜕变成了知礼尚学的学生，写得一手好字，吟得好诗，成了名副其实的诗词才女。

孩子的优秀都浸透着家长的汗水。一个出类拔萃的孩子，不是通过家长的说教就能产生效果的，而是通过家长的言行刻画进孩子的血肉里的。最好的教育是家长做出样子，做出榜样。从成为家长那一刻起，就意味着这辈子都需要不断修行和进步。家长如果以身作则，孩子自然会不断向家长学习，无须每天耳提面命。就像武亦姝妈妈说的："真正的教育，其实就是拼爹妈。但教育语境下的拼爹妈，不是官二代、富二代的寄生和遗传，而是比拼家长的观念，以及生活、思维和处世方式。"

事实上，学习不应该是一件让孩子痛苦不堪的事情，真正让孩子反感的，是家长的教育方式。然而，有多少家长，愿意去花时间反思自己的教育方式呢？一位家长说，他带着女儿去水上乐园玩，女儿起了兴致，让他教游泳。于是，他尝试教女儿游泳。在浅水区练了近两个小时，从套着游泳圈练习动作，到学习在水里憋气，到摘下泳圈试着将动作和呼吸结合起来，结果女儿居然能游起来了。这期间，女儿失败了很多次，但是她却一点都没有退缩。这真的一点都不像那个在家里做题做不出来就放弃的她。后来他开始反思，学游泳也很费力，为什么女儿没有畏难和厌烦的情绪，反而越挫越勇呢？其实，无论学习什么，都不是一件容易的事，但是自己以前在教育孩子方面做的许多努力，都是在给孩子帮倒忙。孩子厌烦的不是学习本身，而是家长的教育方式。对比女儿学游泳和学功课，自己的态度可谓迥然不同：自己从来没有希望孩子会游泳，所以也不会给孩子压力，她失败时，给的全是鼓励，全都是正向的反馈。可是，自己却每天催促孩子学习，当她出现错误的时候，会很严厉地批评她。使孩子在其中体验到的只有挫败。这怎么能让她喜欢学习呢？心理学认为，当人们不得不面对自己不喜欢的事物时，就容易变得麻木。这意味着，既然无力反抗，那么就降低自己的敏感度，让自己变麻木，也就能不那么痛苦地生存下去。事实上，如果你希望孩子具有什么样的品质，那么自己就要先拥有这种品质；你希望孩子获得怎样的生活，那么自己就要努力去过上那样的生活。家长把自己的生活过好，建立好亲子关系，那么孩子就会希望成为你的样子，也会愿意听你的指点。而如果你自己的生活都没有过好，却要求孩子听你的话，还美其名曰是"为了孩子"，那么孩子只会更加叛逆。所以无论是为了自己，还是为了孩子，家长都应该继续学习、努力成长，不仅仅要学习养育方面的知识，更要不断充实自己。家长自身的成长，是至关重要的。

在家庭中，家长自身要树立正确的价值观，明辨是非、善恶、美丑，身体力行，尊老爱幼，富有爱心，乐于助人，才能给孩子树立学习的榜样。孩子就是"一张白纸"，家长是这张纸上执笔最多的人，只有为他们画上正直的人格、善良的品行、自信的态度、感恩的情怀、奉献的精神等，他们的未来才能更加色彩斑斓。

因此，家庭教育首要的就是教育家长，教育者要先受教育，正所谓"教儿教女先教己"。家长不仅要转变教育理念，还要提升自己的境界，给孩子做好表率，用行动去影响孩子；要多鼓励、赞美孩子，多聆听孩子的心声；要无条件地去爱孩子本来的样子，用心去陪伴孩子；要控制自己的情绪，积极主动地处理好与爱人的关系；要多行善事，多为孩子种善因。所以，要想有个好孩子，自己要先成为好老师。"以铜为镜，可以正衣冠；以史为镜，可以知兴替；以人为镜，可以明得失"，孩子出现问题的时候，一定要及时反省和审视自己，找出自己的不足与问题，并不断地修正自己，完善自己。自己提升了、成长了，孩子的问题也就迎刃而解了。

苏联思想家、哲学家托尔斯泰曾说："全部教育，或者说千分之九百九十九的教育，都归结到榜样上，归结到父母自己生活的端正和完善上。"别把所有的劲儿都使在孩子身上！因为对孩子影响最大的不是你硬要灌输给他们的东西，而是他们从你身上看到了什么样的活法。孩子的教育不仅是教育孩子，更是家长的自我教育。孩子在日常生活中不仅复制家长的行为，更会复制这些行为背后的品格、修养、原则、格局。家长应该明白，教育孩子的过程也是个提升自己的过程，不断完善自我，为孩子做出榜样更重要。

十九、要正视孩子之间的差异

《论语》记载，有一次，孔子讲完课，回到自己的书房，学生公西华给他端上一杯水。这时，子路匆匆走进来，大声向老师讨教："先生，如果我听到一种好的意见，可以立刻去做吗？"孔子说："总要问一下家长和兄长吧，怎么能听到就去做呢？"子路刚出去，另一个学生冉有悄悄走到孔子面前，恭敬地问："先生，我要是听到好的意见应该立刻去做吗？"孔子回答："对，应该立刻落实。"冉有走后，公西华奇怪地问："先生，一样的问题，您的回答怎么相反呢？"孔子笑了笑说："冉有性格谦逊，办事犹豫不决，所以我鼓励他临事果断；但子路逞强好胜，办事不周全，所以我就劝他遇事多听取别人的意见，三思而行。"这就是孔夫子因材施教的思想。

孟子曰："夫物之不齐，物之情也。"意思是，天下万物千差万别，这是客观的情形，是自然规律。古人云："一母生九子，九子各不同。"世界上没有两片完全相同的树叶，同样，世界上也没有完全相同的孩子，孩子之间的个性和禀赋千差万别。家长如果看不到孩子个性上的独到之处，而一味地按照自己理想的目标或用其他孩子的标准去要求，往往会事与愿违。为孩子的未来努力是应该的，但不要为孩子的未来太担心，大树可以参天，小草也能成茵。

美国心理学家加德纳在《智力结构》一书中提出，每个人至少有七个方面的智能，这些智能在每个人身上的体现是不一样的。一是语言智能，是指有效地运用口头语言及文字的能力，这种智能强的孩子会在语文、英语学科表现突出。二是逻辑数学智能，是指对数字比较敏感，计算能力强，这种智能强的孩子在数学学习上占有优势。三是空间智能，是指对色彩、形状、空间等敏感性高，这类孩子善于用意象及图像来思考，空间想象能力强，可能成为画家、建筑设计师等。四是肢体运作智能，是指善于运用整个身体来表达想法和感觉的能力，这类孩子可能成为运动员、舞蹈家等。五是音乐智能，是指能敏感地感知音调、旋律、节奏和音色等能力，这类孩子以后有可能成为作曲家、指挥家、歌唱家、乐师、乐器制作者等。六是内省智能，主要是指认识自己的能力，这种孩子以后有可能成为政治家、哲学家、教师等。七是自然探索智能，是指认识植物、动物和其他自然环境的能力，这类孩子在生物学、科学学科会表现较为突出。

人的智能结构是不一样的，每个孩子都有自己的强智慧和弱智慧。空间能力好的人往往语言能力不怎样；语言能力好的，空间能力可能差些。有的形象思维好，因而美术方面特别突出；有的语言能力好，因而语文方面突出；有的思维严谨、逻辑性强而数学方面突出；等等。这就是为什么有的孩子功课分数高不一定唱得好，唱得好不一定画得好，画得好不一定弹得好。大科学家爱因斯坦的大脑在死后捐了出来，人们对它做了详细的分析，发现其大脑掌握空间的顶叶、颞叶交会处，的确比别人大 15％，他的脑细胞也比别人多。但是爱因斯坦到三岁才会说话，如果生活在现在，会被认为语言发育迟缓，他的私人书信及日记被公布后，有人认为他是阅读障碍者。他的右脑比较发达，很可能跟他左脑功能不甚强、自然地去用他最擅长的右脑去处理信息有关。也就是说，很少人得天独厚样样都好。这世上从来没有完美的孩子，每个孩子都各有千秋，所以我们不必去苛求孩子。就如同我们不能要求所有的种子开同样的花、结同样的果一样。

既然人都有个性和禀赋差异，都各有优势和弱势，那么，好的教育就应该是充分尊重孩子的个性和禀赋差异，给予孩子个性发展的自由空间，扬长避短，发挥优势，这样孩子才容易成才。如果不顾孩子的个性和优势，非要按照家长所希望的路径、目标，硬性塑造孩子，难免事倍功半，甚至事与愿违。正如爱因斯坦说的："每个人都身怀天赋。但如果用会不会爬树来评判一条鱼，它会终其一生以为自己愚蠢。"如果不能正视人与人之间的差异，对有些孩子来说，无疑就是让鱼爬树、让猴子游泳。在很多情况下，孩子的学习比不上别人，其实不是孩子不努力，是因为他的学习优势跟别人不一样。不要以为只有学习成绩好的孩子才是好孩子，每一个孩子都是好孩子，只要我们善于发现和引导他们的优势与特长。只看学习成绩，孩子找不到自己的天赋所在，会觉得自己很笨。如果孩子学习成绩不好，别人也许认为孩子不够好，但作为家长一定要有正确判断，成绩不好的原因是什么。成绩绝不代表一切，更不是评判孩子好与不好的唯一标准，它也许说明这是孩子不擅长的事情，只要孩子努力了，就不应该批评和否定孩子。

在孩子成长过程中，家长应该是引领、引导的角色，而不是决策者。现代著名作家冰心说："要让孩子像野花一样自然生长，要尊重儿童的天性和选择。"有远见的家长会根据孩子的实际情况，培养孩子的学习兴趣，发现孩子的长处，引导孩子不断完善自己；让孩子在选择中成长、学会承担责任和后果，而不是唯成绩论，也不盲目规划孩子的人生，逼着他们去执行。

如果家长和老师的教育满足了这些差异和不同特点，那么孩子焕发出来的发展潜能和自信力将是十分巨大的。如果我们忽视孩子是有着不同家庭背景、不同认知方式、不同禀赋、不同兴趣爱好和不同心理特征的生命个体，不问青红皂白"一刀切"，必然会抹杀一些孩子的个性差异和天赋，使本来有着千差万别的孩子，都成了模式化的产品，这何尝不是教育的悲哀！每个人都是独一无二的，是雏菊就要成为一朵美丽的雏菊，而不要祈求变成牡丹。这就要求家长要正确对待孩子个体之间的差异，因材施教。

一个小姑娘，在家里挨了妈妈一通骂，心情极度不爽，晚上一个人跑去鼓楼透透气。事情源于女孩这次的月考成绩不好，妈妈劈头盖脸一通骂：我看你的基因就学不好，考成这样，干脆别学了！出去工作算了，还能挣钱，我也不想养你了！当初真不该让你上高中，不如直接工作……她女儿喜欢唱歌跳舞，是学校合唱队的成员，班级的文艺骨干，还曾经报名参加过某个综艺的海选活动。她不关心女儿喜欢什么，只以学习成绩来定性女儿，成绩不好就责骂。如今，那个爱唱爱跳的女孩，活得越来越自卑和焦虑，认为自己很笨，智商不高，学什么也学不好。人生就像马拉松，成绩从来不是目的。作为一个学生，考试成绩和排名固然很重要，但这绝不是衡量一个孩子是否优秀的唯一标尺。

有个男孩发现，同桌想考第一，就考了第一，而自己想考第一，却考了第二十名。他无比沮丧，企图从妈妈那里获得答案："妈妈，我又没考好，明明一样听老师的话，为什么总是落后？我是不是比别人笨？"这位妈妈带孩子去了海边，告诉孩子：你看海边的鸟儿，当海浪打来的时候，小灰雀总能迅速地起飞，它们拍打两三下翅膀就升入天空。而海鸥总显得非常笨拙，它们从沙滩飞入天空总要很长时间。然而，真正能飞跃大海横过大洋的，却是海鸥。从小学开始，这位妈妈和孩子爸爸是这样要求孩子的：只要学习态度好，考试考多少分都不会怪你。

现在不少家长关心的不是自己家的孩子，而是别人家的孩子，把别人家的孩子作为标杆，总喜欢拿自己孩子的某个方面与更优秀的孩子比，结果越比越不满意，不停地批评、责骂、数落、挖苦孩子，使孩子的压力与日俱增，导致孩子消沉、迷惘、逆反。因此，家长切不可用别的孩子的长处来比掉自己孩子的自信，也不要因孩子某方面的欠缺而否定他的一切，更不能照搬别的孩子的成功个案来培养自己的孩子。孩子只能跟自己比，今天比昨天进步了，就应该肯定和奖励。家长应当顺其自然，用欣赏的眼光去看孩子，才能看到他的长处；帮助孩子发现自己的优势和特长，教会孩子了解自己的长处，接受自己的短处。

美国"华人船王"赵锡成在教育六个女儿时，从不要求孩子们必须按照他的人生规划，而是根据孩子的特长，因材施教。于是，大女儿成为美国交通部部长，二女儿成为跨国公司高管，三女儿做过纽约州消费者保护厅厅长，四女儿在通用电气做副总裁，五女儿是哥伦比亚大学教育学博士，六女儿在自己家族企业做副董事长。尊重孩子的选择，全力支持孩子的发展，这就是赵锡成给孩子制定的成长战略。

黑幼龙先生是台湾成功的企业家，又是"成功学大师"，黑幼龙自称一生的另一杰作是把自己的四个儿女培育成才。他在自己的《慢养：给孩子一个好性格》《慢养家书：找回幸福家庭的原动力》等书中提倡，要慢养孩子。他说："慢养并不是时间上的慢，而是说教育孩子不要太担忧、太着急。不求一时的速度与效率，不以当下的表现评断孩子，尊重每个孩子的差异。慢养，可以让孩子发现最好的自己。"养孩子就像种花，要耐心等待花开。真正的园丁是不会在意花开的时间的，他们知道每种花都有自己的特点，只是花开的早晚不同。铁树开花是人间奇观，一株幼苗，从栽培到开花需要十几年到几十年，而且花期长达一个月以上，这就是"铁树不开花，开花惊四方"。

作家凡小西曾讲过一个关于她"学渣"儿子的故事：一开始，她感到非常焦虑，给儿子报了各种补习班，请一对一家教，她自己也努力辅导孩子功课。可是，即便这样，儿子的成绩还是让她抬不起头。每次去学校，她都会悄悄地坐在角落，生怕被老师注意到。但抛开成绩，她发现她的儿子真是来报恩的，虽然成绩不好，但孩子很善良、孝顺，也很努力。更让她意想不到的是，班上投票选体育委员，儿子竟然全票通过。当问到同学们为什么选他时，同学们有的说他乐于助人，有的说他活泼开朗，有的说他很讲义气……而这，也让她重新思考了学习的意义。学习无非是为了让他以后有能力去养活自己，去实现自己的人生价值。儿子勤劳、懂事、善良，将来踏踏实实做一份平凡的工作，又何愁没饭吃？做完了一天的工作，他回到自己温暖的家，做一名体贴的丈夫、一位负责的父亲，当父母生病的时候，他愿意耐心照顾陪伴……就这样长大、变老。这样的人生，何尝不是一种成功。

北京四中原校长刘长铭就曾呼吁：请鼓励你的孩子做一个幸福的普通人。而我们一直以来，却很难接受我们的孩子将来可能是个普通人，但是，对绝大多数家庭来说，这就是现实。我们为了追逐幻想的目标，开始给孩子定制他们的童年、少年，开始不停地"抢跑"。可是抢在起点，却败在了终点。刚开始期望孩子是学霸，上名校；后来，期望孩子有个好工作，成家立业；再后来就是生活稳定，工作稳定，别失业；最后我们最大的梦想，则是他们能在我们身边，给我们倒一杯水。其实，我们每个人心路都是这样一个过程，最开始有非常高的理想，但是最后当我们垂老的时候，才真正明白过去很多时候的培养都是不正确的。不要羡慕别人的孩子，每一个孩子都是一个独特的存在，用心教育、陪伴成长，让孩子都长成他自己想要的样子。

"天生我材必有用"。这个社会上的任何人都不是多余的，社会上的无数行业和职业都需要人来做，适合的才是最好的。爱孩子是人人都会的，对于家长来说这是本能。但是会爱孩子不是每个家长都能做到的，真正爱孩子是尊重孩子，要知道自己孩子的长处和短处。家长要有足够的勇气和智慧，承认、正视、发现孩子间的差异，接纳孩子的不足，用平和、务实的心态耐心教育和引导孩子，不要总是让孩子以超越别人为目标，而是要看到孩子自己和自己比的进步。如果孩子的发展状况没有我们期待的好，要沉住气，多正面鼓励，少指责；在孩子受挫沮丧时，给予孩子鼓励和支持，让他获得勇气和力量，不要在孩子面前表现对他的失望，不然他泄气、破罐破摔的速度比你还快！期待孩子慢慢进步，但是不能无限期待，对孩子提的要求要适当，应与孩子实际能力和水平相匹配，而不是去苛求孩子，否则，就是对孩子最大的不理解和伤害。

教育的最好成果，不是孩子考高分，不是他将来能挣大钱，更不是他长大后功成名就，而是他能够最大限度地发挥自己的优势和特长，能够健康快乐成长，真正找到属于自己的快乐和幸福，这才是最重要的。

二十、要学会给孩子"加油"

《礼记·学记》曰："教也者，长善而救其失者也。"意思是，教育就是长养孩子的善德，纠正孩子的缺点和错误。那么，如何长善救失呢？就要善于运用表扬和批评这两种手段。

表扬与批评就像"加油站"和"修理厂"，发现孩子的优点并给予表扬，就是给孩子"加油"；发现过错，予以批评教育，就是给孩子"修枝打叉"。因此，在家庭教育中，表扬和批评都是不可缺少的。孩子受到表扬会心情愉悦，自信心也会随之得到增强；受到批评，认识到错误，孩子的认识和言行都会得到提升。古今中外，好的家庭教育，总是以表扬和鼓励为主。正如古人说的："数子十过，不如奖子一长。"

好孩子之所以好，很重要的就是家长欣赏孩子，孩子从这些持续的欣赏中，越来越自信。所以，家长要学会寻找孩子的优点和进步，加以表扬、赞美和鼓励，给孩子增强自信心，让孩子获得成就感、成功感、喜悦感和动力感。

曾国藩对于子弟的长处和进步，总是热情表扬。如儿子曾纪泽很喜欢练习书法，曾国藩很鼓励，有一次在给曾纪泽的信中说："二十二日接尔禀并《书谱序》，以示李少荃、次青、许仙屏诸公，皆极赞美，云尔'钩连顿挫，纯用孙过庭草法，而间架纯用赵法，柔中寓刚，绵里藏针，动合自然'等语，余听之亦欣慰也。"特意记录了李鸿章等人夸曾纪泽书法的原话给他看，曾纪泽看到必然是深受鼓舞。而在《曾国藩家书》中，像这样的表扬还有很多。

有一位母亲经常对儿子说"有儿子就是不一样"，对儿子不断地肯定，使一个幼小的儿子成了勇敢的男子汉。儿子3岁时，有一次妈妈抱他挤公共汽车，不料腿下一软，没挤上车，差点摔在路边。儿子马上关切地问："妈妈，您怎么啦？"她认真地对儿子说："妈妈下乡插队时，把膝盖摔坏了，抱着你上不去车。"儿子一听，马上跳到地上，用小手为妈妈捶腿。她抚摸着他的头，欣慰地说："有儿子就是不一样！"儿子十分得意，以后再也不让她抱了，而且经常为她捶腿。儿子上小学二年级的那个盛夏，一天她下班回来，儿子兴冲冲地端上一杯茶："妈妈，您喝茶！我为您倒的。"茶已经凉了，她胃不好，不爱喝凉茶，但仍一饮而尽，然后知足地说："有儿子就是不一样！如果茶再热一点就更好了！"第二天，她就享受了儿子倒的一杯热茶。儿子上四年级时，一天他爸爸要出差，儿子高兴了，她却为难地对他说："你高兴了，我可惨了，下了班还得急忙回家为你做饭。"谁知，儿子拍着胸脯，神秘地说："爸不在，还有我呢！"看他那样子，她仿佛有了"依靠"，马上"恍然大悟"："对！对！还有你，你也是个男子汉！"第二天，儿子放学后早早地回到家，炒好两盘菜，放在盘子里，还用碗盖上。她一回家，儿子马上说："妈，您快去洗手，我给您盛饭去！"她特别"听话"，洗了手，就在饭桌前坐着。儿子盛来饭，她大口大口吃起来。儿子在旁边看着，用电视广告里的语气问："味道怎么样？""味道好极了！"她也用了"广告语"。"和我爸做的菜比怎么样？""比你爸炒的菜强多了！"她夸张地说。其实，他的手艺比他爸差远了，还有点不熟呢！但几年以后，儿子就是炒菜的好手了。孩子渴望被需要、被肯定，当他感到了家长对他的需要和肯定，他便找到了一种责任和幸福。

1968 年，美国心理学家罗森塔尔曾对美国一所乡村小学的孩子进行过一场实验。他们先是煞有其事地对孩子们进行了"未来发展趋势测验"，但并没有真的计算分数和结果，而是随机挑选了一些学生，告诉校方这些孩子更有发展潜力，并叮嘱他们保密。8 个月后，经过测试发现，之前被随机判断为有潜力的学生，表现得性格更外向、更自信，求知欲也更强。这个后来被罗森塔尔命名为"权威性谎言"，他对校方来说是权威，而校方对学生来说是权威。很多人都有这样的感觉，经过家长或老师的肯定和鼓励，看到了自身的潜力，从那以后便开始玩命地学习和表现。

对孩子来说，家长就是他们的第一个权威。家长的认可，将深刻地影响孩子的人生。在心理学上，因为每个孩子潜意识里都是爱家长的，他们会把家长的评价内化为对自己的评价。在童年时期，因为对自身和外界的认识、理解都非常有限，所以不知道怎么去评价自己，只能求助于家长。如果家长肯定了孩子，孩子就能肯定自己，逐渐生长出自信；如果家长否定了孩子，或者一直没有肯定孩子，孩子就会怀疑自己。

台湾著名作家三毛在《一生的战役》里，曾经写过："对我来说，一生的悲哀，并不是要赚得全世界，而是要请你欣赏我。"这个你，就是她的父亲。后来她的父亲看到了这篇文章，写道："很感动，深为身边有这样的小草而骄傲。"三毛泪流满面，回到："等你这句话，我等了一生一世，直到今天你亲口说出来，才抹去了我在这个家庭永远抹不掉的自卑和心虚。"这个世界上有太多的孩子跟三毛一样，因为小时候得不到家长的认可，内心坍缩成一个洞，终身都在渴求着。不是每一个孩子都像三毛那样坚强，他们可能会迷茫、彷徨，最终被打上没自信、没出息的标签，实在是可惜。所以，千万不要低估认可的力量，家长小小的认可，或许就是孩子的全部世界。

泰国有一个广告片：一个小男孩特别喜欢踢足球，但是他实在没有基础，老师委婉表示，天分不高，体力也跟不上，只能观察一下。这是劝退的意思。妈妈听教练这样说，心里很不舒服，但他回家还是对失落的儿子说："今天老师夸你很努力哦，你以前完全顶不到球，现在偶尔都能顶到了，只要再努力一点点，接触到就够了。"儿子听了马上充满力量，去院子里练习顶球了。妈妈忐忑地想，自己是不是在告诉孩子一个谎言呢？之后每次遇到挫折，妈妈都告诉他努力一点点就好，只要超越自己，不要看别人。"做得不够好没关系，我并不想让你是第一名，只希望你每天超越自己一点点，就够了。"本来每次都因为挫折想要放弃的孩子，听完妈妈的话，每次都充满自信，继续努力。最后，这个基础最差、被教练说没有天分、体能跟不上的小孩，成为场上奔跑最快、最有毅力，在最后关头进网把比分追平的小英雄。是妈妈的相信，让孩子战胜了自己。鼓励孩子，有时哪怕说的是谎话，也能给孩子坚持的力量。坚持下去，哪怕失败了，也是受益无穷的。家长发自内心相信自己的孩子，并且鼓励他们追求自己的梦想，给了孩子努力向前的力量，能让孩子在追求梦想的过程中，不感到孤独挫败。其实，之所以那么多人无法坚持做一件事，就是没有这种力量。孩子对自己的信念和对梦想的执着追求，多是来自家长的反馈。哪怕全世界都嘲笑他，只要家长肯定，孩子就会充满力量。

教育孩子最好的时机是什么？很多人觉得是在孩子做错事、表现不好的时候，此时家长大做文章，让孩子意识到问题的严重性，以免下次再犯同样的错。然而事实上，塑造孩子好习惯的最佳时机，是当孩子表现好的时候。家长尤其需要有一双善于发现的眼睛，看到孩子微小的进步，不经意中表现的闪光点，并告诉孩子。比如孩子表现出害怕迟到："妈妈，我们早出去，别迟到。"就是这么一句话，妈妈对他进行表扬和肯定："你很守时，守时是一种非常好的素质，这个社会上的人都喜欢跟有素质的人打交道。"从此以后，孩子可能就爱上了守时这件事。在一次又一次这样的引导中，孩子形成了对美好品质的认识。而且，因为得到了鼓励和赞许，孩子的自信心一点点被激发，在以后的生活中，还会不断表现那些被认可的美好品质，这就是一个正向强化的过程。

一位优秀的小学老师谈到他改造一班小学生的秘诀：他的学生在低年级的时候遇到一个非常严格的老师，给学生的作业很多，而给学生的评价却很低。当这班学生升到他的班级的时候，他发现学生的学习情绪很低，学生都畏畏缩缩的，一点也没有小学生那种天真的模样。"我开始把作业的最低分数定为甲下，即使写得糟的学生都给甲下，当然好一点的就是甲了，再好一些的是甲上。写得很不错的，我给他甲上和一个苹果，真的很用心的则给他甲上和两个苹果。"老师所谓的"苹果"，只是一个刻成"苹果"的印章盖在甲上的旁边。除此之外，每隔一段时间就发奖品。由于评分很宽，每次发奖品时，几乎统统有奖，最小的奖是一张贴纸，最大的奖是一个铅笔盒。从此，好像变魔术一样，学生又有了开朗的笑容、天真的模样，特别是每次颁奖的时候，教室就像节日盛会一样，所有的学生都充满自信、容光焕发。他说："不管是什么样的孩子，爱是最好的教育，而表达爱最好的方法是欢喜、鼓励与赞赏。"

有一个名为高威的美国网球教练声称，他可以让一个完全不会打网球的人在 20 分钟内学会打球，此事引起了美国 ABC 电视台的兴趣，他们决定派记者去现场采访。高威找来一个很胖的、从未打过网球的女人，让这个女人不必在意用什么姿势击球，只需要把注意力放在网球上，当网球从地面弹起时，先叫一声"打"，然后用球拍击球就行了。果然，在短短 20 分钟之内，这个女人学会了自如地击打网球。高威解释说："我并没有教她打网球的技巧，我只是帮助她打破了自己不会打球的固有意识。"高威的思维，也同样适用于教育孩子。无论面对什么事情，只有当孩子觉得自己能行时，他才有勇气去尝试。很多孩子不愿意学、学不会的原因，根源就在于自信心受到了打击。

网络上有一个"家长最让你不能忍受的行为"的调查，在十个选项中，网友最反感的前三项分别是：常打击子女（包括贬低、嘲讽等）；经常拿别人家的孩子来刺激自己；自以为是，永远将子女看成不懂事的孩子。

一位女士在回忆自己的童年时说："自己就是在被比较中度过的。不管我做得多好，我永远比不过别人家的孩子。父亲冷嘲热讽，母亲吼叫指责，我从来没有感觉到自己被信任或被尊重，这种怨恨和委屈占据了我童年的整个记忆。不止一次地，我想要离开这个家。直到初中，我开始了住宿生涯，那一刻我感觉终于'解脱'了。但是，这还不够，我只是远离了他们，但是我更加感受不到他们对我的爱了，于是，从初二下半年，我开始进入了叛逆期。在学校与老师对抗，耍个性，爱逃课，对于学业不再那么上心，遇到一点小事就烦躁生气。在家里与家长唱反调，我感觉自己就像是一只刺猬，见到谁就扎谁，动不动就发火。升高中的时候，我跟家长的意见产生了很大的分歧。家长想让我去一中，那是我们县最好的学校，然而，为了对抗而对抗，我与家长背道而驰。看到他们在我发火时小心翼翼地对我，我感觉很爽，因为只有在那个时候，我才能感觉到，他们是爱我的。小时候的这段经历，导致我的性格有很多缺陷：自卑、要面子、要强、虚伪、纠结、不自信、不敢担当。在每次面临人生重大选择时，我都是叛逆地选择了一条错误的道路，跌了无数跟头，丧失了很多机会。"

曾经有个 13 岁男孩因离家出走登上了热搜。南京六合区，13 岁的男孩天天离家出走，幸运的是警察经过一个多小时的努力找到了他。天天向警察叔叔诉说了自己的"伤心事"："爸爸老是觉得我这不行那不行，还经常拿我和别人家孩子比，他不喜欢我，我就走。"天天离家出走前，还给爸爸留下便条，上面写着："亲爱的爸爸，你不用找我了，以后你不认识我，我也不认识你。你不该有我这样的儿子，再见了爸爸。"短短几行字，足以表达天天的决绝。在家庭教育中，很多家长习惯性拿孩子跟别人家的孩子作比较。然而一味拿孩子去比较，挫伤的不仅是他们的自尊和自信，更会破坏他们的安全感。时间久了，家长就会失去孩子的信任，亲子关系会变得越来越疏远。"别人家的孩子"，最终伤害的只会是自己的孩子，对孩子的成长是十分不利的。

在综艺《少年说》中，一个女孩哭着大声控诉自己的妈妈："你怎么总是拿我跟其他同学比较，为什么我的努力，你从来都看不到？"结果，她妈妈冷冷地回应说："其实我一直在不断打击你，以你的性格，不打击会飘。"当女孩一边抹眼泪一边表示，自己的性格不适合打击的时候，妈妈却依然坚持自己的想法："当你很强的时候，我觉得我要拍一下，当你很弱的时候，我觉得要推你一把。"女儿发现，无论自己再怎么说，都无法劝服妈妈，于是哭着走下了台。很快，这段对话登上了微博热搜，许多网友纷纷表示："在这个女孩身上，看到了当年的自己。"美国著名心理专家马歇尔·卢森堡说："也许我们并不认为，自己的谈话方式是暴力的，但语言确实常常引发自己和他人的痛苦。"不少家长总是忽略了这点，肆无忌惮地对孩子打击、嘲讽、谩骂，却不曾想，语言这种暴力伤害指数特别惊人。

心理学的暗示效应告诉我们，家长的否定、打击，会给孩子消极的心理暗示，并转化为孩子"内在的批判声音"，形成强大的"反自我"意识。他们会习惯性地自我批评和否定，觉得自己一无是处，即便成年后否定你的那个人已经不存在了，这种否定态度还会保留在心里，时常苛责自己。正如美国著名心理医师苏珊·福沃德博士在《中毒的父母》一书中说："小孩总会相信家长说的有关自己的话，并将其变为自己的观念。"作为孩子，无论他口头和行为上多么逆反，在心里却是天然地相信自己的家长。当家长一次又一次看似很有责任心地对孩子作出负面评价时，孩子会在心里形成一种信念，那就是：我很差劲，我不行！接下来，他会有意无意地做出种种差劲的行为来验证家长的评价。所以，不要总是盯着孩子的缺点和错误，不要说孩子不行。只要想让孩子去做，那就给孩子信心，家长除了支持，不要说任何泄气的话。因此，请不要随意说自己的孩子"笨"，世上没有"笨"孩子，只有"笨"教育。

每个孩子都有自己的特点，没有可比性，家长要做的是用欣赏的眼光鼓励孩子做好自己。要多纵向比，多拿孩子的过去与现在比较，让孩子知道自己长大了、进步了，只要现在的自己超过过去的自己，就应该肯定和鼓励；总成绩不够理想，单科在进步也要肯定。不要横着比，盲目地拿自己的孩子同别的孩子比较，人比人，气死人。有些家长，总有攀比心，让自己的孩子与别家的孩子比，拿别人的优点与孩子的缺点比，比得孩子抬不起头来，结果闹得两代人关系紧张。想想看，作为家长怎么不自己也与别的家长比呢？自己做不到的事情，将希望寄托在下一代身上，不是太自私了吗？家长务必记得，别人家的孩子，从来不是刺激孩子努力向上的标杆，优秀的孩子一定不是比出来的。

教育家陶行知先生说过："你的教鞭下有瓦特，你的冷眼里有牛顿，你的讥笑里有爱迪生。"他在告诉我们什么呢？不言而喻，就是对那些学习、习惯不好的孩子千万不要失望，因为每个孩子身上都有优点，每个孩子都有成才的机会。如瓦特、牛顿、爱迪生等，他们在上学的时候，曾经是不被老师认同的学生，结果却成长为令人仰视的"大家"。如果我们把否定、冷眼、讥笑变成鼓励、表扬、赏识，相信很多"不好"的孩子都会有所改变。

生活中不缺少美，而是缺少发现的眼睛。会教育孩子的家长和不会教育孩子的家长最大的区别在于，前者会将孩子的优点挖掘出来，并加以放大，而后者看到的往往是孩子的缺点。孩子天生是纯洁的，小时候的认知能力也是有限的，他的优点需要家长来发现。

首先，要用发展的眼光看待孩子。不要拿自己的孩子跟别人的孩子比，否则，总是看到孩子的缺点，而对孩子取得的进步，往往会视而不见。拿孩子的以前和现在来比，家长就能看到孩子比以前有进步，哪怕只是一小步，家长也要适当地给予肯定和鼓励，这样孩子才会有一种被肯定的感觉，也会因此更加上进。

其次，要用全面的眼光看孩子。有些家长总是喜欢把目光聚焦在孩子的学习成绩上，在他们眼里，学习成绩决定了一切。学习成绩好，那就什么都好，学习成绩差，那做什么都不合格，这样是不对的。不能只用分数来衡量孩子，孩子或许学习成绩不理想，但可能在画画、舞蹈方面有天赋，家长不能只关注学习成绩，忽略了孩子其他的特长。有些孩子学习不太好，但是动手能力很强，很勤劳，很善良，很乐观等，这些都是优点，家长可以从这些方面着手，表扬孩子的可取之处，让孩子发扬自己的优点，这样孩子才会变得更优秀。

再次，家长要降低期望值。家长过高的期望造就了很多"笨"小孩，因为达不到家长的要求，孩子就会产生自卑心理，从而怀疑自己的能力，认为"我很笨"。所以家长对孩子的要求要适当，让孩子通过一定的努力能够达到，从而产生喜悦感和成就感，成功的次数越多，以后往往越容易成功，如果总是失败的话，孩子也会失去信心。在家长的眼里孩子或许真的不是那么聪明，但有句老话说得好，"勤能补拙"，让孩子勤快一些，改掉懒惰等陋习，只要孩子主观上努力了，对结果要顺其自然。

信任、赞美和鼓励具有一种能量，它能改变人的行为。正如英国前首相丘吉尔说的："你要别人有怎样的优点，你就要怎样去赞美他。"不要吝啬自己的赞美，多鼓励孩子，让孩子得到一种被关爱、被肯定的感觉，他的积极性和责任感就焕发出来了，你会发现孩子身上的优点越来越突出，乃至越来越多，孩子的学习就会有突破，甚至出现奇迹。当孩子找到做好孩子的感觉，经常能感受到家长的肯定和鼓励时，就会对自己充满信心，慢慢对学习产生兴趣，长此以往，孩子的各方面素质都会提高。

当然，对孩子夸奖也要有度、有分寸。表扬孩子要结合孩子的年龄和性格特点。对于充满自信的孩子，如果表扬过于频繁，容易让孩子产生骄傲的心理；而对那些缺乏自信、有自卑感的孩子，就应该适当地给予鼓励和表扬，肯定他们点滴的进步，逐步让他们变得自信起来。要夸到点子上，不能胡夸、乱夸、滥夸。如果动不动就夸，或过于夸大其词，或没有善恶、是非、美丑标准，会让孩子产生盲目的自信，不仅会走向自负，还会形成过于依赖别人评价的思维习惯，失去正确的自我判断能力，甚至可能适得其反。

二十一、批评有技巧

俗话讲，"金无足赤，人无完人"。任何人都会犯错误，何况是孩子。顽皮好动是孩子的天性，因而犯错是十分正常的，也可以说，犯错是孩子成长的"必修课"。对犯错的孩子，家长不应视而不见，更不能纵容，应该及时进行教育引导，当然批评乃至训斥也是不可少的。

　　古人对教育孩子主张要"威严而有慈"，也就是对孩子既要慈爱，也要严格教育和管理，该批评的时候就要批评，否则，就会像司马光说的，"慈而不训，失尊之义"，做家长的就是失职。当然，对孩子批评，不意味着不分青红皂白地训斥。古人对批评教育孩子总结了"七不责"，值得我们学习借鉴。一是对众不责。在大庭广众之下责备孩子，会伤了孩子的自尊。二是愧悔不责。孩子如果已经对自己的言行知错了，后悔了，就不要再责备。三是暮夜不责。晚上睡觉前责备孩子，会影响孩子睡眠。四是饮食不责。正在吃饭的时候责备，不仅影响食欲，还会伤害孩子的脾胃。五是高兴不责。孩子高兴时，经脉处于畅通状态，受到责备，经脉就会立刻受阻，损伤身体。六是悲忧不责。在孩子悲忧时责备，孩子不仅听不进去，更容易逆反。七是疾病不责。生病的时候更需要关心和温暖，此时责备等于雪上加霜。

　　批评不是单纯地指责、训斥，更不是辱骂和否定，批评的目的是纠正孩子的错误，帮助孩子健康成长。因此，发挥好批评的作用，需要家长掌握其中的原则和技巧，既能让孩子认识到自己的错误，还能让孩子心服口服，愿意改正自己的错误。否则，孩子不仅不会服从家长的批评，而且还可能逆反，甚至导致双方矛盾的激化。

　　一是要先让孩子明白道理。道理明白了，知道错了，并愿意改正错误，就不需要批评了。孩子犯错时，家长不要动不动就用偏激的言语去斥责，要允许孩子自己解释，要有包容的心态，耐心地帮助孩子认识犯错误的原因以及造成的后果或影响，给孩子改正错误的机会。可以引导孩子换位思考："假设你是那个人，你会有什么感受，这么做到底对不对？"让孩子知道错在哪里，为什么错了，应该怎么做。当然，给孩子讲明道理，不意味着以大道理压人，强迫孩子接受，变通一下讲道理的方式，效果可能会好得多。

　　有位妈妈，从孩子一岁多，每晚给孩子刷牙，开始孩子怎么都不配合，总是弄得双方都不愉快。后来，这位妈妈想了一个办法，孩子有一个很喜欢的小熊玩具，妈妈在晚上给孩子刷牙前说："宝贝，小熊这么长时间没刷牙，牙疼了，长龋齿了，你帮它刷刷牙好吗？"孩子很乐意地接过妈妈准备好的牙刷帮小熊刷起来。给小熊刷完牙后，妈妈表扬孩子刷得好，并说："小熊真乖，给它刷牙它配合得真好。"然后问孩子："宝宝想不想让小熊看看你也很乖，也会好好配合妈妈刷牙？"孩子高兴地说好，非常配合。这样几天下来，孩子再也不厌烦刷牙了。

　　曾看过一则新闻，广州番禺张中良夫妇收养了 10 个孤儿，孩子做错事，张中良和妻子不会责骂他们，而是让孩子们通过体验，来完成对一个道理的认识。有一次，张中良让小女儿慕恩带着眼睛看不见的姐姐美春出去玩，不知为何慕恩将美春一个人丢在了外面，独自回来了。张中良知道后并没有多说什么，只是让小慕恩做了一个体验：用毛巾蒙住慕恩的眼睛，让她自己在外面走一段路。从此以后，慕恩变得特别懂事。

二是家长要先找自己的责任，先做自我批评。孟子讲，"行有不得者皆反求诸己"。孩子犯错误、有问题，家长从不同的角度都能找到自己的责任。告诉孩子自己也有责任，或者过去自己也犯过这方面的错误，孩子就更容易接受，就不会逆反。

曾国藩对子弟提出要求时，往往会先做自我批评。比如，他在对儿子曾纪泽写字提出要求时，就先拿自己做反面教材，说"余生平作字迟钝，吃亏不少"；又如他希望曾纪泽能够做事"有恒"，曾说自己一生因为"无恒之弊，万事无成"，感到非常耻辱，等到办理军务，中途也打退堂鼓，更是"无恒之大者"，内心非常惭愧，然后说"尔欲稍有成就，须从'有恒'二字下手"。这种从切身体会出发，放下架子，对孩子提出要求的方式，自然比居高临下一味强求要平易得多，孩子也更易接受。

有一个学生在自习课上讲笑话，被班主任老师发现，老师依照学校规定要求学生写出检讨书，并要家长签字。这位家长不仅在儿子的检讨书上签了字，自己同时也写了检讨书，坦承自己的责任，诚恳地向学校和老师致歉，因为儿子给大家添了麻烦。儿子很吃惊，家长告诉他："任何人都要守规矩，不守规矩就要付出相应的代价，比如发生交通事故、被判刑等都是因为不守规矩，守规矩是做人的底线。"之后，孩子在学校再也没有发生过违规的情况。

三是要维护孩子的自尊心。古人讲，"扬善于公堂，规过于私室"。就是说，当人有优点或错误时，进行表扬和批评应注意场合。对优点和成绩，要在大庭广众之下表扬和赞美，让他有荣誉，有自信，对他还能起到激励作用；对缺点和过错，要在没有旁人的地方批评和规劝，照顾他的面子和自尊，也容易使之接受。因为孩子都有自尊心，在大庭广众之下批评和责骂孩子，不仅伤了孩子的自尊，还会造成对立和逆反；更不要在孩子的同学、老师面前对他又打又骂。

媒体报道，武汉一名中学生，在学校里被其母亲当众扇耳光后跳楼自杀，因为伤势过重抢救无效死亡。不只大人需要被尊重，孩子同样需要被尊重，孩子的内心比我们想象的更加脆弱敏感。家长必须明白，即使再幼小的心灵也会非常敏感，在孩子的生命早期，如果得不到足够的尊重，将导致孩子正在建立的自尊心被无情地扼杀，这样的孩子在人群中往往表现出行为粗鲁、粗暴无礼、轻率、目无尊长。在不被尊重的孩子的感觉里，自己未被尊重是因为自己不值得被尊重，所以很多看起来张狂自负的孩子，他的行为表现只是在以对自己的感觉来对待别人。所以，在教育过程中要尽量避免当众批评孩子。

曾国藩特别注意维护孩子的自尊心。曾纪泽在信中曾提及对曾国藩大女婿袁榆生日益学坏的担忧，曾国藩在回信中说自己会写信去教导袁，叮嘱家中大小人等对袁都要以礼相待，不能流露任何鄙夷嫌弃的神色，以免伤害袁的自尊心，因为"人所以稍顾体面者，冀人之敬重也"，如果大家都嫌弃他，他可能就"索性荡然无耻"，那就不可救药了。

四是可以先肯定后批评。家长在批评孩子、跟孩子讲道理前，要先肯定孩子相关的长处，对孩子的进步给予肯定和鼓励，再对孩子的错误予以批评纠正，这种肯定式的批评法，孩子更容易接受。孩子虽犯了错，但错中未必没有闪光点。

教育家陶行知先生当校长的时候，有一天看到一位男生用砖头砸同学，于是将其制止并叫他到校长办公室去。当陶校长回到办公室时，男孩已经等在那里了。陶行知掏出一颗糖给这位同学："这是奖励你的，因为你比我先到办公室。"接着他又掏出一颗糖，说："这也是给你的，我不让你打同学，你立即住手了，说明你尊重老师。"男孩将信将疑地接过第二颗糖。陶先生又说："据我了解，你打同学是因为他欺负女生，说明你很有正义感，再奖励你一颗糖。"这时，男孩感动得哭了，说："校长，我错了，同学再不对，我也不能采取这种方式。"陶先生于是又掏出一颗糖："你已认错了，我再奖励你一颗。我的糖发完了，我们的谈话也结束了。"这种肯定式的批评，保护了孩子某些正当想法或做法，使之情绪不受破坏，更容易接纳家长或老师的意见。

五是要对事不对人。一些家长看到孩子犯错，控制不住自己的情绪，甚至借由孩子的事来发泄自己的怒火。被情绪控制，怒火冲昏头脑，就可能口不择言，甚至罗列孩子过去犯过的错误，这时的批评针对的就不再是孩子的错误了，而演化为对孩子的人身攻击，给孩子贴上负面的标签，反而忽略掉了纠错的重要性。这样不仅解决不了问题，也给孩子的心理造成伤害，还极易引起逆反和对立。

批评孩子不等于骂孩子，家长更不能向孩子宣泄情绪。当孩子做错了事情，家长希望通过批评使孩子改正错误，我们把这种批评孩子的行为看作是一个作用力。当这个作用力打在孩子的行为上，即你的批评针对的是他的行为，孩子会朝你希望的方向去发展；反之，这个作用力打在孩子的人格价值上，也就是你攻击的是孩子作为人的人格，将使孩子觉得自己没有尊严、没有价值，就会逐渐丧失自信。比如，当孩子表现不好的时候，有的家长说："每次写作业，你都一拖再拖，你怎么这么拖拉？""你怎么连这个都不会？""你这样懒惰，怎么把学习搞好？"还有些家长经常用语言给孩子贴标签，比如：我家孩子就是内向，不爱讲话；我家孩子动手能力不行，手工做不好；我家孩子懒得很，根本做不了家务；等等。如果经常盯着孩子的缺点不放，在缺点上大做文章，经常批评孩子，指责孩子，否定孩子，惩罚孩子，动不动张口"真笨""没出息""窝囊废""真没用"等，你会发现孩子越来越表现得像你说的那样。没有了自信心的孩子，你就无法通过语言的方式来校正他的行为。我们看到有不少家长，"辛辛苦苦"把孩子的自尊心破坏掉，然后又怨天尤人："他怎么就成了这样的人？"

批评孩子的目的是让孩子意识到自己的错误，改正错误，避免下次再犯类似的错误。因此，批评的重点要放在孩子犯的错误上，而不是孩子的人格上。孩子犯过多少错不重要，重要的是这些错误犯过之后不再犯了。这样才能让孩子心服口服，才不会激起孩子内心的抵触。

六是可以尝试替代批评的办法。也就是说，对孩子的一些错误，不一定非要批评，很多时候，可以用其他的方式代替批评，效果或许更好。

比如，容忍孩子"试错"。家里买了能加热的净水器，孩子看到家长一按，水就流出来了，可能很好奇，也要试试。家长告诉他，你还小，不会按，否则会烫着自己或把水弄到茶几上。一会儿，他趁家长不注意的时候，按了开关，水流了一桌子。家长跑过来说，你看怎么样，水流一桌子吧。后来，他就不再乱按了，也学着家长的样子，先放一只杯子然后再按。有时候，家长说要喝点水，他就赶快把家长的杯子放过去，给家长接一杯水。虽然孩子弄洒了水，但也学会了怎么接水。如果家长看到水洒到桌子上，大发雷霆，严厉制止，恐怕效果就不一样。孩子需要成长，成长路上犯错不可怕，如果连"试错"的机会都没有，才可怕。家长每帮孩子做一件他力所能及的事，都是在剥夺他挑战自我、成就自我的机会。要允许孩子犯错，只是不要屡次犯同样的错。不曾犯过错的人，表示他从未尝试过新的事物。不要因为孩子做某件事做得不好而责骂他。因为责骂会让孩子对做这件事恐惧，时间长了，孩子就会抗拒。同样的道理，如果在孩子学习的时候，因为分数或做错题而打骂孩子，孩子也会因为恐惧学习而变得缩手缩脚。

比如，让孩子亲历一次犯错的后果。一些孩子之所以早上会赖床、磨蹭，是因为知道家长不会让他迟到。早上赖床，家长会把他从被窝里拽出来，替他穿好衣服，刷牙慢了，家长帮他刷牙，然后快速洗完脸，早餐会喂到嘴里。快迟到了，家长比孩子还急，带着孩子飞奔向学校，反正不会迟到，因此，孩子的错误难以纠正。有时，让孩子吃一次亏、受一次教训，才能长记性。提醒孩子"再不起床要迟到了"，如果孩子不听，就任由他拖拉磨蹭，让他迟到一次，被老师批评、处罚，认识到迟到的后果，他就知道以后该怎么做了。很多时候给孩子讲一百次道理，不如让他承担一次后果。

比如，可以用正面的暗示。有一个孩子平时不注意用眼，家长提醒他多次，效果都不好。家长都是近视眼，出门的时候时常对他说："有一双好眼睛真是令人羡慕啊，那么远你都能看得那么清晰。""我出门不戴眼镜啦，有你这双好眼睛呢。"这样的正面暗示，让他感觉到有一双好眼睛是多么值得骄傲的事情。

比如，可以尝试用鼓励代替批评。孩子都希望得到家长的认可，表扬的激励作用比单纯的批评要好得多，批评、吼叫给孩子的感觉是被控制和否定，一些孩子可能故意对着干，无声地反抗家长。如果换个方法，当孩子做事比平时好一点的时候，就表扬他，慢慢地孩子会在家长的引导下感受到做事的快乐，好的习惯就会渐渐养成。比如，对孩子说："爸爸妈妈觉得，你最近表现比上两周要好很多，之前写作业只能静下来半个小时，现在已经可以一个小时了。"家长不断地用积极的反馈，去暗示、引导、拉动孩子朝向一个美好的方向。教育就是引导出美好的东西，让其在将来发生。今天，在这份美好还未发生时，懂得应用语言的力量，让孩子朝向那个方向，这就是非常好的教育。

孩子在成长过程中，会有很多第一次，会不断地犯错误。大人都免不了犯错，更何况孩子呢？批评是必要的手段，及时批评，才能及时改正，绝不能因为宠爱而放弃批评。同样，批评也要懂得技巧，既不能情绪化，也不能过度。如果孩子总是被批评、被否定，久而久之，容易丧失自信心、上进心；越批评，孩子就越反感、越抵触，最后来个"破罐子破摔"。

我们的传统文化最讲中庸和中道，也就是说，凡事既不要过，也不要不及，适当、适度、适中是最好的，这样才能事半功倍，才能达到应有的目的和效果。表扬和批评都不例外。

二十二、不要让孩子成为心灵的孤儿

《大学》曰："为人父，止于慈。"意思是，作为家长要对自己的子女慈爱。慈爱主要包括养和教，其中，陪伴是养和教的重要内容，没有陪伴怎么可能养好、教好呢？

在五伦关系中，有一伦叫父子有亲，就是家长子女之间有天然的亲爱关系，没有陪伴就缺失了亲和爱，那些缺爱的童年，会撕裂成内心深深的伤痕，一辈子都很难弥合。陪伴不仅是爱，是关注，也是依靠和引领。有家长的陪伴，孩子的成长才会更温暖、更踏实、更健康。没有陪伴，爱不在身边，孩子的心灵就像个漂泊的孤儿。有研究表明，缺失家长的陪伴，孩子往往产生很多心理问题，比如性格孤僻内向、自卑、悲观消极、怨恨等。

有一位女士在回忆自己的经历时说：自己从小跟妈妈较劲。小时候家里条件不好，为了改善家庭情况，父母去辽宁铁岭做小生意，不得已把5岁的她留在了爷爷奶奶家。虽然家里生活条件得到了改善，但她的心里却感觉没有了家。她每天都数着日子，等着盼着和妈妈见面的日期，每次只能短暂的见面……有一次醒来看到妈妈走了，天刚蒙蒙亮，她就哭着跑出去追赶，可是小小的她怎么能追赶上汽车呢。到了该上学的年纪，她开始与妈妈较劲，不愿意回到妈妈身边。爷爷奶奶年纪大了，她就跟着二姑生活，也不想跟爸妈一起。再后来，生活条件慢慢好了起来，家长总想用物质来弥补对她的亏欠，但过度消费反而助长了她的贪欲，以至于现在也有不良的消费习惯。15岁开始，和家长的相处，处处亮红灯，尤其是与妈妈。每次妈妈对她说教，她内心总是有一个声音：你凭什么管我!？每次过年回家，刚到家就惦记着哪天走，她也不知道为何，本来应该最亲近的人却相处得如此狼狈。

2018年4月，她开始学习传统文化。年底回老家前，她做了一次深刻的反省，看到了过去对妈妈的怨。因为寄养在亲戚家里，她从小就学会了"察言观色"和"取悦他人"。久而久之，她对爸妈从内心产生了怨念。自己在较劲之中，活得如此委屈、如此纠结。原先总认为儿时所有伤痛都是妈妈造成的，但反思中她看到了妈妈对自己的那颗心：妈妈一直在用她认为最好的方式爱着自己。哪有家长不爱自己的孩子呢？自己不在身边的日子，妈妈一定也是无数次偷偷流泪，没有一天不思念着自己。况且，父母都有不同程度的残疾，要是换做自己可能连活下去的勇气都没有，但他们不曾向命运低头，身残志坚，用自强不息的方式在给自己做着最好的榜样。在试着读懂母亲的过程中，她对妈妈产生了心疼和爱。反思过后，她给家长写了长达4页的一封家书，就在那一刻起，她超越了较劲，并在心里暗暗发誓：此生再也不会惹家长生气了！因为和家长较劲，自己的人生已经吃了太多的亏。回到家后，她没有马上把家书拿出来，而是身体力行先去行动，当天晚上就告诉妈妈："从明天起，我在家您就不用再做饭了。"20天的时间自己承担了所有的家务，也没有和妈妈发生任何冲突。离开家之前，她把家书放在桌子上。后来妈妈看到家书后，给她发了一个微信：妈妈终于放心了，希望你是祖国的儿女，可以真正地过上对他人有益的人生。

一位作家在父亲和哥哥相继过世后，试图与母亲一起生活，以便照顾母亲。然而，成长的伤痛使他与母亲根本无法握手言欢。为寻求缓解母子关系的办法，他甚至携母亲上了央视的《心理访谈》。在访谈节目上，他说了一句令人震惊的话："很长时间，我不知道人是爸爸妈妈生的，以为有个工厂，专门生小孩，生下来放在保育院一起养着。"语惊四座的背后，有一道深深的成长伤痕。原来，他一岁半就被送进保育院，两个星期回一次家，有时甚至四个星期才回一次家。在他眼里，母亲只生不管，哪怕他生病了，母亲都不肯放下所谓的工作陪伴他。他说，他小的时候，有一次做阑尾手术，家里没有一个人陪伴，他感到非常孤独和害怕，特别希望母亲这一刻能在身边陪自己，可母亲还是令他失望了。明明父母双全，他却活得像个绝望的孤儿。

BBC 纪录片《性格的真相》中，致力于基因研究的加拿大迈克尔·米尼教授，进行了一项"大鼠妈妈"实验。实验结果表明，被母鼠舔舐次数越多的幼鼠，长大后攻击性更少，性情更温和，有旺盛的好奇心，更喜欢冒险和社交。相反，被母鼠舔舐次数越少的幼鼠，不仅更有攻击性，成年后对下一代的舔舐也会相对较少。迈克尔·米尼教授认为，母鼠对幼鼠的照料，是通过舔舐，相当于人类社会中母亲对婴儿的爱抚，亲子间的身体接触会带来情绪上的刺激。也就是说，来自家长的温柔陪伴，不仅能增强孩子的安全感，还能有效安抚孩子的情绪，对孩子的性格发展极有帮助。

他还在纪录片中结合自己的成长经历谈到了这一影响。小时候，开朗外向的爸爸常年外出工作，基本缺席了他的童年。而与保守古板的妈妈共同生活的岁月里，母亲很少对他有过温暖且充满爱意的亲密接触。童年里母爱的匮乏，人生中的种种经历，使迈克尔·米尼教授深受悲观性格困扰："我总认为一切都会很糟，比如我会被辞退，会得严重的疾病。""我很有压力，一直在担心未来。"迈克尔·米尼教授在纪录片中总结道："高质量的养育，尤其是来自母亲的爱，能够帮孩子形成健康的压力对应机制，性格也更积极坚韧。"孩子性格好不好，和妈妈关系重大，妈妈的为人处世、生活态度，都在潜移默化中渗透到孩子的性格里，影响着孩子的一生。

没有时间，大多只是借口。一些家长心中压根不想给予孩子陪伴。特别是在农村，不少夫妻二人都常年出去打工挣钱，一年与孩子见不了几次面，孩子成了留守儿童，产生了很多问题，已引起广泛关注。父母的缺位给孩子造成极大的心理伤害，就像前面提到的那位作家，从小到大，把自己当成被母亲遗弃的孩子；而母亲对他在心理上的抛弃，导致他同样在心理上一直无法原谅和接纳自己的母亲。

当然，陪伴不意味着不出家门，天天在家也未必是陪伴。真正的陪伴，不在于时间的长短，而在于陪伴的质量。有的孩子虽然从来没有离开过父母，家庭条件也算殷实，但家庭成员之间的有效沟通却少得可怜，父母除了问问孩子学习情况，催催写作业，大部分时间都沉浸在自己的工作、生意、朋友圈和生活琐事里，孩子成了"隐性留守儿童"。孩子不是机器，而是活生生的人，除了饿了要吃饭、冷了要穿衣之外，在生活中和学习上，孩子会遇到很多问题，需要家长关心、帮助和引导。真正的陪伴应该是用心关注孩子的健康成长。所以，陪伴不是整天的形影不离，而是高质量的有效陪伴。它可以是茶余饭后的一个笑话，可以是半个小时的睡前故事，可以是周末半天的体育活动等。只要家长真正用心，陪伴就是有效、有益的亲情链接。

当下，手机成为人们日常生活中不可或缺的工具，让许多人沉溺其中不能自拔，稍有闲暇便会捧起手机，把大量时间耗在手机上，自然就疏远了孩子，使孩子心理很受伤。有的孩子在作文中写道："每当让爸爸陪我出去玩一会儿的时候，爸爸都会说：走开，别打扰我。""你就只会玩手机、玩手机、玩手机！""你已经快不是我爸了，你快是手机的爸爸了。"电视节目《少年说》第二季中，有一位五年级的男孩，在勇气台上吐槽自己的爸爸妈妈爱玩手机。他觉得在爸爸妈妈眼里，手机才是爸妈的孩子，平时陪伴自己的只有手机，手机才是自己的爸爸妈妈。男孩从上台就开始哽咽，他说自己每次抬起头来看家长的时候，家长都目不转睛地盯着手机，他不知道手机里到底有什么好看的东西，竟然比自己还重要。"拜托你们放下手机，陪陪我好吗？"这份期待里透露出多少渴望，多少无奈，多少心酸！

一些家长着急择校，着急分数，却很少考虑是否给了孩子足够的陪伴。有的认为有钱就能买到教育，于是，置孩子于不顾，拼命挣钱，把孩子的学习交给学区房、名校，把孩子的成绩交给老师、培训班、辅导班，把孩子的欢乐交给玩具、手机，把对孩子的陪伴交给老人、保姆，把孩子的营养交给小饭桌。殊不知，家长能给的，辅导班给不了，老师给不了，老人和保姆也给不了。对于孩子来说，他们并不在意家长给予了自己多少物质上的养育，而是渴望一场陪伴，渴望自己的内心被看到……然而，很多时候，似乎手机才是自己的家长，充电即用，不离不弃。孩子在台上泪如雨下，下面的孩子也纷纷抹起了眼泪，想必都有着相当多的感同身受。一些家长常常抱怨孩子沉迷手机游戏，却没有想过正是因为缺失了陪伴，手机和网吧才成为孩子的陪伴者。

　　一些家长有一种错误的认识，认为孩子的智力与玩具的多少有关。于是，给孩子买很多昂贵的玩具。专家指出，孩子成长，最需要的不是玩具，而是玩伴。只要是正常环境中成长的孩子，有玩伴比什么都好。如果家长能做孩子的玩伴，胜过给孩子买数不清的高级玩具。一些家长认为，不缺孩子的钱就是爱，或认为孩子有人看着就行，因而把孩子送给爷爷奶奶、外公外婆或保姆，等孩子到了上学的年龄再把他接回来。可是，他跟父母就是不亲，而且根本不听话。原因何在？答案很简单，青春期出现的隔阂，原因在依恋形成期。孩子在依恋期里，最需要的就是父母的陪伴。

　　孩子在一岁内，每当熟悉的面孔出现，再受到熟悉的抚养人的拥抱、爱抚，烦躁的婴儿可以立即安静下来；这种依恋和安全感经常得到满足，婴儿就会出现愉快、轻松的感受，相反，婴儿就会出现烦躁不安的现象。心理学研究发现，若是人在生命早期长期没有得到这种依恋的满足，就容易产生不满足感，从而产生烦躁、敏感、神经质等性格障碍。所以，专家建议，在准备怀孕、养育孩子时，一定要做好思想准备，在孩子出生后的第一年不管如何辛苦，一定要自己带孩子！

　　家长的陪伴，不但能让孩子在婴幼儿时期打下高情商的基础，更能因融洽的亲子关系让家长的教育入脑入心。有研究表明，在学校里，"问题青少年"几乎都有一个不够温暖的家庭；至于留守儿童引发的问题，无一不和缺少家长陪伴有关。家长在孩子成长过程中的影响，远比想象的重要。家长的陪伴才是孩子最安心的港湾，孩子需要一个安心的成长环境，而不是家长给买多少礼物。

　　要使孩子健康成长，必须遵循成长的规律，就如同一颗种子先扎根、发芽，然后开花、结果一样。孩子需要先获取爱、亲情、安全感这些自然需求，温暖的怀抱、慈爱的眼神、温柔的话语是一个生命能健康成长所不可或缺的；孩子越小，对家长陪伴的要求就会越多，这是他们获得安全感的重要来源。幸运的人一生都在被童年治愈，不幸的人一生都在治愈童年。童年幸福的人，他们在童年时期所获得的家长足够的爱，在长大后就会变成自信、阳光、勇敢等优良的品质。所以在一个缺爱的氛围中长大的孩子，在爱的理解和感受上，一定会远远逊色于沐浴在爱的阳光下长大的孩子。实际上，家长能陪伴孩子的时间，只有短短数年，不珍惜跟孩子相处的时间，注定要错过生命中很多美妙的时刻。既然选择了生，就要负责任，就要尽心尽力地陪伴，这是做家长最基本的责任。

　　2017年，香港回归20年，林郑月娥正式就任香港特别行政区第五任行政长官。中央电视台播出了她的专访，她的一句话让人印象深刻："我两个孩子小的时候，从来没有请一个工人，煮饭什么事都是我亲自做，我觉得这个很重要，孩子要感觉到妈妈是照顾他们的。"虽然身居高位，但母亲的角色，在林郑月娥的生命中依然占有重要位置。她甚至为了儿子甘愿放弃行政职务，为便于亲自照顾儿子，她曾向香港政府申请降职调至伦敦办事处工作。因为两个儿子在英国读书，而当时长子正值青春期，躁动不安，林郑月娥决定一家前往英国生活，一边工作一边照顾孩子。在林郑月娥眼里，陪伴孩子成长，比其他都重要。她不要让她的孩子在最渴望爱的时候，却发现没有陪伴。林郑月娥有个朴素的念想：年幼时，孩子非常需要家长的关怀照顾，陪伴是必不可少的，所以她的育儿观就是8个字：陪伴是最好的教育。这个陪伴教育，现在让林郑月娥很欣慰，两个儿子都毕业于剑桥大学，学业有成。虽然孩子都已经大了，但他们跟林郑月娥很亲近。林郑月娥的大儿子说，其实妈妈做的饭菜很简单，但是因为有妈妈陪着，吃着就香。因为吃着妈妈亲自做的饭菜，一股暖意会从舌尖一直暖到心窝，内心也会升腾起对妈妈的感激之情。妈妈能在他和弟弟需要照顾关怀的时候，给予他们安全感和温暖，这种安全感和温暖让他和弟弟从外到里长成了阳光男孩。

一位父亲是当地著名的企业家，很忙，不是请人家吃饭，就是人家请他吃饭，跟自己的女儿没有很多接触。孩子上了小学后，参加新教育实验，要求家长和孩子一起读书。这位父亲5年里和孩子一起读了184本书。他说一开始没感觉，读了一个月之后，发现阅读比喝酒有意思得多，就开始主动拒绝应酬，跟孩子一起读书。他说："这5年里，孩子上了小学，我上了大学。"后来他跟孩子在一起无话不谈，而媒介就是书。家长再忙也应该想办法陪孩子，哪怕时间很紧张。回到家，很多家长喜欢玩手机、看电视，但是想让孩子发展得更好一些，就必须克制自己的行为。

即使没有太多时间，不能陪吃饭，那么，想办法陪读、陪写、陪玩也是可以的。两弹元勋邓稼先是一个很会陪孩子玩的爸爸。他虽然很忙，可是一有时间他就会陪孩子玩，带上孩子去爬山、游泳、散步。他会把孩子们放在自行车上，带着孩子们兜风，和儿子比赛玩游戏，甚至一起放鞭炮。陪伴孩子，不仅孩子收获成长，家长同样也能得到提升，还能得到很多意想不到的收获。

陪伴并不意味着放弃工作和事业，而是要兼顾工作和孩子的成长。众所周知，梁启超是个大忙人，平日里他为了救国大业四处奔波，闲暇之余还要忙着著书立说。可即便如此，他却从未缺席过孩子们的成长。孩子病了亲自照顾，穿衣打扮也会关注，还经常跟他们谈心。实在没空回家，也会写信跟孩子们交流学习和生活情况。

如果真的爱孩子，请少看点儿手机，放下不必要的社交，婉辞无意义的牌局，推掉无关紧要的应酬，回家多用心陪伴孩子吧！切莫等到孩子与自己不亲、教育孩子"油盐不进"时，再悔之莫及。有家长温暖陪伴的孩子，才能走得更好。

二十三、情绪化是教育的大忌

古人早就认识到，家长和孩子的良好关系是成功教育的前提，这种良好关系本身就是一种教育。

古代教育家、文学家颜之推说："父母威严而有慈，则子女畏慎而生孝矣。"意思是说，父母对子女既威严又慈爱，子女才会恭敬谨慎，听从父母的教诲。颜之推主张的"威严而有慈"，实际上就是"望之俨然，即之也温"。也就是说，家长在教育孩子的时候，要有威严，但这种威严是建立在对孩子慈爱基础之上的。

司马光曰："慈而不训，失尊之义；训而不慈，害亲之理。""强之，或伤恩。"意思是，家长如果只讲慈爱而不严格教育，便失去了作为家长的道义，换句话说，作为家长就是失职了、离道了；反之，如果只知道训斥而不慈爱，则会伤害骨肉之间的亲情。如果一味地强迫命令，会伤了家长和孩子之间的和气与亲情。做到慈训结合，才是好的家教。

生活中，常见一些家长对孩子稍不满意，就大吼大叫，非打即骂，或者唠唠叨叨。有时候孩子并没犯什么大不了的错误，家长也会因为自己的情绪而冲孩子发火。家长在养育孩子的过程中，往往会产生焦虑情绪，长时间处于焦虑中，比较敏感易怒。不少家长因无法管理和控制自己的情绪，经常对孩子发脾气。

近几年，"为爱戒吼"类活动层出不穷，但大部分的人都以失败告终。成都 150 位家长挑战 30 天"戒吼"实验，三期下来，没有一位成功完成"戒吼"打卡的。湖南某小学，暑假作业是让全班 44 名学生和家长完成"21 天不生气"的挑战，结果只有一对双胞胎和家长成功。某教育平台通过对 5 万余份家长问卷、100 余万份学生问卷的调查，以及对 4 000 万用户数据的交叉分析，发现吼叫是 90% 的家长都会犯的错误。孩子磨磨蹭蹭、爱顶嘴、功课不好、调皮贪玩等，再加上家长生活、工作压力大，家长常常憋着各种无名火，就像一个随时都会爆发的火山。某演员就曾分享过，女儿把牛奶砸在地上，她下意识地大吼孩子，"你怎么能这样！"被吼的女儿一哆嗦，恐惧地愣在那里，连哭都忘记了。女儿的反应让她很愧疚，意识到伤害了女儿。"一言不合就开吼，吼完就后悔",这是很多吼叫妈妈的心声。被吼后的孩子心里在想什么?一位妈妈有一次辅导孩子作业,当时并没有意识到自己已经在吼的阶段了,无意间开了手机录音,后来回放了一下,被里面自己的声音吓到了。她发现自己怒火上头时,数次打断了孩子的话,孩子换着不同的声音叫妈妈,她没有停下来,反而用更大的声音盖住孩子的话,再后来孩子就不说话了……朋友内疚地问孩子:"妈妈发火时,你想说什么?"孩子回答道:"你冲我发火的时候,我觉得你想把我从20楼扔下去,但我拦都拦不住。"孩子的话像针一样刺痛了她!事实上,妈妈只是偶尔大声喊叫,对孩子不会有很大伤害,最怕的是把大吼大叫当成与孩子日常沟通的方式。

美国密歇根大学的伊森·克罗斯博士的一项研究发现,当一个人受到语言暴力攻击,他的情绪疼痛在大脑区域的反应,和身体疼痛极为相似,神经系统能体验到几乎相同级别的疼痛。也就是说,当家长辱骂自己孩子的时候,孩子情绪上遭受到的创伤,和身体受到伤害的疼痛程度不相上下!

还有大量的研究表明:长期处于家长负面情绪下的孩子,身心都会受到伤害。爱发脾气的家长,导致亲子关系疏远,让孩子不敢亲近,没有安全感;孩子感受到的就是家长对自己的控制和否定,因而产生逆反和对立情绪;同时,家长的打骂会不断地挫伤孩子的自尊心,让孩子感觉自己什么事都做不好,这样的孩子会有强烈的不被认同感,性格也变得多疑敏感、内心脆弱自卑,越来越内向,自我封闭,遇事容易钻牛角尖,严重的还可能发生抑郁等精神问题,还会改变孩子的大脑,影响智力发育和语言能力;孩子在潜移默化中也会变得暴戾,乱发脾气,当这样的孩子长大,为人家长时,也会继承家长的坏脾气,出现"发泄伤害、复制暴力"的情况,这时,下一代幼小的孩子又成了坏脾气的牺牲品。

面对家长的焦虑,当孩子没办法找到一个合理的解释时,就可能会把责任归咎于自己:"是不是因为我做得不好,所以让家长每天都不开心?"长此以往,家长越焦虑,孩子越自卑,越活得小心翼翼。台湾心理学博士洪兰在TED演讲时说过,"母亲是家庭的灵魂,母亲快乐全家快乐,母亲焦虑全家焦虑。"知乎上有一位网友倾诉过自己的故事:"妈妈总会为我的学习而焦虑,动不动就指责我,发脾气。妈妈的紧张焦虑导致我不自信、怯弱、不敢反抗,初中时总是被同学当面嘲笑。我会在意别人的看法,害怕别人说我不好,不会也不敢在不太熟悉的人面前说话。我总是自卑,觉得自己很失败。"行为心理学理论认为,孩子的行为和情绪色彩主要是通过对家长的模仿学习而来。家长的紧张和焦虑,会自然而然地传递给孩子。

一位女士说：记得小的时候，邻居张姨家经常传来打骂孩子的声音。有一次去张姨家做客，妈妈给她女儿琪琪买了双新鞋，当时琪琪正在睡觉，被张姨火急火燎地喊了起来。张姨说："你转个身"，琪琪转身。"动动脚，合脚吗？""还好吧。""颜色还行吗？""还好吧。""款式还行吗？""还好吧。"看女儿这样敷衍，张姨怒火噌地就上来了。"你就没有自己的主见吗？"女儿听了，低下头不说话。"别人送你东西，问你喜不喜欢呢？哑巴啊，说话啊！"见琪琪还是不说话，张姨当着我们的面，狠狠地戳了下她的头。"我在说你呢，听到没？"琪琪眼里有点湿润，狠狠地白了她妈一眼，啪地关上了房门。"你还甩脾气，教也教不好，又不会说话，人也没礼貌，难怪读书那么差！"一句句责骂声中，她和妈妈在一旁尴尬不已。从那以后，再也没去张姨家玩。几年后，张姨她们搬走了，听说琪琪连高中都没有考上。也许你会觉得，琪琪从小就是个无心向学的坏孩子。但其实，在小学的时候，琪琪的成绩并不是很差，虽不算名列前茅，但也有个中上水准。后来随着张姨的恶言恶语，琪琪的学习一落千丈，换来的，是变本加厉的打骂。从此，琪琪的生活进入了恶性循环，慢慢地，连课都不愿意去上了。

心理咨询师、作家武志红有一句话说得好："语言暴力有可能会变成一把凶器。"除了上述提到的懦弱自卑型人格，语言暴力还有可能把孩子推向另一个极端，就是把情绪转化为强烈的攻击性。谢勇导演的戛纳国际创意节银奖作品《语言暴力》，就讲述了语言暴力和暴力伤害的关系。影片中，他采访了沈阳市少管所的几位少年犯，他们从小被家长语言暴力对待。他们长大后变得暴戾、心狠手辣。有调查显示，40%以上的青少年罪犯，都遭受过家长语言上的伤害。这些孩子的家长用一句句暴力语言将孩子的未来断送，也给其他人、其他家庭带来不可逆转的伤害。正如美国著名儿童学家阿黛尔·法伯说过："永远都不要低估你的话对孩子一生的影响力。"

没有不犯错误的孩子，只有不理智的家长。当孩子做了错事，做了傻事，做了让你不满意的事情时，要把他当一个孩子来看。也就是说，他是孩子，还在成长，认知水平有限，自控能力不足，这些都是需要孩子慢慢学习的，要多些包容和耐心。不要急着发火，劈头盖脸地责骂，想一想他做这些事情的缘由，理解他，体谅他，控制住情绪，让暴雨化作小雨，慢慢地下。想想自己要说的话，如果放在大人身上，会不会伤害自尊心？孩子也是人，只要是人，被责骂就会伤心，不被尊重就会愤怒，受委屈了就会有怨，不被理解就会有痛苦。家长应该明白一个道理：孩子不是我们的附属品，更不是我们情绪的垃圾桶。

孩子会犯错，家长在批评孩子时情绪化的大吼大叫，也是犯错。这种情绪化的教育方式在某种程度上反映了家长的自私和任性，带着情绪去教育，必定是失败的教育。当然，这并不是说家长完全不能对孩子发脾气，只是要掌控好一个度，一定要控制自己的情绪，尤其是情绪欠佳的时候，尽量不要去苛责孩子，因为此时会不可避免地带入自己的个人情绪，结果只会适得其反。因此，家长有了消极情绪，应该学会自我控制。

一位妈妈说，有一次孩子急着要吃菜，她和孩子说等爸爸忙完一起吃。可孩子不听，用手去抓菜，正好被妈妈看到，妈妈用眼睛瞪她，她也反过来瞪妈妈。她的举动令妈妈非常愤怒，想吼她不听话、没教养，可妈妈忍住了没发火，继续打扫厨房台面。孩子可能知道错了，吃饭时，妈妈对她刚才的举动只字未提，她反而比往常乖，不乱走动，也不问这问那，吃完饭后还知道把碗放到洗碗池里。看到孩子的反常表现，妈妈突然感觉到克制脾气是多么正确。如果当时忍不住，对孩子大声呵斥或打骂，后果可想而知。其实，脾气的对峙就像拔河比赛，对方的铿锵有力是以你的坚持不懈为前提的。如果想让对方放弃，最好的办法是自己先松手。家长若不和孩子发脾气、逞强，遇事冷静、理智，孩子也会学到这些智慧。如果动不动就发脾气，对解决问题不但没有任何益处，换来的往往就是对立与逆反。

教育的大忌就是家长的脾气，控制脾气是家长必修的功课。家长对孩子发脾气，结果无非两种：孩子被吓住了，满脑子的恐惧感，根本没有心思去思考为什么错了，从而忽略了家长所说的话，可能并没有真正明白道理，只盼着赶快结束训斥；或者孩子被激怒了，也大吼大叫，也不考虑错在哪了，只想着如何跟家长对着干。有不少这样的例子，家长脾气越大，孩子越顽劣；家长越气急败坏，孩子越难管。

家长对孩子要多些倾听，少些唠叨和责骂。《史记》里有句话说："言能听，道乃进。"意思是，能够认真倾听别人的言语，才能使自己了解真正的情况，才能找到解决问题的办法。但如今不少人缺乏耐心，没有耐心听别人把话说完，总觉得自己才是最正确的、最有道理的。然而，真正爱孩子的家长，应该善于倾听，给孩子时间，倾听孩子的心声，听孩子说为什么是这样或是那样。其实，想要孩子懂得家长对他的期望，理解和体会家长的心情并不难，坦诚的沟通交流是很好的桥梁。《礼记》告诉我们，"知其心，然后能救其失也"。对于孩子的各种缺点错误来说，心就是本，家长要知孩子之心，了解孩子为什么会有这些缺失，原因在哪里。认真倾听了，才能了解孩子的心理需要，知道孩子的心偏在哪里，才能帮助孩子导正，教育起来才更有主动性、更有效果。

每个人都会觉得自己的意见正确，都有被认同的渴望，彼此倾听，冷静分析，不急不躁，就可以找到妥善解决问题的办法。

有的家长认为，自己是孩子最亲近的人，还用专门去倾听孩子的心声吗？其实，孩子的内心世界有多少家长能懂？没有耐心是很难进入孩子内心的。平时家长需要营造一个宽松的环境，让孩子愿意向家长倾诉，也愿意与家长交流。如果在与家长的交流中，孩子说出一个不好的消息，家长就会没完没了地唠叨、批评或说教，甚至责骂，非但不能分担孩子的忧愁，反而增加他的烦恼，使孩子的自尊心受到打击，而孩子一旦发现形势不利，就会立刻中断交流，时间长了，就可能什么事也不对家长说了，或者只报喜不报忧，甚至撒谎。

智慧的家长会注意给孩子创造机会，让孩子学会表达或倾诉自己的想法和感情。对孩子来说，有机会说出自己的感受，也是一种放松，因为无论是忧愁还是欢喜，都有人与他分担、分享。家长要理解孩子，首先要尊重孩子的感受，接受和认可孩子的情绪情感，而不是否认和拒绝。特别是对孩子那些不愉快的、消极的情绪，家长要让他通过诉说宣泄出来，从而减轻其精神压力和紧张情绪。有时当孩子发泄完自己不愉快的情绪后，家长抱抱他或拍拍他，这种安慰比给他讲道理要好得多。

每个家长都希望孩子优秀，但是家长过多的期待反而会给自己和孩子背上包袱。当孩子不能达到家长所期望的目标，家长往往会生气、发脾气。要知道孩子不是计算机，能够完全听从家长的指令，教育孩子需要耐心，需要理解，需要尊重。教育有教育的规律，发脾气、打骂不应该是教育的常态。如果家长懂得控制自己的情绪，让孩子成长在一个正面积极的环境中，那么，孩子大都会是一个会管理情绪的人，人际关系和谐，面对问题就会理智思考，而不是感情用事。

二十四、家庭教育需要和谐的氛围

俗话说：家和万事兴。和谐的家庭环境是孩子健康成长、快乐生活的土壤。如果一个家庭的氛围是和谐幸福的，孩子自然会感受到温暖、快乐和幸福；同时，和谐的家庭氛围本身也是一种教育，使孩子学会尊重、信任、爱和关心。

孩子内心的爱，正是来自家长。家庭成员彼此相爱，孩子才能感受到爱，并且懂得去爱。对于年幼的孩子来说，即使对于情感的理解方式不同，但所有情感感知的能力一点都不少。他们最是心明眼亮，且内心敏感。家庭就是他们的一方天地，他们会敏感地关注到家庭成员之间的互动方式，感知到家庭成员之间的爱和情感能量的流动。这样的氛围不仅让孩子身心愉快，而且作为爱的实践和行动，可以传递给孩子，让孩子学会爱人与自爱，这样孩子的性格就会开朗活泼、乐观自信、积极向上。正如英国哲学家罗素在《婚姻革命》中说的："如果想让孩子长成一个快乐、大度、无畏的人，那这孩子就需要从周围的环境中得到温暖，而这种温暖只能来自家长的爱情。"

《易经》里讲："一阴一阳之谓道。"古人认为，在一个家庭中，父亲就像天，代表阳刚，母亲就像地，代表阴柔，夫妻和就是天清地宁，夫妻不和就是天昏地暗、天翻地覆。和谐的家庭环境是良好家庭教育的基础，而家庭的争斗最容易伤害的就是孩子。在不和谐的家庭中成长的孩子，容易形成恐惧、内向、压抑、孤僻、自卑、抑郁、怪异、对立、仇恨的性格和情绪，甚至有暴力倾向等，这种心灵的伤害有可能终身难以愈合。

很多父母都会在孩子面前争吵，但很多人都不知道，父母的争吵常常会成为孩子痛苦的记忆，这种记忆甚至会跟随他进入成年。神经学研究发现，当孩子听见吼叫、怒骂声时，压力激素就会飙升。因为父母是孩子安全感的主要来源，当父母争吵失控的时候，孩子会体会到安全感缺失的恐惧，而恐惧的记忆，是最难以消失的记忆。

辰辰从幼儿园起就是一位懂事的小女孩，在邻居眼中，她外表清秀，成绩优异，将来肯定前途无量。但是辰辰慢慢开始变得沉默寡言，在学校里也总喜欢一个人独自躲在角落里发呆，不喜欢与人交流。班主任发现后，以为辰辰是因为考试不理想而出现的短暂失落，后来在不经意间的交流中了解到导致辰辰性格变化的原因。"自从自己升到初中后，爸爸妈妈总是因为各种生活琐事吵得不可开交，有的时候甚至闹到了要离婚的地步，他们也总是把离婚两个字挂在嘴边，万一他们离婚了还会要我吗？""每当他们吵架，我就自己一个人躲在屋子里哭，对着镜子会问自己：别人家的父母也是这样吗？我吃不下饭，睡不着觉，有时候睡着了也会被噩梦惊醒。"事实就是，父母间不间断的争吵看似无关紧要，却对孩子的人格塑造起到了举足轻重的作用，这不是危言耸听。

家庭教育，顾名思义，是与家庭有关的教育，首先要把家庭建设好，才是好的家庭教育的保障。习近平在2015年春节团拜会上的讲话中说："家庭是社会的基本细胞，是人生的第一所学校。不论时代发生多大变化，不论生活格局发生多大变化，我们都要重视家庭建设，注重家庭、注重家教、注重家风，紧密结合培育和弘扬社会主义核心价值观，发扬光大中华民族传统家庭美德，促进家庭和睦，促进亲人相亲相爱，促进下一代健康成长。"试想一下，如果家里天天吵吵闹闹、"鸡飞狗跳"，就会连好心情都没有，何谈好的教育？这正如学校教育一样，如果学校里天天打架斗殴、不得安生，哪有好的教学？

《发现母亲》的作者王东华先生说得好："家庭建设好了，即使不进行所谓的家庭教育，孩子也不会坏到什么程度。相反，如果家庭没有建设好，即使有再多的家庭教育，孩子也不会好到什么程度！家庭是源，孩子是流；家庭是本，孩子是末；家庭是因，孩子是果；覆巢之下，岂有完卵。因此，家庭及其建设远比那些所谓的家庭教育要重要得多！"家庭幸福的孩子往往会更加自信开朗，内心平和，积极向上；而家庭不幸的孩子会更容易自卑，脾气暴躁，性格多疑，充满戾气。有什么样的家庭，就会养出什么样的孩子。

家庭教育需要一个和谐的家庭环境。家和，首先是夫妻和。夫妻和谐需要双方相互尊重、关爱、理解和包容。有个故事叫《老头子做事总是对的》，故事是这样的：一对老人生活在穷苦的乡下，唯一的财产就是一匹漂亮的骏马，为了解决温饱问题，老头子牵着他的马去集市上换些对他们更有用的东西。但是应该换些什么东西呢？"老头子，你做的事总不会错的啊！快去吧。"老太婆说。于是她替他裹好围巾，她把它打成一个双蝴蝶结，然后她用她的手掌心把他的帽子擦了几下，同时在他温暖的脸上来了一个吻。路上有一个人赶着一头母牛走来，"它一定能产出最好的奶！"于是他们就换了。不一会儿他遇到了一个赶羊的人，这是一只非常健壮的羊，毛也好，赶羊人当然愿意换！在一个横栅栏旁边他又看到一只大鹅。"我的老女人早就希望有一只鹅！"所以他就换了只鹅。走着走着，在路边的农舍里，他又看见了一只鸡，"一只鸡总会自己找到一些麦粒，自己养活自己的。"于是这只鸡又属于他了。天气很热，他想吃点东西，就来到酒馆，一个伙计背了一袋子烂苹果，老头想，老太婆最喜欢苹果了，于是就把鸡换成了一袋子烂苹果。酒馆里有两个有钱人，当他们知道老头用一匹骏马换了一袋子烂苹果，就说他老婆肯定会大骂他一顿，而老头说非但不会，他还会得到一个吻。于是他们赌了一斗金币。有钱人跟着老头回到家，给老太婆讲马变成烂苹果的经过。每讲到一笔交易，老太婆就惊呼表示赞同。比如：啊，我们有牛奶喝了；啊，我们可以有鹅肉吃喽！啊，鸡会生蛋，蛋可以孵小鸡，那么我们将要有一大群小鸡喽！当她得知最后是一袋子烂苹果时，她激动异常："现在我非得给你一个吻不可，谢谢你，老头子，我的好丈夫！我们这地里什么都不长，我向吝啬的邻居借一个她都说不，现在我可以给她十个，而我还有一袋子苹果呢！"随后她又说："我就知道老头子做事总是对的。""我喜欢看这幅情景！"那两个有钱人齐声说，"老是走下坡路，而却老是快乐，还有最爱的人赞赏，这件事本身就值钱。"所以他们就付给老人一斗金币。

老头子每一次以物换物的理由，都是"老太婆喜欢""老太婆一定会高兴的"，虽然做的都是赔本的交换，但是他的缘由是爱。最可贵的是，老太太总能为丈夫的行为找出值得高兴的理由，能够感知这一份美意，并且用衷心的赞美回馈他。"老头子做事总是对的"，是一种智慧的思维方式，核心就是夫妻之间的尊重与爱。故事中老太太对老头子的尊重与爱无处不在。老头出门前，她给装备齐整，还不忘亲吻老头子一下，还对他说"老头子，你做的事总不会错的啊！"在这样的尊重与信任之下，老头子又怎能不报以满满的爱心和责任心呢？而夫妻如果彼此不能理解、尊重和包容，都以自己的想法和要求为标准，家庭中就必然是抱怨、指责和争吵。

夫妻和是家和的前提，没有夫妻的和谐就没有家庭的和谐。夫妻之间要相互关心扶持，多想对方的好处，多欣赏对方的长处，多体谅对方的难处，多包容对方的短处；要多讲正面的话、体贴的话、鼓励的话、温暖的话，少讲负面的话、抱怨的话、指责的话、刺激的话。不忘初心，方得始终。夫妻之间的和谐需要双方共同用爱心来守护，要时时不忘恋爱时"我爱你"的初心和承诺。

有一位教育专家说："我与我的爱人从有孩子就定了规矩：一是夫妻双方管孩子，只要一个在管，另外一个就不能插手，其他人也不准插手，不管对错，目的在于维护权威；二是夫妻双方不能在孩子面前出现激烈争吵，有问题私下解决，目的是让孩子有安全感；三是夫妻双方不能在孩子面前非议对方的老人，有想法私下交流，目的是让孩子能尊老孝顺。既然我们都是为了孩子的教育，就应该同向同心，彼此信任，相互配合。"夫妻之间有不同看法甚至争执并不可怕，只是问题的解决需要有效的沟通与倾听，需要爱、尊重和理解。关键是不要在孩子面前吵架，更不要在孩子面前动手，绝不应让孩子介入这种争执与冲突。这是夫妻双方理智的表现，更是对孩子的负责和爱护。同样，面对孩子的教育和要求，夫妻之间也应保持高度统一，这样才能形成教育的合力和良好的氛围。

根植于幸福和谐基础上的家庭教育，其作用也许是其他任何一种家庭教育手段都无法比拟的。美国著名的教育家、哲学家、心理学家杜威曾说："在每个人的生命成长中，没有比家长更重要的老师。最好的家教就是夫妻恩爱。"所以，爱自己的孩子，请先从爱自己的配偶开始。

第四篇　家庭教育从什么时候开始

二十五、家庭教育从胎教开始

　　我国自古就重视胎教。古人认为，胎儿在母体中容易被孕妇的情绪、言行等所影响，所以孕妇的饮食起居、言行举止须谨守礼节，要全方位给胎儿以良好的影响。在我国古代的医书和礼仪文献等典籍中，有关胎教的论述很多。

　　西汉文学家刘向的《列女传·母仪传·周室三母》曰："大任（太任）者，文王之母，挚任氏中女也，王季娶为妃。大任之性，端一诚庄，惟德之行。及其有娠，目不视恶色，耳不听淫声，口不出敖言，能以胎教。溲于豕牢，而生文王。文王生而明圣，大任教之，以一而识百，卒为周宗。君子谓大任为能胎教。古者妇人妊子，寝不侧，坐不边，立不跸，不食邪味，割不正不食，席不正不坐，目不视于邪色，耳不听于淫声；夜则令瞽诵诗，道正事。如此，则生子形容端正，才德必过人矣。故妊子之时，必慎所感。感于善则善，感于恶则恶。人生而肖万物者，皆其母感于物，故形音肖之。文王母可谓知肖化矣。"意思是：太任是周文王的母亲，是挚任氏的二女儿，是王季的夫人。太任一向端正严谨、庄重诚敬，言行合乎礼仪道德。太任怀孕的时候，不看邪恶不正的东西，不听淫逸奢靡的声音，不讲狂妄傲慢的言语，专心致志做好胎教。太任去厕所时，生下了周文王姬昌。文王生下来就非常聪明，太任悉心教导他，而他能教一知百，后来成为周王朝的奠基者。君子都赞叹说，这是太任的胎教做得好。古时候妇女怀了身孕，躺下、坐下休息的时候都要端正，不要斜着歪着，站立不斜靠着，不吃有异味、刺激或加工不好的食物，不坐在没有摆正的座椅上。眼睛不看邪僻的东西，耳朵不听淫靡颓废的声音。夜晚让盲人为自己吟诵诗经，讲述为人处世的道理和正能量的事情，保持仁爱祥和的心态。这样生下的孩子必定相貌端庄，才智和性情都会很好。所以，怀孕的时候要时时谨慎自己的心念，慎重接触外界事物。内心感于善，生下的孩子性情则良善；内心感于恶，生下的孩子性情则不好。人生下来性情差别很大，都是来自母亲怀孕时的感受，形象和声音都很重要，太任可以说是深谙此道。

太任胎教的故事是我国最早关于胎教的记载，距今已有 3 000 多年的历史。据史料记载，太任在娘家时，研习过《黄帝内经》，听过很多古代圣贤的故事，她深信：怀孕的母亲一言一行都会对腹中的胎儿造成影响。母亲所接触的外界事物，特别是声音与形象，都会感应给胎儿，并影响其身心发育。周文王是历史上著名的笃行仁义、敬老慈少、礼贤下士的圣贤君王。而周朝一室非常重视胎教，养育了众多圣贤。周文王母亲的胎教故事，不仅告诉我们胎教的重要性，而且也让我们知道，胎教并不是舶来品，而是我国古人 3 000 多年前就已有的传统。太任可谓古代胎教第一人，她成功的胎教实践，在今天仍有一定的借鉴意义，现代科学也早已证明胎教的科学性与必要性。

古代中医名典《医心方·求子》曰："凡女子怀孕之后，须行善事，勿视恶色，勿听恶语，省淫欲，勿咒咀，勿骂詈，勿惊恐，勿劳倦，勿妄语，勿忧愁，勿食生冷醋滑热食，勿乘车马，勿登，勿临深，勿下，勿急行，勿服饵，勿针灸。皆须端心正念，常听经书，遂令男女如是，聪明智慧，忠真贞良，所谓胎教者也。"意思是：妇女怀孕后，一定要多做善事，不看不好的东西，不听邪恶的语言，省淫欲，不诅咒，不骂人，不惊恐，不过度疲劳倦怠，不说假话，不悲伤愁苦，不吃生、冷、酸、滑、热的食物，不骑马、乘车，不登高、不靠近深池等危险的地方，不走陡坡，不走路太急，不吃药，不做针灸治疗。要端正心态，心无邪思邪念，时常听读圣贤经典。

西汉政论家、文学家贾谊的《新书·胎教》中具体说明了孕妇应有的行为举止。我国传统医学经典《黄帝内经》中率先提出孕妇"七情"（喜、怒、忧、思、悲、恐、惊）过激会致"胎病"的理论。现代医学研究也表明，情绪与全身各器官功能的变化直接相关，孕妇的情绪状态对胎儿的发育具有重要作用。不良的情绪会扰乱孕妇的神经系统，导致孕妇内分泌紊乱，进而影响胎儿的正常发育，甚至造成胎儿畸形。

古代著名家训《颜氏家训》曰："古者，圣王有胎教之法：怀子三月，出居别宫，目不邪视，耳不妄听，音声滋味，以礼节之。书之玉版，藏诸金匮。"意思是，古代圣明的君王都有胎教的方法：怀胎三个月时，要分房居住，不看不好的东西，不听不好的声音，听音声、吃喝饮食都要合乎礼仪规范。还要把这些写在玉版上，收藏在柜子里。

南宋著名思想家、教育家朱熹在教育专著《小学》中，就以"胎孕之教"为首论，认为人受教育应从胎儿时开始，"古者妇人妊子，寝不侧，坐不边，立不跸，不食邪味，割不正不食，席不正不坐。目不视恶色，耳不听淫声。夜则令瞽诵诗，道正事。如此则生子形容端正，才德过人矣。"由此可见，古人对孕妇在饮食、睡眠、坐立、所看所听，都有一定的要求，晚上要请盲人吟诵诗经、讲正能量的故事，这样生下的孩子形貌端正、智力德行过人。

我国古代的胎教经验和论述，大致可以概括为以下几个方面：

一是调情志。古人认为，孕妇宜情志舒畅，遇事乐观，喜、狂、悲、思等皆可使气血失和而影响胎儿。就是说，孕妇在怀孕期间要保持舒畅的心情，不要大动肝火，因为这样会导致气不顺，气不顺则孕胎不安，若长久气不顺，孕胎必受影响。清代医家傅山编撰的《傅青主女科》中也有"大怒小产"的论述。"目不视恶色，耳不听淫声，口不出敖言"，都是为了调整孕妇的心态，使孕妇能够轻松地完成孕育过程。心情愉悦、家庭和睦、夫妻恩爱，孕妇就会分泌许多有益的激素，这些有益的激素通过胎盘传递给胎儿，可使胎儿得到更多的养料。当孕妇孕育胎儿时，她对胎儿充满深深的爱，这种爱扩大到自己的父母亲朋，扩大到周围社会，会使自己的孕育过程轻松顺利。当孝敬父母、帮助他人、辛勤劳作而带给别人快乐和幸福时，孕妇的那种满足和快乐也会传递给胎儿，使胎儿健康成长，这就是最好的胎教。

二是节饮食。明代医学著作《万氏女科》曰："（妇人）受胎之后，最宜调饮食，淡滋味，避寒暑，常得清纯和平之气，以养其胎，则胎元完固，生子无疾。"就是说，妇女怀孕之后，须调理饮食，滋味清淡，忌冷忌热，经常获得清纯和平之气养胎，则胎儿发育健全，出生后没有疾病。

三是慎起居。慎起居包括慎避风寒、劳逸适度、节制性欲等。慎避风寒就是孕妇要顺应四时节气变化，防寒避暑，预防疾病。隋代的《诸病源候论》中就提出了多种外感性疾病能"伤胎""损胎"。宋代《小儿卫生总微论方》中列举了 39 种与孕妇失于调养、疾病因素有关的幼儿先天性病证。劳逸适度即不过劳，也不过逸。过劳则气血受伤，过逸则气血瘀滞，均不利于养胎。明代《古今医统·妊妇不守禁忌生子多疾论》中，还有"夫何后世风俗渐偷，鲜能悟道，男妇纵欲，无往弗胜，怀孕之时殊不加意，以致临产气血乖张，不能顺应，生儿下地，惊搐无时"的论述。其实，历代医家均把节欲、绝欲当作养胎护胎的要务，主张孕妇与丈夫分房寝居。

四是戒生冷。孕妇由于生理上的变化，往往口味不佳，此时孕妇就想吃一些生冷的东西。中医认为，这是由于妇女怀孕后阴血下注以养胎儿，致阴血偏虚、阳气偏旺所致。孕妇若贪恋生冷，会导致脾胃受寒、呕吐、腹泻、痢疾等病症，既伤孕妇之身，又伤胎儿，不可不慎。

五是听佳音。孕妇要杜绝听到粗暴邪恶的声音，让胎儿听优雅的乐音。孕妇要听温柔善良的语言，而不是恶言恶语；要听优美的音乐，而不是狂躁的音乐；要诵读经典，以经典所蕴含的智慧精华影响胎儿。胎儿以听觉来吸收佳音，健康发育。

给胎儿浸润什么完全取决于家长，胎儿是被动的，因为胎儿没有选择的能力。真正的教育不复杂，也不昂贵，关键是家长要用心，在孩子成长的重要阶段做对重要的事情。

现在一提起胎教，很多人想到的可能就是听听音乐而已。其实，我国古代的胎教思想除了涉及医学、心理学外，还涉及胚胎学、营养学和生理学等理论，其知识面之广、学问之深、经验之丰，是无与伦比的，古代的胎教远比我们想象的要全面、严谨得多。因此，借鉴古人的经验，做好胎教，不仅可以优生，也可以为今后的优育奠定良好的基础。

二十六、胎教的关键

周文王的祖母太姜、母亲太任和他自己的夫人太姒是古代胎教的榜样，三位母亲都把儿子培养成了大圣大贤。周朝历时近 800 年，是我国历史上最长的朝代，与这三位母亲关系密切。

我们要向古人学习胎教的经验和智慧，从妇女怀孕开始，就应全方位地做好胎教。根据古人的经验，胎教最重要的是要注意两大问题：一是心态；二是饮食。古人云：一母生九子，连母十个样。以前的母亲，孩子生得多，怀每个孩子的时候，心态和饮食都不一样。怀孕时不同的心态和饮食，会对孩子的先天性情和禀赋造成重大影响。

1. 心态要端正平和

怀孕期间，孕妇要端正心态。心态不正，孩子生下来后，性情就偏。母亲存什么念，孩子生什么心。要断除邪思妄想，心不存邪念，脚不踏邪地，耳不听邪音，目不视邪物。所以，在怀孕期间，孕妇要尽量保持身心清净，远离一些容易让人产生邪思邪念的人、事、物。

孕妇的性格与品行对胎儿的影响很大。为母必须品行端正，处世无妒忌之心，待人无狡诈之意，敦厚诚实，孩子就会有好的性情。俗话说：近朱者赤，近墨者黑。胎儿与母亲一体，可谓近而又近，母亲的思想和行为会直接感染胎儿。周文王之所以能成为明君，与他的母亲太任的"端一诚庄，惟德之行"的胎教熏陶有直接关系。安定、清静的体内环境是胎儿生长发育的良好基础。《竹林女科证治》中提出："欲生子好者，必先养其气，气得其养，则生子性情和顺，有孝友之心，无乖戾之习。""气调则胎安，气逆则胎病。"七情过度可导致人体脏腑功能活动紊乱，由母及子，影响到胎儿的正常生长发育。《黄帝内经》认为癫疾是由于孩子母亲在怀胎时受大惊造成的。隋代的《诸病源候论》中也记述了孕妇受惊吓后，"内动于儿脏，邪气乘其心，令心气不和"，致小儿生后四、五岁尚不能言语。因此，孕妇整个孕期的情绪调节非常重要，心情快乐才是最好的胎教。腹中的胎儿虽然看不见母亲的表情，却能感受到母亲的喜怒哀乐。孕妇情绪稳定、心情舒畅，有利于胎儿良好性情的形成。在怀孕期间，妇女的生理和心理都会比平时更加敏感，所以对待任何事情都要努力调节好自己的情绪，切忌生气。

孕妇生气时会眉头紧锁、面部潮红、呼吸急促，甚至血压升高、手脚冰凉。这是因为当一个人情绪波动时，尤其是生气、焦虑时，会破坏大脑兴奋与抑制的节律，弱化大脑功能，而且大量血液涌向大脑，使脑血管的压力增加。生气、焦虑还会引发心跳加快、心脏收缩力增强、血压升高、血液变黏稠，会使供应心脏本身的血液减少而造成心肌缺氧。生气时机体会分泌一种叫儿茶酚胺的物质，作用于中枢神经系统，使血糖升高，脂肪分解加强，血液和肝细胞内的游离脂肪酸增加。生气会扰乱内分泌系统的控制中枢，使甲状腺分泌的激素过多，经过胎盘、脐带输送给正在发育中的胎儿。生气、焦虑会使血管收缩，血液中氧含量下降，血液黏稠，流动缓慢，通过胎盘给胎儿输送的氧气养料减少，进而影响胎儿发育。

孕妇情绪不佳，长期过度紧张，如发怒、恐惧、痛苦、忧虑，会对胎儿造成不良影响，孩子出生后好动、情绪不稳定、易哭闹、消化功能紊乱、发病率高等。孕妇与胎儿拥有共同的血液循环，若孕妇情绪不稳定，经常悲伤或亢奋，胎儿也能感觉到。怀孕初期，孕妇会因为很多的生理不适而影响心理，应尽量保持开朗的心情。若孕妇受到惊吓、恐惧、忧伤、悲愤等严重刺激，或其他原因造成的精神过度紧张，使大脑皮质与内脏之间不平衡，关系失调，会引起胎儿循环紊乱，严重者可直接导致胎儿死亡。尽管孕妇的烦躁是暂时的，但胎儿的超量活动可能会持续几个小时，如果孕妇经常生气、烦躁、紧张等，那么胎儿的超量活动就会延续更长时间，从而影响胎儿的发育。孕妇情绪低沉会影响食欲，导致消化吸收不好，同时，身体各器官都会处于消极状态，对胎儿产生不良影响。

按照古人的说法，养胎首先要抑制怒、忧、思、虑。孕妇只有克服了这些不良情绪，使自己保持在愉悦状态，才能够很好地养胎保胎，实施胎教。因此，孕妇在整个妊娠期内，一定要格外注意精神卫生，保持清静的心态、端正的品格、快乐的情绪；性情柔和，常生欢喜之心；乐施好善，常生利他之心；口出良言，赞美好人好事，使自己精神愉快，对生活充满希望，从而身心和谐，心旷神怡，气血和顺，才能保证胎儿正常发育成长。

2. 饮食要均衡节制

古人十分重视孕妇的饮食调理，因为这与胎儿的生长发育有着密切的关系。明代医学家徐春甫在《古今医统大全》中载："古者妇人妊子……又要饮食清淡，饥饱适中，自然妊娠清气，身不受病，临产易生子，疾亦少。"历代很多医书中罗列了孕妇饮食禁忌之论，主要是忌食肥甘厚味、生冷、辛辣、滑利之品。

孕妇调理饮食时，不是盲目地增加营养，而是饮食均衡节制，也就是不能偏食，不暴饮暴食，饮食不可太过丰盛，不需要刻意补充营养，最好吃清淡一些。很多人认为，女人怀孕了，要补充营养，害怕营养不良造成胎儿发育不好。这种担心是不必要的，孕妇只要正常吃饭，不偏食，就可以保证孕妇和胎儿所需的营养。

营养过剩任何时候都是有害的，它的一个直接后果就是导致肥胖，不仅增加妊娠糖尿病、妊娠高血压综合征的发生危险，还可能导致巨大儿出生，增加难产，容易出现产伤；巨大儿生后容易发生低血糖、低血钙、红细胞增多症等，同时也是成年后患肥胖、糖尿病、心血管疾病的潜在因素。补钙过量可能导致胎儿异常、维生素过量可能导致胎儿畸形等。

一段时间以来，吃素成为一种新的生活方式。有人担心：妇女怀孕后还能吃素吗？会不会营养不良，影响母婴的健康？

对于这个问题，上海市第一妇婴保健院产科主任医师、教授、博士研究生导师段涛提出了自己的看法：吃素有很多好处，是一种态度，是一种生活方式，是一种情怀。在美国，素食者大约占成人的 2.5%。印度是全世界素食者最多的国家，大约占其总人口的 40%。至于我国，没有权威的素食者比例的数据，估计大约有 5 000 万素食者，这个数字还在逐年上升。素食者之间也有不同，素食主义者（Veggie）不食用飞禽、走兽、鱼虾等动物类食品，只吃粮食、蔬菜和水果等植物，有些素食主义者也食用蜂蜜、奶类和蛋类等"荤菜"；严格素食主义者（Vegan）只吃素食，连奶、蛋、蜂蜜等食品也不吃。其实怀孕吃素没有那么可怕。在自然界，很多食草类的哺乳动物从来不吃荤，生出来的幼崽照样挺好的。在几百年前，人类也很少有机会吃荤。对于素食者来讲，如果自己可以接受，怀孕后可以吃些荤菜；如果不喜欢，完全没有必要逼着自己吃荤，但是饮食结构还是要进行适当调整。在整个孕期，如果能调整平衡好饮食结构，素食者唯一需要额外补充的只有维生素 B_{12}。

段涛还说：妊娠期间，孕妇对蛋白质的需求增加大约 30%。虽然人们会顾虑在这样重要的时期吃素是否摄入了足量的蛋白质，但是多数素食妇女在妊娠期间摄入了足够多的蛋白质。豆制品完全可以像肉类、鱼虾类一样提供优质蛋白质，只要吃足量的高蛋白食物，比如豆类、坚果、种子、蔬菜和全谷，怀孕期间对蛋白质的需求就很容易得到满足。素食者（特别是严格素食者）容易出现钙、铁、DHA 缺乏的问题，但是即使不是素食者，如果饮食结构不均衡，也会出现缺钙、缺铁、缺乏 DHA 的情况。只要饮食结构均衡，素食者也可以通过不同的谷物、坚果、蔬菜和水果的选择来获得足够的钙、铁和 DHA 等。孕妇要确保饮食中包括足量的高钙食物，如豆腐、小油菜、西兰花、豆类、无花果、葵花籽、芝麻酱、杏仁酱、钙强化的豆奶、钙强化的早餐麦片和果汁。如果不够，可以补充钙片、铁片。植物性食物中几乎没有维生素 B_{12}，所以素食者最容易缺乏 B_{12}。少量植物性食物中也含有 B_{12}，存在于发酵豆制品（豆豉、豆酱、酱油、豆腐乳）中。另外，紫菜和海藻类食物中均含有维生素 B_{12}。人体对维生素 B_{12} 的需要量极少，每日摄取维生素 B_{12} 的量是 2 微克，只要注意搭配，就不会缺乏，怀孕了依然可以继续吃素。以上说的同样适用于哺乳期的妈妈。

肉类并非唯一的完全蛋白质来源，黄豆同样也是完全蛋白质。1972 年，美国科学家曾经做过一项广泛的研究（包括青春期与成年男女以及孕妇），发现素食者所摄取的蛋白质是每人每天基本需求量的两倍。1954 年，科学家们做了一项详细研究，证实只要把蔬菜、谷类做任意组合就可得到足够的蛋白质，不论使用哪种组合，每种蛋白质都能发挥其效益。科学家们据此得出结论：素食的蛋白质含量足够人体所需。素食妇女产下的婴儿的体重与非素食的妇女产下的婴儿的体重相当。在美国加利福尼亚州洛马琳达，几乎一半人口都是吃素的，那里的孕妇、产妇经医院体检，都没有营养不良的现象。

在全国各地做公益讲座几十年、被誉为"善人"的刘有生老人说：女人怀孕期间，饮食很重要。现在都在补，补什么呢？大多就是吃一些荤的东西，特别是牛羊肉这些东西。我的小儿媳妇怀孕，就没吃这些东西，吃的是净口素，生的那两个孙女特别聪敏。小孙女在幼儿园小班的时候，小班和大班在一个屋。老师给大班学生讲课，她边写作业边听大班的课。等老师讲完了，问大班的同学谁会，她在那边说我会，而且马上就能答上。

总之，孕妇良好的视听言动和均衡饮食才是好的胎教。要想生出一个好的孩子，必须从胎教开始，从教育母亲开始。

二十七、"三岁看大，七岁看老"

我国传统的家庭教育历来重视对幼儿的启蒙教育。《直方周易·序卦》曰："蒙者，蒙也，物之稚也。"意思是，蒙就是蒙昧，是万物在稚小时的状态。童蒙是幼儿阶段的特点，因此古人把幼儿教育称作蒙学，将刚开始的教育称作启蒙教育。

古代俗谚曰："教妇初来，教儿婴孩。"意思是，要从媳妇刚进门的时候开始教她如何融入这个家庭，对孩子要从小开始进行教育。也就是说，教育要尽早，不要等到出问题了，再开始教育，那就很难了，往往事倍功半。《颜氏家训》曰："当及婴稚识人颜色、知人喜怒，便加教诲，使为则为，使止则止。"意思是，应当在孩子能感知喜怒哀乐的时候，就要开始教育，在其智力和活动范围内，告知其什么可以做，什么不可以做，进行最初步的行为规范训练。《颜氏家训》曰："人生小幼，精神专利，长成已后，思虑散逸，固须早教，勿失机也。"意思是，孩子心性纯洁无染，精神容易专注；长大成人后，妄想纷飞，思想容易分散。因此，教育要趁早，千万不要错过大好时机。颜之推认为婴幼儿时期是认识的奠基时期，必须及早施教，孩子方能健康成长。其原因主要有两方面：一是婴幼儿处于"精神未定"阶段，可塑性强；二是幼儿精神专一，教习效果好。宋代理学家朱熹所著的《童蒙须知》，分衣服冠履、语言步趋、洒扫涓洁、读书写字、杂细事宜等目，对幼儿生活起居、学习、道德、行为礼节等均作出了详细规定，对古代早期家庭教育产生过很大影响。

司马光主张孩子要及早施教，他曾引用西汉贾谊的话来说明孩子在襁褓期间就需要进行教育："古之王者，太子乃生，固举以礼，有司齐肃端冕，见之南郊，过阙则下，过庙则趋，故自为赤子，而教固已行矣。"意思是，古代的帝王教育孩子，在其出生后，就要用符合礼法的行为来给他做示范，让人抱着他经过宫殿的时候要表示礼貌，经过庙堂的时候要小步快走，这是从小培养婴儿孝老尊亲的观念和习惯。所以，帝王对于后代，在婴儿时期就已经开始对他进行教育了。

　　司马光不仅从正面论述及早施教的意义，还从反面论证了不及早施教的弊端。他批评一些为人家长者对孩子姑息迁就的错误做法，认为这种倾向对孩子的成长是极为有害的。他在《温公家范》中说："人之爱其子者，多曰：'儿幼未有知耳，俟其长而教之。'是犹养恶木之萌芽，曰'俟其合抱而伐之'，其用力顾不多哉！又如开笼放鸟而捕之，解缰放马而逐之，曷若勿纵勿解之为易也！"意思是，很多家长溺爱自己的孩子，总认为孩子年幼无知，要等长大以后再慢慢进行教育。这就像种树一样，树木小的时候如果不修枝剪权，任其自然生长，很容易长成又歪又斜的不材之木，等到小树长成合抱大树，再去修枝剪权，结果必定是劳而无功。这又好像是打开鸟笼把鸟放走再去捕捉、松了缰绳把马放走再去追赶，哪有不放更容易！

　　正如法国哲学家、思想家、教育家卢梭所说："人的教育在他出生的时候就开始了，在他不会说话和听别人说话以前，他就已经受到教育了。"不少家长认为孩子还小，什么都不懂，等长大了，自然就懂事了。这是极端错误的认识。一是孩子虽小，但并不是什么都不懂；二是人的很多习惯和性格都是小时候养成的，不好的习惯和性格一旦养成，等长大了再纠正是非常困难的；三是孩子小，可塑性强，教起来更容易。有些家长总觉得孩子还小，不懂事是正常的，于是对孩子一些不好的言行不以为然。很多孩子的陋习和不好的性格就是这样养成的，就是这个时期惯出来的。

　　《直方周易·蒙卦》曰："蒙以养正，圣功也。"意思是，幼儿还懵懵懂懂时就对他进行养成的教育，使其从小养成正确的思想观念，打好德行的根基，这是一件伟大的功业。一个人在童蒙时期所受到的教育，将对他的人生产生巨大影响。童蒙养正就是要教孩子向上向善，以养正气。正者，止于一也；道为一，止于一，即合于道。正如孟子所说的"教者必以正"。如果在这一时期没有让孩子养成良好的习惯，懒散怠惰，自私自利，以后孩子就基本不会有什么大的作为。

　　古代启蒙教育最重要的就是德行教育，即教会孩子一些基本的道德行为准则。明末理学大家孙奇逢在《孝友堂家训》中指出："孩提知爱，稍长知敬，此性生之良也。知识开而习操其权，性失初矣。古人重蒙养正，以慎所习，使不漓其性耳。今日孺子转盼便皆长成，此日蒙养不端，待习惯成性，始思补救，晚矣！……端蒙养，是家庭第一关系事，为诸孺子父者，各勉之。"意思是，一个人在年幼的时候知道爱人，稍微长大一些后知道尊敬人，这是人天生良善的本性。只学习知识和技能，慢慢就会失去本性的善良。古代的人重视在孩子很小的时候就培养他端正的品格，十分注意让其养成好的习惯，使其不离开善良的本性。现在的小孩转眼之间就长成大人，如果现在不能对他们进行正确的启蒙教育，等到养成不好的习惯，再开始考虑如何补救就晚了。童蒙养正教育是关系家庭盛衰的第一要事，为人家长者一定要以此自勉。孙奇逢强调家长应在孩子年幼时就对其进行教育，培养其良好的道德品质和习惯，否则一旦错过了教育的最佳时机，等孩子养成了不良习性后再教育就迟了。梁启超在《论幼学》中强调："人生百年，立于幼学。"一定要趁孩子年幼时，教他们学会做人，为其百年的人生打好根基。古话"三岁看大，七岁看老"，说的就是这个道理。奥地利心理学家阿尔弗雷德·阿德勒（Alfred Adler）也说过："幸运的人一生都被童年治愈，不幸的人一生都在治愈童年。"现代心理学研究发现，一个成年人身上所有的问题，几乎都可以从他的童年生活中找到答案。所以，童年对一个人的一生都会产生重要影响。

童蒙养正蕴含着我国几千年教育的精华。我国历代都重视童蒙教育，留下了非常珍贵的蒙学教材和蒙学教育方法。诵读国学经典是最好的养正方法之一。传统经典是具有典范性、权威性、代表性、经久不衰的传世之作，如《三字经》《百家姓》《千字文》《弟子规》《太公家教》《小儿语》《续小儿语》《昔时贤文》等。孩子在幼年背诵大量国学经典，日后再给他讲解启发，就会内化为他生命的一部分。一个人在启蒙时期所受的教育犹如文化母乳，会融化在其血液里，滋养其一生。

有人给孩子报了一个早教班，花了1万多元，过了一个月，孩子只学会了爬，其他什么都没有学会，这样的早教不起任何作用。有不少家长在认识上有误区，觉得孩子早期的教育，就是进行学科的教育，硬把一些知识灌输给孩子，甚至让孩子有了学习的任务。让婴幼儿坐下来学习是不利于其身心健康的，会让孩子早早地对学习失去兴趣，甚至产生厌恶情绪。一些家长不想让自己的孩子"输在起跑线"上，可是家长这样的认知却坑了自己的孩子！德国等西方国家不允许幼儿园的孩子学习学科知识，他们认为，孩子智力被过度开发不是一件好事情，被动接受过多的知识会破坏孩子的想象力和主动思考精神。

那么，什么才是真正的早教呢？早教就是童蒙养正。童蒙养正在当今社会仍有着重要的现实意义。现在的家庭中孩子少了，往往几个大人宠一个小孩，什么技能都想教给他，却往往忽略了教他怎样做人，在人生最黄金的时期，孩子不仅未能养正，反而被宠惯出一身的毛病：自私、贪婪、懒惰、急躁、暴戾……教育原本是很容易的，但等出了问题，再教却是非常困难的。就像有些家庭，孩子痴迷于手机游戏，原因是他从小和家长在一起时，想玩手机就玩，想看电视就看，想吃独食就吃，甚至想打大人都是没有问题的，他没有在

"规矩"中长大，当然就不懂"方圆"；他被当"祖宗"养，当然就不会共情他人；他没有被人指出过错误，当然也就无法在被纠正中明辨是非。教育专家和心理学家都强调，0～6岁是儿童成长的关键期，这一时期对孩子的教育是写在一张白纸上的第一笔，是一篇文字的第一段，是习惯养成的第一个阶段。对于一个不到6岁的孩子来说，家长说的话就是"圣旨"，就是"金科玉律"，因为这个时候孩子还没有自己的独立思想，也不会去反驳家长，但是6岁之后，孩子慢慢有了自己的思想，有了自己的判断，这之后再给孩子立规矩就不那么容易了。心理学上将3～6岁称为潮湿的水泥期，意思是孩子的行为习惯、性格、品格就像潮湿的水泥一样，处于可塑造的阶段。所以，要想培养孩子的良好习惯和性格，一定要在6岁之前进行。非常可悲的是，不少家长在孩子6岁之前，因为种种原因，没有给予孩子充分的陪伴，当孩子暴露出很多毛病时，又极其嫌恶地指责孩子："你怎么能这样，你太给我丢人了！我怎么会有你这样的孩子！"这样的家长没有资格嫌弃孩子，因为家长没有给孩子养正。不要随便给孩子扣上"坏""叛逆""不好"的帽子，孩子表现出的所有的问题，根子其实在家长身上。

"物丰则心乱，纵溺则无肆。"要想孩子有出息，家长首先要去"物丰"，去"纵溺"，从养正开始，"首孝悌，次见闻"。一味地放纵、娇惯孩子，是溺爱，是姑息养奸，最终会毁掉孩子的一生。因此，家庭教育重在童蒙养正。

程颢、程颐两兄弟都是宋代理学大儒、教育家，他们的母亲侯夫人性情柔顺、谦虚、明事理，对公公婆婆非常孝敬，治家有方。侯氏从不给佣人脸色看，唯恐伤害了她们的自尊。如果孩子有过错，小过错则给予批评，大过错则告知其父，父母共同进行教育，直到孩子认识并改正错误为止。她说："孩子之所以长大以后不贤德，是因为小时候犯了错误，母亲往往出于溺爱而百般遮掩，不让父亲知道，错误没有得到纠正。"程父娶了侯氏后，八、九年间，侯氏连生五子一女，但活下来的只有最小的程颢和程颐兄弟俩，父母当然会十分珍爱。孩子小的时候刚学走路，家人见其跌跤，赶快抱起，侯氏都予以制止，告诉孩子说："你如果小心走路，怎么会摔倒呢？"每逢吃饭时，她总是让孩子坐在自己的身边，当孩子挑食时，她就严加制止："小时候贪图美味佳肴，长大后如何是好？"孩子在外面与人吵架，虽有理侯氏也不袒护，她说："害怕其不能屈，不害怕其不能伸。"所以，程颢、程颐自小对饮食、衣服从不挑三拣四，绝不恶语伤人。长大后，这两个孩子都成了大儒。

司马光的父亲司马池出身富裕家庭，但他胸怀大志、专心读书、锐意进取。司马池成家立业之后，以做学问的认真态度和严谨质朴的品格为人处世、培养子女。司马光的母亲聂氏也是一位知书达理、才德俱佳的女子。司马光就诞生在这样一个书香门第和贵胄之家。父亲不仅关心司马光的学业，更重要的是在做人方面严格要求他，以培养他的优秀品格。司马光小的时候，一天，他想吃核桃，姐姐替他剥皮，却怎么也剥不开。姐姐走开后，一个女仆帮他把核桃弄开了。姐姐回来便问是谁剥开的，他说是自己剥的。这个过程恰巧被司马池看到了，见他撒谎，就严厉地训斥了他。这件事虽然很小，却给司马光留下了深刻的印象。此后无论是为人处世还是学习，司马光总是十分诚实，不敢有半点虚假。

司马光在编撰《资治通鉴》的过程中，让儿子司马康也参与这项工作，当看到儿子用指甲抓书页时，他便严肃认真地教给儿子爱护书籍的经验和方法，并教导儿子说："做生意的人要多积攒一些本钱，而读书人则要好好爱护书籍。"为完成《资治通鉴》这部巨著，司马光十五年如一日，坚持不懈，经常抱病工作，这种为了心中理想而置个人生死于不顾的作风，使儿子及同僚们深受启迪。由于教子有方，司马光之子个个谦恭有礼、温良敦厚，且不仗父势、不恃家富，人生皆有所成，以致"途之人见容止，虽不识，皆知司马氏子也"。

张居正是明朝的政治家，万历时期的内阁首辅，辅佐万历皇帝开创了"万历新政"。张居正的父亲张文明是个秀才，非常重视子女的早期教育。从张居正几个月大的时候开始，张文明就经常拿着传统经典给他诵读。这种良好的早期教育，效果很快就显现了出来。张居正1岁多就会说话，被邻居们称为"神童"。张居正5岁时进了私塾，他读书几乎过目不忘，下笔成文。过了几年，私塾里的先生告诉张居正的父亲："这孩子我教不了啦，你带他去考试吧。"12岁的张居正参加童试顺利通过，其机敏伶俐深得荆州知府李士翱的怜爱，李士翱嘱咐张居正要从小立大志，长大后尽忠报国。张居正13岁参加乡试，成绩优异，但湖广巡抚顾璘觉得他年龄太小，为了磨砺他，故意未予通过。张居正16岁顺利通过乡试，成为一名少年举人。顾璘对他十分赏识，曾对别人说"此子将相才也"，并解下犀带赠予张居正，希望他树立远大抱负，做伊尹、颜渊，不要只做一个少年成名的举人。23岁的张居正中二甲第九名进士，正式步入仕途，开始了自己不平凡的人生。

"染于苍则苍，染于黄则黄。"幼儿期是人身心发展的重要时期，人的许多基本能力是在这个阶段形成的，如语言表达、基本动作以及某些生活习惯等，性格也在逐步形成。古人不仅非常重视对幼儿的教育，而且还非常注重根据幼儿身心发展和认识水平的特点来进行教育，讲究教育的方法，包括重视幼儿游戏，顺应幼儿的性情，引发幼儿的兴趣，注重言传身教、循序渐进、因材施教等。总之，我国古代的思想家、教育家总结并提出了很多宝贵的早教思想，对我们做好现代的家庭教育具有很重要的指导和借鉴意义。

二十八、王阳明的《训蒙大意》

王阳明是明代著名的思想家、文学家、哲学家、教育家和军事家，陆王心学之集大成者。王阳明的《训蒙大意示教读刘伯颂等》（简称《训蒙大意》）被称为儿童教育"圣经"，载于《王文成公全书》。这篇文章是王阳明在平定南赣匪乱后，兴立学社，教化民风，在即将离开之际，写给当地老师刘伯颂等人的，主要内容就是对儿童应该怎样实施教育，集中体现了其儿童教育思想。其大意如下：

古代对儿童的教育，是以人伦道德为主要内容的，后来兴起了单纯记诵作文的风气，古代圣贤教育的意义反而被忽略了。因此，现在教育幼童，应当把孝悌忠信礼义廉耻作为十分重要的内容。具体教育的方法，应当引导他们吟唱诗歌，以激发其志趣；引导他们学习礼仪，以庄重其言行举止；劝导他们读诵经典，以开启智慧。现在的人们常常认为吟唱诗歌、学习礼仪不合时宜，这都是庸俗浅薄的见解，他们怎么知道古人教育的本意呢！

一般说来，儿童的性情是喜欢嬉戏玩耍而讨厌约束，就像草木刚开始发芽时，如果让它顺畅地生长，就能很快枝繁叶茂；如果对它摧残压抑，就会衰弱枯萎。今天我们教育孩子，一定要顺着幼童的性情，使他们越学越欢欣鼓舞，越学越喜悦高兴，那么他们自然就能不断进步，谁都不能让他们停下来。犹如春天的和风细雨，滋润了花草树木，花木没有不萌芽生长的，自然能一天天地茁壮生长。如果遇到冰霜的侵袭，其生气受到挫伤，那么它们就会萧条枯萎。所以，引导孩子们吟唱诗歌，不只是为了激发他们的志趣，也用来在吟唱诗歌中宣泄他们蹦跳呼喊的精力，在抑扬顿挫的音律中宣泄他们心中的郁结和情绪。引导他们学习礼仪，不仅是为了庄重他们的言行举止，也是借此让他们在揖让叩拜中活动血脉，在起跪屈伸中强健筋骨。教导他们读诵经典，不仅是为了开启他们的智慧，也是借此使他们在反复中沉下心来修养心性，在抑扬顿挫的朗诵中激发他们的情志。所有这些都是用来顺应他们的天性，循序渐进地引导他们的志趣，调理他们的性情，潜移默化地消除他们粗俗愚顽的秉性，这样使他们在言行方面逐渐接近礼义的要求却不感到被约束而难受，性情在不知不觉中达到中正平和。这才是古圣先贤教育的深意。

　　现在的人们教育幼童，每天只是用识字断句、写作文和作业督促幼童，对他们只是严格管束，而不知道用礼教引导；只知道要求幼童聪明乖巧，而不知道长养幼童善良的本性；只知道鞭挞体罚、捆绑束缚，像对待囚犯一样。于是，幼童觉得学习的地方像监狱一样而不愿去，觉得家长、老师像仇人一样而不愿见，伺机逃避、掩饰遮盖，以达到嬉戏玩耍的目的，作假撒谎来放纵自己的顽劣鄙陋，渐渐变得庸俗浅薄、日益堕落。这就像驱使他们作恶而又希望他们学好一样，这怎么可能呢？

　　我的教育理念，本意就在这里。恐怕世人不能理解，认为这样很迂腐，并且我即将离开这里，所以特别加以叮嘱。希望你们这些施教者，一定要理解我的用意，永远遵守，不要因为世俗言论就更改废弃这些规矩，这样也许能够成就"蒙以养正"的功效吧。切记切记！

　　以下是《训蒙大意示教读刘伯颂等》原文：

　　　　古之教者，教以人伦。后世记诵章之习起，而先王之教亡。今教童子，惟当以孝、弟、忠、信、礼、义、廉、耻为专务。其栽培涵养之方，则宜诱之歌诗以发其志意，导之习礼以肃其威仪，讽之读书以开其知觉。今人往往以歌诗、习礼为不切时务，此皆末俗庸鄙之见，乌足以知古人立教之意哉？

　　　　大抵童子之情，乐嬉游而惮拘检，如草木之始萌芽，舒畅之则条达，摧挠之则衰痿。今教童子必使其趋向鼓舞，中心喜悦，则其进自不能已。譬之时雨春风，沾被卉木，莫不萌动发越，自然日长月化。若冰霜剥落，则生意萧索，日就枯槁矣。故凡诱之歌诗者，非但发其志意而已，亦所以泄其跳号呼啸于咏歌，宣其幽抑结滞于音节也。导之习礼者，非但肃其威仪而已，亦所以周旋揖让而动荡其血脉，拜起屈伸而固束其筋骸也。讽之读书者，非但开其知觉而已，亦所以沉潜反复而存其心，抑扬讽诵以宣其志也。凡此皆所以顺导其志意，调理其性情，潜消其鄙客，默化其粗顽。日使之渐于礼义而不苦其难，入于中和而不知其故，是盖先王立教之微意也。

　　　　若近世之训蒙稚者，日惟督以句读课仿，责其检束而不知导之以礼，求其聪明而不知养之以善，鞭挞绳缚，若待拘囚。彼视学舍如图狱而不肯入，视师长如寇仇而不欲见，窥避掩覆以遂其嬉游，设诈饰诡以肆其顽鄙，偷薄庸劣，日趋下流。是盖驱之于恶而求其为善也，何可得乎？

　　　　凡吾所以教，其意实在于此。恐时俗不察，视以为迂，且吾亦将去，故特叮咛以告。尔诸教读其务体吾意，永以为训，毋辄因时俗之言，改废其绳墨，庶成"蒙以养正"之功矣。念之念之！

二十九、古代早教思想的科学研究证明

现代科学研究发现，胎儿 3～5 个月，就有了脑神经系统的发展，脑神经发展几乎等于一个人的"聪明程度"，而且先发展的脑神经系统是听觉神经系统。胎儿可以听到世界的声音，不但能听到，还会受到影响。这也进一步印证了我国古人关于胎教的"夜则令瞽诵诗书，道正色"等论述的道理所在。

古人不仅十分重视胎教，还十分重视幼儿的早期教育。正如司马光所说的："彼子尚未生也，固已教之，况已生乎？"诸如"少成若天性，习惯成自然""教妇初来，教儿婴孩""三岁看大，七岁看老""胜在初时""早喻教"等思想和观点，都认为婴幼儿心地纯洁，可塑性强，在婴幼儿的赤子之心还未受到外界环境的熏染时，先入为主，及早教育，养成良好的行为习惯，就会收到最佳的教育效果。早期教育是人生接受教育的起始，凡事开头很重要，良好的开头就等于成功了一半。

我国古代的这些早教思想，已被现代科学研究所验证。其科学性就在于符合幼儿的成长规律，顺应了幼儿的学习能力。

儿童的学习能力主要有以下几种：

1. 整体的吸收能力

出生后的婴儿，不论在什么地方，也不论当地说什么语言，到了 2、3 岁时都能轻松学会，而成人学会一门语言却是非常难的事。这就是为什么移民的孩子能很快适应当地的社会风俗习惯，而大人却不能很快适应的原因。儿童的心灵是非常开放的，就像一座空的房子，装什么、怎么装都可以。孩子就像灵敏的摄像机、录音机，会照单全收，如同一块海绵，对周围的事物不加选择地吸收，没有区别心理。成人的心灵已经渐渐封闭，有了自己的价值观，就像过滤器，只对自己感兴趣的东西才会开启心灵之门，不合乎己意的就会产生排斥心理，因此成人吸收周围信息是有选择的。孩子凭借这种吸收能力，就可以轻松自然地学会当地的语言。

2. 强大的记忆能力

对于记忆能力，人们通常会有三个认知上的误区：一是认为理解力和记忆力是成正比的；二是认为应在理解的前提下再去记忆；三是认为小孩的头脑记不了多少东西。脑科学研究表明，人类的大脑分为左右两个半脑，各有分工，

也各有专长。儿童脑是以右脑占优势的，而成人脑则是以左脑优先。在记忆方式上，左右脑也各不相同。左脑是理解性记忆，右脑则是机械性记忆。也就是说，大人用理解性记忆，而儿童擅长的是机械性记忆，儿童可以不经理解这一步骤，只需大量反复，就能把东西装进头脑。比如儿童诵读经典，强求他先去理解，这完全是用成人的学习方法去对待儿童，不符合幼儿的学习规律。人类右脑记忆能力是左脑的 100 万倍，资料储存能力是左脑的 10 万倍。从理论上讲，一个孩子有足够的头脑空间装下一个图书馆的全部藏书。右脑类似于一个超大硬盘，而左脑只是一个小小的软盘或 U 盘罢了，二者根本无法相提并论。可见，右脑是个高效率的脑，幼儿用右脑学习，是无意识或潜意识起作用，并且不需要完全理解，只需要记忆，没有心理压力。用左脑学习的话，就是意识起作用，人的思维高度紧张，也容易疲劳。

3. 惟妙惟肖的模仿能力

据说训练黄莺有一个高明的方法，就是把一只鸣叫声很好听的成年黄莺放在小黄莺的笼子附近，小黄莺自然就学会了婉转鸣叫。更为有趣的是，印度有个小狗，他的主人每天练瑜伽，结果小狗也模仿着学会了很多瑜伽动作。动物靠模仿来学习，人类更是如此。狼孩以及其他类似的猪孩、熊孩的故事，也说明人类的模仿能力非常强大。幼儿本能的学习方式就是靠模仿，而模仿能力是呈递减趋势的，越小的时候越强大。成人有自己的独立见解和言行习惯，不善于通过模仿的方式学习，更不愿意亦步亦趋地模仿他人，好奇心已经大大减弱了。幼儿善于模仿，周围的一切都是他模仿的对象，大人干什么，他就学着做什么，家长的一举一动、一言一行，无不是孩子效仿的对象，所以家长用言传身教给孩子树立榜样十分重要。

4. 不厌其烦的反复能力

做家长的都有这样的经历：给小孩讲一个故事，今天讲，孩子听得高兴；明天讲，后天讲，他还听得津津有味。这说明儿童不怕反复，喜欢重复，他对熟悉的东西感到亲切，而成人对反复出现的熟悉的事物会有厌烦感。《说文解字》中对"习"字的解释是："数飞也"。本义是指鸟反复练飞。反复也是学习的过程，克服遗忘的秘诀就是反复。比如对传统经典的学习需要达到一定的遍数才能完全记住，这就需要及时大量地反复。构建儿童良好的脑神经网络，也需要信息反复刺激。

5. 高度的直觉领悟能力

直觉力是指不需经过理性分析判断就能知道结果。地震来临之前，狗、鸡、蛇等动物能直接觉察到。直觉力存在于右脑的深层，儿童的直觉力比成人高。实际上，信息传递还可通过气味、符号、想象和波动的方式进行，这就是高度的心灵感应能力，也就是直觉力。人脑分为三部分：脑干，又称爬虫类的脑，因为爬虫类动物都具有脑干，但没有旧皮层和新皮层；旧皮层，又称哺乳类的脑，因为哺乳类动物都具有脑干和旧皮层，但没有新皮层；新皮层，又称灵长类的脑，因为灵长类动物都具有脑干、旧皮层和新皮层。左右脑各有一个通道，将三部分沟通连接起来。直觉力来自最里层，即爬虫类的脑，所以过多动用左脑去分析理解，反而会抑制右脑感应通道的开启。比如用不加理解的跟读方式诵读经典，会直接打开通往右脑深处的通道，从而开启无穷的智慧之门，达到最高的理解境界，也就是心领神会，这是来自内心深处的领悟。

可见，幼儿的学习方式与大人是不同的，我们通常严重低估了孩子的学习能力，而这些方面的能力却是随着年龄的增长而递减的。认清并善加把握利用幼儿的这些能力，是家长的重要责任。否则，就是浪费孩子的潜能，丧失了教育孩子的最佳时机。

美国著名的心理学家、教育家布鲁姆认为，一个人的智力发展如果把他本人17岁达到的水平算作100％的话，那么他4岁时就达到了50％，5～8岁增加30％，9～17岁又获得20％。可见，幼儿是智力发展最迅速的时期，也是进行早期教育和智力开发的最佳时期，家长在这个时期实施好的教育，是孩子健康成长的关键。

神经生物学家埃里克·坎德尔对短期记忆和长期记忆的机制进行了开创性的研究，并因此获得了2000年诺贝尔生理学或医学奖。他的研究显示，短期记忆没有增加神经元的连接，没有改变大脑的"硬件"，而长期记忆的形成过程改变了脑神经细胞的基因表达，增加了大脑的神经元之间的连接数量，从而使大脑"硬件"升级！这说明，大量信息的长期记忆会使大脑神经网络得以增长，从而使人变得更聪明。这项研究印证了古代传统教育强调记忆训练的科学性，也为我们指明了提高儿童智力的一个切实可行的方法。既然要训练记忆力，要背诵大量的东西，那最好的选择当然是背诵经典作品。经典作品本身就包含了人类思想的精华，是智慧的结晶。通过背诵经典，孩子可以获得比背诵一般材料大得多的收获。在孩子开悟时，那满腹的经纶将会成为他们奇思妙想的无尽源泉，他们会站在巨人的肩膀上更快地向上攀登。

古往今来，许多卓有成效的名人在幼年时期都受到过良好的家庭教育，这是他们日后成才的一个重要原因。唐代文学家柳宗元自小就由母亲指导他诵读经典，他4岁时就能写诗作文。北宋文学家、书法家黄庭坚5岁熟读《诗经》《尚书》《礼记》《周易》等经典，达到"十日成诵，无一字漏"，7岁时写下了牧童诗："骑牛远远过村前，短笛横吹隔陇闻；多少长安名利客，机关用尽不如君。"清初思想家、经学家顾炎武 6 岁读《大学》《孙子》《吴子》《左传》《国语》《战国策》等经典。"扬州八怪"之一的郑板桥从 3 岁开始诵读经典和诗文，6 岁熟读和抄写四书五经，学识渊博。思想家梁启超 4 岁精读四书，6 岁读完五经，11 岁考上秀才。钱钟书被称赞为"二十世纪最智慧的头颅"，他精通多种语言，经史子集更是随手拈来，人称博学鸿儒、文化昆仑，他从小接受的是父亲对他的国学经典训练，他的父亲钱基博是 20 世纪 30 年代的国学大家。一代文学巨匠茅盾，德国大诗人、剧作家歌德，有 1 000 多项发明的大发明家爱迪生等名人的成长经历，都说明家庭早期教育是十分重要的。

相反，人在幼年时期得不到良好家庭教育而影响正常发展的事例也有很多。如印度"狼孩"卡玛拉，她从小被狼叼去，8 岁时被人发现，但其生活习惯已与人两样，几乎与狼一样，四肢爬行，吃生肉，昼伏夜行，后来经过训练，2 年后才能站立，6 年后可以像人一样行走，4 年学会了 6 个单词，在她 17 岁时，智力水平仅为 3 岁孩子的水平。

古今中外的实践和现代科学的研究结果都表明，顺应幼儿的性情，开展早期教育、"童蒙养正"是十分重要的，家长切不可贻误时机。

第五篇 家庭教育问题剖析

三十、一些家长正在用手机毁掉自己的孩子

有家长反映：孩子小时候经常玩家长的手机，慢慢长大了看到别的孩子有手机，也闹着要买手机，给他买吧，怕影响学习，不买吧，怕影响孩子情绪，感到很纠结。

现在，孩子玩手机已经成了一个普遍的现象。有一次乘火车，在我旁边坐着一位妈妈，她领着一个四五岁的孩子，这个孩子一直在玩手机。我告诉这位妈妈，让孩子玩手机不好。她说，孩子在火车上寂寞，让他玩会儿吧。我告诉她，孩子长时间玩手机非常有害，一是会伤他的眼睛，孩子的眼睛还没有发育成熟，很多孩子的眼睛都是小时候在家里长时间看电视、电脑和手机弄坏的；二是孩子经常玩手机会上瘾，以后哪有心事再好好学习？等孩子大一点了，他就会闹着要家长买手机，你不给他买，他就借同学的手机玩，或上网吧玩，这时候，你再抱怨他不爱学习，就为时已晚了！

一位五年级的小男孩在一个电视节目里说：在我们小的时候，你们大人为了图一时的安静，用手机稳住我们；等我们大了沉迷于手机时，你们又开始抱怨是手机耽误了我们。可是你们有没有想过，小的时候，是谁把手机塞到了我们手里？现在不少家长在家里拿着手机不停地玩，做饭在玩，吃饭在玩，坐在沙发上玩，躺在床上玩。有的人甚至把手机当成了电子保姆，孩子一哭闹，就给孩子一个手机玩，孩子倒是不闹了，但是做家长的是否想过这样做对孩子的伤害是怎样的！是家长亲手毁了孩子的未来，甚至毁了孩子的一生。这并不是危言耸听。

有位妈妈说：没有给孩子买手机之前，孩子又乖又听话，学习成绩也很

好。可是，自从孩子迷上了手机之后，每天回家都不认真写作业，就想先玩手机，学习成绩直线下滑。如果不让他玩手机，他就开始抹眼泪、撒泼打滚，甚至砸东西。哎，当初说什么也不该让他玩手机的！

还有位妈妈说：放寒假的时候，因为自己白天上班，晚上要准备考试，为了防止孩子打扰她，就把手机丢给了刚上小学二年级的孩子玩。结果才短短十几天，孩子就对手机里的短视频上了瘾：吃饭时看短视频，走路时也看短视频，结果最后一大半寒假作业都没有写完。最糟糕的是，开学以后，孩子在家里只要一看到手机就扑过去玩，拉都拉不住。老师也专门找过她，说孩子现在上课经常走神、心不在焉。她说现在真是悔不当初！

中国互联网络信息中心发布的《中国互联网络发展状况统计报告》显示：截至 2020 年 12 月，我国短视频用户规模达 8.73 亿，其中大部分都是青少年用户。大街小巷随处可见沉迷于手机的孩子。总听到身边有父母说：就让孩子玩一会儿嘛，能有多大事？他们相信自家孩子有那个自觉性，不会上瘾的。殊不知，垃圾快乐就仿佛是包裹着糖衣的毒药，看似甜甜的，实则一点一点地让人中毒。一位知乎博主发帖讲述自己的经历：他小学的时候成绩很好，基本都排在年级前十名。结果上了初中之后，他开始沉迷于一款网游，并且一发不可收拾，逃课去网吧也是家常便饭，成绩就此一落千丈。他的父母则因为长年在外做生意，很少管他。等到高二下学期，老师因为他成绩差，频繁地给他父母打电话，他们才意识到问题的严重性。该骂的也骂了，该补的课也补了，可是落下了那么多的课业，又岂是一时半会补得回来的。最终，博主高考只得了350 分，上了一所普通的专科院校，毕业之后找工作更是屡次碰壁。博主这才懊悔不已，大声疾呼：垃圾快乐，毁我青春；垃圾游戏，毁我前途！可是一切都为时已晚。写到最后，他无奈地说：希望各位父母能够引以为戒，别再让孩子沉迷于网络了，多关注一下身边的他们吧。新型冠状病毒感染肺炎疫情期间，微博上关于"学生上网课的真实状态"的话题引起了很多网友的关注和讨论。其中一位博主分享的视频让人唏嘘。视频中，有的孩子一边睡觉一边上课，有的孩子一边用电脑听课一边用手机玩游戏。像这样沉迷于手机的孩子，哪还有未来可言？

网络上有一个话题："如何看待毁掉孩子最好的方法就是给他一部手机？"有网友说：是什么引发了垃圾快乐？那就是能让人获得短期快感的事物。虽然人们获得了短暂的满足，但却在这种满足中，丧失了自制力和进取心，懒得思考，懒得进步，让自己的未来被这种所谓的快乐一点点偷走。美国心理学家亚当·阿尔特说："游戏、八卦、直播等娱乐产品就像毒品，一不留神就能让人上瘾。"孩子一旦尝到了垃圾快乐的甜头就会上瘾，忍不住想要更多，甚至会让人迷失方向，忽略了本来应该做的事情。手机让孩子一时欢愉，但是手机制造出的垃圾快乐杀死了孩子的自制力和学习能力，更杀死了孩子的上进心。那些爱玩游戏、爱看短视频、爱看电视剧，沉迷于垃圾快乐无法自拔的孩子有一个共同的特点，那就是对能获得短期快感之外的事情毫无兴趣。垃圾快乐，不仅拉开了孩子与同龄人之间的距离，也在一步步毁掉孩子。

手机的功能越来越多，为人们带来了很多的便利，但使用不当，它也会成为一大祸害，使人沉迷于其中，不能自拔。

美国一位心理学家的研究结果令人震惊。他从美国各地的中下阶层的家庭中选取了 100 名孩子，将他们分成两组：一组是 50 名接触不到手机的孩子，另一组是 50 名对手机痴迷的孩子。然后，他对他们进行跟踪调查。10 年后，调查结果是，50 名痴迷于手机的孩子中只有 2 名考上了大学，另外 50 名孩子中只有 3 名没有考入大学，这些考入大学的孩子们，有 16 名获得了学校的全额奖学金。因此，有人说，毁掉一个孩子的最好办法就是早早地给他一部手机。

华盛顿大学的一项实验表明，孩子从 10 个月大时起，每增加 1 小时看电子屏幕的时间，7 岁时出现"注意力缺陷多动障碍"的风险就增加 10%。电子产品会带来快节奏、强烈、丰富的刺激，孩子习惯了这种被动接受的方式后，主动获取知识的能力就下降了。当孩子习惯于玩手机，习惯于碎片化的注意力集中模式后，他们在学习时就无法集中精神、坐不住。心理学家得出结论：让孩子过早、过多地接触电子产品，会大大损伤孩子的大脑发育，影响孩子的专注力和认知能力。

韩国高丽大学神经放射学教授 Hyung Suk Seo 在 2017 年 12 月芝加哥北美放射学会年会上公布，他发现"网络成瘾"的青少年大脑中的化学物质不平衡，这种不平衡与经历焦虑和抑郁症的人相似。这些手机成瘾青少年在抑郁、焦虑、失眠和冲动方面的分数显著高于平常人，这表明手机对孩子心理上的危害非常严重。

英国专家经过长时间的研究后发现，手机电磁场会大大地削弱儿童脆弱的免疫系统，它反过来又降低了儿童对电磁场不良影响的抵抗力。国际上从事辐射微波研究的权威专家发现，手机在发射微波的同时也存在"极低频磁场"，达到一定程度就有可能引起白血病和肿瘤，其中，对儿童的影响最为显著。儿童因为处于发育期，大脑对手机辐射的吸收量要比成人多 60% 以上！

有研究数据显示，孩子每天连续玩半小时手机，平均每分钟会眨眼超过 7

次，泪膜破裂时间平均小于 5 秒，长此以往，孩子的视力将急剧下降。电子产品通过被动注意吸引孩子，孩子大脑过于兴奋，无法感受到身体器官的疲倦，用眼过度损害了孩子的眼睛，同时也损害了孩子的视知觉能力。如果孩子每天看手机超过两个小时，大脑皮层就会变薄，而且大脑的发育也会变得迟缓。低头玩手机容易伤害到孩子的颈椎，不要小看低头这个姿势，当你低头玩手机时，颈椎相当于额外增加了 27 千克的压力，这比一个 7 岁的小孩还要重！

美国国家卫生研究院一项研究显示，每天看电子屏幕超过 2 个小时的儿童，在思维和语言测试中获得的得分较低；而每天使用电子屏幕超过 7 个小时的儿童，其大脑皮层显著地出现变薄的现象。这意味着常玩手机的孩子感官灵敏度会下降，变得迟钝、注意力不集中。

湖南长沙 3 岁的女孩雯雯，其父母忙于工作，平时雯雯由奶奶照看。奶奶发现雯雯只要玩起手机，就变成了乖乖女，就乐得让雯雯玩，不加以制止。就这样，雯雯很快就"爱不释机"了，对手机产生了依赖感，一玩就能玩上半天，越玩越上瘾。除了吃饭、睡觉和大小便，剩下的时间，要从雯雯手中拿回手机难于上青天。然而，有一天，雯雯的手指突然变得僵硬，无法伸直，一碰就会疼得她哇哇大哭。送医院检查后，医生诊断为双拇指狭窄性腱鞘炎，也就是俗称的"扳机指"。导致雯雯出现这一状况的直接原因就是长期无节制地玩手机。

广东东莞 5 岁男孩乐乐，他的妈妈在他 3 岁的时候给他买了一个学习机，希望乐乐能够"赢在起跑线"上，接受早期的启蒙教育学习。现在的学习机为了吸引孩子的眼球，设计了很多游戏娱乐的内容。乐乐玩学习机的时间，竟然达到了每天 6 个小时以上。渐渐地，乐乐看人的时候，总是习惯性地皱着眉头、眯缝着眼睛。爸爸妈妈带乐乐到眼科医院一检查，发现乐乐的眼睛近视竟然将近 1 000 度！更让人感到心痛的是，乐乐的眼底照相显示已经是豹纹状眼底，目前对这一疾病的治疗并没有什么有效的方法，而且容易引发严重的并发症，需要配戴眼镜来纠正近视。

13 岁的男孩田田突然看东西重影，甚至吃饭的时候右侧肢体活动障碍，连筷子都拿不稳。父母连忙带他去医院，一检查才发现竟然是多发性脑梗死！原因就是孩子平常手机不离手，前天夜里几乎玩了一晚上手机。像这一类的事例还有很多。沉迷于手机的危害，概括起来，主要有以下方面：

1. 伤害身心健康

研究表明，长期长时间使用手机，会增加患脑瘤等癌症的风险，造成眼部疾病，导致骨质疏松，出现皮肤过敏反应，影响睡眠质量，导致腰椎和颈椎的损害，可导致老年痴呆、帕金森症等危险，导致焦虑症、抑郁症和精神分裂症，出现自杀、自残的风险，会形成面部色斑，出现听力下降，会产生手指综合征，可杀死男性三成精子，成了伤害身心的一大杀手。

2. 荒废了学业

手机成了移动的网吧，一些孩子相当一部分时间都在玩手机，吃饭玩手机，睡觉玩手机，走路玩手机，下课玩手机，一些学生甚至在教室里上课时还在玩手机，聊天、看剧、打游戏、浏览网页，整天沉迷于手机世界里，花费在学习上的时间、精力自然就少了。喜欢玩手机的孩子，习惯了手机带来的轻松愉悦的感觉，对学习感到枯燥乏味，学习成绩下降，受到指责后更想在手机网络里找到慰藉，形成恶性循环，逐渐丧失求知欲，产生厌学情绪。

3. 产生了手机依赖

很多人在玩弄手机的过程中，慢慢产生了手机依赖，学习和工作的时候，总想拿出来看一看，一会不看手机心里就不踏实，焦躁不安，像吸食毒品一样，已经成瘾，手机成了"电子鸦片"，玩弄手机几乎成了生活的全部，使人疲惫，大脑得不到休息，注意力不能集中，严重影响了学习和工作质量与效率。

4. 诱发邪思邪念邪行

网络上的信息鱼龙混杂，含有一些恐怖、暴力、邪恶、变态等内容，这些东西很容易使人产生邪思邪念，未成年人难以抵挡这样的诱惑，对他们的身心成长有着巨大的危害。手机上的信息渠道多种多样，很多信息让人真假难辨，负能量的信息也很多，未成年人很容易被污染、被刺激、被欺骗，所接受的正面的教育很容易被抵消。

5. 疏远了人与人之间的感情

一些人不论是在单位里、公交车上，甚至在家里，沉迷于自己的手机，与同事、朋友、亲人之间的共同话题越来越少，关系越来越冷淡，就算是说话也是敷衍了事。如果家庭成员在家都在玩手机，懒得做家务，就会增加矛盾、争吵、不满，影响家庭和谐。尤其是一些年轻家长越来越依赖手机，平时只要一有闲暇就开始玩手机，孩子过来想要和家长亲近，家长要么敷衍了事，要么打发孩子自己去玩，甚至还有家长会觉得孩子麻烦而斥责孩子。家长的这些行为会让孩子觉得手机比自己更加重要，孩子的内心会受到很大的伤害，非常影响亲子关系。

6. 破坏了专注力

手机成瘾者无法长时间地集中注意力，缺少对某个问题深入、持久的了解和思考，其"专注"状态正变得越来越难得。手机带来的满足感太容易获得，而人们一旦习惯了这种唾手可得的满足感，就不愿再去做那些"高投入"的事情了，比如不愿在高度自律的状态下完成作业、思考问题。对一个学生来说，能不能培养出高效学习的能力，关键在于专注力的强弱，而非低层次的时间投入。沉迷于手机的学生很难在学习上进行持续的、深入的思考；而没有深入思考、浅尝辄止是无益于掌握高难度内容的。

7. 占用了宝贵的时间

得到 App 创始人罗振宇在 2018 年跨年演讲中说：游戏大佬们制作的《王者荣耀》让人十分钟有个兴奋点，而"吃鸡"游戏三分钟就要有一个兴奋点，甚至追求一分钟一个兴奋点，说白了就是只要让你坐到游戏跟前，根本就下不来，你下来那就是制作游戏的人失败了。别人在课下拼命学习，你却想尽办法不惜熬夜玩手机；别人在课堂上专心听讲，你却在打盹闹瞌睡。到最后才发现，不是你玩手机，是手机玩了你！是手机荒废了你！

8. 降低了沟通能力

很多人喜欢抱着手机不放手，平常在一些社交软件上与他人聊天可以无话不说，可是与别人面对面的时候，却不知道说什么，有的人甚至陷入虚拟世界难以自拔，造成与人交流沟通障碍，降低了社交能力，产生社交恐惧症。

9. 容易发生意外

我们经常会看到这样一类新闻：有人边走边玩手机，掉入沟里、窨井里，或被车辆撞飞，付出了生命的代价；有人驾车或骑电动车时玩手机，发生交通事故；有家长看孩子的时候玩手机，疏于照看孩子，导致孩子发生各种意外。

10. 增加了经济负担

一些人存在攀比心理，花很多钱频繁更换手机，以满足自己的虚荣心。长时间玩手机，产生大量的上网费用，给家庭造成了不必要的经济负担。

给孩子玩手机很多时候成为家长解放自己、减少麻烦的"好办法"。比如：朋友聚餐，给孩子玩手机游戏，他们就听话了；在家里，给孩子玩手机，他们就不捣乱了；孩子不肯吃饭，答应他吃完饭就可以玩手机，他就会痛痛快快地吃饭；等等。但是，家长必须知道，无节制地玩手机会对孩子产生巨大的危害，上述做法十分不可取。

知乎上有个问题：哪些是年轻人不能碰的东西？最受认可的回答是：所有获得短期快感的东西。放到现实中，这些东西就是游戏、短视频、直播、肥皂剧等一切碎片化的娱乐。这些产品背后有强大的运营团队，他们善于把握受众心理，刺激人体感官，让人欲罢不能，心甘情愿地沉迷其中。成年人尚且难以抵挡这些诱惑，更何况大脑尚未发育完全、意志力薄弱的孩子。一旦孩子误入其中，便会沦为垃圾快乐的俘虏，一发不可收拾。一些家长觉得孩子玩手机没啥，但发现事态严重之后，后悔已经来不及了。孩子一旦上瘾，就很难从中走出来，这时，如果有人阻止他，他就像变了一个人，会发脾气吵闹。

因此，对手机可能产生的危害，做家长的需要引起足够的重视，不仅不能让孩子从小玩手机，最关键的是自己不要玩手机。家长要用自己的一言一行引导孩子，这比讲千百遍道理更有说服力。

三十一、孩子逆反问题根子在家长

有家长说，孩子非常逆反，给孩子说什么他都不听，一说话就是吵架，双方没有办法交流，非常郁闷、无奈，不知道该怎么办。

现在不少家长都有这样的感受：一心为孩子着想，他们不仅不感恩，却嫌啰唆；让孩子改点毛病，说了无数遍，他们当耳旁风，甚至越说越犯、变本加厉；孩子软硬不吃，专跟家长唱反调；等等。家长和孩子本该亲密的关系，现在却充满了抱怨、矛盾和隔阂。

看过电视节目《变形计》的人都知道，能上那档节目的，家庭条件都是很好的，这些事业上发展得都不错的家长们有一个共同的心病：孩子不听话，亲子关系恶劣。这些家庭表面光鲜，可内里却是支离破碎，家长和孩子一言不合就开骂，甚至动手，爸爸妈妈和孩子交流的唯一方式，就是给钱、给钱、再给钱！

很多家长把孩子的任性、不听话、逆反归咎在孩子身上，抱怨孩子，怨恨孩子。其实每一个"问题"孩子的背后，都是有"问题"的家长。孩子的问题是表象，根子在家长；孩子逆反是结果，原因在家长。想想看，你的孩子一出生就逆反吗？为什么他在你的养育下慢慢就逆反了呢？为什么别人家的孩子不逆反呢？孩子一出生就像是一张白纸，孩子不管长成什么样，都是家长教出来的，是家长带出来的，只是很多家长不愿意正视自己的问题，总是想尽办法试图改变孩子，可家长越是想改变孩子，孩子越是与家长对立。

张女士是一位"80后"妈妈，有两个孩子，大儿子已经9岁，读小学三年级。一直以来，张女士和丈夫都为儿子的教育问题头疼不已。最近，因为孩子在学校又频频出现问题，张女士被请到了学校。原来，大儿子出生后没多久，张女士为了拼事业，将孩子送到了奶奶家，5岁之前，他一直由奶奶抚养。虽然是让奶奶帮忙带，但是张女士和丈夫每天晚上都回家陪儿子睡觉，只是与奶奶相比，他们关注和陪伴孩子的时间要少很多。"我是一个自我要求很高的人，所以对孩子的要求也很高，但是越是严格，孩子的表现反而越差，跟我的距离也越来越远。"张女士说，这个问题，从孩子5岁那年被接到自己身边之后就暴露出来了，读小学的这两年多，暴露出的问题越来越多，行为习惯也一直得不到纠正。张女士一直都认为这是孩子的问题，自己已经尽力陪伴，并且为孩子创造了最好的环境，直到第二个孩子出生。"二宝一直是我自己带的，我发现自己对二宝的很多不好的习惯都能容忍，但对大宝就处处严苛，这才意识到，原来是自己对大宝爱得不够多，问题出在自己身上。"

李先生有个上初中的女儿，一直以来，他都觉得自己跟女儿的关系不错，直到暑假他发现女儿的朋友圈屏蔽了自己。暑假里，李先生给女儿报了游泳班，孩子也没有反对，但是等到上课时，状况就出现了。第一天，她说自己肚子疼，第二天是头疼，反正每天都有不舒服的情况，为此，李先生专门在网上百度"游泳为什么会头疼"，还带孩子去医院做检查。后来有人告诉他，女儿在微信朋友圈发了一条"我最讨厌游泳了！""我马上在自己的朋友圈刷了又刷，发现看不到女儿发的消息，这才知道自己被屏蔽了，也才知道孩子不喜欢游泳，那些不舒服都是借口。"李先生说，自己一开始有些生气，但是冷静下来细想，孩子不愿意跟自己说，肯定自己身上有原因，需要反思。

家长的关爱为什么成了孩子喘不过气来的压力？有些家长与其说是在付出，不如说是索取回报，或者说是以自我牺牲作为对孩子的要挟。"为了你，妈妈才放弃那份工作的！""6万一平方米的学区房都买了，你就用这个成绩回报我？""把你拉扯这么大，我容易吗……"每个孩子生来都是好孩子，但在一些家长不当的教育方式下越来越难管：打不得、骂不得，说两句就开始哭，就差供起来了；看见动画片比亲妈都亲，爱看手机、上网，就是不喜欢学习；顶嘴、撒谎、早恋，软硬不吃、油盐不进……

孩子逆反，说明家长的教育出了问题，必须全面反思和改变家长的教育理念和方法。不要急于改变孩子，家长首先需要做的就是改变自己，正所谓"解铃还需系铃人"，家长改变了，孩子自然就会慢慢改变。

家长要学会倾听。随着身体的成长和智力的发育，孩子慢慢就有了独立的想法和看法，家长要多些耐心，与孩子进行朋友式的交流，听孩子说为什么要这样或是那样，对孩子正当的想法与感受要尊重和理解，站在孩子的角度观察和处理问题。有了理解和倾听，家长才能和孩子建立起情感链接，孩子也会更愿意信任大人，这时候不必多费口舌，孩子自然愿意和家长配合。不要一味地按自己的标准和想法对孩子予以否认和拒绝，以爱的名义剥夺他们成长的权利。否则，孩子对家长强压的做法就会不满，容易产生冲突，从而产生逆反，哪怕孩子知道家长是对的，他也会想方设法跟家长反着来。

家长要降低对孩子的期待。家长都希望自己的孩子能够出众，孩子能否出众，不仅取决于先天禀赋，还取决于后天的教育引导。家长过高的期待既不客观，也会给自己和孩子造成压力，使双方都背上沉重的包袱。当孩子不能达到家长的期望，或是做错了事情，家长就会生气、抱怨，对孩子大声训斥。家长若是一味地斥责孩子，只会激化矛盾，加剧孩子的逆反心理。

家长要控制自己的脾气。当孩子犯了错误或不服管教时，家长要保持冷静，控制住自己的情绪，不要火冒三丈，甚至对孩子拳脚相加，也不要说一些否定、侮辱、伤害、刺激孩子自尊的话，这样做不仅无济于事，反而会加剧矛盾和对立。

家长不要总盯着孩子的缺点。世上没有两片完全相同的树叶，也没有两个完全相同的孩子，每一个孩子的先天禀赋都是不一样的，每个孩子都会有优势和不足。不要总盯着孩子的错误和缺点，更不要拿自己孩子的弱势和别的孩子的优势相比，否则，孩子会感觉到无论自己怎样努力都得不到家长的认可，没有成就感，没有自信，失去上进心，甚至破罐子破摔。要多想孩子的长处，引导孩子的优势，关注孩子的进步，寻找孩子身上的闪光点，对孩子多些表扬，少些责怪。

家长要改变批评的方法。"扬善于公堂，规过于私室。"对孩子的优点和成绩，要在大庭广众之下表扬，让人有荣誉，有自信，还能起到激励作用；对孩子的缺点和过错，要在没有旁人的地方批评、规劝，照顾他的面子和尊严，这样孩子才容易接受。在大庭广众之下批评和体罚孩子，不仅会伤害孩子的自尊，还极易招致孩子的怨恨、顶撞和逆反。

家长要信任孩子。信任孩子就相当于告诉他：你是一个值得信任的人，是一个令人放心的人。这对于孩子而言，意味着大人对自己的尊重、对自己能力与品格的肯定，更是对自己的巨大欣赏与鼓励。当孩子觉得自己在别人眼中是一个令人放心的人时，他往往也会做出与之相应的行为，表现出自己值得信任的一面。信任的反面是怀疑与否定，这不仅会让孩子觉得自己在家长和老师眼中是坏孩子，而且是一个不诚实或没有能力的人，这样孩子就没有自信心，甚至觉得活着没意思。当孩子的表现没有问题却被冤枉，努力做出成绩却被怀疑时，他们会非常绝望，因为自己已经尽力了，却得到了一个糟糕的结果。

最重要的是，家长要以身作则，身体力行地做好。想让孩子学习，家长就要带头看看书，或陪孩子看看书；想让孩子尊老，家长就要孝敬自己的老人，经常带孩子回家看看爷爷奶奶、外公外婆；想让孩子善良，家长就要多做些利他的事；不想让孩子玩手机，家长就不要玩手机；不想让孩子睡懒觉，家长就不要睡懒觉。总之，希望孩子怎样，家长就要先做好。希望孩子这样，家长却那样，孩子怎么会听呢！正如《大学》中所说的："其所令反其所好，而民不从。是故君子有诸己而后求诸人，无诸己而后非诸人。"意思是，你的命令与自己的实际做法相反，他人是不会服从的。所以，君子总是自己先做到，然后才要求别人做到；自己先不这样做，然后才要求别人不这样做。

　　河南笑乐惠餐饮店的店长说：孩子推门进家，像往常一样，对母亲热情的招呼充耳不闻。他直接走到客厅，拿起遥控器，打开电视机，进入自己的世界里去了。这位妈妈心里泛起一阵委屈："我给你找最好的学校、最好的班级、最好的补习班，你怎么就是不领情呢。"儿子说："妈妈，你还不如去上班，不要陪我了。"当我听到这句话的时候，我的脑袋瓜嗡嗡作响。十几年来，儿子第一次对我直接发出了反叛的声音，这是我未曾预料到的。我自认为是一个称职的妈妈，努力把我能做到的最好的一切都给了孩子。我相信，孩子的成绩决定了他的未来，我不能让他因为成绩而吃亏。但是，他却不以为然。他喜欢回家打开电视机，喜欢打两局游戏，喜欢跟朋友一起出去玩，喜欢讨论与学习无关的事情。我觉得这是在"不务正业"。于是，我们两个出现了分歧，共同语言也就越来越少。很长一段时间里，我都以为是孩子把我拒之门外，他的世界我进不去。我极力地想要从外部突破，找寻各种方法，但是毫无效果。2019年9月，我收到了一个传统文化老师的"锦囊妙计"，那是一张纸，上面画着一颗被九个恶念所侵占的心。我细数这几个念头，发现它们都存在于我的大脑里，控制着我的内心，影响着我的行为。突然有一个问题出现在我的脑海里：如果我是孩子，我会喜欢像自己这样的母亲吗？答案是否定的。我以为我做得很好，但只是站在我的这一面考虑的，没有想过孩子真正喜欢的是什么。不是孩子推开了我，而是我建了一个自我满足的围墙，不让孩子突破。要想改变现状，就需要将围墙推倒。于是，我在一个休息日的下午把整个家从里到外打扫了一遍。孩子回到家之后，没有第一时间打开电视机，而是惊讶地说："家里怎么这么干净？"那一刻，我跟孩子四目相对，看到了他不一样的目光。那天，孩子破天荒地拉着我和他爸爸的手，聊了好久，聊他到新学校后和老师、同学的相处问题，聊他在学校里快乐和不快乐的事情，等等。孩子今年上高一，课业突然增多，我想帮他又不敢轻易开口。没想到有一天，他主动找我要补课老师的微信，说他想补补课，但是怕我太忙，他可以自己联系。那一瞬间，我感觉那道围墙开始被打破了。一天早上，我在房间里读书，他跑过来，惊讶地说："妈妈，你还在坚持学习啊？"随后他又说："不行，我也要坚持学习，不能落下功课。"我笑了笑，说："好，那我们就在不同的战场上战斗！"那一刻，我真正明白了"家长好好学习，孩子天天向上"这句话的含义。很多时候，家长喜欢把自己认为最好的给予孩子，殊不知，这些所谓的最好，其实未必真的是合适的。所以，时常反思自己是多么重要！

有一位妈妈说：新型冠状病毒肺炎疫情期间居家办公学习，有一次因为软件的原因，孩子上网课时出现了闪退，老师的建议是卸载软件，重新登录，等她重新登录进去之后，发现之前的记录全都没有了，包括她写在 iPad 上的一篇作文，我想这个情况对很多人来说都是很正常的，但是她不能接受，开始爆发，扔笔、吼叫，她非得让那篇消失的作文马上回来，我说老师正在解决，需要点时间，但是她听不进去。按照往常，我一定会搬出九级狮吼功出来跟她一较高下。但是那天，我让自己冷静了下来，分析了一下她爆发的原因。我想，她是因为丢失了数据很难过和懊恼，担心找不回来，因为没有能力和解决办法，加上不知道怎么表达自己的情绪，所以她用这种激烈的方式来宣泄。想清楚之后，我就过去先抱住了她，跟她说："你是因为丢失了数据很难过，对不对？妈妈曾经也有过重要的数据没有备份丢失了的经历，妈妈现在很理解你难过的心情，而且我看到你有保存自己作品的习惯，很开心，我很欣赏你的做法。"她听我这么一说，安静下来了，我接着说："你可以把你的作品截个图保存到照片里，或者说拷贝到另外的电脑上，有很多种做法，今天这个作文可能一下子找不回来，妈妈的建议是，等可以去学校上课了，你去找老师重新拷贝一份，你觉得这样可以吗？"她对我的建议没有提出异议，我就说："那好，我们深呼吸一下吧，两个人一起做。"做完之后问她："现在心情好点儿了吗？"她说："好了。"那个瞬间，我长舒了一口气。这一次，她的情绪经过我的接纳，终于雨过天晴。有了胜利的曙光后，我就有信心了，我一直不断地练习，现在有了很大的改变，双方的矛盾越来越少了，取而代之的是无数次的拥抱。每天她做作业，如果碰到困难，她会出来抱抱我；周末在家做作业，时间有点久了，我会进去抱抱她，那种紧紧相依、亲密无间的感觉是很幸福的。以前肯定是我们用了很多不恰当的方式，经常是把手指头指向她：你不能这样、你不能那样，你应该这样、你应该那样。孩子在长大，她有自己的想法和节奏，如果我们总是以家长的标准和她相处，她会感到压力，如果她不知道怎么释放这种压力，就只能用这种激烈的方式与家长对抗。

有一位女企业家，在商场上很少有什么事难得住她。然而，面对儿子，就是另外一番情形了。儿子成绩一直都是班上倒数几名，他不爱学习，晚上熬夜打游戏，家长说什么都不听。一个偶然的机会，她接触了传统文化，懂得了"行有不得，反求诸己"的道理，开始认真地反思自己作为母亲的缺位和不足。在发自内心地看到自己的过失后，她以郑重的态度对儿子表达了深深的歉意和愧疚，但"冰冻三尺非一日之寒"，面对母亲的这份表白，儿子将信将疑。一个周末，她外出回家，准备送儿子去补课，却发现怎么也打不开自家的门，原来儿子不想去补课，索性就把妈妈锁在了门外。站在防盗门外，她的心里开始翻江倒海。换作以往，她早就暴跳如雷，对着儿子大吼大叫了。但这一次，她想到了传统文化中关于修心的功夫，此刻正是用功时，这不就是一次对她的考验吗?! 她的心顿时柔软了下来。想到自己过去对儿子的种种不当的教育，她心念一转：这又有什么好抱怨的？于是她什么也不说、什么也不做，就开始静静地在门外等。半个小时后，儿子主动把门打开了。这一次"考验"的顺利通关，让儿子开始愿意与母亲修复关系。母子之间本就心心相连，只是中间被一些误解、委屈和抱怨挡住了，只要消除了这些障碍，就会发现彼此原来都是如此渴望坦诚与信任。她通过学习懂得了：对孩子最大的爱，就是成为他的榜样。不久，她接到了老师的电话："你们家孩子怎么了，最近变化这么大?!"收到老师的反馈，她这才知道：原来上课就睡觉的儿子，现在上课时格外精神，不仅不再玩手机，听课也十分认真，成绩不断提高，从班里倒数几名跃升到了前二十名……每每回忆起那天的经历，她的眼角都会湿润。她感慨地说："我这才真正明白，教育孩子其实不难，就是要改变自己，做到了，孩子就佩服你，做不到，说再多也没有用。"

三流家长做"保姆"，二流家长做"老师"，一流家长做"榜样"。家长如何才能成为孩子的榜样呢？以身作则，以心教子。家长首先要提升自己、超越平庸，才能引领孩子走上光明大道！

三十二、家长要先拿自己"开刀"

有家长问："孩子学习总是马马虎虎，写作业都需要看着，给他讲道理也不听，一有机会就玩家长的手机，怎样才能改变孩子的这些毛病呢？"

我问这位家长："你平时在家玩手机吗？"这位家长笑了。她还说到一个细节，她在看着孩子写作业的时候，自己就在玩手机。这样看来，她的孩子想玩手机就不难理解了。孩子看到大人津津有味地玩手机，乐在其中，孩子当然会好奇，又怎么能抵挡得了这个诱惑呢！

《论语》中记载，叶公问政，子曰："政者，正也。子帅以正，孰敢不正?"

政就是管理、治理；正就是正义、端正、正道。孔子认为，所谓管理或治理，就是要端正，上级带头端正，率先垂范，下级谁还敢不端正呢？《群书治要·政要论》中说："故君子为政，以正己为先，教禁为次。"意思是，君子治理以提升和端正自身为先，以约束和禁止他人为其次。

东汉思想家荀悦曰："善禁者，先禁其身而后人；不善禁者，先禁人而后身。"意思是，善于用禁令治理的，首先自己不做，然后才去要求别人；不善于用禁令治理的，首先禁止别人去做，然后才要求自己。荀悦以此告诫，上级要正人须先正己，方能令行禁止。几百年后的唐太宗堪称"善禁"的典范，他说："若安天下，必须先正其身，未有身正而影曲，上治而下乱者。"意思是，如果想安定天下，必须先端正自身，从未有身正而影子弯曲、上级很好而下级不好的事。唐代政治家、思想家、文学家、史学家魏征在上疏中亦言："古之哲王，尽己而不以尤人，求身而不以责下。"意思是，古代圣明的君王，自己尽心尽力而不抱怨别人，严格要求自己而不指责他人。可见，古代将正人先正己视为"善禁"的至要。

家庭教育也是同样的道理。家长就是上级，孩子就是下级，孩子有问题是表象，根子在家长身上。想让孩子好，家长要先改变。家长不改变，不先向自己"开刀"，孩子就很难教育好。因此，解决孩子的问题，要先从家长身上找原因。

"打铁必须自身硬。"不想让孩子玩手机，做家长的就不要玩手机，尽量不要在孩子面前玩手机；不想让孩子睡懒觉，做家长的就不要睡懒觉；不想让孩子说脏话，做家长的就不要说脏话；不想让孩子看电视，做家长的就要尽量少看电视；想让孩子看书，做家长的要带头看书；想让孩子认真写作业，做家长的就要把电视关上看看书或做点家务；想让孩子孝敬自己，做家长的就要孝敬自己的家长；想让孩子有礼貌，做家长的就要学会尊老爱幼；想让孩子善良，做家长的就不要自私；想让孩子有好的习惯，做家长的就要先养成好的习惯。

正如《大戴礼记》中所讲的："欲政之速行也者，莫若以身先之也；欲民之速服也者，莫若以道御之也。"意思是，想迅速地推行政令，没有比自己率先垂范更好的了；想让民众迅速地服从，没有比提升道德修养更好的了。这里特别强调上级提高自己和率先垂范的重要性，只有正己化人，身正民行，才能施不言之教，对下级产生潜移默化的影响。

一位家长从女儿高三的第一学期开始到高考结束，一改过去的习惯，拒绝了所有无意义的饭局，起得比孩子早，睡得比孩子晚，没事就把孩子的教科书、错题本拿出来翻看。父女俩有话聊，有时候还能就文言文的语法问题讨论几十分钟。高考成绩一出，她女儿打电话报喜，班级第二，考上"双一流"高校没有问题。要知道，高三伊始，他女儿在班上仅是中游水平。这其中的变化，与家长的改变和坚持密不可分。每一个成功孩子的背后，都少不了家长的改变和付出。

一位母亲说：儿子从上幼儿园开始就天天哭，经常和小朋友打架，不允许任何人碰他的东西，经常打人、大喊大叫，老师都不敢管，直到小学四年级，儿子被怀疑有精神问题，办理了休学手续。我和他爸带孩子去医院检查，医生说从心理到大脑，孩子都没有问题。找不到原因，又不知道该怎么办，我的情绪特别不好，经常抱怨、打骂孩子。看到其他孩子背着书包高高兴兴地上学，在家休学的儿子，跑到卧室用枕巾裹着头大哭。那时候，我只觉得孩子不上学很丢脸，根本没有体会过他的痛苦。为了尽快让孩子上学，我四处寻找能让儿子改变的学习班。只要能让孩子上学，多贵、多远的班我都愿意付出，甚至那种全面管理孩子的夏令营，负责接送，不用家长陪伴的，我也会报名。因为那时候我自己实在受不了了，我想让自己"解放"出来。但是，当孩子改变不大时，我又会气急败坏地骂孩子："费这么大劲儿，为啥没一点变化?!"在陪读期间，我参加了一场学校组织的最美家庭建设课程，就是这堂课拯救了我和儿子的命运。我从来不知道，家庭是可以建设的。我也不知道，孩子出问题了，其实根子是在家长身上，所以要改变的不是孩子而是家长。这时，课程还没有上完，儿子就进来找我要手机玩。我没有给，儿子立马气得大吼大叫、发脾气。所以，没等课程结束，我就带着儿子回家了。若在以前，一进家门我就会打儿子，因为他让我在那么多人面前丢脸了。但是，这一次，我没有打儿子，而是把自己反锁在卧室里反省。我按照老师讲的建设心灵品质的方法，在心上下功夫，反省自己。我的儿子刚出生没多久，我为了自己所谓的事业，出去赚大钱，把儿子扔到农村的奶奶家。在儿子出生后的这 12 年里，我和孩子爸爸天天吵架，儿子三岁时，还闹过离婚。和孩子爸爸吵完架，我还会把气撒在儿子身上，对儿子不是打就是骂。家里每天都是我的唠叨声、抱怨声、打骂声。有一次，儿子因为我们两个大人吵架，崩溃到要跳楼，甚至用脑袋去撞墙。我也看到了自己对丈夫的傲慢。我有一颗怨心，就像一个怨妇，永远在抱怨。我怨孩子奶奶小时候没照顾好儿子，我甚至怨孩子奶奶没有教育好孩子的爸爸。我是一切的根源，有什么样的心，就有什么样的家庭，就教育出什么样的子女。我以一颗小人的心，深深伤害了孩子。反省之后，我深深地忏悔，哭了两个多小时，当时就立志改变自己。孩子在门外也哭了，一直跟我道歉。我打开门，抱着儿子，我们娘俩大哭一场。我对儿子说："是妈妈错了，妈妈伤害了你。"儿子认真地说："没关系，妈妈。"接着，我给公婆道歉，给先生写了一封道歉信，给儿子的校长和老师也分别写了道歉信，忏悔自己没有教育好儿子，给学校、班级带来各种麻烦。后来我加入了最美家庭建设小组群，越学习，心里越惭愧，我开始从行动上改变自己。老师说打扫卫生其实就是打扫自己的心。于是，我用了四天时间把家里全方位无死角地打扫了一遍。在擦拭锅底时，我感觉每一层锅灰都是我心上的污垢。当一层又一层的污垢被清理，锅变得光亮起来时，我感觉自己的心也明亮了许多。自学习以来，我和爱人再也没有吵过架，我要给孩子营造和谐幸福的家庭氛围；我再也不打骂孩子，当孩子发脾气时，我就亲亲他、抱抱他，给他关心和爱。短短的几天时间，我的改变就带动了儿子的改变。以前，儿子每次写作业，我都要坐在他身边几个小时，一道题一道题地督促着做。现在，儿子每天都能自己主动完成作业……在几十天后，儿子中午回家吃饭时兴奋地说："我数学考了 98 分，还当选了班长！"儿子脸上洋溢着幸福的笑容，全家人为他热烈庆贺，那个一家人欢庆的场面，让我开心得流下了眼泪。想想几十天以前，儿子还是那个让家人觉得丢人，被老师和同学怀疑精神有问题的学生。没想到现在，孩子数学考了 98 分，还得到了老师的认可、当选了班长，这一切就像做梦一样。家庭是复印机，家长是原件，孩子是复印件。复印件出现问题，要改原件。这是我最想说的话。只有家长好好学习，孩子才能天天向上，改变孩子的唯一途径是改变自己。而改变自己，就要从心上改。心是一切事物的源泉，心变好了，一切都会变好。育子之道的根本是建设自己，而建设自己最便捷、最根本的途径就是在心上下功夫，有怎样的心，就会培育出怎样的孩子。

于先生是两个孩子的爸爸，大儿子读小学。他的苦恼是，孩子衣来伸手、饭来张口的问题很严重。造成这个问题的原因，他觉得主要在他和孩子妈妈身上。"养育第一个孩子时，我们都是初为人父、初为人母，没有经验，只要孩子有需求，我们就尽量满足，比如在上兴趣班这件事情上，孩子上了试听课后说喜欢，我们就给报，但事实证明我们错了。"于先生说，孩子报了很多兴趣班，不光周末，连周一至周五晚上都有课。然后，问题就开始出现了。上小学后，孩子既要做作业，又要上兴趣班，吃饭时间都很紧张，然后家里老人就以赶时间为由，天天喂孩子吃饭。虽然于先生觉得这样不妥，但因为时间确实很紧，他也就睁只眼闭只眼，想着喂几口就喂几口吧。时间久了，于先生觉得问题越来越严重，才不得不去纠正。"我们总想着纠正孩子，其实有些时候问题出在家长身上，所以，要解决问题，自己得先行动起来。"于先生说，这学期，他不仅减少了孩子兴趣班的数量，还把孩子的奶奶送回了老家，虽然自己和妻子带两个孩子很辛苦，但为了教好孩子，他觉得值得。

其实，早在问题暴露前，这个家庭已经隐藏了太多的亲子矛盾。教育的问题从来都不是一天养成的。当你发现你的孩子有问题时，其实你已经错过了很多次陪他改正的机会。如果有一台摄像机，能从孩子出生时起，就记录下他成长的轨迹，我们就会发现：当一个孩子出现某方面的问题之前，他其实向大人求助过很多次。比如，孩子注意力不集中，是长久以来大人没有给他一个安静有序的环境，他的注意力总是被嘈杂的声音所吸引，直至最后连5分钟也安静不下来。孩子暴躁、爱哭、不讲理，是大人们没有耐心和他沟通，或者习惯于用"只要一哭就满足"溺爱他，直至他以此来要挟大人。孩子特别痴迷手机游戏，是大人们一忙就把手机扔给孩子，借此逃避陪伴，让孩子觉得随便玩也没有问题。孩子身上的毛病，都能在家长身上找到原因。

俗话说："上梁不正下梁歪，中梁不正倒下来。"如果孩子出现了问题，不要急于改变孩子，家长要先提升和改变自己，自己变了，孩子慢慢也就变了；自己不改变，想改变孩子的任何努力和所谓的技巧，其效果都微乎其微，甚至适得其反。

张女士与丈夫一起经营着一家公司，在当地可以算得上小有成就。但张女士怎么也开心不起来，她有一块心病：沉迷于游戏的儿子至今一事无成。"我是孩儿他娘，我的孩子就应该活成我想要的模样！"张女士怀着这样的期待，从小便事无巨细地管着孩子。但是孩子并没有照着妈妈希望的样子长大，而是沉迷于网络游戏无法自拔，高中就辍学回家了。这与张女士规划的儿子的成长路径截然不同。因此，张女士常常为了孩子打游戏的事情与之争吵不休，每次看见他玩游戏，都想收缴儿子的手机，让他断了打游戏的念头，但是换来的都是激烈的反抗。就这样持续争吵了好几年，为了尽量减少与妈妈打照面的机会，孩子每次回家都从露台处跳窗而入。孩子待在家里觉得不自在，便选择去北京学习计算机技术。学业完成后，张女士在公司成立了一个新的部门，让儿子回家工作，但也是因为这个为孩子专门设立的部门，让张女士心里很不舒服，曾几次三番想让儿子离开。她常常指责孩子："你比不上公司的任何一个员工，你这个部门可有可无！"事业的成功好像给张女士上了一道枷锁，让她没有办法接受自己的孩子成不了人人口中夸赞的优秀人才。高中辍学，没上大学的儿子，好像是她心中一道不能碰触的伤口，时时提醒着张女士自己生命中的不完美。母亲这种嫌弃的态度，让儿子觉得自己活得极其卑微、极其压抑。于是，张女士越管，孩子就越逆反。这已经成为母子之间相处下意识的反应了。

　　一个偶然的机会，张女士开始学习优秀传统文化，在自我反省的时候她才发现：迫切需要改变的是自己。张女士发现，通过反省，让她像照镜子般照见了自己育子中的错知错见，看清了自己。"原来是我不明啊，是我的这颗心不纯净，才造成孩子与我之间的对抗。我希望他成为一个优秀的孩子，是为了满足我强烈的虚荣心，是为了自己的面子，而不是真正地去爱孩子！""我要的只是优秀孩子一个结果，但对于如何获得这个结果，我没有认真思考过，也没有付出实际行动去陪伴孩子成长。在孩子遇到困难的时候，我没有耐心给予他指导，引领他走出困境，而是一味地打压和批评，让孩子不得不躲进游戏世界里去获得价值感，在游戏世界里寻找他的精神母亲！"张女士在一次次深刻的反省中，看到了过去自己因为不懂孩子成长规律而错失了很多引导孩子走上正路的机会，也看到了自己的虚荣心给孩子带来的伤害。她意识到，作为母亲，不是为儿子规划好未来的每一步，而是让他学会如何在这个世间淡定安然地独立行走：拥有健全的心灵品质，依道而行，达成目标。反省后，张女士从心里生发出能量和智慧。很快，她将传统文化中的智慧用到了与孩子的沟通中。

　　张女士一改以往打压孩子的方式，改为每天一句话赞美。比如，孩子在某方面有一些微小的变化，张女士都会真诚地赞美孩子。有一天早上，母子俩一起去上班，车上播放着传统文化，老师讲到"吃得了辛苦，豁得出性命"。张女士感觉找到了机会，适时地夸赞："孩子，妈妈在你身上就看到了'吃得了辛苦，豁得出性命'的美好品质，你这几天没日没夜地加班工作，妈妈相信你一定能做出很好的成绩！"孩子的眼神当时就亮了，这么多年终于得到了妈妈的肯定，那一刻竟让他有些激动。当孩子在工作中遇到挫折，偶尔失去信心怀疑自己时，张女士就会激励孩子："孩子，你这个部门很重要，你在为全球的客户做服务，我为你做这项伟大的事业感到很骄傲！"在张女士的不断鼓励和赞美下，孩子的工作有了起色，也有了成果，短短几个月的时间，他就帮助公司建立了12种语言的官方网站。

　　在公司里，张女士有时会有意识地走出办公室，服务员工，给员工做一些微不足道的事。比如，开会的时候给每个同事倒水，同事看到领导给自己倒水，纷纷表示感谢，一旁的儿子看着妈妈这么做，也站起来一起加入服务。张女士说："你们别感谢我，而是让爱流动起来，把爱传递出去，我更高兴！"一旁的儿子若有所思地点点头，以后每当佳节来临，他都会给团队成员准备一份礼物，表达同事之间的爱。久而久之，家里和公司的氛围越变越好，每个人都怀着一颗感恩之心相互对待，儿子也用自己的实际行动得到了大家的认可，这让他越来越有信心。

张女士的改变，慢慢地打开了孩子封闭已久的心门，彼此传递着爱和温暖。

每个孩子都希望得到妈妈的爱，但生活中两者却常常互斥。其实孩子排斥的，从来都不是妈妈这个人，而是妈妈对孩子爱的方式！只要妈妈稍微改变一下爱的方式，孩子就会跟家长一起重新找到家的温暖。

孩子并不难教、难改，而是家长难教、难改。比让孩子进入一流幼儿园和一流学校更重要的是，让孩子在家风一流的家庭里接受熏陶。所以，成功的家长就是要活出让孩子钦佩的样子，在修养和言行上引领孩子前行。

三十三、让孩子喜欢学习是需要培养的

有家长问，自己刚有了孩子，不懂得怎么教育，也担心教育不好，不知道有没有好的办法能让孩子从小喜欢学习？

可以说，让孩子喜欢学习是每一位家长的美好愿望，实现这种愿望并不难，但需要家长用心来做。

1. 要尽早培养孩子的学习兴趣

怎么尽早培养孩子的学习兴趣呢？最好能像古人说的那样，首先做好胎教。对如何做好胎教，在前面已经讲了很多。在怀孕的时候，就开始听一些诸如《大学》《中庸》《论语》《弟子规》等国学经典和古典音乐等正能量的德音雅乐。孩子出生后，经常给孩子诵读或播放一些国学经典和德音雅乐，不用担心孩子听不懂，这样做可以很好地培养孩子的语感、乐感，还能很好地让孕妇和胎儿的心安静下来。

从一两岁开始，可以给孩子讲一些与他的智力水平相当的幼儿故事等，从小培养孩子读书和学习的兴趣。慢慢地，可以让孩子给家长复述曾给他讲过的故事，你会发现虽然孩子并不认识字，但他们经常能一字不差地把故事讲（复述）出来，这样，孩子的智力不仅能得到很好的开发，而且还能慢慢地爱上阅读和学习。

古人特别重视对孩子的启蒙教育，大多让孩子从《三字经》《百家姓》《千字文》开始学起。孩子读熟一部经典大概需要一两个月，或两三个月的时间，在读经典的同时，也就顺便把字给认了。《三字经》1 140 字，《百家姓》568个字，《千字文》1 000 个字，加起来约 2 700 个字，去掉重复的也不少于2 000 多个字。半年时间三部经典读熟了，孩子大概就能认识两千多个字了。启蒙教育为什么要从经典开始呢？因为每部经典中不仅包含了字、词、句、篇，还包含很深的义理，做人的原则、自然界的规律与处世的智慧等尽在其中。按照美国著名物理学家大卫·霍金斯博士的研究，能量级高于 500 的书籍作品寥寥无几。能流传数千年，至今仍被当代人推崇的、为数不多的几部经典作品，能量级别已达 500 以上。让孩子从小接触高能量的经典作品，与高能量的人同频共振，这正是古人极高的智慧。孩子年龄越小，学习起来越没有难易之分，没有畏难情绪，没有抗拒心理。

很多人都知道小才女李尚容，5 岁时她就已经认识了 4 000 多个字，熟读《诗经》《易经》《黄帝内经》《老子》《大学》等经典，不仅记得牢固，而且还能运用自如。2008 年出生的李尚容，2014 年参加央视"向幸福出发"节目时，出口成章的气势一上场就把两位主持人给镇住了。主持人现场考李尚容古诗词，她对答如流，被网友誉为"神童"。2016 年参加"中国诗词大会"，她落落大方，对答如流，成为诗词小达人；四年后，任福建少儿出版社特约小作者，并录制了《尚容学论语》系列视频，还为四十万字的国学书籍做了配音，包括《孝经》《弟子规》《三字经》《千字文》《百家姓》《朱子治家格言》《声律启蒙》等书籍。李尚容谦虚有礼、自信豁达、知识丰富、思维敏捷，对于所学的国学经典，不仅能够背诵，而且懂得活学活用、举一反三。李尚荣之所以有这么优秀的表现，与其家长精心的培养是分不开的。李尚容的妈妈在怀孕时就常听一些古典音乐和经典诵读，李尚容出生后，生活的周围也是国学经典、德音雅乐。从 3 岁开始，妈妈就用互动的方式，增进她对国学经典的兴趣。妈妈告诉李尚容，这些书都是最有智慧的人写下的，只有那些特别棒的孩子才有资格读它，你只有这一次读得好了，下次才能奖励你多读一会儿。在妈妈的培养下，李尚容的自信心越来越强，不久就爱上了国学。

2. 要顺着孩子的性情培养其学习兴趣

爱玩是幼童的天性，要顺着孩子的天性，把读书学习融入孩子玩的过程，可以从孩子喜欢的内容入手，在玩中学，在学中玩。

有一天，陶行知先生一位朋友的夫人来找他，陶行知问道："怎么不带儿子一起来玩？"这位夫人有点气呼呼地说："别提了，今天我把他打了一顿。"陶行知诧异地问："为什么？你儿子很聪明，蛮可爱的哩！"她取出一个纸包，里面是被拆得乱七八糟的一块手表。她生气地说："陶先生，这表是才买的，竟被我儿子拆成这样，您说可气不可气！"陶行知听了笑笑说："坏了，恐怕中国的爱迪生被你枪毙了！"朋友的夫人有点愕然："为什么呢？难道我这样做不对吗？"陶行知摇摇头。朋友的夫人又接着问："陶先生，您是大教育家，您说对这样的孩子该怎么办呢？"陶行知把拆坏的表拿过来，对朋友的夫人说：

"走,我们上你家去,见见这个小'爱迪生'。"到了朋友家里,陶行知见到那个孩子正蹲在院子里的大树下聚精会神地看蚂蚁搬家。朋友的夫人一见又来了气,正要骂他,陶行知立即劝住了。陶行知把孩子扶起来,搂在怀里,笑嘻嘻地问:"你为什么要把妈妈的新表拆开呢?能告诉我吗?"孩子怯生生地望了妈妈一眼,低声说:"我听见表里的'嘀嗒''嘀嗒'的声音,想拆开看看是什么东西在响。"陶行知说:"想拆开看看是什么东西在响,这没有错。但你要跟大人说一声,不能自作主张。来,你跟我一起到钟表店去好吗?"孩子又望望妈妈,说:"去店里干什么?"陶行知说:"去看修表师傅修表啊,看他怎么拆,又怎么修,怎么装配,你不喜欢吗?"孩子高兴得跳了起来。

陶行知拿着那只拆开的手表,带着孩子一起到了一家钟表店。修表师傅看了看坏表,说要一元六角修理费。陶行知说:"价钱依你,但我带着孩子看你修,让他长长见识。"修表师傅同意了。陶行知和孩子站在旁边,满怀兴趣地看修表师傅修表。看他怎样拆开,把零件一个个浸在药水里,又看他加油后,把一个个零件装配起来,从头到尾,整整看了一个多小时。全部装好后,修表师傅上了发条,手表重新发出清脆的"嘀嗒"声。孩子高兴地叫了起来:"响了,响了,表修好了!"陶行知临走又花一元钱买了一只旧钟,送给孩子带回去拆装。

陶先生把孩子送到家后,孩子立即蹦跳着跟妈妈说:"妈妈,伯伯买了一只钟,让我学习拆装呢!"那位朋友的夫人不解地问:"还让他拆啊?"陶行知笑笑说:"你不是问我对这样的孩子该怎么办吗?我的办法就是,把孩子和表一起送到钟表店,请修表师傅修理。这样钟表店成了课堂,修表师傅成了先生,令郎成了速成学生,修理费成了学费,你的孩子好奇心就可得到满足,或许他还可以学会修理哩。""孩子拆表是因为好奇心,孩子的好奇心其实就是一种求知欲,原是有出息的表现。你打了他,不是把他的求知欲打掉了吗?与其不分青红皂白地打他一顿,不如引导他去把事情做好,培养他的兴趣。我们应该学习爱迪生的母亲那么理解、宽容孩子,那么善于鼓励孩子去动手动脑,这样,更多的'爱迪生'们就不会被打跑、赶走了。"朋友夫人听了恍然大悟,诚恳地说:"陶先生,您说得对,太谢谢您了,我今后一定照您的办法去做。"

一位中央电视台的主持人在谈到他对孩子的教育时说:孩子最开始阅读的时候看的都是武侠书,很多人对此有质疑,但我们没有干涉他。看完之后他开始对明、清这两个朝代的历史产生了兴趣,于是就去找相关的历史书让他阅读。十多年后,在他升入高三时,他决定要学历史。我想,这是因为他的兴趣没有被打扰,而且越来越浓,最后变成了他的选择和追求。因此,在孩子童年的时候，兴趣的养成非常重要。培养孩子的学习兴趣，让孩子喜欢上学，同样非常重要。现在有很多人为了让孩子上一个好小学，每天早晨需要花很长时间把孩子送到学校。我的孩子上小学是在离小区只有 30 米的学校，那也不是什么名校。我当时选择小学的理念有两点：第一是择校不如择师，因为好的老师会让孩子对学习有兴趣，让孩子爱上学习的过程；第二是学校一定要离家近些，这样孩子才能多睡一会儿，他不会因为过早起床而讨厌上学。此外，在孩子童年的时候，我们在精神上要富养孩子，但在物质上可以清苦一点，经常让孩子"饿"一点儿，让他们在想要得到某些东西的时候，需要一些等待，需要踮起脚才可以得到，这样的得到才是最快乐的。

3. 不要违背规律硬逼着孩子学习

学习兴趣是培养出来的，要让孩子喜欢学习，而不是逼他学习，越逼孩子就会越反感、越厌学，可能效果越差。

孩子有自己的成长规律，违背规律必然适得其反。孩子在小学前的"唯一任务"就是快乐成长。因为孩子的天性是玩耍，所以要做符合孩子天性的事情，而不应该违背孩子的成长规律。如果非要在上学前对孩子进行"教育"的话，那"教育"的重点只有三个方面：一是基本的社会常识，比如不允许暴力、不大声说话等；二是孩子的动手能力，在幼儿园期间孩子会根据自己的兴趣参与手工制作，让他们从小就主动做具体的事情；三是保护孩子情感胚胎，培养情商。孩子的成长有自身的规律，在相应的阶段要让孩子做相应的事情，让他们过早地学习知识和才艺，他们的想象力和思考能力就被破坏掉了。以画画为例，8 岁的孩子才能以大人的视角观察临摹，在这之前，孩子画画只是直觉思维的自我表达。让太小的孩子学习绘画技巧，告诉孩子太阳应该是圆的，云朵应该是白的，且不说这是对想象力的扼杀，至少是在浪费时间。"美术教育中深受其害的就是社会上的这些考前教育。几笔画苹果，几笔调色彩，目的就是应试。"清华美院教授方晓风在一次学术会议上说。这样做直接的后果是学生临摹能力强，表达能力弱，当然产生不了大师。幼教专家说，现在很多孩子 3 岁时就开始学轮滑，其实这时孩子的骨骼并没有发育好，学轮滑会伤害到孩子的身体。兴趣班的使命就是把孩子送进名校，孩子们虽然看起来多才多艺，但很多人却并不享受自己的爱好。"很多钢琴十级的孩子发誓再也不碰钢琴，他们不觉得音乐是终生的伴侣，因为音乐夺走了他们玩乐的时间。"一名专门教授钢琴的老师无奈地说："有时候仅仅是因为太早、太急，家长反而把孩子的兴趣扼杀了。"教育界已经认识到超前教育和强化教育的严重后果。事实上，在许多国家，超前教育都是被禁止的。现在的问题是抢跑，幼儿园学小学的东西，小学上中学的课，到了大学里反而要补幼儿园该学的东西，比如行为习惯、人格培养，实在是"捡了芝麻丢了西瓜"。让孩子失去童年，失去快乐，失去自由，失去健康，实在是得不偿失！

有一次，陶行知先生在武汉大学演讲。他走向讲台，不慌不忙地从箱子里拿出一只大公鸡，台下的听众全愣住了，不知道陶行知要干什么。陶行知从容不迫地又掏出一把米放在桌上，然后按住公鸡的头，强迫它吃米，可是大公鸡只叫不吃。怎么才能让大公鸡吃米呢？他掰开公鸡的嘴，把米硬往大公鸡的嘴里塞，大公鸡拼命挣扎，还是不肯吃。陶行知轻轻地松开手，把大公鸡放在桌子上，自己后退了几步，大公鸡自己就开始吃起米来。这时陶行知开始演讲："我认为，教育就像喂鸡一样，先生强迫学生去学习，把知识硬灌给他，他是不情愿学的；即使学也是食而不化，过不了多久，他还是会把知识还给先生的。但是如果让他自由地学习，充分发挥他的主观能动性，那效果一定好得多！"台下一时间掌声雷动，为陶行知形象的演讲开场白叫好。

著名大提琴家马友友的妈妈曾说过，马友友从来不会因为他大提琴拉得不好而挨打，因为这位妈妈深知，孩子如果挨打，就会对拉琴产生恐惧心理。孩子兴趣的培养还在于家长的赏识教育，随时发现孩子的优点、长处和进步，及时表扬，让孩子体会到成功的快乐，体会到家长对孩子的关心、信任与尊重。这样，孩子的信心会越来越足，兴趣也就越来越浓厚。孩子有很多时间学习，不需要催他逼他，也不需要急在一时一刻，如果情绪处理不当，会使孩子厌恶学习，甚至产生负向人格，适得其反。

抱着自己10千克重的孩子，你不觉得累，是因为你喜欢；抱着10千克重的石头，你坚持不了多久。当一个人不喜欢做某件事，就算他才华横溢，也无法发挥潜能；当一个人喜欢上了某件事，他发挥出来的能力会让人大吃一惊。一个人成绩不好，不一定是他没有能力，很可能是因为他不喜欢。要想办法激励孩子，在具体的操作上，要少约束、少指责、少对抗，多鼓励、多夸奖、多因势利导。

家长的榜样作用很重要，家长要多学习，多看书，为孩子营造一个好的学习氛围。《孔子家语》曰："与善人居，如入芝兰之室，久而不闻其香，即与之化矣；与不善人居，如入鲍鱼之肆，久而不闻其臭，亦与之化矣。"就是说，环境对孩子成长的影响是非常大的，古代孟母三迁的故事，说的就是环境对孩子成长的影响。试想，一个每天陶醉于书香环境中的孩子，与一个终日在家长的麻将声不绝于耳的环境中的孩子，他们的学习状态一定会大相径庭。孩子不能选择家庭，但是家长有责任为孩子创造有利的学习成长环境。

每个孩子都有与生俱来的学习能力，只是需要有人用心地把这种学习能力开发出来。家长是孩子人生方向的导师，孩子的未来是走上一条游戏之路，还是走上阅读学习的旅程，大方向就掌握在家长的手中。因此，家长的责任十分重大！

三十四、都在追求舒适，让孩子吃苦有必要吗？

有家长问，现在家庭条件都好了，理所当然要给孩子提供舒适的环境和条件，再让孩子吃苦，有必要吗？

爱孩子是家长的天性，但要有度，一切都应当适中、适当。中国几千年传统文化的精髓之一就是中庸之道，意思就是无论做什么事都不要过头，也不能不及，过头和不及都是有害的。

养育孩子也一样，既需要爱，更需要理性。现在的问题是，不少家长错误地把溺爱当慈爱，过于注重物质的满足，换来的是孩子身、心的不健康，反而害了孩子。

家长之道就是慈，也就是对孩子既要养好，又要教好。所谓教好，就是要教会孩子怎么做人。所谓养好，就要让孩子吃饱（营养均衡）、穿暖（冷热适度）、用好（不奢侈）。有的家庭经济条件好，就拼命地为孩子提供各种优越的条件，用最好的，吃最好的，这样非但不能把孩子养好，反而会出现营养不良或营养过剩等问题，同时还会使孩子形成奢侈浪费、养尊处优的不良习气。

孩子的玩具和用品要适量，不能买得过多。过多的玩具会让孩子眼花缭乱，玩着新的，扔了旧的，不知道珍惜物品，养成喜新厌旧和见什么要什么的毛病；不要档次过高，档次过高不仅会造成浪费，而且还会增加孩子的浮华、奢侈和虚荣心理。可以给孩子少买一件衣服或一个玩具，把省下的钱用于资助贫困家庭的孩子；也可以在节假日带着孩子为贫困家庭的孩子送点温暖，这不仅可以让孩子体验贫困家庭孩子的生活和学习环境，还可以有效地培养孩子的怜悯心、同情心和责任心。

条件好了，追求舒适的生活无可厚非，但要以不违背规律为原则。人首先是自然人，睡觉、吃饭、运动等都是身体健康所必需的，是不能取消和代替的。违背规律去追求所谓的舒适，必然会受到规律的惩罚。有的人有了汽车后，不愿意走路了，远近都以车代步，腿的功能就退化了，而且由于活动少了，身体的很多疾病慢慢就出来了；要知道，发明汽车是为了交通便利，但绝不是完全为了代替人走路。

夏天热，冬天冷，这是自然规律，人首先是自然的动物，必须学会顺应自然。如果把孩子养得娇滴滴的，冷不得、热不得，就像温室里的花朵一样，孩子将来如何适应各种环境变化？不能适应环境变化，就容易生病；长期在"舒服"的环境中，稍微热一点或冷一点，都会觉得很不舒服，就不能忍受。能吃苦、能适应各种环境也是一个人很重要的能力。不能吃苦，适应各种环境的能力差的人是成不了大事的。就像孩子学走路，一定会磕磕碰碰，如果害怕孩子摔着，买个轮椅让他坐上，他怎么能学会走路呢？

2020年2月15日，陕西省商洛市镇安县青铜关镇阳山村，几名"00后"的学生，因为家里没有网络信号，跑到五千米外的山顶，搭起帐篷上网课。那几天，当地气温低至－10℃，孩子们冻得小手通红，依然一笔一画地跟着老师记笔记。山里的孩子找信号上网课，而一些家庭条件优越的孩子，却一边上网课，一边玩手机。

一辈子为孩子遮风避雨，就意味着孩子一辈子没有机会经历风雨。孩子不经历风雨，如何能见到彩虹呢？古人说："家长之爱子，则为之计深远。""爱其子而不教，犹为不爱也；教而不以善，犹为不教也。"没有不爱孩子的家长，但是一味溺爱，总是怕孩子吃苦，最终会把孩子推向深渊。再爱孩子，也要舍得给孩子吃五种苦：一是学习的苦。贪玩厌学，不愿意读书，只想着打游戏，浪费大好时光，荒废学业，人生就毁了，不会做人，没有知识和技能，将来怎么在社会上立足呢？现在不吃学习的苦，将来就要吃生活的苦；现在读书吃苦是一阵子，将来吃苦就有可能是一辈子。二是自律的苦。孩子贪睡、贪食，生活习惯差，也不锻炼身体，时间长了，不只是身体垮掉，精神也会随之萎靡；从小养成严于律己的习惯，懂得克制自己的欲望，长大之后，才能拥有良好的生活品质。三是批评的苦。人非圣贤，孰能无过，尤其是在孩子成长阶段，大错小错都会有，批评和责罚是必不可少的，这样才能不断改错，不断成长；不能接受批评和责罚，只会让过错越来越多，人越来越脆弱。四是劳动的苦。整日游手好闲，无所事事，不能吃苦耐劳，是做不出什么大事的；让孩子从小做家务劳动，不仅可以锻炼孩子的心智，还能让孩子充满积极进取的精神。五是失败的苦。人生不如意十有八九，没有谁一辈子一帆风顺，也不是所有事情努力就一定能成功，有些事情不以人的意志为转移；面对失败，除了努力，还要有一份豁达，不仅要赢得了，还要输得起，人生不能倒在一次失败上。

孟子曰："生于忧患，死于安乐。"在顺境当中，不少人会不知不觉地忘记自省、忘记谨慎、忘记进取，在悠闲懈怠和得意忘形中慢慢堕落，甚至垮掉，这就是人的惰性。逆境反而会激发人的潜力，并让人谨慎小心、步步为营，充满进取精神。所以，吃苦是福，之所以觉得苦，是因为心志还未磨炼成，修为还未修炼就。而吃苦，正是磨炼和修炼的最好方法。

曹德旺不仅是一个成功的企业家，还是一个成功的父亲。曹德旺成功地教出了 3 个吃苦耐劳、踏实肯干、勇于奋斗的好孩子。曹德旺坚信，舍得让孩子吃苦，他才有能力触摸幸福。1970 年出生的长子曹晖的第一学历并不高，本可以轻轻松松在曹德旺的公司里做个领导，然后做到公司一把手。然而曹德旺竟然让曹晖从福耀玻璃车间最脏、最累、最基层的岗位干起，从进车间开始就与工人同吃同睡，还三班倒。曹德旺不心疼孩子吗？不是。因为曹德旺自己吃过很多苦，他深知疼孩子最重要的是要让孩子学会吃苦，在吃苦中磨炼意志，在吃苦中锻炼人品。所以，曹德旺狠心把儿子扔到车间去，明里让儿子吃苦，实则是磨炼儿子。曹晖没有让曹德旺失望，在经过车间工人、福耀香港总经理、福耀北美玻璃工业总经理这几个岗位的磨炼后，他完全了解曹德旺工厂的精细化管理模式、运营机制，并带领福耀玻璃工业集团净利润年年大幅度增长。"你不舍得孩子吃苦，这个世界会让孩子很苦。"所以，真正爱孩子，就要让孩子适当吃苦，这样他将来才有力量抵挡生活的艰难。

著名企业家董明珠从孩子小的时候就注重培养其吃苦精神。从小到大，董明珠没有用车接送过儿子一次，一直让他坐公交车自己回家。有一天，董明珠等儿子回来吃饭，结果等了很长时间，儿子到家后告诉董明珠，原来他是为了等一块钱没有空调的车，足足等了半个多小时。所以，她的儿子从小坚强而自立，就连高考时也是一个人做准备。长大后，儿子说："妈妈能从零开始，我也可以。"虽然母亲家财万贯，但儿子却是月薪只有五六千块的律师，开着一辆十万元左右的经济型轿车，住的房子也是租来的。

青岛芳子公司总裁刘芳谈到孩子教育问题时说：假如时光可以倒流，我会让孩子吃更多的苦。曾经，我自认为已经在孩子的成长过程中耗尽心血了，我已经百分之百地尽力了，而且教好了一个百分之百的孩子。结果孩子学习成绩确实不错，但是他不会做任何家务。记得他上高中时，有一次学校组织跑 800 米，我知道孩子跑不下来，就想方设法让孩子逃开这项体育考试，但老师说，走也要让他走完。结果当时 800 米两圈跑下来，儿子一下子瘫软在地上。其实直到那一刻，我还没有太多的感觉。孩子 16 岁时，去了英国读书。第一次回国，我在机场愣是没认出他来，孩子没有生活能力，足足瘦了 40 斤！有一次交流的时候，孩子开玩笑似的说："妈妈，都是你害了我。"我当时对这句话不以为然，但后来我终于明白什么叫"爱之不以道，适所以害之也"。老天爷就是让孩子吃这种大大的苦头，来提醒我们家长做错的一切，来唤醒一颗母亲的心。我们最爱自己的孩子，每位母亲都有一颗伟大的、无怨无悔的心，但为孩子包办一切，是有智慧的爱吗？后来我们全家人都说，我做的最重要的决定，就是让儿子离开了我。要不是儿子 16 岁时离开了我，我险些折断了孩子飞翔的翅膀。回想起来，这是多么令人痛心的事啊！所以，如果时光能够倒流，我一定会让孩子吃更多的苦，而不是把他放在温室中；如果时光能够倒流，我一定早早与孩子牵手，和他一起成长，为他指一片高远的天空。

众所周知，德国是世界发达国家之一，人们生活较为富裕。然而，富裕的德国人却信奉"再富也要'穷'孩子"。他们信奉这一原则的理由是，娇惯了的孩子缺乏自制力和独立生活的能力，长大后会很难适应社会，免不了要吃亏走弯路。孩子长大了，早晚要离开家长去自闯一片天地。与其让他们那时面对挫折惶惑无助，还不如让他们从小就多吃些苦，摔打出直面人生的能力和本事。有人说："不少有钱人在刻意让孩子吃苦，而一些并不富有的人却在富养孩子。"的确，真正懂得爱孩子的家长都清楚地知道，家长的责任是要让孩子懂得该如何走好人生的路，而不是包办代替，更不是替他走路。

成长的路上没有捷径。人生没有白吃的苦，也没有白走的路。现在不让孩子吃苦，这个世界会让他很苦。家长终将退出孩子的生活，那些不用吃苦便得到的甜头，总有一天要还回去。所以，真正爱孩子，不是要为他遮挡一切风雨，而是要教会他如何面对风雨；绝不能把他放进蜜罐里、捧在手心里娇生惯养，也不是违背规律和人性刻意让孩子苦得狼狈不堪，而是要让孩子符合规律地成长，学会过普普通通的正常人的生活，该学什么、做什么的就要放手让孩子学什么、做什么，让孩子自己在学习、生活和工作中去体味苦尽甘来，去探寻奋斗的意义和价值。

养育好孩子，需要提供必要的物质条件，更要有心理营养。一些家长不肯让孩子吃一点苦、受一点委屈，自己不舍得吃、不舍得穿，却让孩子吃好的、穿好的、用好的，以为这才是爱孩子。殊不知，这样养出来的孩子，往往不知人间疾苦，也不会理解家长的艰辛，他们习惯了衣来伸手、饭来张口的生活，以为得来的一切都是理所应当。等到若干年以后，家长再抱怨孩子不懂感恩、不成器又有何用？是家长从小给了孩子不匹配的生活，把孩子养成了"巨婴"。

当然，并不是说孩子吃的苦越多，将来拥有的能力就越大。让孩子得到成长的不是苦难本身，而是吃苦的体验、感悟和思考，以及对个人品质、意志、能力的磨炼与升华，这才是吃苦的意义所在。

三十五、诵读经典好处多

有家长问："现在社会上有一些家庭让孩子从小诵读传统文化经典，不知道这样对孩子好不好？"

的确，民间兴起的少儿诵读传统文化经典活动已经有很多年了，尤其是在台湾，少儿读经典活动非常活跃，有半数以上的少儿都参与了读经典活动，而且效果很好，社会上也出现了一批推广机构。中央电视台"海峡两岸"栏目曾做过报道。

其实，让孩子从小诵读唐诗宋词等，长期以来，很多家长都在做。只是现在有更多的家长在做，特别是在诵读诗词以外，又越来越多地增加了《弟子规》《大学》《论语》《道德经》等传统文化经典。诵读经典的好处已被越来越多的事例所证明。

《帝范》载："取法于上，仅得为中；取法于中，故为其下。"意思是，以上等作为标准，只能收到中等的效果；以中等作为标准，只能收到下等的效果。无论做事还是治学，一定要放宽视野，高定标准，这样才能实现预期目标。读书也是一样，让孩子读书就应该选最好的书来读，那么，最好的书是什么呢？优秀传统文化经典就属于最好的书。

任何一个文化系统都有其永恒不朽的经典，经典是人类文化的精华，是被历史证明最有价值、最重要的文化精髓，它的价值历久弥新。中华传统文化经典凝聚了几千年的中华民族智慧，蕴含着常理常道，体现了中华民族博大精深的文化精髓。如《易经》《道德经》《论语》《大学》《中庸》《诗经》等经典，不仅内容丰富，包含有诸如天文、地理、历史、文学、政治、道德、伦理、修身、治国等丰富的知识和智慧，而且行文流畅，气势磅礴，辞藻华丽。古往今来，无数人从中学习了知识，汲取了智慧，陶冶了情操，提高了修养。

近代以来，我国各个领域有成就的大师，几乎都受过传统私塾的读经教育，包括蔡元培、胡适、冯友兰、郭沫若、叶圣陶、季羡林、钱钟书、朱自清、徐志摩等，都是诵读古书长大的。著名作家巴金说："在我背得比较熟的几部书中有一部《古文观止》，虽然我任何一篇都没有好好研究过，但是这么具体的东西至少可以使我明白写文章并非不可思议，它也是有条有理，顺着我们的思路连下来的，我得感谢那位强迫我硬背《古文观止》的私塾老师，这两百多篇古文可以说是我真正的启蒙老师。"史学大师钱穆能背四书五经和《庄子》《老子》《史记》等。鲁迅、茅盾等这些名人，无一例外都有诵读经典的童子功。

著名的科学家、教育家钱伟长先生是国学大师钱穆的侄子，他从小学读的就是四书五经，完全是按照传统方法训练出来的。到清华大学考试，数学、物理、化学加起来25分，但是历史和中文都是100分，清华大学将他破格录取到国学院。"九一八"事变后，他立志科技救国，就跟清华大学物理系的系主任吴有训说："我要学物理，我要造飞机大炮。"吴有训说："你数学根本没有一点基础，怎么能赶得上、怎么学？"他说："我非学不可。"吴有训说："那好吧，我给你一年时间，你能达到每门课七十分，我就让你转到物理系。"后来钱伟长用了一年的时间，从小学一年级的内容开始学。一年级的课本就用了两天，因为大脑有过读经的训练，到了那个程度学东西很快。一年之内，钱伟长就顺利地把小学、中学、高中所有数理化的内容都学完了。他大脑的能力训练出来了，到清华毕业的时候他的成绩是全系第一名。

叶嘉莹被誉为"中国最后一位穿裙子的先生""古典文化的传灯人"。一位学生在南开大学听过叶嘉莹讲课，他描述道："叶老师穿一身紫色开襟长衫站上讲台，婉拒了递来的椅子。讲起诗词来，全程没有任何停顿，一口气讲了两堂课，长达90分钟。"叶嘉莹的祖父是光绪年间的进士，曾做到工部员外郎。父亲叶廷元幼承家学，熟读古籍。叶嘉莹三岁便开始识字，四岁诵古诗，六岁学《论语》。在叶嘉莹的家中，人人都是"老师"。伯母教她背唐诗，姨母教她学"四书"。但在教授时，她们并不会对文章内容详细讲解，而是让她背诵。后来，叶嘉莹才明白背诵的好处。她说："我觉得，中国传统的教学方法是很有道理的。小孩子实际上不需要多讲，应该利用他们记忆力强的优势，让他们多记忆、多背诵。这些有什么用处呢？我小时候，虽然似懂非懂，只是背诵，可是我觉得这种背诵的古典教学方式是有用处的。小孩子是记忆力强而理解力弱的时候，此时，即使他不能理解，只要先背下来，等到将来理解力提高以后，这些早年记忆的内容就会被调动出来，如同智慧库，为孩子一生提供不尽的资源。"叶嘉莹的父亲对她很严格，但并没有把她送到小学去读书。因为他们有一种想法：儿童幼年时记忆力好，应该多读些有久远价值和意义的古典书籍。于是，叶嘉莹的姨母就成了她的启蒙教师。后来，研究古今中外关于孩子的教育后，叶嘉莹先生说："其实，按人的智能发展规律来说，中国的这种传统教育方法才是合乎人的自然成长规律的。比如我早年背诵《论语》时并不理解它，但在我以后的人生中，遭逢各种各样的事情的时候，会忽然理解了《论语》中的某些话，越发体悟小时候背书真是很有道理的。直到今日，《论语》

也仍是我背诵得最熟的一本经书，这使我终身受益。我确实因为读诵了《论语》而在性情方面有了很大的转变，我逐渐体悟到了儒家思想中的柔顺而坚韧的美德，因而改变了我以前的急躁脾气。诗里这些丰富的内涵，孩子是无法理解的，就是要把小孩记忆力强的时期利用上，让他背诵下来，只要他记住了，随着年龄的增长，随时都会有所体会，随时都会有所升华。"

犹太精英家庭要求他们的孩子在 13 岁以前背诵《犹太圣经》和其他一些犹太经典，用这种办法练就了无数天才级的大脑。古希腊时期的雅典总共只有大约 20 万人口，雅典的孩子 6、7 岁上学，必修的课程之一就是背诵《荷马史诗》（差不多 30 万字），结果造就了大量震铄古今的天才人物。文艺复兴以来，欧洲的知识精英也长期用背诵《荷马史诗》和《圣经》来训练儿童。俄国的彼得大帝很小的时候就能全文背诵《圣经》，终生不忘。大数学家欧拉在 70 多岁时，不仅能背诵小时候学过的长篇史诗，而且还能记住每一页第一句和最后一句话是什么。他一生中发表了 800 多篇论文，其中一半是在双目失明以后写的，完全靠记忆和心算。

诵读经典是培养孩子智慧的最佳形式。过去的私塾教学，除了对孩子的日常行为进行规范外，主要的教学内容就是让孩子诵读经典，而且是一遍又一遍地诵读。古人为什么要这样做呢？因为通过读经可以培养孩子的定力和专注力。通过正确的经典诵读方式来收摄孩子的身心。这里面包括：正确的坐姿、书本与眼睛的距离和角度、读经的时间、如何指读等。孩子读经典的作用是藏，不是理解。通过童年时期记忆能力超强的特点，先把经典熟记于心，以后可以有几十年的时间慢慢去理解。为什么过去的人上几个月的私塾，只是诵读《道德经》《周易》《大学》《增广贤文》等经典，就能够指导他们的一生？就是因为这些蒙学经典融汇了中国传统文化的精华，儿童时期记忆力强，一旦背诵下来就终身受益，这是读其他书远远比不上的。

对于诵读经典的好处，根据专家学者的研究，可以概括为以下几个方面：

（1）有利于文化修养与道德品格的养成。经典中包含哲学、史学、文学、天文、地理等广博的学问，饱含古圣先贤总结的做人的智慧，通过诵读，不仅能增长孩子的知识，更有利于孩子养成孝敬长辈、懂礼貌、知礼仪的良好品格，很好地提升孩子的生活品位和道德修养。

（2）有利于专注力的养成。内心的宁静、安详是专注的前提。孩子经常诵读经典，会逐渐形成精神集中、内心宁静的良好习惯，从而使学习的效率和质量明显提高；诵读经典本身就是一个入静的过程，对一些生性好动的孩子而言，能有效地改变其多动的性格。

（3）有利于记忆力的提升。孩子天生都是记忆的高手，通过有意识地培养，多背诵经典，记忆力可以得到有效的锻炼和提高，由此开发出儿童强大的记忆能力。孩子一旦提升了记忆能力，记忆任何科目的知识都会很轻松。

（4）有利于增加识字量。对于诵读经典的孩子而言，识字是自然而然的过程，识字量增加了就奠定了其语文的基础。比如《千字文》1 000 字、《论语》16 000 字、《道德经》5 000 字，一旦孩子背完了数万字，认字就已经不是问题了。

（5）有利于增强语言表达能力。大量的诵读，可以使孩子的语言表达能力得到充分的锻炼，加上经典里丰富的词汇，可以给孩子大脑里储存大量的经典文句，说话就会信手拈来，引经据典，出口成章，滔滔不绝。

（6）有利于提高写作能力。汉代杨雄说过："能读千赋，则能为之。"文言文是一种凝练、精准、优美的语言，孩子学会了文言文，语文水平自然就提高了，写作时就会思如泉涌，下笔千言，遣词造句，文辞优美。

（7）有利于良好学习习惯的养成。读经典的起点高，再读白话文，自然就轻松自如了；经常诵读经典，对文言文产生亲切感，会让孩子爱上阅读，慢慢养成读书的良好习惯，这对孩子一生的成长都具有深远的影响。

（8）有利于开启人生智慧。孩子自幼接受五千年文化的熏陶，如同师从圣哲，与圣贤为伍，人生的第一步就站在文化巨人的肩膀上。"欲知山上路，须问过来人"，经典是古圣先贤心性光明的修行历程、经验和智慧，诵读经典是开启人生智慧的最好方式之一。

（9）有利于促进其他科目的学习。诵读经典是提高孩子综合素质的有效途径之一，与其他单项知识和技能的学习是不同的。从表面上看，诵读经典好像是增加了孩子的负担，但这种局面很快就会改观，不仅不会增加孩子的学习负担，反而会使其他学科的学习变得轻松自如，很好地提升其他科目的学习能力和成绩。

对于为什么要学习国学经典，才女李尚容说，妈妈告诉她，学校课本多数是教授知识，但人的一生大多是选择题，选择什么答案，人生就是什么样子，这需要我们有很好的明辨是非的能力，妈妈所能想到的最好的方法，就是让她学国学。李尚容说，在她眼里，国学就像一座富丽堂皇的宫殿，里面有取之不竭、用之不尽的智慧宝藏，无论谁拥有了它，都将成为真正富有的人。她认为，国学教育不昂贵，但很奢侈，没有长时间的学习，是不会体会到乐趣的；国学经典其实不难读，朗读和背诵是最好的方法，最好是在没有难易概念时，多读多背就可以了，现在不理解也没有关系，不久之后就会发现，学习了这些经典，大脑中就像住进了一个智慧的老者，会时时帮助你解决生活中的难题。

对于诵读经典，国学大师季羡林先生评价说："中华古诗文经典诵读工程正在将文化的种子播撒在孩子的心里，播撒在希望的田野上，春华秋实，它的作用在不久的将来必会凸显，为这项工程所做的任何努力，都会使安放我们灵魂的精神家园更加美好。"

三十六、诵读经典要尽早

有人认为古代经典晦涩难懂，让小孩死记硬背这些东西没有好处，是对孩子的误导和摧残。

现在社会上对孩子诵读经典也有一些反对的声音，其理由大致有：孩子不能理解，死记硬背没有意义；逼孩子从小背诵大量经典是对孩子的摧残；只让孩子背诵传统文化经典太单一；等等。

出现这些反对的声音很正常，其原因如下：一是一些人并不了解儿童学习能力发展的规律和特点；二是社会上确实出现了个别只让孩子读经典、不按规定让孩子接受九年义务教育等极端的做法；三是一些人对传统文化有误解，认为传统文化会"奴化"孩子；等等。

现代教学强调，在背诵方法上，要先理解后记忆。强调读书要重理解并没有错，但关键要弄清楚，幼儿的学习能力与成人是不一样的。成人是理解记忆方式，先理解后记忆，而幼儿是自然右脑记忆，记经典和记电视上的广告词没有任何区别，更没有难易之分。

宋代思想家、教育家朱熹倡导"熟读精思"，他在《读书之要》中说："大抵观书，先须熟读，使其言皆若出于吾之口；继以精思，使其意皆若出于吾之心，然后可以有得尔。"儿童是人一生中记忆力最好的阶段，充分利用这个最佳期，让孩子"死记硬背"一些经典，尽管孩子一时还不理解，但这样"囫囵吞枣"习得的知识在将来会化为养料。

明末清初的理学家、文学家陆世仪曾说："凡人有记性，有悟性。自十五以前，物欲未染，知识未开，多记性，少悟性。十五后，知识既开，物欲渐染，则多悟性，少记性。故凡所当读书，皆当自十五前使之熟读。"这是因为人在"多记性，少悟性"的少儿时期，充分发挥"多记性"之长，"死记硬背"一些经典作品，非常有助于日后"悟性"的增长。

有人向出版家章锡琛先生请教，问他小时候是怎样读书的。他说，开始读书时，对读的书完全不懂。读了若干年，一旦豁然贯通，不懂的就全懂了，而且是"立体的懂"。它关键就在于熟读背诵，把所读的书全部装在脑子里。否则，读了一本书，记住了多少生字，记住了多少句子，这只是"点线的懂"。记住的生字是点，记住的句子是线，点、线的懂是不够的，因为一个字的解释在不同的句子中往往因上下文的关系而有变化，一个字在不同的结构里会有不同的用法。记住了一个字的解释和一种用法，碰到这个字的解释和用法有变化时就不好懂了。由此可见对经典大量读、大量听、大量背十分重要。

鲁迅在《从百草园到三味书屋》中，回忆私塾老师只让学生背书而少作讲解，尽管鲁迅对老师的教法不以为然，但当年的"死记硬背"，却正是鲁迅成为文学大师的重要基础。

诺贝尔奖得主杨振宁先生说："我小时候就读很多唐诗宋词，妈妈当时要求一天背一首，后来大一点了就背《孟子》，父亲每天用一个小时来教我《孟子》，教了一个半暑假，把将近三万八千字的《孟子》从头到尾都背了。我读了《孟子》就知道了中国人的思维方式，知道了中国人的哲学。中国的哲学，对我这一生的思路有非常重大的影响，远比那时候找一个家庭教师教我微积分要有用得多。"

著名文艺理论家、美学家、教育家朱光潜先生在《从我怎样学国文说起》中说："私塾的读书程序是先背诵后讲解。在'开讲'时，我能了解的很少，可是熟读成诵，一句一句地在舌头上滚将下去，还拉一点腔调，在儿童时却是一件乐事。……我现在所记得的书大半还是儿时背诵过的，当时虽不甚了了，现在回忆起来，不断地有新领悟，其中意味确是深长。"

王恒屹5岁时就能背诵超过500首的古诗，认识的生字已经超过3 000个，被网友们夸赞为"小神童"。这位小神童并不是天生的，而是靠奶奶的培养成为"神童"的。在他几个月大的时候，家里人就会给他读《三字经》《弟子规》、儿歌以及一些简单的唐诗宋词。一岁多的时候，小恒屹刚刚会说几个字，奶奶给他读简单的古诗词。奶奶在王恒屹小时候发现他十分喜欢听古诗词，一开始就是为了逗孩子开心，所以总是给他放古诗词的音频，但是等到3岁左右，他就可以背出很多，所以奶奶就顺着他的兴趣开始培养。兴趣是孩子最好的老师，孩子感兴趣就会想要学得更多，并且有深入学习的愿望，孩子自己有了学习的驱动力，学习自然事半功倍。

诵读经典是让孩子在大脑发育最迅速的年龄段，通过接触代表人类最高智慧的中华传统文化经典，开发其智力，培养其健全人格，为孩子的成长成才奠定坚实基础的一种教育方法。依据心理学的原理，人的记忆力与理解力各有其成熟的时期。幼童时的心智特色，是善于直觉和记忆，不善于思辨和理解，所以，此时应让孩子多记诵好的文化素材，待其长大，人生经验逐渐丰富，理解力自然成熟时，即可触类旁通，取之不尽，用之不竭。

所以，诵读经典越早越好，最好在怀孕期间就经常听诵，进行胎教。孩子一出生就给他诵读经典，只要常给他听，不管有无反应，教育的效果就已在其中了。前面我们说过，儿童有五大神奇天赋，正是学习经典所需要的相应能力，儿童时期是最适合学习经典的阶段。孩子最大的才能是记忆的才能，越小的时候记忆力越好，这个时候给孩子诵读经典，经典就会进入孩子的潜意识，终生不忘。

儿童时期记下的这些经典，在以后的人生中孩子自然会理解、感悟并应用经典的内容。古人云："书读百遍，其义自见。"孩子三岁时有三岁时的理解，十岁时有十岁时的理解，人生的各个阶段都会有不同的理解。传统文化经典蕴含着五千年的智慧、五千年的经验、五千年的方法、五千年的效果，随着年龄的增长和社会阅历的丰富，孩子的人生体验越来越深，这些经典会慢慢发酵，慢慢发挥巨大的作用，终有一天会有意想不到的收获。

我们说诵读经典要尽早，并不意味着年龄大了诵读经典就不好了，在人生的任何阶段诵读经典都有好处，哪怕到了老年，多诵读经典同样可以增长智慧，修身养性，还可以预防老年痴呆。

一位旅居美国的中国妈妈，她家里有三个孩子。老大是个女儿，在国内出生，将近 8 岁时才来美国，她的语言能力比较强。老二是个男孩，老三是个女孩，他们都在美国出生和成长。老二学说话很晚，一直沉默寡言。老三记忆力不太好，七岁的时候教她格林童话，其中有一句话是"拇指姑娘坐在花的中央"，手把手地指着书上的字教她念这一句话，就十个字，反复念了50 多遍她还记不住。妈妈非常着急，心里想："就这样的记性，将来还能指望她学啥？"

两年前，当地举办少儿中文朗诵比赛，要求背诵。这位妈妈想：与其背诵小猫叫、小狗跳这样的儿歌，还不如背一些将来长大了也可以有用的东西。于是她就选择了《三字经》的历史部分，这部分用了大约 300 多字就把中国五千年的历史总结了一遍，非常有价值。比赛中，老二入围了决赛。决赛前，老二每天在家里练习，老三就在一旁玩耍。赛前老二在家彩排时，老三突然说："我也能背！"起初大家都不相信，因为她连十个字都背不出来，怎么可能背300 多字的《三字经》呢？可是她当场表演给大家看，竟然基本上一字不落地背了出来，让人大吃一惊。没有人教她，她是怎么学会的呢？她说在哥哥练习的时候，她在一旁边玩边听，不知不觉就听会了。这件事给了妈妈很大的启发：也许中国古代的经典，像《三字经》《千字文》这样的启蒙教材是非常容易记忆，并有利于儿童的智力开发的。接着妈妈和爸爸研究了古今中外很多有关教育的理论和方法，受到很大启发。于是就让孩子试着把《三字经》全文1 100多字全都背下来。结果两个孩子用了差不多一个月的时间就背完了。背的办法就是反复让他们听录音，每天早晨自动循环播放录音作为他们的起床号，从起床、穿衣、洗漱、早餐，一直到上校车，这二十多分钟的时间里，他们就可以听上几遍。等他们听了五六十遍以后，再让他们看着文字念三四十遍，这样不紧不慢大约念完100遍的时候，就功到自然成了，孩子背起来轻松愉快。采取这样的办法，孩子们用了差不多两年的时间就把《三字经》、《千字文》和《论语》全都背下来了，从此对中文学习再也不感觉到困难了。在实验的两年多时间里，孩子们不仅背诵中文经典，也背诵英文经典。一向沉默寡言的老二10岁时就被选为中文学校年度结业典礼主持人，他中文流利，发音标准，令人难以相信这是在美国长大的孩子。老三喜欢读《哈利·波特》，追着大人要讲书里的故事。孔子的教育方法中有一条："不愤不启，不悱不发"。在孩子特别希望表达的时候，要不失时机地引导他们一吐为快。如果错失良机，孩子没兴趣跟你交流了，那时再想启动就难了。有一个星期天，爸爸妈妈放下手里的所有事情专门听她讲，她读的是英文，但必须用中文讲，不知道的中文词汇，爸爸妈妈就告诉她，然后让她重复。那天从下午3点开始，讲到吃晚饭。饭后还不过瘾，她接着讲下去，一直讲到夜里11点还不罢休，直到答应每天晚饭后全家散步时都听她讲，这才肯上床睡觉。从此以后，每天晚上散步，两个孩子轮流用中文讲他们读过的故事。

2017年《中国诗词大会》总决赛上，来自复旦大学附属中学16岁的武亦姝夺冠。在这所中学，有一位著名的语文特级教师黄荣华，他从十几年前就开始在教学中推广《传统文化读本》。在应试的夹缝中，推广传统文化经典并不容易，学生们说："高考语文一共才6分默写分，背书的时间可以多做好几道理科题，分数早回来了！""背完大纲要求篇目已经很累了，哪有精力学习课外古文！""我又不读中文系，有必要学这么多吗？"甚至有学生连续5次来找他理论："凭什么让我们背那么多的古文？"在黄荣华看来，更大的阻力来自应试的氛围。在如今的古文教育中，很多中小学语文教师选择"考什么就教什么""怎么考就怎么教"。不少学生、家长、教师对古文教育并不重视，主要理由就是"古诗文教育见效太慢，而且对考试无益"。

黄荣华说，身为中国人，文化在我们每个人身上的烙印终归会显现它的力量。一位毕业多年的复旦附中校友被问及高中时期印象最深刻的回忆是什么时，她脱口而出："读了三年《论语》《古文观止》《诗经》《楚辞》《声律启蒙》!"黄荣华说："作为一名优秀的高中生，要知道中国传统文化的'版图'有多大，否则会影响他们的自我身份认同、文化表现力，以及对传统文化的鉴赏能力。学生应在古文教育中，感知生命与周遭事物的关联，更重要的是，要自觉形成'文化史'的概念。"如今，越来越多的复旦附中师生从古文教育中找到了乐趣。一名学生在学习体会中写道："古文教育的魅力有三点：有助于我们了解当时的人文与历史；帮我们换脑筋；帮我们想问题。"有一年春节期间，一名2014届毕业生给黄荣华发来微信："恨多年前未听黄老师劝告，多背点古文!"

当然，对于读经活动，一定不能走极端，要把握好度，顺着孩子的天性，循序渐进，既不能无节制地硬逼着孩子诵读，也不可用诵读经典取代正常的义务教育。任何极端的做法都是有害的，都会适得其反。

三十七、对孩子的哭闹不可无原则妥协

有家长问，自己的家庭条件还不错，对孩子从小总是尽可能提供好的条件，可现在孩子见别人有什么就要什么，不满足他就哭闹，而且越来越过分，不知该怎么办?

对于孩子看见吃的、玩的，不买就任性哭闹、撒泼，一般家长都经历过。对于孩子的哭闹，有的家长厌烦，被哭闹得心烦意乱；有的家长心疼，看着孩子哭得挺可怜，所以就尽量满足，甚至无原则、无底线。这样做，你以为问题就解决了吗? 其实问题不仅没有解决，反而给未来留下了大的隐患，不断无原则地妥协只会让孩子哭闹得更加厉害。

孩子之所以哭闹，除了身体有病、不舒服以外，往往是希望或逼迫家长满足自己要求的一种手段。因为孩子小，不懂得或不十分懂得自己的一些要求可能导致的后果和影响。孩子想要什么，往往任着性子来，便通过哭闹逼迫家长满足自己。

比如，一些孩子喜欢喝饮料，但他们不知道饮料是不能代替水的，饮料偶尔喝点没有太大问题，但经常喝就不利于健康了。

对孩子提出的要求，家长一般都明白是否合理、是否有害、是否正常。因此，面对孩子的哭闹一定要有底线和原则，这个底线和原则就是：对孩子身心健康是否有利。对孩子身心健康有利的，可以满足；不利的，就不能满足，否则就是伤害孩子。

况且，无原则地满足孩子一次，就会有第二次、第三次……孩子如果知道用哭闹的办法能解决问题，那么，对任何事，孩子都会用这样的方法逼家长让步，甚至得寸进尺，久而久之，家庭教育就没有了底线，这对孩子的身心健康是极为不利的。

很多家长并非不知道无原则满足孩子要求的危害，但经常架不住孩子的撒泼耍横，于是，为了息事宁人，家长总是妥协。孩子要边看电视边吃饭，妈妈说不行，孩子说不让看就不吃，几个回合下来，妈妈惦记着孩子饿了、饭菜凉了，总是败下阵来，久而久之，家长越来越容易妥协，而孩子也越来越得寸进尺。事实上，有相当一部分孩子的不良习惯都是这样形成的。他们的要求总是能被满足，只要一哭闹，家长就会降低自己对孩子的要求，降低标准。

心理学上有一个递增效应，如果最初对孩子妥协，那么孩子便会越发有恃无恐，而这种效应会随着时间的流逝不断增强，直到孩子完全不在意家长的意见，甚至用情绪作为手段逼迫家长。"社会与法"频道曾播出过一期节目，10岁男孩小伟，在不到半年的时间里，上演了十几次"跳楼"的戏码，有时是因为家长没有满足他的要求，有时是因为做错事被家长批评，有时甚至只是因为和伙伴之间产生了小摩擦。这种匪夷所思的行为背后，其实源于家长对他的一次次纵容和妥协。最开始，他不愿意去上学，爸爸就给他几元零花钱，屡试不爽后，他直接告诉爸爸："你不给我钱，我就不上学。"爸爸没有制止他，反而一次次地妥协。后来，母亲批评他时，他学会以自己的安全为筹码，换来母亲好言好语的哄劝和退让。最后，他形成了惯性思维，将跳楼当作武器，用于回击一切让他感到不如意的人和事，逐渐偏离了正常的成长路径，成为人人避之不及的"怪孩子"。

网络上有一对"倔强父女"火了，也引发了广大网友的热烈讨论。视频中，有个6、7岁的小女孩为了买玩具躺在玩具店门口撒泼打滚，而爸爸并没有多理会，而是站在一旁淡定地看手机，任凭孩子哭闹，也不上前采取任何措施，连正眼都没给孩子一个。眼看着这对倔强父女一个哭、一个看手机，谁也不让谁，就连玩具店老板都忍不住上前去劝说，可仍没能让任何一方败下阵来。过了好一会儿，孩子的哭声越来越小，哭闹完了，竟然自己从地上爬了起来，也不吵着闹着要玩具店里的玩具了。爸爸这时候才收起手机把孩子领走了，网友们纷纷给孩子的爸爸点赞。其实这位爸爸在处理孩子闹脾气时，使用了一种比较不同的处理方法，那就是冷处理。由着孩子哭闹，不给孩子任何反馈，慢慢地孩子自己就不闹了。哭闹、耍脾气是每个孩子在成长过程中都会出现的问题，聪明的家长能够用恰当的方式妥善处理。其实，制止孩子哭闹不是目的，帮助孩子摆脱这种坏习惯才是家长应该做的。

因此，在孩子任性哭闹时，家长既不要打他、骂他，也不要给他讲更多的道理，最好的办法就是不要理他，该做什么就继续做什么。这种处理方式就是告诉孩子：你的要求不合理，再哭闹也不会得到满足。家长如果能坚持这个底线和原则，孩子知道哭闹这种办法不管用，以后慢慢就不会再采取这种办法了。同时，在家长长期的坚持和熏陶下，孩子会慢慢形成正确的是非、善恶、美丑等价值判断，孩子对自己认为不合理的要求，往往也就不会再提了，这是解决孩子任性哭闹最根本的办法。总之，在教育孩子的过程中，家长一定要把握好尺度，既不失去爱，也要坚持原则。

孩子哭闹也不是完全没有好处，有时是不良情绪的发泄，哭一会儿发泄出来就好了。一位儿童心理学家说：孩子的"情绪脑"要比"理智脑"优先发育，当孩子情绪爆发时，他弱小的"理智脑"控制不住强大的"情绪脑"，此时给他讲道理往往是白费口舌，应该让孩子将情绪发泄完，强行阻止孩子发泄情绪才是有害的。因此，面对孩子的任性哭闹，家长既不要烦躁，也不要心疼，关键是要把握住应有的原则和底线，这才是真正的疼爱孩子。

三十八、打孩子应该是没有办法的办法

有家长问：孩子有时不听话，怎么说都不听，有时实在忍不住就打几下，事后很后悔，不知道对不听话的孩子是打好还是不打好。

对于这个问题，不能简单地回答打好或是不打好，要因人、因事而异。但一般地讲，能不打就不要打，即便是需要打，也要有分寸。打孩子应该是没有办法的办法，不能也不应是家庭教育的常态。

总的来说，责打孩子，需要把握几个原则：一是责打的唯一目的是为孩子好，让孩子改过，让孩子长记性，而不是家长迁怒于孩子，在孩子身上撒气、发泄情绪。二是孩子确实是对比较严重的错误屡教不改、明知故犯，而不应是因为考试成绩不好、无意犯错等。三是责打要把握分寸，绝不能伤了孩子。四是责打孩子不要在大庭广众之下，避免伤害孩子的自尊。

古人教育孩子是比较严格的，除了家长可以责打孩子，私塾老师也是可以责打孩子的，因为古人相信严师出高徒，不打不成器，打了才会长记性，只要孩子犯了比较重的错误，就直接打手心，所以孩子都很敬畏老师，也的确收到一定的效果。

　　现代社会不提倡打孩子，甚至反对打孩子，认为打孩子就是对孩子的不尊重，甚至认为是虐待未成年人。前段时间，新闻报道某小区有一个孩子不知道是因为无聊还是好玩，从28层楼向下扔了15个啤酒瓶，所幸没有造成人员伤亡。孩子家长得知后，连忙在业主群里郑重向邻居们道歉，反思自己平时没有对孩子进行高空抛物危险性的教育，同时，还晒出了打孩子的照片。对于这件事，没有人说不能打孩子，也有不少人支持家长的做法，说孩子该打就要打，不打他，以后还不知道做出什么事！

　　俗话讲：没有规矩不成方圆。孩子在成长过程中，要有敬畏和规矩。有些错误犯了不是什么问题，说一说、批评一下就过去了；但是有些错误，犯一次就不得了，就是大问题，只是说教是不够的，必要的责罚实际上是一种保护，让他知道害怕，知道规矩不能违背，知道后悔，以后再也不敢了。这对他就是一种保护。

　　因此，如果孩子违了规、犯了错，有时唯有责打能让孩子清醒时，作为家长就不能姑息，要让他知道人有很多底线是不能触碰的。而很多时候，这种观念的形成，是要靠批评、责罚，乃至责打来完成的，让孩子建立正确的是非观，学会遵守和适应规则，才能让孩子得到真正的成长。捷克教育家夸美纽斯说：犯了过错的人应该受到惩罚，但是他们之所以受到惩罚，不是因为他们犯了错，而是要让他们日后不去犯错。因此，打孩子不是目的，让孩子有所敬畏、有所提升、健康成长，才是最重要的。

　　正如复旦大学钱文忠教授所说的，"光靠鼓励是不能完成教育的，教育里面一定有痛苦的成分，不打不骂不惩罚，培养不出优秀孩子"。孩子们有时候真的只有受到惩罚，才会明白犯了错误需要付出代价、承担后果。关键是在惩罚孩子前，首先要让孩子明白惩罚的目的，为什么要惩罚——为了让孩子体验犯错的后果，进行自我反思，进而减少或消除错误行为发生的次数。所以，责打不是简单的施以暴力，更不是粗暴的、无节制的、随随便便的打骂，而是一种教育。同时，也是对孩子的爱和责任，最终目的是让孩子朝着正面的积极的方向成长。

　　当然，现在社会上，也不乏一些对孩子动辄打骂的家长。比如，有的家长看到孩子考试成绩不好就打骂。孩子学习成绩不好总是有原因的，是学习方法不对头？还是因为不认真、马马虎虎？还是因为玩手机、上网不愿学习？还是确实努力了就是成绩不好？等等，家长要多与孩子沟通交流，必要时听听孩子老师的意见，这样才能找到解决问题的办法。而不分青红皂白地打骂，不仅对提高孩子的成绩于事无补，还会有很大的副作用，甚至有可能把孩子逼上绝路。再比如，因脾气暴躁动辄打骂孩子，或因自己受气而迁怒孩子，等等，这样的打骂只会对孩子造成伤害，导致孩子恐惧、自卑、说谎、脆弱、暴躁、孤独、抑郁、逆反，等等，甚至有可能让孩子产生报复或轻生等极端行为。因此，情绪化地打骂孩子是非常拙劣的教育方式，是家长应当努力避免的。

三十九、用交易的办法教不出好孩子

有的家长问：曾听过一些家庭教育讲座，说是可以用奖励的办法调动孩子学习和做家务的积极性，试着用了这个办法，但孩子动不动就要钱，感觉心里很不是滋味。这个办法到底行不行？

社会上确实有这样的家庭教育讲座，让家长采取金钱或物质奖励的办法，激励孩子学习或做家务。事实上，也有一些家长按照这样的办法和思路做了这样的尝试，比如，孩子如果考多少分以上，就奖励100元或买双名牌运动鞋，或换个手机；擦一次桌子2块钱，拖一次地板5块钱，洗一次衣服10块钱，等等。有的甚至不惜以各种好处诱惑，希望孩子有动力、有积极性。这种名为激励、实为交易的教育方式，或许一时有效果，但其弊端和危害是很大的。

一是，会误导孩子认为学习不是自己应该做的事，一旦不给奖励，就失去了学习的动力和热情。心理学上有一个理论叫"德西效应"，源于美国著名心理学家德西做过的一个实验：他把被试者分为两组，让他们解答一些趣味试题。第一阶段，没有任何奖励，两组人完全凭兴趣答题。第二阶段，给第一组成员奖励，只要答对一题，就能得到1美元；但第二组依然没有奖励。第三阶段，他宣布到了休息时间，这时第一组成员立即停止了答题，而第二组中依然有很多人在尝试着答题。很多时候，外部的奖励反而会消减做事的动力，让人失去原有的兴趣，只是被动地追逐奖励。

曾有这样一个故事：一群孩子在一位老人家门前嬉闹，老人难以忍受他们的吵闹。于是，他给了每个孩子10美分，对他们说："感谢你们过来陪我，我这儿热闹极了。"孩子们很高兴，第二天仍然继续吵闹，老人给了每个孩子5美分。第三天，老人只给了每个孩子2美分，孩子们勃然大怒："才2美分，知不知道我们多辛苦，我们再也不为你玩了！"老人把孩子们的内部动机——"为自己的快乐而玩"，变成了外部动机——"为得到钱而玩"，而他掌握着钱的多少，自然也操纵了孩子的行为。同理，如果家长经常对孩子说"你这次能考100分，就奖励你100元""能考进前3名，就奖励你一个新玩具"，这种不当的奖励机制，会将孩子的学习兴趣一点点地消减了。家长的奖励可以是对学习有帮助的，如书本、学习器具，而一些与学习无关的奖励，最好不要。就像一个小孩子不喜欢吃菜，用红包奖励让他吃菜，但这样孩子永远也不会爱上吃菜，因为一旦停止发红包，他就停止吃菜了。外部激励在短期内也许有效果，但无法让孩子产生真正的热爱和内在的动力。

二是，孩子会认为家务都是家长应该做的，与自己无关。家长做再多的家务，他都会习以为常，对家庭没有任何责任感，不知感恩，甚至无情无义。有一位妈妈生病了，勉强给孩子做好饭，就躺到床上，跟孩子说："吃完饭帮妈妈把碗洗了吧，给你 5 块钱。"孩子说："我今天有点累了，这钱我不挣了。"你看，孩子真把做家务当成了交易，不知道疼爱家长，这都是错误教育的必然结果。使用交易的办法，相当于把市场经营引入家庭生活，孩子的想法就会发生很大的变化，做是为了得到奖励，不想要奖励就不做了。作为家庭成员，本来就应该是自己应做的家务，居然变成了家长给自己布置的额外的"有偿工作"！久而久之，孩子对家庭、对家长就不会有任何责任心和感恩心。

三是，这样教孩子从小关注利益，慢慢就学会了一切向钱看。这样的孩子将来到社会上，会把一切都看作交易，人生的路越走越窄。交易式教育会让孩子在不知不觉中形成固定的心理模式，那就是自己无论做什么，都要有即时的回报，会事事考虑"我做这个有什么好处"，没有"好处"就不干，让所有行为都成了一种交易。一位女士说，儿子事事都向钱看，让她很忧虑。原来，为了改变孩子的懒散，这位女士曾和他约定：在家里完成一些任务，就给一定的奖励，如打扫卫生给 5 元、洗碗给 2 元等。开始时孩子变得很积极，但很快她感觉到了不对劲。有一天，她在家做饭，让孩子顺路去取个快递，孩子理直气壮地索要奖励："取快递也是帮你们工作啊，当然要给我奖励了！"这样的教育方式，不仅破坏了孩子做事的内在动力和责任，更会误导孩子对人际关系的认识，当孩子看到身边的人遇到困难和问题需要帮助时，会习惯性地算计自己能得到什么"好处"。正像研究结果表明的那样，这样的孩子帮助他人的倾向更弱。想想看这种自私自利的人，谁又会喜欢他呢？这样的人又能做成什么事呢？

四是，孩子有了多余的钱，就可能无节制地乱花。孩子小的时候，对金钱的来源和价值没有什么概念，在孩子看来，钱不过就是可以兑换物品的东西，并不了解钱的真正意义和劳动的辛苦，一般都不把钱当回事。同时，孩子的自制力和计划性比较差，手里也存不住钱，往往会大手大脚地花钱，形成奢侈浪费的毛病；也有一些孩子虚荣心强，喜欢跟别人攀比，追求一些物质上的东西，用这种方式来为自己挣面子，让同学羡慕自己，会习惯于花钱之后的满足感。此外，孩子花钱一般都是买一些垃圾食品、上网吧、买玩具等，非常不利于孩子的健康成长。

宋代家颐的《教子语》曰："养子弟如养芝兰，既积学以培植之，又积善以滋润之。人家子弟惟可使观德，不可使见利。"意思是说，养子如养花，既要用知识来培育，又要用善德来滋润。对于孩子，只可培养他德行良好的一面，而不可教他关注利益。

家庭教育的核心就是教孩子学会做人。怎么才是会做人呢？《弟子规》总叙曰："弟子规，圣人训。首孝悌，次谨信。泛爱众，而亲仁。有余力，则学文。"首要的一条就是孝敬家长，不孝敬家长就是无情无义的人，就失去了做人的根本。懂得孝敬家长了，进而才能友爱兄弟姐妹，尊老爱幼，泛爱社会上的其他人。同时，从小学会洒扫应对，力所能及地做些家务，孩子慢慢就学会了自立，对家庭就有了责任心。

家长与孩子是血缘关系，具有天然的亲情，不是金钱和利益关系；家庭是爱的港湾，不是交易的场所。因此，决不能采取交易的办法进行教育，更不能把亲情当成一种交易，或用交易代替亲情。否则，就是误导孩子，其结果必然是害人、害己、害家庭、害社会。

四十、家长与孩子不应该是朋友关系

有家长问：曾经参加过一些家庭教育讲座，有的说家长要与孩子交朋友，家庭教育才能成功；也有的说不能与孩子交朋友，家长就是家长，要有权威。不知道到底是与孩子交朋友好，还是不交朋友好。

社会上确实存在着这些不同的观点，这些观点到底是哪个对、哪个不对，不能简单地一概而论，从某种角度上说，都有它的道理。如果单从家长与孩子沟通交流这个角度，以朋友似的心态交流起来效果可能更好；但如果家长与孩子平时什么事都像朋友似的相处，在道理上讲不通，在实践上也必然要出问题。

我们的传统文化中有一个重要的内容就是"五伦大道"，五伦就是五种人伦关系，即家长子女关系、夫妻关系、长幼关系、上下级关系、朋友关系。在这些关系中，每一个角色的"道"是不一样的。家长与子女是一种天然的血缘和亲情关系，在这个关系中，家长的"道"和责任是慈爱，也就是对子女既要养好，又要教好；子女的"道"和责任是孝，也就是对家长要孝身、孝心、孝志、孝慧。而朋友之间是一种平等的友情关系，在这个关系中，朋友的"道"

和责任是诚信和互助。五伦之道不是谁发明创造的，也不是谁规定的，它是一种自然而然的客观规律，违背规律就必然出问题。

也就是说，家长、子女、朋友三者的"道"和责任是不一样的。家长对子女既有爱的责任，又有教的义务；既有保护的责任，又有管理的义务；既有天然的责任，又有法定的义务。这个关系是无法变更和中断的。而朋友关系是平等的，既没有天然的责任，也没有法定的义务，还可以随时中断。

家长与孩子交朋友，不仅道理上说不通，实践上也行不通。比如，孩子在玩耍时往往非常投入，可能看不到桌边摇摇欲坠的瓷壶、棱角分明的茶几角、刚拖过还没干的湿滑地板、杯子里的开水、马路上奔驰的汽车等，但家长不仅要看见，还需要去提醒和告诫，让孩子远离这些潜在的危险。

比如，孩子的是非、善恶、美丑的评判标准还没有建立，通常对于没有被制止的行为，他都可能去做、去尝试。所以，有的孩子生气时会打人、看到喜欢的就要抢过来等，家长需要不断地告诉孩子什么是对、什么是错，什么可以做、什么不可以做，让他形成正确的价值标准和好的习惯。

再比如，孩子每天跟家长生活在一起，家长的言行举止都是孩子学习和模仿的对象。很多话，家长可以跟朋友说，但不可以跟孩子说。想想看，如果家长像对朋友一样口无遮拦，跟孩子大吐苦水、肆无忌惮宣泄负面情绪等，无形中会增加孩子的心理压力，给孩子造成很多负面影响。因此，在孩子面前，家长的言行举止是不可不慎的。

有一些主张家长与子女要交朋友的观点认为：在传统观念中，家长是老子，儿女是小子，子女就要听家长的话，家长说什么都不能违背。一些家长对孩子的要求是听话、顺从，不得有异议、不得有争辩，否则，就是没大没小、无法无天。在这种家庭环境中，孩子几乎没有发言权、参与权和选择权。不少孩子自身的事情也是要由家长说了算，家长斥责甚至打骂孩子也认为是自家的事情。孩子没有隐私权，父母可以私拆孩子的信件、搜查书包、偷看日记等。这些做法严重地伤害了子女的人格和自尊，也大大地削弱了家长的权威，束缚了孩子的独立自主精神和创新精神。家长要真正走进孩子的心里，就要彻底放下家长的架子，与孩子平等相处，想方设法做孩子的朋友。

像这种观点里说到的一些现象，有的比较极端，古代有，现代也有，将来可能还会有。对于"家长说什么都不能违背，不得有异议、不得有争辩"，即便在古代，这种做法也不被认为是正确的，古圣先贤从来就没有要求做子女的要绝对服从家长的所谓"愚孝"，正如《弟子规》说的："亲有过，谏使更。怡吾色，柔吾声。谏不入，悦复谏。号泣随，挞无怨。"同时，也不能因为古代和现代的个别家长有一些极端的、错误的或不当的做法，而走向另一个极端。

与孩子交朋友，甚至被一些人认为是亲子相处的最好模式。他们想象中的完美场景是：和孩子打成一片，一起玩、一起闹、一起笑，无话不谈，互相撒娇，其乐融融。但现实可能会使家长感到越来越心累，越来越不对劲。

有一位家长说：一开始，觉得能与孩子交朋友是一件值得骄傲的事，我也曾经将其当作梦想一样努力去实现。为此，我花费大量的时间与孩子一起玩耍、游戏、读书、写字、谈心。我希望能进入他小小的世界，成为他温暖的伙伴。随着年龄的增长，我们之间的距离逐渐缩小，孩子也似乎成了与我无话不谈的朋友，我们不光谈学习、谈生活，也谈青春期的困惑与无奈，我毫无保留地将我的经历告诉他。我们的家庭非常民主和自由。可是，渐渐地，我发现我已在不知不觉中失掉了做家长的身份。在孩子心目中，我们是朋友，是平等的。于是，要求他做家务，他会跟你做鬼脸、打哈哈，不愿意做的就是不去做；住校后，对于家长要求的给家人打电话、写回信的执行大打折扣，害人牵肠挂肚，不知道替家长着想。最后的感觉就是，做家长的说话没有底气，没有力度，一点威严都没有。

别以为这是日常小事，不足挂齿，这是一种习惯，一种心理定式，时间一长，孩子对家长的话就当耳旁风了。更有甚者，有的家长为了与孩子成为好朋友，竟允许孩子直呼家长"哥们儿""姐妹儿"。有了这样的称谓，家长在他们心中又是何等地位？

有一位家长说：我们与孩子学做朋友，孩子喊我"凤妹子"，喊他爸"老李"。以前觉得在家随意一点无所谓，但渐渐发现他在外也不懂尊重长辈，没大没小的，真尴尬。孩子喜欢玩手机，经常一玩就停不下来，我一收回手机，他就闹："爸爸能玩，为什么我不能玩？我们不是好朋友吗？你为什么不跟我分享？"等等，反正，一遇到他不乐意的事儿，就搬出朋友论调，哭着闹着"我再也不和妈妈当好朋友了"……

有一位家长说："我原来就是一直提倡要跟孩子交朋友，我对孩子非常平等，我和孩子就像是一对姐妹一样交往。但是我现在知道错了，我觉得自己以前真的很不像一个妈妈的样子。如果和孩子像朋友那样交往，她就可以像朋友一样对待你，你说什么仅供参考。当她的家长只是她的一个朋友的时候，她没有一个标准、没有一个榜样，你叫她去学谁呢？她朝哪个方向发展呢？作为家长要意识到身上肩负着两重角色，就是要有慈的一面，也要有威严的一面。所以我现在不再和孩子像朋友一样交往了，特别不要让孩子见了你就叫'哥们儿''老姐'。我了解到很多家长认为这样很好，表示孩子喜欢自己，也会让自己显得年轻。但是现在看来，这都是要付出代价的。"

当然，我们说家长与孩子不应当是朋友关系，并不是全盘否定朋友式的亲子交流方式，更不是要家长板着面孔、高高在上、唯我独尊、专横跋扈，否则，就很难与孩子沟通和交流，还可能使孩子形成唯唯诺诺、逆反、自卑、封闭等心理。

有的家长说："孩子在外面、在学校里发生什么事情，对爸爸妈妈谁都不讲，一问他就说'别管了'，弄得我们很尴尬，也不知怎么办好，很是苦恼。"出现这种情况，多半是家长在与孩子沟通时唠唠叨叨、动辄训斥，不能理解和尊重孩子造成的。所以，家长要想成为孩子亲近的人，需要多尊重、理解孩子的感受和想法，控制好情绪，少吼叫、少唠叨，以朋友式的心态交流沟通，这样才会使沟通轻松愉悦，孩子也才会愿意与家长交流。

因此，家长作为长辈、作为监护人、作为过来人，有责任、有义务把孩子教育好，但不能过于苛刻、唯我独尊，甚至动辄打骂，这样非但树立不了自己的权威，也很难教育好孩子。在家庭教育中，提倡理解和尊重孩子，也绝不意味着可以没大没小、长幼无序，甚至长幼秩序颠倒，这样不仅放弃了做家长的责任，而且教不出好的孩子。这就需要家长在实践中把握好一个度，既不失慈爱，尊重和理解孩子；也不失威严，确保孩子在正确的人生道路上健康成长。

四十一、好习惯需要养成

有家长问：自己的孩子坏毛病太多了，不爱写作业、贪吃零食、乱花钱、整天看电视，怎么才能让孩子有好的习惯呢？

这说明孩子没有养成好的习惯，这些不好的习惯如果不纠正，将来孩子在人格养成、学业、事业、家庭等方面都将出现问题。所谓的好孩子一定是有好习惯的孩子，所谓有问题的孩子一般都是坏习惯很多的孩子。家庭教育在某种程度上说就是给孩子养成一个好的习惯，正所谓，"少成若天性，习惯成自然"。

我国自古就高度重视习惯养成问题。颜之推的《颜氏家训》、朱熹的《白鹿洞书院学规》和《童蒙须知》、王阳明的《教规》等，对爱亲敬长、礼仪举止等行为习惯的纲目，及其养成路径与方法，都有明确的规范和要求，其目的就是希望孩子从小养成"圣贤坯模"所应具有的良好习惯。

训子千遍不如培养一个好习惯。教育家叶圣陶说："积千累万，不如养个好习惯。教育就是培养习惯，衡量教育是不是成功就看有没有形成良好的习惯。"习惯好，终生受其益；习惯不好，则终生受其累。因此说，教育孩子最好也是最有效的方法，就是培养良好的习惯。

2019 年广西高考状元杨晨煜以语文 140 分、数学 150 分、英语 150 分、理综 290 分，总分 730 分创下了广西自恢复高考以来理科总分最高分纪录。他不仅是成绩好，兴趣爱好也很广泛，他是学校羽毛球社的副社长，参加过学校的足球联赛，对书法和画画也有浓厚的兴趣。很多人感叹："什么样的家庭才能培养出这么优秀的孩子！"杨晨煜的妈妈谈到养育孩子的经验时说："孩子肯定要从小培养，所有的习惯必须要在他没有自主思考能力的时候，全部帮他养成。监督孩子习惯养成的过程是很不容易的，需要时时刻刻留意着他，只有在小时候定型，后面的路才好走。同时家长自己也要自律。"

一位家长说：他的孩子从 1 岁半开始，每天坚持晚上睡觉前给他讲故事，并不时有意识地提问让孩子回顾所讲的故事内容，孩子逐渐爱上了阅读并养成习惯。4 岁半时他参加全市举行的幼儿故事大赛获得前 20 名的好成绩。上小学时由于阅读的知识面很广泛，老师曾感叹："这孩子怎么什么都知道！"小升初时他获得了全区第一的好成绩，现已掌握三种外语。这位家长现在深深地感到，是好习惯铸就了孩子的好成绩和井井有条的做事风格。

日本著名教育家福泽谕吉说："家庭是习惯的学校，家长是习惯的老师。"家庭是孩子成长的第一环境，是孩子习惯形成的摇篮，家庭生活对孩子的影响是非常重要的，家长应该注重在生活中培养孩子的各种良好习惯。那么，如何培养呢？

1. 要尽早培养

幼儿是形成习惯的最佳时期，好的习惯一定要从小培养、尽早培养。据专家研究，人的行为十有八九是习惯，而这种习惯又大部分是在幼年养成的，培养良好习惯的关键时期是幼儿和儿童阶段。孩子年龄小的时候具有很强的可塑性，接受新事物快，没有条条框框，因而培养各种良好习惯是很容易的。孩子年龄小的时候，就像熔化了的铁水，可以浇铸成各种各样的形状；等孩子长大了，就像冷却了的铁水变成了铁块，再改变就困难了。也就是说，对习惯的改造要比塑造难得多，甚至未必都能成功。

2020 年重庆高考理科状元谢欣颖的班主任说，她的学习习惯特别好，上课时保证 100% 专注力，非常注重细节等。这样的孩子是怎么培养的？谢爸爸说：为了培养孩子的阅读力，从她 1 岁多开始，家里就订了很多幼儿画报、绘本等。小时候她看不懂，就给她讲，她主要是看图，慢慢地，她看了图就能把故事讲出来。女儿因此爱上了阅读，也逐渐养成了高效阅读的习惯。看过很多状元家长的采访，发现孩子的优秀都有迹可循，从小帮孩子培养好习惯，就是最快最好的路。

2. 要明确标准

人的是非价值判断标准是在成长过程中逐步形成的。孩子小的时候，价值判断标准没有形成或很模糊，不知道什么该做、什么不该做。因此，对孩子的一些言行，家长要说出感受，明确态度和标准，不仅要引导孩子正确的行为，还要注意纠正孩子的不良行为。比如告诉孩子："你来帮忙洗菜，让我做饭快了好多，而且不会无聊。"类似的表扬和鼓励，能让孩子觉得自己的行为和努力确实在发挥作用，这种良好的感觉会让孩子更愿意做家务。再如孩子骂人，一开始是觉得好玩，这时候，如果家长的态度是否定的，孩子就会明白"大人不喜欢我的这种行为"，由此，他会减少这种行为；如果这时家长对孩子的行为表现出赞赏或者高兴地笑等反应，孩子就会觉得自己的行为是受到家长喜欢的，由此，他会增加这种行为出现的频率，从而养成不良的习惯。因此，对孩子的一些不良言行，要及时纠正，切不可采取无所谓、放纵，甚至变相鼓励的态度。

要慎于始。当孩子们第一次有了好的言行时，如第一次帮助父母做家务、第一次礼敬长辈、第一次节俭时，家长要马上予以肯定和表扬，这样可以固化。如果没有这个环节，他这个行为会慢慢消退。比如刚入学的孩子见到老师打招呼，如果老师回应并及时肯定，孩子会一直向老师打招呼，形成习惯；有的老师对孩子打招呼很漠然，就像没有看见一样，最后孩子打招呼的行为越来越少，因为这个行为没有得到及时确认，慢慢就退化了。因此，孩子做的每一个"第一次"，家长都要特别重视。第一次是记忆的产生点，这个点一旦产生就会持续。所以，家长看到孩子的优点及时给予肯定，激发他的上进心，他的这个行为会再次出现，好习惯慢慢就养成了。

3. 不要嫌麻烦

习惯养成是需要过程的，不能嫌麻烦，要慢慢来，不要急于求成。比如孩子年龄小，在力量、动作精确性和协调性等方面还未成熟，加之生活经验缺乏，常把事情搞糟，这是难免的。如果因为孩子做得不好，便不让孩子动手，家长全部包办代替，孩子会慢慢失去做事的兴趣，逐渐养成依赖大人的坏习惯。就像有的孩子想自己拿着勺子吃饭，可家长觉得孩子吃得慢不说，还洒得满桌子都是饭菜，收拾起来更觉麻烦，为了图省事宁可亲自喂孩子，渐渐地孩子就失去了自己吃饭的兴趣，等着家长来喂，如果家长不喂，就不吃了。还有的孩子想自己穿衣服，可家长看孩子行动太慢，而且也穿不整齐，干脆就自己动手帮孩子穿好衣服。有的孩子要洗碗，妈妈会拒绝说："你一边玩去吧，别捣乱了，你这么小哪会洗碗啊！洗不干净我还得重洗，不小心再把碗给打碎了。"家长觉得孩子洗碗是一种得不偿失的冒险行为，所以不肯放心和放手地让孩子去尝试，而孩子也就渐渐失去帮忙刷碗的兴趣了。这样，家长无形中不仅剥夺了孩子锻炼和提高的机会，而且也丧失了养成好习惯的大好时机。其实，孩子最初的各种尝试是成长过程中的可喜进步，家长需要因势利导，要有耐心，让孩子积极尝试，而不应该拒绝和包办代替。

4. 要坚持不懈

好习惯不是一朝一夕可以养成的，而是坚持出来的，只有反复训练才能形成自然的、稳定的习惯。培养习惯，要有耐心，就像走路一样，发现走的路线不对，及时调整到对的轨道上去，久而久之，一条小路就踩出来了。美国著名教育家曼恩说："习惯仿佛一根缆绳，我们每天给它缠上一股新索，要不了多久，它就会变得牢不可破。"任何习惯都需要训练和强化，不能三天打鱼、两天晒网。根据心理实验研究，一种行为重复 21 天就会变为习惯动作，而 90 天的重复会形成稳定的习惯。当然，不同的习惯形成的时间也不相同，但坚持的时间越长习惯越牢。比如孩子洗手，不洗手就不能吃东西，每天如此，孩子慢慢就习惯了。在养成良好习惯的过程中，往往会出现反复，平时的督促和坚持就显得尤为重要，要通过长时间地督促坚持，使孩子在不断的实践中养成自觉的习惯。

改变坏习惯同样需要坚持。可以用减法，给孩子一个可以接受的过程，慢慢把坏习惯改掉。就是说孩子不好的言行比原来出现的次数减少，就可以表扬他，坏习惯逐渐减少，直到成功。一位细心的妈妈观察写作业的儿子，一会儿喝水，一会儿撒尿，不到一小时出去四五次。这位妈妈没有急于求成，而是在第二天孩子写作业前给孩子提了个建议：坐下写作业前把该办的事办好，写作业时出去两三次完全可以。孩子在妈妈的鼓励下果真少出去一次。过几天妈妈又提议再减少一次，孩子又轻松做到了，直到孩子可以集中精力把作业写完。这样既帮孩子克服了不良习惯，更重要的是培养了孩子的自信心。

5. 榜样很关键

孩子的一个重要特点就是善于模仿，家长可以给孩子准备一些行为习惯的模仿对象。有时候，家长跟孩子说应该这样做或不应该那样做，孩子不听，但是，让孩子模仿故事书中或动画片中孩子喜欢的卡通形象，孩子就比较乐意。

因此，家长选择一本符合孩子年龄特点的好的绘本等，不仅可以让孩子爱上阅读，在无形之中可以帮助孩子培养好的习惯。一位家长说，从孩子 1 周岁开始，一直坚持到现在 4 周岁，每一个阶段都会有目的地寻找适合孩子读（听）的书，让孩子有个标杆，在帮助孩子养成良好的行为习惯方面发挥了很大的作用。

其实，家长是孩子身边最鲜活、最重要的标杆和榜样，是孩子最主要的模仿对象，家长的一言一行、一举一动都会对孩子产生影响，无论是好习惯还是不好的习惯都是家长有意或无意培养出来的。其实家长每时每刻都在教，只是自己没有意识到自己在教，这就是"潜教育"，是比"显教育"威力大得多的本质教育。因此，培养孩子良好的习惯，不能只靠说教，更重要的是以身立教。家长作息规律、爱整洁、物品用完放归原处、做事有计划有条理，孩子也会有样学样，形成良好的习惯。著名作家、戏剧家、翻译家杨绛曾经说过："榜样作用很重要，言传不如身教。"杨绛与钱钟书夫妻二人对女儿的教育，从不训示，而是潜移默化的渗透。两人爱看书，女儿见了，便照模照样地读书。家庭教育专家蔡笑晚先生说，"父亲"是他终生的事业，为了让孩子们专心学习，他先做好了带头作用，晚上全家人都会围坐在灯下，蔡笑晚看专业书，孩子们读课本，这已经成为晚饭后雷打不动的习惯。因此，家长应当在行为、举止和谈吐等方面给孩子做好的榜样，家长的以身作则和长期的熏陶，会使孩子在潜移默化、不知不觉中形成良好的习惯。

同样，纠正孩子的不良习惯，家长也要先从纠正自己的不良习惯做起。比如在孩子学习的时候，家长就不要打麻将，家长哗啦哗啦打麻将，孩子怎么能专心学习？时间一长，孩子也就学会打麻将了。比如家长沉迷于玩手机、打游戏，却让孩子赶快去学习，结果可想而知。再如家长看电视，声音还很大，孩子学习就沉不下心来，有的孩子还会把门开个缝儿听电视等等。如果家长都不能改变自己的不良习惯，怎么能指望孩子改变呢？

因此，家长的言传身教最重要，家长自律，孩子就会学着自律；家长放纵，孩子肯定也好不到哪里去。纵观所有"学霸"的故事，我们得出一个道理：那些具有不良习惯的家长，是不太可能培养出具有良好习惯的孩子的。

四十二、尊师才能敬学

有家长问：孩子曾因为作业的事被老师指责，老师当着全班同学说了一些难听的话，感到伤了自尊。后来孩子对这位老师一直耿耿于怀，这门课的学习成绩也下滑了，该怎么办？

家长一定要告诉孩子：老师批评学生既是老师的权利，更是老师的责任；批评学生是对学生负责任的表现，是希望学生学好，是恨铁不成钢，要感恩老师；老师批评的时候因为着急、生气，可能批评的话说过了，或方式方法不适当，都是可以理解的，就像家长批评甚至打骂孩子一样，都是希望孩子好，切不可记恨老师，更不可拿不认真学习这门课作为对老师的"报复"。同时，也建议这位家长找有关老师沟通，交流一下孩子的学习和表现情况，听一听老师的意见，请老师对孩子的学习多费心。

有一位妈妈给刚入学的孩子写了一封信，信中说："好的老师，必然是管教同步、严慈同体的。对你要求严厉的老师，切不可心生抱怨，反而要心怀感激。孩子，你要知道，一味地迁就，盲目地宽容，只能培育出温室的花朵，无法培育出参天的大树。妈妈不赞同体罚教育，但妈妈支持有理有度的惩戒教育。如果你在学校不守规矩、荒废学业、欺凌同学，老师以他的方式批评你、惩戒你，你不要指望妈妈会站在你那边，四处告状，无理取闹，状告老师，抹黑学校。妈妈做不到，因为，你从小长到现在，妈妈在爱你、疼你、教你的同时，也经常批评你、惩戒你，控制不住情绪时偶尔也会修理你。所以，关注你成长的老师，在传授给你课本知识和做人道理的同时，有权利管教你，这本是教育的一部分。"

"妈妈上学时的一位语文兼书法老师，极严厉，爱挑剔。这位老师上书法课时，会在教案中夹一个戒尺，一旦发现哪个学生字写得马虎潦草、敷衍应付，不仅责令让其重新书写，而且会在其左手心狠狠打上几板子。'汉字是中华民族的瑰宝，写不好汉字，你们还能干什么?!'这位老师当年的话语，至今响在妈妈耳边。在他的严厉要求下，我们班学生的书法屡受表扬，就连原本写字差的妈妈，也在当年练就一笔好字，工作后还常被人称赞'字写得有力、好看'。前些日子，妈妈回老家，恰遇见了这位满头华发、后背佝偻的退休老师，谈起当年的教学，这位老师说：'打你们板子，我不后悔，只有负责任的老师才会管学生!'是的，孩子，只有负责的老师才去管学生。所以，对你要求严厉的老师，一定要心怀感激! 妈妈希望你能尽早懂得这一点。"

这位家长让孩子尊重老师、感恩老师、理解老师，无疑是有智慧的，不仅体现了对教育的理解，也体现了对孩子的真爱。

我们中华民族自古就有尊师重教的优良传统。《礼记·学记》曰："凡学之道，严师为难。师严然后道尊，道尊然后民知敬学。"意思是，学习中最难得的，即是尊敬老师；尊敬老师了，才会尊重老师传授的学问；尊重学问了，才会认认真真、诚心诚意地听取老师的教诲，努力学习，所以有师道尊严之说。《吕氏春秋·孟夏纪》曰："疾学在于尊师。"意思是，一个人要想很快学到知识才干，首先要尊重老师。不尊重老师，就很难按老师的要求去做，甚至把老师的教导当耳旁风，就不可能学好老师所传授的知识。在学校经常可以见到这样的现象：孩子一旦对某个老师产生厌恶心理，他这门功课就很难学好；相反，孩子如果内心对老师有好感，即使这个老师教学水平一般，学生的这门功课也可能学得不错。因此，一个不尊重老师、不信任老师、看不起老师、抱怨老师的学生，要能够学好知识、能够学业有成、能够成才，那是难以想象的。

尊敬师长是我国传统伦理道德，老师在社会中有很高的地位。古人所列举的应该祭拜的对象——"天、地、君、亲、师"中，君代表国家，亲就是祖先、长辈，老师是被列为与"君、亲"一样，应受到特殊尊敬的人，正所谓"一日为师，终身为父"。

范仲淹的《家训百字铭》里有"勤读圣贤书，尊师如重亲"。意思是，为人要多读圣贤书，尊敬师长要像尊重自己的亲人一样。《围炉夜话》里有"薄师者，必无佳子弟"。意思是，对于老师和长辈傲慢无礼的人，一定不会成为德才兼备的人。懂得尊敬老师的人，才会诚心跟老师学习，才会成为好弟子。

唐太宗是我国古代的明君，非常重视对皇子的教育，他给几位皇子选择的老师都是德高望重、学问渊博之人，如李纲、魏征、王圭等，而且一再教导皇子一定要尊重老师。有一次，李纲因患脚疾，行走不便，而当时皇宫内制度森严，官员入宫不得坐轿。唐太宗知道后，特许李纲坐轿进宫讲学，并诏令皇子迎接老师。还有一次，唐太宗听到有人反映，皇四子李泰对老师王圭不尊敬，他当着王圭的面批评李泰说："以后你每次见到老师，就如同见到我一样，不得有半点不敬。"从此，李泰见到王圭总是好好恭迎，听课也认真了。由于唐太宗家教严谨，他的几位皇子对老师都很尊敬。

"程门立雪"这一成语家喻户晓，它出自北宋理学家杨时求学的故事。杨时四岁入学，七岁就能写诗，八岁就能作赋，人称"神童"。有一年，杨时赴浏阳任县令，途中不辞劳苦，绕道洛阳，拜理学家、教育家程颐为师。时值冬季的一天，杨时因与学友游酢对某问题有不同看法，为求正解而一起到老师家请教。他们顶着凛冽寒风来到程颐家时，适逢先生坐在炉旁打坐养神，杨时二人不敢惊动打扰老师，就恭恭敬敬侍立在门外等候先生。过了良久，程颐打坐完，从窗口发现侍立在风雪中的杨时和游酢，只见他们通身披雪，脚下的积雪已一尺多厚了，赶忙起身迎他俩进屋。此后，程门立雪的故事就成为尊师重道的千古美谈。

　　老师所以受到特别的尊重，是基于古人有这样一种认识，即老师对于一个人赖以安身立命和处世的德才，有重要的造就培育之功。家长给予生命，老师给予智慧。一个人在成长过程中，除了受家长的教养外，还要依靠老师的教诲，是老师教给学业、技能及为人处世的学问，使自己终身受益，所以古人说："人之常尊，曰君、曰父、曰师，三者而已……君之于臣、父之于子，力有所不及处，赖师之教尔，故师之德配君父。"把老师的恩德比之于家长，因而老师不但有"恩师"之称，还被弟子称为"师父"，老师的妻子也被称为"师母"。其实，尊师本质上就体现了对文化的尊重。

　　有位做家长的老师说："我首先要求自己的孩子尊重甚至崇拜自己的每一位老师，因为只有这样，孩子才会真正去学好这门学科。孩子上初中时，我告诉他，给他教英语的孙老师是他妈妈的老师，也是 20 世纪 90 年代为县里英语录制教学磁带的优秀英语教师，于是他的英语学习发生了飞跃。进入高一，我通过一些同事了解了他现在的老师，并在第一时间告诉了他所在班级有着一个怎样的优秀教师团队，他回家一直对自己的各科老师赞不绝口，学习自然就不断进步了。"

　　一位校长看到自己的女儿因为被老师批评而哭泣，对她说了这样一番话："孩子，你见过磨刀吗？被磨刀石狠狠磨砺的刀，一定很疼，可它没有哭，因为它知道，只有经过这样的磨砺，自己才能变成一把好刀。妈妈刚刚跟老师通电话了，她说今天的批评就相当于一次磨刀，就是让你接受反复的磨砺，因为老师相信你能做得更好，所以才会更加严格。"

　　老师不能对孩子太温柔，因为教育的底色，从来不是放任和绝对的快乐，教育里一定有痛苦的成分，完全没有惩戒的教育，不是真正的教育。虽然孩子是家长的孩子，但也是老师的学生。对学生负责是老师的职责，是师德，也是个人品德。所以，老师把孩子留堂时，请家长不要抱怨；老师联系家长解决孩子的问题时，家长不要推脱。家长和老师为孩子好的出发点和落脚点，始终都是一样的。

　　一个孩子因为迟到被老师罚站了，家长却说"多管闲事"。一个孩子因为不听课被老师留堂了，家长却说"耽误我的时间"。还有的家长不满老师对孩子的处罚，不是采取与老师沟通或通过正常渠道反映问题的办法，而是领着人到学校去闹，往往没有弄清事实，就认定是自家孩子受了委屈，还诽谤、勒索老师，更有甚者打骂老师。老师对学生有没有惩罚的权利？如果问老一辈的人，回答一定是必须的，严师出高徒！但如果问现在的老师，回答一定是否定的，哪敢啊！稍有不慎便会被气势汹汹的家长"兴师问罪"。

想想看，这样的家长在教孩子什么？孩子又会学到什么？家长这样的修养、心态和这样处理问题的方式，怎么可能让孩子学好呢！这样做的结果就是，没有哪一位老师再敢管教你的孩子，也没有哪一位同学再敢与你的孩子打交道，在学校里大家都知道这就是那个家长打老师的学生，这无疑就是坑害自己的孩子。

孩子走进学校，老师对他的影响非常大。被老师重视的孩子，成绩更优秀，自信心更强，无论在智力还是性格的发展上都会更好一些。而一旦被老师忽略，孩子不仅会成绩下降，出现自卑情绪，在人际交往上也容易有障碍，有些敏感的孩子甚至还可能会自暴自弃。孩子在学校最大的悲哀不是成绩差，不是被老师叫去办公室，不是被请家长，而是老师不再注视他，他做了什么都不会在意，被老师完全放弃的孩子在学校的生活绝对是灰暗的。但是，很多时候孩子在学校被放弃不是因为孩子，大多数被老师放弃的孩子是因为家长们不经意间的一件事。老师对孩子的态度，并不仅仅取决于孩子，从某种程度上来说，受家长的影响更大一些。很多时候，不是老师想放弃孩子，而是被家长们逼得放弃孩子。

在教育问题上，最心疼孩子，又最希望孩子学好的，是家长，也是老师。只有负责任的老师才会管学生，才会苦口婆心地批评引导学生；老师肯管、肯教、肯批评，是因为孩子值得！

清朝乾隆时期，大臣王杰曾担任过上书房总师傅，教皇子们读书。王杰执教相当严厉，皇子不用功，他也敢骂敢罚。有一次，因为皇子们对圣贤不恭，王杰便惩罚皇子们跪下。不巧，却被前来巡视的乾隆皇帝碰见了，乾隆看到后又生气又心疼，当即让皇子们起身，并愤怒地对王杰说："教者天子，不教者亦天子，君君臣臣乎？"其意思是，你教不教他们，他们都是皇子龙脉，你这样罚他们，是臣对君应该有的态度吗？王杰不卑不亢地说道："教者尧舜，不教者桀纣，为师之道乎？"其意思是，虚心受教的将来能成为尧舜那样的明君，不受教就会成为桀纣那样的昏君，师道不就正该如此吗？乾隆皇帝听完王杰的解释后，立马让皇子们重新跪下了，他不仅没有惩罚王杰，反而对他更加敬重。

复旦大学钱文忠教授曾写过一篇文章《教育，请别再以爱的名义对孩子让步》，他说："孩子毕竟不是成年人，孩子还必须管教、必须惩戒。我们要告诉孩子，犯了错误要付出代价。"玉不琢不成器，树不修不成材。有了管教，方知敬畏；有了敬畏，方知底线；有了底线，方知对错。教育从来不是放纵，适度惩罚才会让教育真正变得有力量。

在古代，家长都知道私塾老师会用戒尺惩戒学生，但他们却纷纷送孩子去读书。"一片无情竹，不打书不读！"在这个世界上，除了家长，最希望孩子成才的人就是老师。很多人在成年之后，都会想起自己学生时代的班主任，或许你记得他罚你站、罚你抄写、请了家长……但正是因为被罚了站，你才改掉了上课睡觉的坏习惯；正是因为被罚了抄写，你才记住了高考时的那句古诗文；正是因为请了家长，才让家长对青春期的你更了解、更体谅。而如果老师放弃了教育，最终埋单的，将是孩子和家长！

《荀子》里写道："国将兴，必贵师而重傅。"国家想要振兴，必须尊敬老师，重视传授专长技术的师傅。跪着的老师，教不出顶天立地的学生！一位资深的班主任曾说："家长与学校配合得越好，教育越会成功。我可以非常负责任地说，凡是家长不与学校配合的，结果都是悲剧，这在我的教育经历中无一例外。"

家长要相信和配合老师，不要不把学校、老师的规定当回事。对于学校和老师的规定，最好的方法就是配合。家长不要当着孩子的面非议老师，非议学校的规定和要求，这不利于孩子建立规则意识，会让孩子增加抵触情绪、投机心理。比如很多学校会规定不让学生带手机，不管家长是否赞同，最好都要教育孩子遵守学校的规定。如果家长对一些规定很有意见，默许甚至鼓励孩子违反规定，这会让学校和老师非常为难，也会给老师的工作带来很大的困难。因为对于家长来说，只需要面对自己的孩子，但是对于学校，需要面对几百几千的学生。很多看起来似乎不合理的制度，往往就是为了保护大部分孩子的安全和学习环境。因此，在孩子面前，家长要极力维护学校和老师，真心实意地用换位思考的方式做好孩子的工作。

孩子在学校发生问题，家长要冷静处理，千万不要不清楚事情原委就和老师吵闹，甚至动手。每一个孩子都是家长的宝贝，孩子在学校受了委屈，家长一时生气是很正常的。可是在去学校"讨说法"之前，一定要先把事情的来龙去脉搞清楚。如果是孩子错了，那就主动道歉；如果是别的孩子的错，可以去和老师反映一下情况，让老师来协调处理；如果是学校和老师处理不得当，可以先跟学校和老师协商下一步处理办法。如果没搞清楚状况就去学校大闹，只会让老师觉得家长无理取闹，给老师留下这样负面的印象，自然对孩子很不利。

家长要积极参加家长会，多和老师沟通。学校和老师希望能与家长建立联系，及时沟通和掌握孩子的情况，及时调整对孩子的教育方式。因此家长不管工作再忙，也一定要抽时间去参加家长会，并且要不定期和老师沟通交流。在教育的路上，家长和老师应该成为好的搭档，家长应尊重信任老师，老师要懂得寻求家长的帮助配合，家庭教育与学校教育形成合力，孩子才能真正受益。

《三字经》曰："养不教，父之过。教不严，师之惰。"教育是成就孩子的事业，家长与老师对孩子的教育都负有责任，也是无法相互替代的。所以家长要善待教师，特别是那些为自己孩子好、对孩子严厉的老师。请家长多一分宽容和理解，多给老师一些尊重和信任，老师一定会加倍珍惜你的孩子。

四十三、溺爱孩子的结果就是害人害己

有家长问：自己几乎把所有的爱都给了孩子，为什么换不回孩子对自己的爱和感恩？孩子越来越懒惰、冷漠，越来越不懂事，怎么办？

生活中，类似这位家长的困惑并不少见。有的家长觉得自己对孩子那么好，可孩子为什么一点都不知道疼爱和体贴自己？为什么责备他几句就居然企图自残？为什么稍不满足他就大发雷霆，甚至离家出走？等等。原因就在于家长对孩子的爱出了问题。

著名家训《袁氏世范》曰："人之有子，多于婴孺之时爱忘其丑，恣其所求，恣其所为。无故叫号，不知禁止，而以罪保母。凌轹同辈，不知戒约，而以咎他人。或言其不然，则曰小未可责。日渐月渍，养成其恶，此父母曲爱之过也。"意思是，对于一般人来说，有了孩子，大多在孩子处在婴孩之时，由于过分溺爱而忽略了孩子的坏毛病，放纵他们提出的各种要求，也放纵他们的各种各样的行为，他们无缘无故叫喊胡闹，不知道加以制止，却以此怪怨看护孩子的人。孩子欺侮了其他小孩，大人不懂得管教约束自己的孩子，却怪罪被欺侮的孩子。有的家长即便是承认孩子的所作所为是不对的，但又说孩子小没有必要责备。日积月累，养成了孩子的恶习，这就是家长过于溺爱孩子造成的过错。

现在的不少家长把孩子当成掌上明珠，事无巨细地为孩子代劳，自己省吃俭用满足孩子的各种要求，害怕委屈孩子，害怕孩子被别人瞧不起。家长无底线地付出了一切，孩子心安理得地享受着一切，久而久之，就养成了诸如自私、任性、虚荣、懒惰、浮躁、脆弱等性格。家长的付出在孩子心中就成了理所应当，既不知道生活的不容易，也不知道感恩和体贴家长。

家长爱自己的孩子，其实就像动物爱孩子一样是一种本能，正如苏联著名作家高尔基所说的，"这是老母鸡都会的事"。但仅有本能的爱是不够的，还要

有爱的能力。也就是说，这个爱要有理智，要有原则和底线，如果没有原则和底线，就是对本能的爱的放纵，是以爱的名义满足自己本能的一种自私，就成了溺爱。家长对孩子无底线的溺爱，就像一把无形的刀，扼杀了孩子的感恩、独立、责任和成长，慢慢就把孩子养成了一个自私自利的人，实则是害了孩子，害了自己，害了家庭，甚至还可能危害社会。

有一位家长自己平时省吃俭用，但对孩子从不吝啬，几百元钱的鞋子说买就买，上万元的补习班说上就上。为了孩子好好学习，在家什么活都舍不得让孩子做，孩子十几岁了，都没自己梳过头，都是饭做好放到桌上才来吃，洗衣服、刷碗、扫地更是没做过。妈妈有一次生病不舒服，孩子不但不关心妈妈，还抱怨妈妈不给自己做饭。这位妈妈痛心地说："孩子都是我惯出来的。"习惯了索取的孩子，不会心疼家长的付出，更不会知道感恩。

孩子不懂感恩，家长付出再多也永远不够。不懂感恩的孩子只会理所当然地享受着家长所给予的一切，贪婪地认为家长必须供养他的一生。当家长不能满足他的欲望时，便视家长为仇人，恶言相向，甚至是大打出手。

现在的不少孩子"被给予"的太多了，"被给予"习惯了，以至于他把"被给予"当作理所当然、天经地义的事情。当一个人不再"被给予"的时候，就会感受到巨大的痛苦。不懂感恩的孩子，喝着家长的"血"，享受着自私自利的"快乐"，不懂得为亲情回馈一丝一毫，可以说是全无良知。这样的孩子，长大后会为了自身的利益牺牲他人。一个只顾自己的人，即使混出点出息，你能指望他为家庭带来什么？又能为社会带来什么？

《资治通鉴》曰："爱之不以道，适所以害之也。"孩子不成器、不争气，是因为家长溺爱孩子。溺爱就是只关注眼前和当下对孩子的疼爱、对孩子欲望的暂时满足，而不顾后果，不考虑孩子的将来。惯子如害子，为孩子做的太多，只会使孩子失去学习感恩、学习生活、锻炼成长的机会。溺爱不是真爱，是毁掉孩子的慢性毒药。如此，得不到孩子的感恩和爱的回报，正是咎由自取、自食其果。

司马光在《温公家范》中说："为人母者，不患不慈，患于知爱而不知教也。古人有言曰：'慈母多败子'，爱而不教，使沦于不肖，陷于大恶，入于刑辟，归于乱亡，非他人败之也，母败之也。自古及今，若是者多矣，不可悉数。"意思是，为人家长，不怕不慈爱，怕的是他们只知道疼爱子女，而不懂得去教育子女。古人说"慈母多败子"，家长只知道溺爱却不教育，使子女变得不成器，作恶多端，被判刑罚，甚至败亡，这并不是别人让他败亡的，而是溺爱他们的家长。自古至今，像这样的事太多了。司马光还举石碏劝谏卫庄公的例子来说明："臣闻爱子，教之以义方，弗纳于邪，骄、奢、淫、泆，所自邪也。四者之来，宠禄过也。"意思是，爱孩子，应当以道义教导他，使他不要走上邪路，骄傲、奢侈、放荡、安逸都是让孩子走上邪路的原因。而这四种行为的产生，都与家长的溺爱直接相关。司马光在《潜虚》中，还用一个生动的比喻来批评这种只爱不教的行为，他说："老牛舐犊，不如燕引其雏。"意思是，老牛的舐犊之爱，不如燕子教小燕子学飞行更好。司马光反复告诫人们，只爱不教，只会害了孩子。

曾国藩曾说："子侄除读书外，教之扫屋、抹桌凳、收粪、锄草，是极好之事，切不可以为有损架子而不为也。"曾国藩认为，如果孩子不经苦难的磨炼是很难成才的，一定要给他磨炼的机会，而不是给他生活上的各种优越的条件。曾国藩在写给大儿子曾纪泽的家书中说："凡世家子弟，衣食起居无一不与寒士相同，庶几可以成大器。"意思是，越是富家、官宦子弟，越能勤俭自律，越能在物质生活上主动跟贫寒之士一样，这样的孩子将来才有可能成大器。曾国藩总结前人的经验教训，提出对子女要"惟爱之以德，不欲爱之以姑息"。对子女要"教之以勤俭，劝之以习劳守朴"，这才是"爱之以德"。如果给子女"丰衣美食，俯仰如意"，就是"爱之以姑息"，而姑息之爱，使被爱者"惰肢体，长骄气，将来丧德亏行"。他说："吾观乡里贫家儿女愈看得贱愈易长大，富户儿女愈看得娇愈难成器。"对子女爱之娇惯、迁就、姑息，就成为溺爱，爱之反而害之，人世间此类教训实在不少。

《古今谭概》中有一个寓言故事：翠鸟为避免灾祸，把窝筑在树的高处。孵出小鸟以后，它很喜爱，生怕小鸟从高处的窝里掉下来摔死，于是把窝向下移了移。等小翠鸟身上长出了羽毛，非常漂亮，它更是加倍喜爱，越发怕小翠鸟摔下来，又一次向下移动鸟窝，移到离地面很近的树杈上。这样，翠鸟放心了，然而当路过树下的行人发现小翠鸟时，稍一举手便把小翠鸟掏走了。

法国作家巴尔扎克笔下有这样一个故事：面粉商高老头十分娇惯女儿，他把大部分财产作了陪嫁，让女儿挤进上流社会，过贵妇人的奢侈生活。两个女儿嫁给了有钱人，生活更加放荡。女儿们挥金如土，不断找高老头要钱，他为了讨好女儿和女婿，甚至卖掉了自己的面粉生意，将钱分给两个女儿。女儿们在榨取了父亲的最后一点养老钱之后，就把他无情地抛弃了。

《红楼梦》里的薛家，家大业大，但薛蟠挥霍成性，将家业败得一干二净。薛蟠幼年丧父，寡母王氏心疼孩子，从小就娇惯、纵容着他。导致薛蟠胡作非为，视人命如草芥。仗着家中的势力，买下了英莲，打死了冯渊，即使惹上了人命官司，他母亲也并未多加管教。薛家在薛蟠如此折腾之下，不得不依靠贾府救济。俗话说：惯子如杀子。一味娇惯子女，反而会害了他们。子女是一个家庭的未来，继承着父辈的梦想，传递给子孙后代。而家庭教育是人生起步的关键，它关系着一个家族的兴衰。一味地溺爱、放纵子女，带来的便是恶习缠身。家风不正，家必败！

《战国策》中有一个故事叫"触龙说赵太后"：战国时期，秦国趁赵国政权交替之机，大举攻赵，并已占领赵国三座城市。赵国形势危急，向齐国求救。齐国要求赵威后的儿子长安君做人质，才肯出兵。赵威后溺爱长安君，执意不肯，国家危在旦夕。触龙说服了赵威后，让她的爱子到齐国做人质，终于化解了危机。在赵威后的心目中，她觉得自己爱长安君胜过爱燕后（赵威后的女儿）。可触龙不这么认为，他对赵威后说："家长之爱子，则为之计深远。"意思是，家长真正疼爱子女，就得为他们长远考虑。他说："您送燕后出嫁的时候，为她哭泣，这是对她嫁到远方惦念并担心。她出嫁以后，您也并不是不想念她，可您总是嘱咐她说：'千万不要被赶回来啊！'这难道不是为她做长远打算，希望她生儿育女，一代一代地做国君吗？现在您把长安君的地位提得很高，封给他肥沃的土地，给他很多珍宝，而不趁现在这个时机为国立功，一旦您去世之后，长安君凭什么在赵国站住脚呢？我觉得您为长安君打算得太短了，因此我认为您疼爱他比不上疼爱燕后。"一席话说得在情在理，赵威后心服口服。

真正的爱不是只顾眼前，更重要的是考虑孩子如何在将来离开家长、走向社会能够独立生活，能够正确面对困难和挫折，有能力解决各种问题，能够事业有成、家庭幸福。

汉朝初立，汉高祖刘邦分封了一百多位功臣，其中萧何居功至伟，刘邦分给他很多肥沃的良田，但是萧何坚决不接受，反而要了贫瘠的次田。刘邦问他为什么，他说，贫瘠的土地可以促使子孙勤劳耕种，懂得节俭；而肥沃的封地容易让子孙变得好吃懒做，这样家族慢慢就会没落。果不其然，多年之后，很多功臣的家族没落了，但是萧何的家族却依然兴旺。

有一个母亲生病了，刚上一年级的女儿天刚亮就起床，去厨房给妈妈做饭。过了一会儿，女儿把做好的饭放在妈妈床头，请妈妈吃饭。妈妈刚撑着起床，孩子就端来脸盆，把牙膏也挤好了。妈妈说，女儿这么懂事都是因为她平时有意识地让孩子循序渐进锻炼生活能力，让孩子做家务。她去卖菜让孩子帮着推车，让孩子学会做饭、洗衣等，从小做些力所能及的事，慢慢就学会了生活技能，懂得了感恩，增长了责任，提高了能力。

四十四、溺爱实质上就是一种负面教育

有家长问：知道溺爱孩子不好，但在日常生活中，怎么判断是不是溺爱呢？

确实，一些家长并没有认真考虑过或者不知道自己的行为是不是溺爱，因而不知不觉就加入了溺爱孩子的行列。孩子身心的健康成长需要爱，但爱不仅仅是眼前的给予和满足，更不是百般迁就和放纵；而是要"为之计深远"，要有原则和底线，没有底线和原则就成了溺爱。

溺爱的表现多种多样，但概括起来大致有以下几个方面。

1. 事事为先

孩子在家里地位最高，事事为先，处处特殊；一家人总是围着孩子转，孩子想怎么样就怎么样；有了好吃的孩子第一个吃，甚至一个人霸占，或者吃饭的时候竞相往孩子碗里夹；给孩子用的都是买好的、价格高的。在这样的环境中长大的孩子，从小就习惯于一家人围着自己转，习惯于自己的特殊地位，习惯于吃好的、用好的，习惯于衣来伸手、饭来张口，慢慢形成了以"我"为中心的意识，恃宠而骄，自私自利，没有同情心，只在乎自己的想法而无视他人的感受，不关心体贴他人，也不懂得感恩和孝亲敬老。不会认为家长对自己的付出和照顾是慈爱，而会认为都是理所当然，如果感觉不如意，还会抱怨、发脾气，甚至怨恨家长。

有一位妈妈说："一个夏天的正午，天特别热，孩子吵着要吃西瓜，我赶快到菜市场去给他买。当我顶着烈日、满头大汗地拎着西瓜走进家门时，孩子就冲我嚷嚷：'你怎么这么慢？我都渴死了！'我赶忙切开西瓜，下意识地尝尝西瓜甜不甜，这时候，我突然听见孩子那刀子一样的吼声：'谁让你先吃了！你赶快给我吐出来！'我目瞪口呆地站着，简直不相信这话出自我一直疼爱的孩子之口，不免泪水盈眶。孩子可能发现我哭了，接着说：'算了，这次我原谅你，下一次可不允许你这样了啊！'他的语调俨然不容商量，我心如针扎，没想到孩子会这样对待我，也不知道他怎么会说出这样的话。"

孩子小，固然需要很好的照顾，但照顾要有度和原则，这个度和原则就是让孩子吃饱、穿暖，确保健康成长，但绝对不能颠倒人伦、没有长幼、没大没小，家长是在养育孩子，而不是在伺候"主子"，不能让孩子自感特殊，就像"皇帝"一样。《弟子规》曰："或饮食，或坐走。长者先，幼者后。"要让孩子懂得长幼秩序，能够为别人着想，有好东西要先想到长辈，不可只顾自己。一

位家长在分享学习传统文化的体会时说：在他们家吃饭，从来都是先请他的母亲在正位坐下来，其他人才坐下来，他母亲不动筷子，其他人都不会先吃，有好吃的先给母亲夹过去。孩子养成了习惯，一到吃饭的时候，赶快去请奶奶上桌，奶奶不上桌，绝对不先吃，非常有礼貌。一家人尊老爱幼，其乐融融。

2. 轻易满足

无论是吃的、玩的、用的，孩子要什么就给买什么，几乎是有求必应，不管要求是否合理，甚至不管价格高低，哪怕自己节衣缩食也要满足孩子的要求。有的家长觉得家里条件允许，不在乎；有的家长怕委屈了孩子，甚至有的因为没有满足孩子的要求而内疚；有的家长是害怕孩子哭闹，孩子一哭就妥协，一而再再而三地降低底线，甚至没有了底线，孩子为了得到想要的，常常以哭闹、不吃饭要挟，最后总是能够得到满足。

一对夫妻在一家玩具店门口起了争执，孩子在旁边哭。爸爸说："飞机模型他已经有好几个了，不能再给他买了，买那么多没用。"妈妈说："我们又不是没有条件，一个模型才十几块钱，何必惹得他哭？"果然，几分钟后，爸爸败下阵来，在收银台付了钱。当孩子的要求被满足的代价越来越低，孩子就会习惯于索取，慢慢养成任性、蛮横无理、奢侈浪费、讲究享受、不珍惜物品、不体贴他人的性格，并且毫无忍耐和吃苦精神。

孩子小的时候，价值判断模糊，需要家长在一次次的拒绝中，让孩子懂得什么是合理的、什么是不合理的。因此，在孩子能够表达自己的要求时，如果不合理，家长要坚决予以拒绝，不可心软。孩子尽管会因为家长的拒绝感到不高兴，或者痛哭一番，甚至在地上滚来滚去，但家长只要坚持底线和原则，孩子就会慢慢明白，这件事靠哭闹是行不通的，孩子用哭闹进行抗争的情况会越来越少。否则，等孩子大了再开始对他说"不"时，他可能会心生怨恨，甚至会走向极端。

3. 包办代替

有的家长心疼孩子，什么家务活都不舍得让孩子干；有的家长嫌孩子做事慢，或添麻烦，就索性帮他做算了，帮孩子穿衣服、背书包、洗袜子，什么都替孩子包办了。四五岁的孩子还要喂饭，五六岁的孩子还不会穿衣，十几岁的孩子还不会做任何家务。孩子不仅失去了锻炼和提升的机会，失去了独立生活的能力，形成了懒惰的性格，而且体会不到劳动的那份成就感和价值感，更体会不到家长劳动的辛苦和付出。

一位妈妈说："曾经的我每每想到再过几年，孩子就要出去上学、工作，我就恨不得把所有的时间和精力都用来照顾他。"这位妈妈多年来对孩子照顾得无微不至：孩子 3 岁时，她担心孩子自己不会吃、吃不饱，也怕她弄脏衣服，于是每餐都一口一口地喂。孩子 7 岁时，上小学了，她怕孩子背书包肩膀受不了，就每天都把书包从孩子手里接过来自己背。孩子 10 岁了，上小学四年级，她每天帮孩子叠衣服、整理收拾房间，觉得孩子学习已经很累了，要让孩子没有后顾之忧。孩子 11 岁那年，妈妈生病住院一个多月。这段时间里，她突然发现，没有自己的照顾，孩子就不能好好地生活下去，她周到备至、大包大揽的关怀在无形中剥夺了孩子独立成人的权利。

其实，对孩子来说，做自己力所能及的事不仅是锻炼，更重要的是教育。古人讲，"授之以鱼，不如授之以渔"。在孩子每个年龄段，家长都应根据孩子的特点，告诉孩子哪些事情是自己应该做的，让孩子多做一些力所能及的事情，学会自己去打理自己的生活，如自己穿脱衣服、鞋袜，收拾玩具，饭前便后洗手等；让孩子帮助家长做些家务活，比如扫地、擦桌椅、倒垃圾等。即使孩子做得不太好也没有关系，让孩子从劳动中找寻快乐，在做事中不断成长，体会家长的辛苦，慢慢就学会了自立自强。

4. 没有规矩

孩子就像"小霸王"一样，没有约束，想怎样就怎样。家长一味地放纵，觉得"只要他喜欢就好""这些规矩等孩子长大了自然就懂"，允许孩子在饮食、起居、学习等方面没有规律，熬夜，睡懒觉，不吃早饭，一看电视就是半天，偷拿东西，说脏话，撒谎，生活懒散任性，没有礼貌，不懂尊重。一些家长在孩子犯错时，总是说"他还是个孩子"，把孩子年纪小作为犯错误有理以及推卸责任的理由，对孩子的错误不仅不制止、不批评，甚至袒护、包庇，不肯承认错误，百般推卸责任。

有人说，树大自然直。但这经不起推敲，现实中，树大不修剪，是很难自然长直的，否则，怎么会有那么多歪脖子树呢？孩子的不良习性，真的会像从山坡上滚下的雪球，越滚越大。在孩子从小到大每个成长的瞬间，第一次撒泼胡闹，第一次说脏话骂人，第一次动手打人，家长都应及时制止和引导，而不应选择无视、纵容甚至护短。面对孩子的走偏行为，如果家长该出手时不出手，不认真纠正，孩子不良的行为往往会得到巩固和加强，下一次可能会变本加厉，这样，很容易养成坏习惯，最终误入歧途，给家庭和社会带来意想不到的伤害和损失。

俗话讲，"没有规矩，不成方圆"。孩子从小如果没有规矩、没有约束，就容易形成为所欲为的性格。爱孩子和立规矩从来不是二选一，爱孩子是本能，立规矩是责任。比如，孩子偷东西，原因可能就是单纯地想要，如果家长不在意，那么孩子会慢慢养成偷东西的习惯。孩子打人、骂人、说脏话、玩火、玩电等，在家长一次次告知其不可以后，孩子才会懂得，有的事情是不可以做的，有的东西是不能碰的，慢慢就有了界线和规矩，懂得了约束和自律。因为孩子小，分不清善恶、美丑、是非，所以需要家长告诉他行为的边界在哪里、规矩是什么；因为年龄小，还不能控制自己，所以需要家长守住底线，用教育、引导或者责罚的方法纠正他的过错，防止他在错误的道路上越走越远，将来成为一个不守规矩的、到处惹祸的人。立规矩并不是单纯地限制，其实是为了让孩子更好地获得自由。美国著名儿童心理学家杜布森博士说："我现在敢站在悬崖边，就是因为边上有栏杆挡着，如果没有这栏杆的话，那我肯定会站在离得更远的地方。"而规矩，就像这悬崖边上的栏杆，有界限感的孩子会更有安全感，相反，没有界限的孩子是不安全的，因为他不知道安全的尺度在哪里。

孩子在小的时候做错事是很正常的现象，这也正是教育孩子的好时机，是孩子学习和成长的机会，家长切不可帮孩子逃避，而要让孩子有面对错误的诚实和勇气，孩子才能真正学会对自己负责，对人生负责，才能在做事之前对自己的言行有正确的判断和预估，少犯错误，少走弯路，而不是任性胡来，不顾后果。家长可以袒护孩子一时，但袒护不了孩子的一生，在社会上没有人会像家长一样庇护他，家长不教训孩子，迟早社会会狠狠地教训他，不要到那时再追悔莫及。

正如《颜氏家训·教子》说的："吾见世间，无教而有爱，每不能然；饮食运为，恣其所欲，宜诫翻奖，应诃反笑，至有识知，谓法当尔。骄慢已习，方复制之，捶挞至死而无威，忿怒日隆而增怨，逮于成长，终为败德。"意思是，看到世上那些对孩子不教育而只是溺爱的，常常感到很遗憾，孩子的吃喝、言行恣意妄为，任意放纵孩子，该训诫时反而夸奖，该呵斥时反而欢笑，孩子长大慢慢就会认为本来就是这样，直至骄奢淫逸已成习惯时，再去加以制止，纵使把孩子打死也树不起威来，生气发怒也只会增加怨恨，直到长大成人，最终成为品德败坏的人。

总之，事事以孩子为先，就是教孩子自私自利、没大没小；轻易满足孩子的要求，就是教孩子任性、奢侈；包办代替，就是教孩子懒惰、无能；没有规矩，就是教孩子自由散漫、为所欲为。溺爱只有情感、没有理智，只管眼前、不顾后果，其实质就是误导孩子。这样教育的结果，孩子自然也就成了牺牲品，正所谓"爱之不以道，适所以害之也"。

没有哪一个孩子生下来就是坏孩子，你给予孩子什么样的教育，你的孩子就会成为什么样的人。如果家长以爱的名义剥夺孩子成长和提升的权利，使孩子失去成为一个正常的、合格人的机会，家长给孩子所铺就的每一条道都是小道、错道，只能让孩子走向邪路、误入歧途。那么，怎样才是爱孩子的道呢？那就是习近平所讲的，"最重要的是品德教育，是如何做人的教育"，要为孩子扣好人生的"第一粒扣子"。

四十五、解决孩子不学习的问题要从根本入手

有家长问：孩子已经上初中了，一直不爱学习，有机会就看电视、玩手机、上网，写作业马马虎虎，说什么都不听。对此有什么好的办法？

大凡不学习的孩子往往有一个共同特点，那就是缺乏对家长的感恩之心和孝敬之心。所以，这些孩子对家长因其不学习而生气、担心、发愁，无动于衷。换句话说，孩子不学习只是表象，根本的问题是孩子的孝道和德行有欠缺。如果孩子知道感恩，懂得孝敬家长，怎么忍心让家长因自己不学习而操心担忧呢？因此，想让孩子好好学习，首先就要在培养孩子的孝道和德行上下功夫。

那么，如何培养孩子的孝道和德行呢？最好的办法之一就是引领孩子学习优秀传统文化。优秀传统文化是中华民族几千年来经过世世代代传承下来的，优秀传统文化教育实际上就是做人的教育、道德的教育，让孩子补上做人这一课，真正懂得如何做人了，学习就会有方向、有动力，就会有主动性和积极性。这方面的例子有很多。

一个职业院校的学生在学习了传统文化课之后，深有感触地说："过去不知道怎么做人，走了很多弯路，感到非常后悔。一是过去动不动就跟父母顶嘴，嫌他们啰唆，现在懂得了作为子女应当尊重和孝敬父母，父母上班时，自己在家就会把家务活全包了；二是过去随手扔垃圾，嫌弃环卫工人，现在不仅尊重他们，而且有的时候看到垃圾还会捡起来扔到垃圾箱里；三是过去不知道学习，浑浑噩噩、破罐子破摔，现在明白了再不好好学习，实在是对不起父母、对不起自己。"

一位初二的学生曾经抽烟、喝酒、上网等，让他的母亲伤心欲绝、万念俱灰。后来通过学习传统文化，这个在众人眼里的坏孩子向家长认错，决心做个孝敬的好孩子，好好学习，将来回报家长和社会。

多地中学开展优秀传统文化教育，让学生学习做人，提升道德修养，校风、学风都发生了很大转变，很多不爱学习的学生知道学习了，学习的积极性明显提高，学校的升学率年年攀升。

　　某公司连续多年开展中华传统文化公益夏令营，通过8天的酷暑集训，让参训青少年真正学习和体验中华文化的精髓，同时孩子们也发生了前所未有的改变。在结业典礼上，家长们看到了孩子的成长变化："真没想到短短8天时间，我的孩子就像换了一个人一样，简直可以用'脱胎换骨'来形容，刚才在台上，孩子边给我洗脚边对我说：'妈妈，我错了，以前我不懂事，常常顶撞您、惹您生气，以后我一定好好孝敬您，报答您的养育之恩。'听孩子这么说，我感觉孩子突然之间长大了、懂事了，不再是以前那个娇生惯养的'小皇帝'了，真的是非常欣慰、非常激动……"8天时间里，孩子们学会了习劳感恩、懂得了孝敬家长、知道了节俭，并且变得彬彬有礼，巨大的转变让家长们都非常激动。

　　很多家长认识到，很多问题是优秀传统文化教育缺失造成的。首先，因为很多人没有接受过如何做人的教育，所以不知道怎样教孩子，一言一行又不能给孩子做榜样，造成了家庭教育的缺失。其次，学校注重知识技能的培养，而忽视了道德品质的养成，所以孩子没有受到充分的德行教育。最后，社会各种各样的污染太多了，严重影响了孩子身心的健康发展。他们眼睛看到的、耳朵听到的、周围所接触到的，不少都是负面信息，孩子纯洁的心灵被染污了，难以分辨是非、善恶、美丑，导致对良善道德的教导反感，甚至抵触。

　　孝道是做人的根基，离开了孝，还谈何做人呢？孝是道德的根本，教育要首重孝悌，童蒙养正教育，能够为孩子一生为人处世、成家立业、幸福成功奠定坚实的基础，孝心一开，百善皆开，才能获得幸福美满的生活。

　　一些人可能会有疑问：传统文化真有这么神奇吗？传统文化教育之所以有很好的效果，一个重要的原因就是，它是从人性入手，而不是空讲大道理。人都有人性，人性本善。正像《三字经》上说的："人之初，性本善。性相近，习相远。"家长与子女之间的亲爱关系是天然的，是一种天性，那为什么一些孩子慢慢就不体贴和孝敬家长了呢？大都是由于家长对孩子溺爱或孩子缺爱而缺失了孝道和感恩教育造成的。优秀传统文化教育能够从最根本的人性入手，重新激发出人的善良本性，很多问题也就迎刃而解。

　　《孝经》曰："夫孝，德之本也，教之所由生也。"孔子认为，孝是做人的根本、道德的根本，教化要先从孝开始，这样的教育才有根、才有基础。因为，孝是爱和善的原点，也是道德的原点。一个人孝敬家长了，才可能友爱自己的兄弟姐妹；友爱自己的兄弟姐妹了，到社会上才可能友爱他人，对朋友诚信，对单位尽责，对国家尽忠。《论语》曰："其为人也孝弟，而好犯上者，鲜矣！不好犯上，而好作乱者，未之有也。君子务本，本立而道生。

孝弟也者，其为仁之本与！"所以古人说，"忠臣出于孝子之门"。一个人如果孝敬家长，再坏也坏不到哪里去；如果对家长不孝，再好也好不到哪里去。一个人连对他恩重如山的家长都不孝，不知道感恩家长，要让他去爱人民、为人民服务，他会听吗？正如《孝经》上讲的："故不爱其亲而爱他人者，谓之悖德；不敬其亲而敬他人者，谓之悖礼。"这也就是为什么社会上很多的教育没有效果的原因，因为没有根，不接地气。因此，开启孩子的孝心是成功教育的钥匙。

当然，给孩子做孝道教育，启发孩子的孝心，最好的办法莫过于家长先做出示范，从孝敬自己的家长开始，也就是从孝敬孩子的爷爷奶奶、外公外婆开始。有一句俗话叫，"孩子不用管，全凭德行感"。孝道教育，乃至做人的教育，最重要的是家长做出来，而不是嘴上说说，更不是说一套、做一套。经常带着孩子回家看望老人，照顾好老人的衣食住行，真正孝敬家长了，就自然会在日常的言谈举止、一言一行当中表现出来，孩子就会潜移默化地受到教育和影响，孝心慢慢就培养起来了。孩子懂得感恩了，知道孝敬家长了，知道家长不容易了，理解家长的一片苦心了，孩子慢慢就变了。孝敬不用言教，家长做好了样子，孩子自然效仿。

一位妈妈说："学习传统文化之后，懂得如何细致入微地去孝敬老人了，只要公公婆婆来我们家，或是我们去公公婆婆家，我会打水给二老洗脚。有一天我刷完牙、洗完脸，儿子打好水蹲地上说要给我洗脚，他洗得很仔细，洗完了将擦脚布平铺在他的双腿上，轻轻将我的脚拿起来放在擦脚布上包起来，一点一点擦干，每个脚趾缝也会细致地擦，一边擦一边念念有词：'妈妈就是这样给爷爷奶奶洗脚的，我也学会了，脚趾缝也得擦干，否则会生脚气。'有好吃的我一定会给公公婆婆留一份带去，会给远在老家的父母寄去一份。孩子耳濡目染也学会了，家里吃任何东西他都会说一句：'给爸爸留点、给爷爷奶奶留点。'不用说教，孝敬老人已经深入了孩子的内心，一切都是那么自然，孩子的学习也都很自觉，不用我们操心。"

传统文化讲务本，本末不能倒置，就像盖大楼，要先打地基，再盖楼，不打地基，楼怎么能盖得好呢？这也就是我们常说的，"做事先做人"。一个人懂得怎么做人了，就会知道该怎么做事；反之，人都不会做，要想把事做好，那是难以想象的。教育孩子也是一样，如果不培养孩子的孝敬心，只是讲些大道理，那就相当于空中楼阁，是不会有什么效果的。如果孩子有了孝心，知道感恩家长、体谅家长，孩子还怎么忍心不学习让家长生气呢？所以，要给孩子补上孝道教育这一课很重要。

四十六、学习成绩不是唯一标准

有家长问：给孩子请了家教、报了各种辅导班，孩子也不是不学，可成绩就是上不去，愁得不得了，该怎么办？

在现实生活中，谈到孩子的学习时，家长大都会说"只要孩子尽力了就行""孩子的健康快乐比成绩重要"等等，可一旦看到孩子的考试成绩不好，又会忍不住生气、发脾气："你怎么这么不争气！""成绩这么差，你对得起我起早贪黑地伺候你吗？""某某家的孩子成绩多好啊！你能让我省点心吗？"这些一时冲动的气话，让孩子慢慢失去了自尊、自信以及学习的兴趣和上进的动力。

不少家长对于孩子充满了焦虑，这种焦虑主要来自对孩子学习成绩的高度关注和期待，把成绩看得高于一切，觉得只有学习成绩好才会有一个光明的前程。成绩好的，还担心滑下来；成绩不好的，就按照自己的想法千方百计给孩子施加压力，甚至忽视了孩子的健康、幸福以及成长的无限可能。家长的焦虑，给了孩子很大的压力，造成了孩子的痛苦、迷茫、焦虑、抑郁，以及亲子之间的矛盾。

不少家长误以为，成绩好＝好学生，好学生＝好大学，好大学＝好前途，成绩好就是教育成功，因而看到孩子学习成绩不好，就觉得孩子没用、孩子没出息、孩子笨，总是责骂孩子。而一旦看到孩子学习成绩好，就会表扬孩子，甚至觉得孩子是最优秀的。好像在家长的眼中，成绩代表了一切，根据成绩的好坏来决定对待孩子的态度，慢慢就会因为这种错误的标准，而影响到孩子的身心健康，让孩子在一种畸形的教育下成长，使他们自卑、敏感、焦虑。

其实，成绩只是教育的一部分，甚至是很小的一部分。好成绩只能说明孩子在学校这套标准的测评下，处于比较高的水平，这是在"对知识的掌握"的范畴里的测评，并不是在"知识的使用"上的考量。虽然我们明白，孩子的成绩很重要，但不能因为成绩而忽视了孩子的心理健康。倘若孩子成绩好了，可是内心不健康，那么成绩再好都没用。如果父母在教育的时候，太注重于成绩而忽视了孩子的内心健康，会让孩子也对成绩看得很重，一旦考不好，就会走向极端。

其实，教育是以育人为目的，而育人不仅仅是只有成绩，更重要的还有人格的培养、品行的养成、三观的引导。教育本应该是让孩子变优秀的一个过程，而把孩子变成一个学习机器，这就违背了教育的本质。北大原校长蔡元培先生就曾表示：教育是帮助被教育的人，给他能够提升自己的能力，帮助他完善自己的人格，在人类文化上尽自己的一份力，而并非将被教育的人培养成一种特别的器具。中科院院士邹才能就曾在中国儿童科学教育高峰论坛上演讲：教育的首要目标，应该是培养孩子的非常规思维，其次就是激发孩子的好奇心，因为好奇心是孩子学习的原动力。而在当今社会，越来越多的家长却认为，最好的教育就是让孩子拥有优异的成绩。

家长之所以热衷于干涉和控制孩子，是因为对孩子有很多梦想，比如希望孩子将来成为科学家、外交家、富商、高考状元等。其实，这些目标对家长来说，实现的可能性很小，甚至是不可能实现的。有人说，中国不少家长都希望自己的孩子将来成为一个不普通的人，但是，对绝大多数孩子来说，成为普通人才是现实。其实人生就像一场马拉松，起跑的时候谁站在第一排根本不重要，并不能决定谁就是最先到达终点的。

而一些家长唯恐孩子输在"起跑线"上，总是违背规律、拔苗助长：孩子周岁就上早教班，让上幼儿园的孩子学小学的知识，孩子假期上各种各样的辅导班、培训班。一些家长误以为让孩子学习知识和才艺越早越好，让孩子参加的培训班和辅导班越多越好，学习成绩好就能成才，考上大学才有出路，学习成绩不好就没有希望，等等。正是这些不正确的观念和做法，让孩子从小就尝尽了学习的苦头，甚至把孩子逼上了绝路。

承认自己的孩子在未来大概率是个普通人，其实并非失败。因为做父母的使命，从来都不是让孩子必须成为不普通的人，而是让他在自己的生命里，活出最精彩的人生。

孩子的学习和成长是有规律的，并且每一个孩子的先天禀赋和特长也都是不一样的，家庭教育该教什么、怎么教，都应当尊重和顺应孩子学习成长的规律和孩子的不同禀赋，既不能用单一的学习成绩作为衡量孩子好与不好、是否优秀的标准，也不能按照家长自己的想法和意愿控制孩子如何成长、想怎么教就怎么教。美国的科学家做过一份调查研究，他们花了45年时间，跟踪研究5 000名"天才"儿童。结果发现，90%以上的"天才"儿童成年后并没有多大成就。相反，读书成绩一般，但经常参加各种活动，又经历过挫折，还喜欢运动的人，未来成功的概率较高。所以，适合孩子的教育才是最好的。

有一位妈妈通过学习，在省悟后深有感触地说："现在，我终于懂得了我是怎样让孩子'输在了起跑线上'，我亲自带着他跑错了跑道！"这位妈妈拥有硕士文凭，孩子爸爸的学历也很高，因而对孩子的期待就特别高。为了保证孩子能有优异的成绩，妈妈拼命给孩子报各种补习班、辅导班、特长班，被"过度喂养"的孩子开始出现"厌食",不爱学习甚至排斥学习,精神出现抑郁,没办法,只好从学校把孩子接回了家。在家待了一段时间,孩子还是不想上学。

另一位家长说,女儿刚出生的时候,她从农村到城里打工,只能靠力气赚钱,两年下来一直是"月光族"。因为吃了没有知识的苦,她就想让女儿好好学习,在女儿不满 3 岁的时候,她就给女儿报了英语学习班。可是孩子不爱学习,根本学不会。进入小学,孩子的考试成绩越来越不好,甚至到了倒数第一的地步,她对孩子非打即骂,孩子看到她就会害怕、恐慌,甚至会打寒战。慢慢地,她就发现孩子两眼无神、脸色发黄,不该是这个年纪的状态。四年级的时候,孩子说:"妈妈你别管我了,反正活着也没有意义,不是挨训就是挨骂。"一个刚刚 10 岁的孩子竟说活着没有意义,身为母亲,到底做了些什么?她开始寻找家庭教育平台,想要改变孩子,前前后后花了许多钱,可孩子并没有起色。后来,这位妈妈学习了传统文化,开始反思自己的行为和心态,才真正看到了自己的问题。都说母亲的手是助推器,推动孩子走向成功,可自己这双手却把孩子推向了歧途。

"如果时光能够倒流,我只会遵从本心,陪她健康开心地长大,而不是成为一个我预设的人。"这是一位妈妈在女儿确诊抑郁症后,哭着说的话。她是一个要强的单亲妈妈,独自把孩子抚养大,她把对自我的期待都一一强加到原本活泼灵动的孩子身上:给孩子报这样那样的补习班,逼孩子学这样那样的特长,要求孩子必须每次考到班级前三;孩子抗议不满时,她就会进行"情感绑架":"我一个人把你拉扯大,容易吗?还不是都为你好!"渐渐地,那个成绩名列前茅的孩子,那个开朗阳光的孩子,那个曾当众说自己要去北大读书的孩子,对学习丧失了兴趣,对一切都提不起热情,目光呆滞,未老先衰。后来,这位妈妈给孩子休了学,从调试自己的心开始,放弃焦虑和控制,变得有耐心与平和,陪伴孩子进行漫长又艰辛的治疗。所幸的是,她的孩子如今在渐渐好转。医生说,这个秋季开学,她有望重返校园。妈妈说:陪孩子治病的这一年多,很多时候,她都扪心自问,到底是要一个优秀的孩子还是要一个健康的孩子,如果两者无法兼顾,她只愿选择后者。

无数的正反事例证明,家庭教育的关键不是孩子,而是家长。我们经常说,"别让孩子输在起跑线上",孩子真正的起跑线是家长,是家长的教育观念和给予孩子什么样的教育,而不是家长有多么高的学历、多少财富,也不是家长给孩子报了多少辅导班、培训班。如果仅凭想当然去培养孩子,想怎么教就怎么教,任性而为,那家长在孩子身上所有的付出,都可能费力不讨好,甚至是南辕北辙、事与愿违。让孩子拥有一个美好未来，是所有家长的愿望，但做家长的一定要保持淡定、开放的心态。学习成绩不是唯一的标准，更不是目的，如果孩子没有了健康，没有了快乐幸福，学习成绩好又有什么意义呢！

有一位妈妈在写给女儿的家书中说："女儿，妈妈终于认识了你！妈妈在一片赞美声长大，也因此养成了妈妈的自负和自以为是。妈妈事事追求圆满完美，觉得只要勤奋、肯努力，没有达不成的目标。然而，你的表现，一度让妈妈陷入崩溃：在别家小孩能够和大人对答如流的时候，你只能说几句简单的短句；在别家小孩可以算加减法的时候，你总是数不清摆在眼前的个位数的东西究竟是几个。那时候，妈妈绞尽脑汁，用尽各种办法，但你依旧按照你的节奏，呈现着让妈妈崩溃的成绩，挑战着妈妈可怜的自尊和虚荣。"

可以看出，这位妈妈的言语间充满了按捺不住的焦急。攀比产生焦虑，施压造成隔阂。这位妈妈将女儿与自己、与周围的孩子不断地做着对比，她迫切地希望自己的女儿赢在起跑线上。她把女儿盯得紧紧的，不知不觉地，母女间垒起了一道心墙。其实，她的女儿有很高的艺术天赋，而在一心想要"优秀女儿"的妈妈眼里，这些都只是一些无关紧要的小事。妈妈苛刻地打量着女儿，满眼只看得到女儿成绩不好、读书不细心、做事反应慢。女儿好像总是不够优秀，不能满足自己的期待。母亲的要求越来越高，女儿稚嫩的肩膀逐渐承受不住，她忍不住问妈妈："你真的爱我吗？"面对这个质问，妈妈百思不得其解。这句话像刀子一样划破了妈妈的心，为什么自己的爱和付出会得到这样的结果？

通过学习传统文化并自省后，这位妈妈终于意识到了自己在教育女儿时的问题所在："通过学习，妈妈逐渐明白，妈妈为了自己的面子，冠冕堂皇地用'为了你好'绑架了你的快乐，一次次强行地为你做选择、帮你做决定，以'成绩好就是王道'的狭隘信念设计着你的人生，让你生活在压抑、恐惧、无助中，把你的灵性抹杀殆尽。感恩你一次又一次呼唤妈妈醒来，让妈妈明白：爱是尊重，爱是接纳，爱是欣赏和毫无私心杂念的陪伴；让妈妈放下掌控、放下标准、放下私欲、放下执着，重新开始欣赏一个美好的生命。"这位妈妈仿佛豁然开朗，她一下子看到了一个不一样的女儿："你可以把凯丽·金的萨克斯名曲吹得惟妙惟肖，可以把猫画得活灵活现，可以写一笔漂亮的行楷；在冬夜放学路上，你建议妈妈买下卖玉米叔叔筐子里剩下的所有玉米，就为了让他早点回家；你会在妈妈生病时为妈妈做汤面……你有太多太多的美好被妈妈忽视！"现在的妈妈和女儿，已经融洽得像一对无所不谈的好朋友。

　　这位妈妈万分感慨地说:"放下掌控和对未来的无限恐惧,欣赏当下一个生命的成长过程,孩子真的可以带给我们很多的欣喜。教育孩子不是让她一定符合我们的标准,而是潜移默化地帮助她树立正确的三观,不停地调整她的生命状态,实现喜悦自在。""更重要的是做好我们自己,家长要活出自己,而不是把所有的精力都用在掌控管理孩子上。就像你握住一把沙子,手攥得越紧,沙子流失得就越多!"其实,无论孩子是"学霸"还是"学渣",都是世界上独一无二的。父母对孩子成绩焦虑的同时,不妨换个角度,没准你会发现孩子不一样的一面。

　　因此,如果把学习成绩当成唯一的标准,当成幸福人生的前提和目标,那就是弄错了方向。当然,学习成绩好、能够考上大学无疑是成才的一个重要路径,但不是唯一的路径,成才的路有千万条。因为孩子的先天禀赋差异和各种原因,学习成绩不好也很正常,考不上大学照样也可以成功、成才,也可以为社会做贡献,也可以有一个幸福美满的人生。

　　宋彪曾经是一名中考失利的农村学生,选择了技校之路。在2017年第44届世界技能大赛上,他获得工业机械装调项目金牌,并因在所有选手中得分最高获得大赛唯一最高奖阿尔伯特·维达尔奖,这是中国选手首次获得该项大奖。宋彪及其教练团队受到国务院总理李克强的亲切接见,并荣获第23届"中国青年五四奖章",2018年获得省政府奖励80万元,并被授予"江苏大工匠"荣誉称号,加上此前国家人社部奖励的30万元,年仅19岁的宋彪因为出色技能已赢得百万奖励,晋升副高职称。"兴趣是最好的老师!"当被问及获得世界大奖的原因时,宋彪脱口而出。宋彪将自己的经历寄语同龄人:"三百六十行,行行出状元。考大学不是唯一出路,找到自己的兴趣点,拥有精湛的技能,一样可以让生命熠熠生辉。"

　　蔡叶昭是一个初中毕业就出来打工的"95后"男孩,2017年,他代表中国一举拿下了第44届世界技能大赛烘焙项目的世界冠军。蔡叶昭初中毕业时成绩不好,家里人都支持他继续求学。他却有着自己的想法,深觉自己不是学习那块料,与其每天在课堂上昏昏欲睡,还不如学习一技之长。后来他进入一所技工学校学烘焙,家长反对,然而他还是坚持做自己喜欢的事。有一天,学校老师告诉他现在有一个烘焙比赛。于是他瞒着家长,去苏州参加比赛。他通过三个月的努力,获得了参加全国赛的名额;几个月后,他又先后拿到了全国和世界技能大赛的第一名,创下了属于自己的奇迹。

　　不少家长把学习成绩当作唯一的教育目标,从而一叶障目,不见泰山。教育的终极目的是让人成为合格的人、拥有幸福的能力,而不是非要考上大学、拿个文凭。只把成绩、分数当作孩子的奋斗目标，这种对于成功的定义太过狭隘。学习和成绩只是生活的一部分，而不是全部，交朋友、看电影、与其他孩子玩、陪伴家人等等这些，才是完整的幸福生活。等孩子长大了，能够健康快乐地做一份自己喜欢的工作，不论从事什么职业都自食其力；在温暖的家里，做一名体贴的丈夫（妻子）、一位负责的家长；当父母生病的时候，愿意耐心照顾陪伴；不违背做人的原则，踏实走好人生的每一步，平安到老……这其实就是最幸福的一种人生模式，也是父母期望孩子拥有的未来。

我们应该减少对成绩和分数的"痴迷"，多关注孩子的习惯、心态、身心健康，将重点放在帮助孩子健康成长上。如果人生是一场马拉松，不要在乎一时所处的位置和具体的路径，关键是前进的方向和目标，如果方向错了，跑得越快，离目标就会越远；如果方向正确，哪怕跑得慢点，也会离目标越来越近。

成才的路千条万条，但不会做人，就很难成才。学会做人了，人生的路才能越走越宽，才自然能够知道努力学习报答家长的养育之恩。成才绝不仅仅意味着分数高、考得好，考不上大学照样可以成才，照样可以成就一番事业，照样可以生活得很幸福。

四十七、家庭教育最重要的是给孩子扎好人生的根

有家长问：孩子今年 10 岁了，不仅学习成绩好，而且围棋、轮滑等业余爱好也不错，作为家长很自豪。但没有想到的是，孩子最近在跟其姑姑交流的时候说自己家太穷，他的同学都拿着 iPhone，自己却只有儿童手表，甚至说"我努力是为了早日脱离贫穷的家庭"。作为家长倾尽所有培养他，而他竟嫌弃家长和家庭，感到很难过，孩子怎么会这样？

这位家长说的孩子的这种情况并不少见，原因就在于孩子在德行上出了问题。有一个家庭，经济条件一般，两口子平时很节俭，但是对儿子却很大方，只要儿子想要的东西就是砸锅卖铁也给他买。新款 iPhone 手机刚上市时，孩子非要买，爸爸为了给他买手机在工地上开吊车，夏天室外近 40 度，自己都不舍得买一瓶水。然后，买完手机还要买电脑，要去旅游。有一次下雨，爸爸去接他，他宁可淋雨都不愿跟爸爸走在一起。他学习成绩好，家长以他为骄傲，可他从不让他的家长出现在他的朋友面前，他总抱怨家里为什么这么穷。

现在不少家长都望子成龙、望女成凤，给孩子报各种补习班、培训班，为孩子的学习成绩和考试升学而焦虑，而往往忽视了做人的教育。孩子的成绩和

才艺不是不重要，而是说，在家庭教育中，教孩子学会做人、提升道德修养是首要的，也是最重要的。孩子没有德行，没有追求，迷失了人生的方向，即使成绩和才艺再好，也难以成就大器，可能还会走向邪路。所有表现在孩子身上的，诸如不孝敬家长、自私、冷漠、没有礼貌、骄奢淫逸、懒惰、不学习、没有目标和追求等问题，几乎都与不会做人有关。

《菜根谭》曰："德者才之主，才者德之奴。"意思是说，品德是才干的主人，才干是品德的工具。一个人的能力再强，学问再渊博，如果品行不好，为人不正，就算侥幸获得成功，也难成大器。《资治通鉴》记载了这样一个故事：在春秋末期的晋国，有四个强大的士大夫家族，分别是韩、赵、魏和智氏，其中智氏家族的实力最为强大。晋卿智宣子想要立智伯为继承人，族人提出反对意见，认为智伯尽管仪表堂堂、精于骑射、才艺双全、能言善辩、坚毅果敢，但亦有一项致命的短处，就是居心不仁。但智宣子没有听取劝谏，执意将智伯选为继承人。果不其然，智伯为政后，十分贪婪和霸道，分别向韩、魏、赵索要领地。韩、魏两家都给了，但赵家坚决不给，于是智氏攻打赵家。赵家派人游说韩、魏："唇亡齿寒，赵家被灭，接下来就是你们。"韩、魏两家觉得有道理，最后三家联合，攻灭智氏，瓜分其地。司马光感叹道："自古昔以来，国之乱臣，家之败子，才有余而德不足，以至于颠覆者多矣，岂特智伯哉！"一个人有没有能力，决定了他能走得有多快；而一个人有没有德行，则决定他是否走得远、走得顺。无德之人，或许可以暂时将自己伪装成谦谦君子，但时间久了，就会暴露出做事不择手段、为人自私自利的本性，人生的路会越走越窄。

古人讲，"爱之不以道，适所以害之也"。这个道就是做人之道。王阳明说："古之教者，教以人伦。后世，记诵词章之习起，而先王之教亡。今教童子，惟当以孝弟忠信礼义廉耻为专务。"意思是，古人教育孩子，是教以人伦道德。后来，记诵词章、专教知识的风气兴起后，先王关于教育的真正意义就没有了。今天教育儿童，一定要把孝悌忠信礼义廉耻作为专门的功课。

南北朝时期，有个官员跟教育家颜之推分享培养孩子的经验，说："我儿子今年十七岁了，通晓公文的书写，我又教他鲜卑语及弹琵琶等，这些都是那些高官权臣们喜欢的东西，等到他掌握这些以后，我就送他去那些公卿身边做事，未来应该会很受看重。"颜之推回到家后，对孩子们说："若由此业自致卿相，亦不愿汝曹为之。"意思是：如果教会你们这些东西就能做大官，我并不愿意你们这样。颜之推认为，这样教育出来的孩子难成大器，即便将来小有所成，最终也会因为德行有亏而败坏门风、贻害社会。

　　曾国藩在给儿子曾纪鸿的家书中谈道："凡人多望子孙为大官，余不愿为大官，但愿为读书明理之君子。勤俭自持，习劳习苦，可以处乐，可以处约，此君子也。……无论大家小家、士农工商，勤苦俭约，未有不兴；骄奢倦怠，未有不败。"他在另一封家书中又说："银钱、田产，最易长骄气逸气。我家中，断不可积钱，断不可买田。尔兄弟努力读书，决不怕没饭吃！"可见，在曾国藩看来，培养孩子，重要的是培养他勤劳俭朴的品格，培养他读书的习惯，这样孩子自能在社会上立足，而不必想着去做大官、发大财。据统计，曾氏家族的后人在这样的家风影响下，很多都学有所长，成为教育家、科学家等。

　　我们常说，家庭是孩子第一所学校，家长是孩子的第一任老师。那么这个第一所学校的第一任老师的第一位的任务是什么呢？习近平 2016 年 12 月在会见第一届全国文明家庭代表时的讲话中提道，"家庭教育涉及很多方面，但最重要的是品德教育，是如何做人的教育"。也就是说，要教孩子学会做人，帮助孩子扣好人生的"第一粒扣子"。

　　家庭教育与学校教育的起点和任务是不一样的，但现在的问题是很多家长把家庭教育"学校化"，不少家长不知道家庭教育的第一任务是什么，因而把绝大部分时间和精力用在孩子学习知识和才艺上，而忽略了孩子最根本的东西的培养，即对孩子人格的塑造、品德的培养、习惯的养成等。正如卢梭所说的，只有一门学科是必须要教给孩子的，这门学科就是做人的天职。蔡元培在其著作《中国人的修养》中指出，决定孩子一生的不是学习成绩，而是健全的人格修养。

　　为什么家庭教育中要突出做人的教育呢？一是家庭教育是人生的起始教育和奠基教育，应当将做人教育作为第一任务。人的一生中，始终起主导作用的是人格修养。要把孩子培养成人生幸福且有益于社会的人，一定要把做人教育摆在首位。有正确的人生观、价值观，才能有一个有意义的人生。二是家庭在做人教育中具有天然优势和特殊作用。家庭的特点和优势是生活和教育合二为一，家庭中有比学校教育更多、更重要的生活细节，而生活细节的体验和感悟，恰恰是塑造孩子人格、习惯和价值观念的关键因素，并影响终身。三是扎好做人的根需要从小开始。"苟不教，性乃迁"，从小不教，长大了，再要把他拉回正轨就很困难。古人讲，"蒙以养正，圣功也"，就是在孩子小的时候就要养他的浩然正气、正确的处事待人态度，让孩子知道怎么做人，这个功德最神圣。当孩子从小扎好做人的根，家长就已经让孩子这一生立于不败之地了。

　　所谓做人教育，最根本的就是要把人的本性中美好的情感激发出来，培育孩子向上向善的人性。这也就是习近平在多次讲话中强调的，"要把美好的道德观念从小就传递给孩子，引导他们有做人的气节和骨气，帮助他们形成美好心灵，促使他们健康成长"。因此，家庭教育的第一任务不是知识教育，而是品德教育、做人教育。如果一味地追求知识、才艺和速度，而忽视了方向，一旦跑错跑道，跑得越远、越快，生命就会越发迷失。

四十八、善良就是竞争力

有家长问：现在很多人都在教孩子不吃亏，教孩子如何竞争、如何沾光。如果教孩子善良，在这个激烈竞争的社会，孩子会不会吃亏，会不会被人欺负？

《道德经》曰："天道无亲，常与善人。"意思是，天道规律没有亲疏，但总是护佑善良的人。"圣人不积，既以为人，己愈有；既以与人，己愈多。天之道，利而不害；圣人之道，为而不争。"就是说，给予他人，自己才能拥有，付出越多，自己的收获也越多；天道规律是利益万物而不害物，圣人是利他而不与人争夺。"天地所以能长且久者，以其不自生，故能长生。是以圣人后其身而身先，外其身而身存。以其无私，故能成其私。"意思是，天地所以能够长久存在，是因为它们的存在不是为了自己。因此，圣人总是把自己放在后面，结果往往在先；总是把自己置之度外，结果反而能保全自己，不正是因为不自私吗？反而能够成就他。

在现实生活中，不少人认为，钱权名利就是要靠争，不争就得不到；现在的社会竞争非常激烈，如果孩子太善良就无法适应激烈的社会竞争环境，就会吃亏。因此，一些家长就有意无意地教孩子如何不吃亏、如何能占便宜。

俗话讲，"沾光是越沾越光"。那些爱沾光的人，在某件事情上可能占了点便宜，然而从长远看，必然会吃大亏。你沾别人的光，别人会对你敬而远之；你沾消费者的光，消费者不会再来买你的东西；你沾合作者的光，合作者不会再与你合作。大凡爱沾光、占便宜的人，整日算计，斤斤计较，到头来小便宜似乎占了不少，却没见哪个能够发家致富、事业发达的。

教孩子善良，并不是让孩子无原则、无底线地顺从，更不是教孩子懦弱，而是教孩子学会尊重和帮助他人，学会礼敬和谦让他人，学会理解和宽容他人；让孩子发现周围人、事、物的美好，能够善待每一个人，学会利他，不自私自利，不斤斤计较，不争强好胜。

人都是社会人，任何人的成功，都离不开别人的帮助和支持。一个人想做成一番事业，良好的人际关系是非常重要的，众人拾柴火焰高，大家都来帮你，才能把事情做好。那么，如何能够让别人愿意帮自己呢？最好的办法就是学会善良。

有一个身患残疾的小男孩，并不天生聪敏，每一次考试都是班里的最后几名。可是，他却是班上人缘最好的，他有很多朋友，外出的时候，总是有很多同学争先恐后地帮他。因为他对每个人都很有礼貌，不贪心，不计较，谦让大度；他懂得分享，家里有好吃的，他会带到学校给同学吃。学校的老师说：这样一个有素质的孩子，根本不用担心生计，不论他走到哪里都有人愿意帮助他。这个孩子并没有好的学习成绩，不一定能够成为职场精英，但因为他为人善良、有教养，使他并不孤单。正像孔子说的，"德不孤，必有邻"。

善良比聪明更难得，聪明是一种天赋，而善良是一种选择。微博上曾经有一个很暖心的视频：一名大四学生求职途中救人，被医院免试录取。一个女生在去医院应聘投完简历返回的途中，看到非机动车道上一位骑三轮车的老人摔倒在地上。她赶忙上前扶起了三轮车，又拿出车上的垫子给老人枕着。她后来说："老人当时说头晕，我看了看并没有皮外伤，感觉可能是高血压引起的。因为之前在医院实习过，也遇到过一些紧急情况，当时没有器械，只能依靠经验去推断。"随后，围观的人越来越多，有的人帮忙拨打了120，有的人帮忙联系家属。在此期间，女生一直蹲在地上跟老人沟通，不停地给他鼓劲，直到救护车将老人拉走，她才放心离开。恰巧，她所应聘的医院的院长也关注了此事。院长表示："这个小姑娘如果来医院应聘，不用考试，直接录取，有这样善良的品德，何愁工作没有作为？"消息一出，被媒体评论道："这个破格录取，好！"

一位家境贫困的高中生在骑电动车时，不小心把停在路边的一辆汽车刮花了。这个学生并没有因此逃走，他给车主写了一封道歉信，并把暑假打工挣来的311元钱放在里面，夹在了车门把手上。让他没想到的是，车主找上门来，要资助贫穷的他完成学业。

曾有一则新闻，在某地铁车厢里，一位男乘客剥起了大蒜，蒜皮撒了一地。在周围乘客颇有意见时，一名身着校服的女孩默默蹲下，把地上的蒜皮都收在手中，带出了车厢。记者问女孩为什么这样做，女孩说："就觉得整洁的车厢里有垃圾很难看，正好马上要下车了，所以把它捡起来，平时我爸妈就是这样教的。"这件在地铁上发生的小事引起了大家的关注，网友们纷纷为女孩的良好品德点赞。

日本的稻盛和夫创办了京瓷和KDDI电信两家世界500强公司，并用一年时间把濒临破产的日航做成全球最优秀的航空公司之一，创造了世界经营史上的奇迹，其经营思想的核心就是利他。日本及世界上有不少成功企业家深受稻盛和夫利他思想的影响。国学大师季羡林曾说："根据自己七八十年来的观察，既是企业家又是哲学家，一身而二任的人，简直如凤毛麟角，有之，自稻盛和夫先生始。"

稻盛和夫曾提到自己非常尊敬的同乡前辈西乡隆盛，他在遗训中写道，"只有彻底抛弃私心的人，才能成就大事"。稻盛和夫认为，这句话浓缩了最重要的思想，对政界、商界等各行各业都适用。他说，企业家的最高境界就是"敬天爱人"。"敬天"就是尊重自然、尊重科学、尊重法律和社会伦理；"爱人"就是要利他，要造福人类，促进人类的进步和发展。

稻盛和夫在78岁那年接受了一个新挑战，受日本政府的邀请，担任日本航空公司董事长。一年多时间，日航不仅扭亏为盈，而且创造的利润刷新了日航的历史纪录，也创造了那一年航空界的最高利润。这场以拯救日航为内容的商业试验背后并不是战略调整，而是以利他主义、崇尚高尚人格理念为核心的经营哲学。有人问稻盛和夫："企业的本能就是要追求利润，要不生存不下去，您却一直强调利他精神，这是否与利润之间有矛盾？"稻盛和夫说："我认为没有任何矛盾。中国人讲'君子爱财，取之有道'，只要用正道去追求利润，我认为是没有任何问题的。我兼任日航的董事长是因为日航濒临破产，有三四万的员工会失业，在日本这种非常不好的经济环境里，如果三四万人都失业了，这是非常可怕的一件事，我想保障他们的工作，这是我当时的首要考虑；如果日航破产也会对日本经济带来很大的打击。与此同时，我年纪也大了，可能也做不了很多事情，所以我也没有拿一分钱的工资。对于我的这种想法，日航广大员工也非常感动，他们也做出了相应的回应。我认为正是我这种利他的想法带来了企业经营的利润。"

东汉时期，光武帝在过年的时候，给太学里的老师（又称博士）每位赏赐一只活羊。但是羊大小、肥瘦都不一样，对于如何分羊，大家意见不统一，有人说抓阄，有人说杀掉分肉。此时，甄宇老师站出来说："不用计较这么多，我随便牵一只就好了。"言罢，挑了一只最小最瘦的羊牵走了，大家纷纷效仿。这件事情传播开来，大家对甄宇的厚道善良无不赞叹，连光武帝也知道了这件事。一次，光武帝视察太学，想召见甄宇，直接问"瘦羊博士"在哪里。此后，人们就以"瘦羊博士"来称呼甄宇，不久他就被提拔为太学院院长。《红楼梦》里的王熙凤放高利贷、逼死尤二姐，机关算尽，最终身死道消；而她对刘姥姥的那一点仁善，在贾家败亡之后，救了自己女儿的性命。俗话讲，"人善良，天不欺"。喜欢算计的人，终究会为自己的精明付出代价；善良厚道的人，总会受到上天的眷顾。你的任何善良的言行，都在默默地积蓄着力量，成为你人生成长和幸福的助力。

古今中外的无数实例证明，善良不仅不会吃亏，而且至少能带来以下几个方面的收获：

一是能够得到快乐。有个成语叫"助人为乐"，助人不仅可以使他人得到幸福和快乐，而且能实现自己的人生价值，受到他人的尊重，自己也能收获快乐，这就叫"赠人玫瑰，手留余香"。我们帮助别人，别人得到了快乐，自己也因为别人的快乐而有一种幸福的感觉。我们可以体会一下，在公共汽车上为老人让座，自己做了一件好事，心里面就很高兴；反过来，不让座会觉得很难受，因为每个人都有良知，自己的良知会谴责自己。其实，人的痛苦和烦恼都来自自私、计较，经常助人的人减少了自私和计较，也就减少了痛苦和烦恼。

二是能够赢得尊重。孟子讲，"爱人者人恒爱之，敬人者人恒敬之"。你帮助别人，你就是别人的"贵人"，别人就尊重你。别人帮助我们，我们也同样会尊重别人，道理是一样的。我们每个人都希望得到别人的尊重，希望别人喜欢自己。想想看，你是喜欢善良的人，还是喜欢自私自利的人？你是尊重善良的人，还是尊重自私自利的人？毫无疑问，我们都尊重和喜欢善良的人，那我们为什么不教孩子做一个善良的人呢？

三是能够赢得形象。古人讲，"善不积不足以成名，恶不积不足以灭身"。在中央电视台的一档节目里，主持人董卿为了采访坐在轮椅上90多岁高龄的嘉宾许渊冲老先生，很自然地跪地。在提问的时候，怕老人听不清，董卿会靠近老先生的耳边，在和老先生对视时跪得更低，保持和老先生平视或者仰视。董卿这一跪"火"了，网友纷纷点赞，让我们看到了她细节深处善良的一面。一个人的教养往往藏在细节里，一个善良的人、一个懂得尊重别人的人，才会赢得良好的形象和口碑。

四是能够获得健康。孔子讲，"仁者寿"。无数长寿者的共同特点，不是吃了什么、补了什么、玩了什么，而是厚道和善良。现代医学也认为，心理因素对人的健康有着极其重要的作用。道德感是人的一种社会性高级情感，能给生理机制带来良性影响，有益于人的健康，有助于延年益寿。你心里面有爱，助人为乐，充满了正能量，就不容易得病；反之，整天斤斤计较、自私自利、心胸狭窄，身体怎么可能健康？

五是能够得到回报。做善事不求回报，是让人不要有功利心。不求回报不等于客观上没有回报。怎么可能没有回报呢？种瓜得瓜，种豆得豆。做好事就是舍，哪有不得的道理？

六是能够远离祸患。古人讲，"人为善，福虽未至，祸已远离；人为恶，祸虽未至，福已远离"。修养提高了，经常做一些善事，就在不知不觉中远离了很多祸患，而到底避免了多少祸患，因为并未发生，自己是不知道的。正如一个人因戒除了赌博的恶习，而避免了输钱一样。

七是能够提升德行。《易经》曰"君子以厚德载物"。德行是五福的根，有德才会有福。经常做好事就慢慢形成习惯，形成习惯的过程就是提升德行的过程，德行是在不知不觉中提升的。有一句话叫："为善，如春园之草，不见其长，日有所增；为恶，如磨刀之石，不见其损，日有所亏。"意思是，做善事就像春天花园里的草，虽然看不见它的生长，但是每天都在增长；而做坏事就像磨刀用的磨石，虽然看不见它在磨损，但它每天都在亏减。

八是能够改变命运。一个人学会善良了，人际关系就会越来越和谐，身边就会出现越来越多的"贵人"。有一个青年人经常做坏事，被学校开除，后来学习了优秀传统文化，知道自己错了，就到养老院去做义工，几个月后，几个老板先后请他到自己的公司上班，为什么？因为雇主都愿意雇用一个善良的人。一个善良的人，人人尊重，事业必定会一帆风顺，人生的路会越走越宽。

其实，这个世界就像牛顿第三定律说的那样，有作用力，就会有相等的反作用力。你怎样对待世界，世界就怎样反馈你；你如何对待别人，别人就如何回报你。世界会惩罚那些自私的人，也会永远善待那些善良的人。你付出的善良里，藏着你未来的路。美国沃顿商学院教授亚当·格兰特说："帮助他人解决问题，可以让人学到东西，你的社会资本也会随之积累，但是这些都不是能够即刻兑现的，但是却会在不经意的时候给你惊喜。"古今中外，善良都是一种美德，不仅是人格健康发展的重要标志，也是人生最强的竞争力。一个人学会了善良，处处都是善缘，也就拿到了人生幸福快乐的钥匙，正所谓"爱出者爱返，福往者福来"，他的人生必定会处处充满阳光。

四十九、理智对待孩子与他人之间的冲突

有家长问：有时孩子在学校与别的同学发生冲突，感觉吃了亏，作为家长很心疼，这种情况应如何处理？

这个问题同样也困扰着很多家长，在孩子成长过程中，每一位家长都难免遇到类似问题。

有一则新闻曾引起很多网友的热议：一群孩子在玩耍时，一个孩子用脚踢

了另一个孩子，被踢孩子的妈妈看到后，当众抓着自己儿子的手击打那个孩子，并教育儿子说"要打回去"。对方的家长很不满，说这个妈妈此举导致自己孩子受惊后失眠。参与讨论这件事的网友，有的批评踢人的孩子，有的支持被踢孩子的妈妈，有的认为孩子之间的打闹大人不应该插手，等等。

遇到这类情况，不少家长的理念是，"人不犯我，我不犯人，人若犯我，我必犯人"，被人打了，就一定要打回来，否则就是吃亏了。而事实上，这样做未必有什么好处，如果遇到蛮不讲理的人，这一时之快很可能使矛盾冲突升级，甚至可能把孩子置于危险之中。

有一位父亲教他的孩子说："如果有人打你，你就狠狠打他，不要怕，有爸爸在。"于是，这个孩子学会了打人。然而试想一下，从小让孩子养成好打架的习气，养成一颗暴戾的心，那孩子将来会发展成什么样？从眼前看，好像孩子不吃亏，但对孩子一生而言，就是吃了大亏。好斗的性格，会使孩子在将来的人生中更易与人结下怨仇；遇到比自己更强暴的人，可能会被伤害；喜欢打斗，别人对他也会敬而远之，当遇到困境，便少有人愿意帮助他；而若真的将别人打出问题来，会触犯法律，还会受到法律的制裁。

其实，孩子从小到大，与他人发生矛盾冲突是非常正常的，也可以说是必然的事情，尽管家长不希望出现这样的情况，但难以避免。虽说这不是个好事，但从教育的角度看，却是很重要的教育机会，比平时教育效果可能更好。如果家长能够抓住机会，并能正确处理，不仅使孩子受到教育，而且让孩子在矛盾冲突中，学会一些正确处理人际关系和应对矛盾冲突的方法；否则，有可能使孩子受到错误的教育和引导，给孩子种下不好的种子。那么，如何正确对待孩子之间的矛盾冲突呢？需要具体问题具体分析，大致有以下几个原则。

1. 要理智对待

孩子在外面与他人发生冲突，如果孩子自觉吃了亏，向家长哭诉，家长一般都会感觉心疼，因此，特别需要理智对待，不要着急，更不可感情用事。其实，孩子在哭诉中，往往站在自己的角度说自己的道理和理由，而事实上，往往不完全像孩子所说的那样；并且，孩子之间的冲突大多都是在玩耍、打闹，或因一方或双方不小心引起的，家长不必过于担心。家长过度的反应，往往要比孩子所谓的"吃亏"本身更不好。

家长需要做的，首先就是稳定孩子的情绪。当孩子哭的时候，要允许孩子把情绪宣泄出来，同时对孩子给予劝慰，而不是去斥责或嘲讽孩子，说一些诸如"人家为什么欺负你？都是因为你好欺负！""连他都打不过，真笨！"之类的话，或者是不停地唠叨和计较所谓的"吃亏"，不仅增加了孩子委屈的情绪，而且对孩子也是一种伤害。

在孩子情绪稳定后，要耐心听孩子说，弄清楚事情的来龙去脉和前因后果，看是因为一方或双方不小心造成的冲撞，还是孩子之间的打闹；是被其他同学欺负，还是校园欺凌。弄清楚了具体的情况，才能有针对性地做出相应的处理。

家长切不可做出过激的反应，更不可不分青红皂白地参与进去。在公园里有不少小孩在玩滑梯，一个小男孩正试着从滑梯下面走上去，刚走到半截的时候，另外一个小女孩突然从滑梯上面滑了下来，还没等家长反应过来，两个孩子就撞在了一起，小女孩的身体压在了小男孩的身上。小男孩站起来后大哭，他的妈妈气势汹汹地朝着小女孩就吼："怎么这么不小心！看到别人在往上面爬，你还要滑下来，不长眼睛啊！"大声训斥吓得原本就委屈的小女孩哇哇大哭。这时候，小女孩的爸爸说话了："小朋友之间的矛盾应该由他们自己解决，你这样训斥我的女儿不好！"然后把女儿揽在怀里安慰说："别怕，有爸爸在！以后要注意，滑滑梯的时候一定要看看下面有没有其他小朋友。"本来是孩子之间无意的冲撞，也未造成什么后果，男孩妈妈的这种过度反应，对两个孩子都不好，尤其是对自己的孩子就是一种负面教育，教育孩子霸道，教育孩子斤斤计较，教育孩子用不理智的办法处理人际关系，等等。而这位爸爸的做法很好，没有以牙还牙地斥责对方，而是选择了忍让，并耐心地安慰、教育孩子以后要避免类似情况发生。

2. 如果孩子是被对方无意冲撞，要教育孩子原谅和宽容

孩子本来就喜欢蹦蹦跳跳、打打闹闹，自律能力差、生活经验少，所以发生各种意想不到的矛盾冲突在所难免。现实中，很多都是无意的冲撞、磕碰，一不小心你踩了我一下、我撞了你一下，孩子被踩撞疼了，或受到惊吓，哭一下都是本能的反应，没有什么大不了的，往往很快就好了。

家长遇到孩子这一类的矛盾冲突，要教育孩子原谅和宽容，因为谁都有不小心犯错和失误的时候。学会原谅和宽容，可以消除很多无谓的矛盾和烦恼，也会得到他人喜爱和尊重；而不懂得原谅、缺乏宽容心的孩子，往往斤斤计较、自私霸道，不会被人喜欢和尊重。

在学校的操场上，麒麒不小心踩了豆豆一脚。看到鞋子上有了一个黑脚印，豆豆生气地跑到麒麒旁边，狠狠地回踩了一脚。当老师问豆豆为什么这么做时，他却理直气壮地告诉老师："我妈妈说了，不能受别人的欺负，别人打我，我就要打回来，麒麒踩了我，我也要踩他。"作为家长，如果怕"吃亏"的心太重，很可能就会像这个妈妈一样教孩子，表面上孩子踩回来了，没有

"吃亏"。可想想看，踩回来了，又会得到什么好处呢？只是满足了自己所谓的"不吃亏"的自私心理而已，这样斤斤计较的结果是别人慢慢都会远离他，没有了朋友，这难道不是吃了大亏吗？

曾子曰："夫子之道，忠恕而已矣！"就是说凡事要宽厚包容。《增广贤文》里有一句："得忍且忍，得耐且耐，不忍不耐，小事成大。"让了，彼此空间才大，所以海阔天空；忍了，矛盾才不会激化，所以风平浪静。宽恕和忍让对方的过错，所以才能和睦相处。

3. 如果是孩子之间的相互打闹，要教育孩子尊重和谦让

孩子之间的矛盾冲突有不少是因为遇事互不相让而引起的打打闹闹，在争执打闹中，可能有一方就是我们通常所说的"吃了亏"或"占了便宜"，都没有太大问题；即使有点小伤，也无大碍，有的刚才还互相争吵、撕打，过一会就在一起玩起来了。这些不危及孩子人身安全的打打闹闹，都是"小亏"，适当吃点"小亏"，有助于培养孩子健康的心理、形成良好的品格，让孩子懂得任性、蛮横、不守规矩和不讲理，在社会上是行不通的。正所谓"吃一堑、长一智"，在不断的磨炼过程中，孩子的内心才能得到成长和提升，逐渐变得坚强豁达、宽容大度。关键是家长对孩子要给予正确的教育和引导。

要教育引导孩子尊重规则。正是因为有规则，这个社会才能保持秩序，才能使每个人的权益得到保障。不守规矩，轻则被人责骂，重则受到处罚。因此，让孩子懂得守规矩是家庭教育的重要一课。比如在公共场所人多时，要教育孩子排队等待；当孩子为了某个玩具争抢时，要教育孩子"大的让小的"，或者先来后到。在一个游乐场，一个小女孩抢小男孩手里的玩具，小男孩不给，哭叫起来，小女孩的妈妈看到后，走过来对孩子说："东西是别人先拿的，先来后到，如果你先拿到东西，别人抢你的，你也会不高兴的，对不对？"小女孩点点头，把手里的玩具松开了。

要让孩子懂得谦让。很多时候，我们为了不让自己"吃亏"，看起来不软弱，选择咄咄逼人。殊不知，一味争执只会将自己陷入困境之中，适当让步反而会柳暗花明。清朝康熙年间，有一位名叫张英的大学士，在当时赫赫有名。一日，张英收到一封家书，信中写道：邻居家中要翻盖新房，因边界发生争执，家里人希望张英动用关系解决这件事。张英看完信后，回了一首诗："千里家书只为墙，让他三尺又何妨；万里长城今犹在，不见当年秦始皇。"家人看到信后，明白了张英的意思，于是主动提出要让三尺地。邻居看见张英家主动退让，倍感愧疚，也选择让出了三尺地，这便是历史上著名的"六尺巷"。人生在世，退一步并不会失去什么，太过执着，反而会更容易失去。

要让孩子明白，"金无足赤，人无完人"。每个人身上都会有缺点和不足，与他人相处，不可求全责备，不可斤斤计较，要"以责人之心责己，以恕己之心恕人"，学会换位思考，更能理解别人的想法与行为。孟子讲："爱人者人恒爱之，敬人者人恒敬之。"善待他人，也就是善待自己，对他人多一份尊重和谦让，其实就是在为自己铺路。

4. 如果是遇到校园欺凌，要教育孩子妥善处理和自我保护

近年来，校园欺凌已经成为社会关注的重要话题，在网络上爆出的各种各样的欺凌事件也引起了很多家长的担心，担心类似事情发生在自己孩子身上。现实中，往往有不少孩子被人欺负之后，不敢告诉老师和家长，害怕被再次欺负。

校园欺凌的施暴者大多是一些在学校不学习、不守规矩的学生，有的还与社会上的不三不四的人有来往，好打架、出手狠。他们打完人，往往还会告诉被打的人："不许告诉老师和家长，否则还打！"这就是为什么一些孩子被打时不敢反抗、被打后不敢声张的原因，因为一旦反抗，可能招致更严重、更多次的殴打。因此，孩子在学校被欺凌要想反抗，其实不是一件容易的事情。

孩子本来应该拥有一个安全的成长环境，但是有的孩子却因为校园欺凌生活在恐惧之中，这确实是一件令人心疼的事情。如何正确处理校园欺凌？如何让孩子学会自我保护、避免被伤害？需要家长给孩子正确的教育和引导。

孩子一旦遇到校园欺凌之后，家长一定要高度关注，给孩子切实的帮助，让孩子有安全感，帮孩子走出阴影。一定要联系学校和老师，根据情节轻重通过正常渠道予以处置，这既是对受欺凌孩子的保护，又是对其他孩子的保护，同时也是对施暴者的一种保护，避免其越来越堕落。

作为家长也要让孩子懂得一些自我保护的技巧和方法。比如，对一些不守规矩、言行霸道的人，要敬而远之，不要招惹和刺激他们。如果遇到欺凌，要懂得示弱，俗话讲，"大丈夫能屈能伸""好汉不吃眼前亏"，走开为妙。如果实在避不开，要想办法到有成人或老师的地方，以寻求帮助。如果被欺凌且力量悬殊，不可对打，要尽量保护要害部位；如果力量相当，可以正当防卫和还击，还击也是对自己的保护。遇到校园或社会欺凌，一定要告诉家长和老师，因为家长和老师会有更多处理这些问题的办法和能力。

5. 切不可让孩子用打架的办法处理问题

有的家长总是害怕孩子在外面吃亏、被欺负，希望自己的孩子在受人欺负时能打架、会打架，个别家长甚至还教孩子怎么争、怎么打。殊不知，孩子再会打架，也不会总是都能打赢别人，打人者往往被人打。并且，就是打赢了别人，事情也并不会结束，轻者可能要赔偿损失，重者还要受到法律的制裁。打架这件事，没有人是赢家，只会是两败俱伤。

因此，打架绝不是解决矛盾冲突的正确方式打了别人，表面上看好像没有"吃亏"，或是"沾了光"，时间长了，别人都远离了你，没有了人缘，人生哪还有快乐和幸福！

有个小女孩上一年级，在班里面同学都不喜欢跟她玩，原因是她经常与同学争东西，动不动就打人，有点霸道。老师了解到，她不仅在学校这样，在家里和邻居的孩子一起玩时，也经常把别人打哭。她的妈妈说："孩子刚上幼儿园的时候，经常被男孩子欺负，我就骂她没出息，叫她一定要打回去，咱不能吃这亏。看到自己孩子被别的孩子欺负，作为大人自己也是干着急，于是就教孩子如何还手。"经过这个妈妈的"言传身教"，效果立竿见影，不久整个幼儿园都没有人敢欺负她。直到现在，她有什么看不顺眼的，或与同学有矛盾，上手就打，所以现在落得个"孤家寡人"。不仅如此，当孩子在家不听话时，妈妈也是二话不说就打。这时我们就全明白了，"病根"就在妈妈身上。

有个孩子很顽皮，与同学打架吃了亏，大哭不止。爸爸问："委屈吗？""委屈！"儿泣答。"你打算怎么办？""爸爸，我要找块砖头，明天从背后去砸他！要不明天我用刀从背后去捅他！""嗯！这个解气，爸爸这就去准备一下。"过了一会儿，爸爸拿来一堆衣服及棉被："儿子，你决定了吗？是用砖头还是用刀呀？""爸爸，你拿那么多衣服干吗？"孩子不解。"儿子，是这样的，如果你用砖头砸他，那么警察就会把我们带走，在监狱里或许要住半个月，我们就带几件衣服就可以了；如果你用刀子把他捅伤，那我们在监狱里不知道要待多少年，需要多带些衣服。""是这样吗？""是这样的，法律是这样规定的！"爸爸趁机普法。"嗨，那就算了，其实我也有错。"这样，孩子慢慢就学会了遇事理智和考虑后果。

孩子之间的矛盾冲突本质上是孩子之间的人际关系问题。人都是社会人，总离不开与人打交道，幼儿时在家里与家长和兄弟姐妹相处，上学时与同学和老师相处，工作后与领导、同事和朋友相处，结婚后与配偶和自己的孩子相处，能否处理好人际关系，实际上是做人的能力问题。俗话讲，"做事先做人"，做人是基础。美国著名的人际关系学专家卡内基说："一个人事业上的成功，只有15％是由于他的专业技术，另外的85％要依赖人际关系、处世技巧。专业的技术是硬本领，善于处理人际关系则是软本领。"

很多家长平时过于重视孩子学习，往往忽视了对孩子与人相处能力的培养，等孩子走出家庭、进入社会以后，人际关系能力就成了孩子的短板。因此，让孩子学会正确处理人际关系，尤其是正确处理与他人之间的矛盾冲突十分重要。

五十、让孩子成为最好的自己

有家长问：孩子正在上初三，成绩不大好，说是不想考高中了，考也考不上，非要去职业中专学烹饪，我们做家长的都不同意，但拗不过他，该怎么办？

既然成绩不理想，愿意学烹饪又有什么不好呢？三百六十行，行行出状元，高考不是唯一出路。现在的不少家长喜欢包办、掌控孩子，控制孩子的衣食住行、控制孩子的学习、控制孩子的兴趣爱好，把自己的想法强加给孩子，以为这就是爱。家长这样的爱，因为忽视了孩子的想法，没有给予孩子必要的理解和尊重，往往使孩子感到压抑和痛苦。

曾有一位名校毕业生写了万字长文数落家长，并与原生家庭断绝联系。他在文中讲述了自己从小活在家长的控制下，家长把他关在家里，并严格限制他的社交圈子；家长按照他们的喜好包办他的所有事情，不支持他的兴趣爱好；家长无视他的情感需求，从不给予情感支持，甚至动辄打骂；即使后来他到国外留学，家长的"关爱"也如影随形……为何他会做出与家长决裂如此狠心的行为？问题就出在他家长的过度管教上。正如日本教育专家三谷宏治在《有限管教》中讲的："90％的家庭矛盾都源于家长的界限感缺失，而且家长过度插手，还会剥夺孩子学习、成长的机会。"

过度控制的现象在生活中很普遍。很多时候，家长意识不到孩子是一个完全独立的个体，与此同时，家长总认为孩子还小，需要大人更多的照顾，需要由大人替他做决定。因此，很多家长总是以"过来人"的身份，去干预孩子，剥夺孩子选择的权利。对孩子的衣食住行、兴趣爱好等，都忍不住要管一管，并自认为是"为了孩子好"。而家长对孩子过多的控制，会导致两种后果：要么孩子依赖家长，无法在心理上"断奶"，难以独立；要么孩子用逆反或其他激烈反抗的方式逃避控制。结果是家长累，孩子也累。

一位妈妈说："我不得不承认，不管是有意还是无意，我都因为对家庭教育不甚了解而'坑'过孩子。我对女儿非常严厉，我把她当作大人来要求，可是却没有给她大人一般的尊重。如果我盯着她看5秒，她就立马坐立不安、心情烦躁。以前，我觉得坚持严管才是对孩子负责，如今看来没有亲情和爱的联结，只有严厉和原则，根本不是真正的爱，只会把女儿推得越来越远。我对女儿的学习要求过于严格，我曾让她把一句英语练习 300 遍，她仍旧不会，我跟她扛上了，学不会就不让她睡觉。那时，我不知道女儿是怎么熬过来的。我如此强硬，只因我觉得其他孩子都能完成作业，为什么我的女儿就不行呢？就算逼，我也要把她逼会。现在回想起来，我的做法真是恐怖而无效。这样做，唯一的效果就是让原本就胆小敏感的女儿更加害怕，在这种情况下，别说学习了，女儿能够熬过去已经很难了。女儿上一年级时，无法跟上班级学习的脚步。于是，我用自以为对女儿好的方式逼着她学习，我无法接受她比其他孩子学习差，我觉得，只要我多花点心思在她身上，多给她进行些辅导，让她多读、多背、多记，她就一定可以奋起直追。在这个过程中，我成了名副其实的'咆哮妈'，女儿只要一听到我音量拔高了，就会瑟瑟发抖。回想起来，我的做法对她的心理造成的伤害真的很大。"

一些孩子小心翼翼地活成家长期待的样子，不曾有过做自己的自由。在很多人看来，现在的孩子生活得非常幸福，和过去相比，吃穿不愁，还能享受良好的教育，物质条件非常优越，但家长和学校传导给孩子的压力非常大。心理学家表示，近些年来，儿童中患抑郁症的比例大大增加，孩子的心理健康问题不容忽视。

有的家长花大量精力包办孩子的人生，期望孩子达到自己都达不到的完美。孩子总是失去自由、休息，甚至是基本的生存能力，除了成绩，他们看不到自己的价值，也看不到人生目标。孩子被学习和各种压力压得喘不过气，心理脆弱，精疲力竭，在高分的焦虑和沮丧中慢慢枯萎，不知道自己的人生意义是什么。孩子会慢慢以为自己的价值来自成绩和分数。

张某是某名校的博士研究生，然而，她对自己仍没有自信，也感受不到任何幸福。是什么造成了她今天的状态？她说：自己从小到大一直活在家长的期待里，不敢有自己想法，更不敢公然表达出来。家长管教甚严，她的目标就是要考上好大学，于是，她的人生只有一件事，那就是学习、学习、再学习。她小时候在文体方面很有天赋，喜欢打乒乓球和跳舞，还常常获奖。然而，上小学后，她不能再打乒乓球和跳舞了，因为妈妈说这些都太浪费时间，不可以玩了。于是，每天放学回家，她就听到妈妈不停地絮叨：谁家的孩子学习特别好，谁家的孩子考上了好大学……当时年龄尚小的她也特别想得到母亲的表扬，认为只有努力学习才能成为他们想要的样子。母亲非常强势，她无力抗争，也不敢抗争，只能接受家长的安排，几点起床、几点上学、穿什么衣服去学校、什么时间必须上床睡觉……一切由家长说了算，稍有迟疑，便是劈头盖脸的批评。她就如一个提线木偶、一台学习机器，只需要每天卡点去学校上学，卡点进房间学习，家庭的琐事什么也不用管，也无须管。在生活中，她的自信心也越来越弱，她不敢跟比她优秀的同龄人交往，怕被人嫌弃；她也不能跟比她学习差的孩子交往，母亲不让。张某长大后步入了社会，但是生活不是只有学习那么简单，生活的复杂和烦琐让她感觉自己似乎被一张密密麻麻的大网罩住，快要窒息了！

孩子小的时候，本能地依赖家长，母子一体；随着孩子的成长，就会从一体逐渐走向分离。而一些家长无视这种分离，对孩子过度包办和控制，将孩子当成一个"工具人"，并不是将他们视为"独立个体"。其实，家长给孩子最好的教育，不是为了训练出"别人家的孩子"，而是让孩子成为真正的自己。面对着家长过高的要求，孩子无奈而沮丧，伤心且自卑。所以，家长千万不要过高地估量自己的能力，不要用自己刻度有限的尺子，去丈量孩子有无限可能的人生！不要做孩子的"天花板"。家长要做的，不是批评否定孩子，不是让孩子按照家长的安排做事，而是练就一双慧眼，发现孩子的优点和长处，进行认可和强化，在他遇到困难和挫折时，给他鼓励和支持。从而让孩子看到自己的内在力量，发展出独立自信的品质，走出属于自己的人生。

2020年，有一对来自农村的双胞胎兄弟分别以687分、685分的高考成绩被清华大学、北京大学录取。兄弟俩收到录取通知时，都谈到父亲对他们的影响："父亲的陪伴，是我们这三年的动力，虽然父亲不能在学习上给予任何指导，但不管遇到什么困难，只要有父亲在，便感觉身后有了依靠。"兄弟俩上高中三年的每个周末，父亲都会从农村老家赶到县城里，和俩孩子见上一面，谈谈心、说说话，听听孩子们最近的想法，看自己能为孩子们的后勤保障做点什么。父亲是个农民，没什么文化，也讲不出什么大道理，更没法在孩子们成绩提高和学习方法上提供帮助，但他不管寒冬酷暑都要进城看看孩子们的坚持，让孩子们感受到了父亲的爱，以及父爱背后那坚韧、质朴、向上、达观的品格。

一位事业有成的企业家说："我家祖上世代为农，我爸只念到初中。我从不记得我爸给我讲过什么题，说过什么大道理。我只记得，我们一起下地干活时，他会告诉我：一颗麦子，从秋天播种，到来年夏天成熟，要熬过一年四季。一个人做什么事儿都不要心急，要遵从规律，要给自己时间，要慢慢来、默默熬，总有一天会熬出头。我只记得，我要是考砸了，哭着回到家里，把自己关在卧室里，产生种种消极而悲观的情绪。我爸干活回来，就会搬个小凳子坐在我房间门口，说他和我妈有时辛辛苦苦把种子播种到地里，很多时候不是碰见大涝，就是碰见大旱，收成好坏不由己，需要努力，也需要天时地利人和的运气。但只要一直种，灾年过后总有丰年，平均下来，每年收成也不赖。"

"我还记得，我这一路，考大学、报专业，大学毕业找工作，工作之后找对象，人到中年非要跳出体制辞职，他从不干涉，都是重复着：'我和你妈也没有什么文化，帮不上你什么忙，你肯定比我们见的人多，想得更远，你心里怎么想，就怎么做，累了就回来歇歇，家里有房，仓里有粮，不要怕。'我们家兄妹三人，就像寒门出身的很多孩子，活得倔强又努力，我们每个人都不愿成为寒门'混子'，而是在自己认准的路上越走越好、越走越稳。我想，这很大程度上因为我们的家长虽然从未教过我们怎么做题，但很早就教会了我们怎么做人。"

有的家长虽然没有教育孩子的大道理，但却通过言传身教和潜移默化，教会了孩子朴素的道理：勤奋、自强、坚韧、节俭等，这就是做人的大道。

2020年，一位以总分676分考上北大的留守女孩钟芳蓉引起热议，原因是她按照自己的兴趣选择了冷门的考古专业。有些人看到这位家境并不富裕的孩子做出这个选择后，发出了"关心"的声音："清华北大争着要你，为什么不选择一个将来能够赚钱的专业？""考古专业能有前途吗？别傻了，现实和社会没你想得那么简单。"钟芳蓉从初中起就喜欢历史，常与史书为伴，而北大的考古专业是最好的，对于她来说，就是在圆梦。对于她这个选择，她的母亲说："学什么专业，我们真的不懂，什么专业最赚钱，我们也不懂，我们只能尊重她的选择，她有权利选择自己喜欢的事情，她是一个有梦想的孩子，她有权去实现自己的梦想。"就像很多农民一样，钟芳蓉的家长无法在学业上给予女儿任何指导和帮助，他们唯一能做的事情，就是看见女儿成绩好时，给她鼓劲儿；看到女儿没有考好时，鼓励她"不要有压力，尽力就好"。"尽力就好"，这来自家长的尊重和接纳，成就了钟芳蓉的人生梦想。

被誉为"教子高手"的梁启超，有着"一门三院士、九子皆才俊"的成就，这都源于他良好的教育方式。梁启超教育子女并不采取强迫、硬求的方式，而是因材施教，十分尊重孩子的兴趣，依顺每个孩子的天性而发展。梁启超在回答儿子梁思成的成长焦虑问题时，说道："思成来信问有用无用之别，这个问题很容易解答，试问开元天宝间李白、杜甫与姚崇、宋璟比较，其贡献于国家者孰多？为中国文化史及全人类文化史起见，姚、宋之有无，算不得什么事；若没有了李、杜，试问历史减色多少呢？我也并不是要人人都做李、杜，不做姚、宋，要之，要各人自审其性之所近何如，人人发挥其个性之特长，以靖献于社会。"梁启超认为：有用无用不应只从当下的事功看，所谓有用，既有当下事功的，也有长久文化的。他用李白、杜甫与姚崇、宋璟举例，李、杜对唐代的兴衰可能并无影响，但对未来一千余年的中国文化的意义与价值，却远比姚、宋重要。同时，他告诉梁思成要安心读书，要通过学习使自己的天性、特长得到最大限度的发挥，只有这样，才能为国家做出真正的贡献。相应地，在女儿梁思庄考入加拿大麦基尔大学后，梁启超曾写信给她，希望梁思庄学生物学，但是梁思庄并不喜欢生物学，加之麦基尔大学的生物学师资情况不是太好，所以梁思庄始终无法对生物学提起兴趣，于是她写信把自己的苦恼告诉了梁启超。对此，梁启超并不强求，还告慰梁思庄道："凡学问最好是因自己性之所近，往往事半功倍。你离开我很久，你的思想近来发展方向我不知道，我所推荐的学科未必适合你，你应该自己体察做主，用姐姐哥哥当顾问，不必泥定爹爹的话。"得到了梁启超的宽慰和首肯，梁思庄改学图书馆学，后来又考入了美国哥伦比亚大学图书馆学院，最终成为一名图书馆学专家。正因为梁启超不干涉孩子的选择，所以他的九个孩子分别在建筑、考古、军事、经济、文学等多个方面取得了十分突出的成就。

丁卫松是一位老焊工，从事焊接工作三十余年，曾获得全国技术能手、浙江省五一劳动奖章等荣誉。2016 年，他的儿子丁澄洋的中考成绩不理想，对未来感到非常迷茫。父亲想让儿子学一门技术，踏踏实实做一名技术工人，却遭到了全家人的反对。"要不去我工作的车间看看？"丁卫松对纠结矛盾的儿子说。丁澄洋进到了父亲工作的车间，当他看到两块钢板在一道电弧之后凝结在了一起，比裁缝师傅做衣服还要细致，他终于明白了为什么大家都称父亲为"铁裁缝"了。他下定决心要做像父亲一样优秀的焊工，于是选择宁波技师学院学习数控焊接专业。进入学校后的丁澄洋开始崭露头角，班主任老师发现他踏实肯干，于是让他担任班长一职，丁澄洋尽职尽力，协助老师把班级事务打理得井井有条。丁澄洋在上课期间将专业知识学得非常扎实，基础很牢固。入学没多久，学校就开始了世界技能大赛焊接项目的比赛选拔。丁澄洋想要学习焊接领域更高级的工艺技术，于是他毫不犹豫地报了名，经过层层筛选，丁澄洋成为一名参赛选手。在校期间，丁澄洋荣获全国工程焊接系统手工焊接第四名、浙江省中等职业大赛中职焊接第一名以及国家奖学金。丁澄洋在训练过程中不断积累、不断思考，还获得一项国家专利。经过四年的磨炼，丁澄洋慢慢变得出类拔萃，也开始享受焊接带给他的乐趣，并充满了自信。焊接让丁澄洋看到梦想、看到希望，让他形成了优秀的品质。与学到的专业技术相比，他更感谢焊接对他品格的磨炼。丁澄洋的目标是成为像父亲一样对社会有贡献的技术工人。

　　著名投资家彼得·蒂尔在他的著作《从 0 到 1》中说：不幸的人都一样，幸福的人各有各的幸福。孩子的不幸，可以说惊人地相似：学业重、压力大、父母期望高，学自己不喜欢的东西，做自己不喜欢的工作，过自己无法摆脱的人生。但长大后幸福的孩子，能在不同的领域里找到不同的人生，发挥自己的长处，绽放不一样的光彩。与其让孩子千篇一律地站在同一条跑道赛跑，不如让他在自己擅长的跑道中发力。当然，如果孩子本身喜欢学习，父母肯定要大力支持。但如果孩子有其他相对更强的优势，就不妨根据他的独特性，帮他找到适合自己的跑道，穿合适的鞋去奔跑。哪怕是一个普通人，若能把自己的优势发挥到极致，活成他独一无二的样子，那么，他就是成功的。孩子有千万种姿态，就必定有千万种成功，我们不应该用一种成功的标准，去框定千千万万个孩子。

　　天生其才必有用，这是亘古不变的真理。每个人都有不同的潜能，这种潜能就是我们的长处，也是我们打开成功大门的钥匙。树上的每一片叶子都是相似的，但又都是不同的。不是每个人都能成为科学家、歌唱家、钢琴家、画家，任何成功和成就都需要勤奋加天赋。每个孩子都有不同的先天禀赋和优势、特长，心中都有无尽的宝藏。生命的精彩有无数种形式，教育的本质在于唤醒，家长的责任就是要唤醒孩子的天赋，唤醒孩子心灵深处的潜能和内在力量，让孩子学自己想学的东西，做自己想做的事，成为最好的自己，这就是成功的人生。

　　家长会不会教育的区别在于：家长是希望孩子成为他自己，还是成为家长想象中的人。如果是前者，哪怕家长不是成功人士，孩子的一生照样会过得快乐自在。但如果是后者，即使家长学了很多教育的方法来控制孩子、改造孩子，无论他们说得多么有道理、多么正确，孩子也会感到压抑。

　　有一个短片让人印象深刻："让你给自己的孩子打个分数，你会打几分？"每个妈妈都觉得自己的孩子没有那么完美：爱哭闹减 1 分，挑食减 1 分，不讲卫生再减 1 分。在她们心中，孩子只能得到七八分，甚至不及格。那孩子们又是怎么评价自己的妈妈呢？"如果满分 10 分，你会给妈妈打多少分？"所有孩子无一例外地都给了满分。在孩子眼中，妈妈没有缺点，妈妈永远是最完美的。看到孩子为自己打了满分，妈妈们都哭了，因为惊喜，因为欣慰，因为感动，还有那么一点惭愧。家长对孩子的爱，诚然是无私的，但慢慢附加上了条条框框，希望自己的孩子能比别家的孩子好，能成为自己要求的样子。但孩子对家长的爱，却是那么赤诚纯粹，他爱你，只是因为你是你。即使你做得再糟糕，他对你的爱也不会减少。俄国作家陀思妥耶夫斯基说："和小孩在一起，可以拯救你的灵魂。"很多时候，不是我们教孩子如何去爱，而是孩子教我们如何去爱。

教育是一个漫长的过程，家长都希望孩子能越来越好，聪明的家长会通过引导的方式去教育孩子，让他们能够学会自我发现，从而不断进步。如果父母不顾孩子的天赋和特长，一味地按自己的想法和目标"塑造"孩子，想要把孩子打造成自己心目中理想的样子，不仅会违背孩子成长的规律，而且还有可能会忽略他们的特长，出现"让老虎爬树"的结局。一些家长之所以为孩子焦虑不安，是因为他们看重的不是孩子本身，而是无法接受自己的孩子不如别人。孩子借助父母而来，却不属于父母，他们会带着自己的使命，奔向远方。愿所有的孩子都能展开翅膀，飞向属于自己的那片天地。

五十一、家败离不开一个"奢"字

有家长问，孩子花钱没有节制，看到别人有什么都想买，东西不想要了就扔，还吃不了一点苦，学习也不好，真担心他将来挣的钱不够自己花的。对这样的孩子该怎么办？

时常有一些家长抱怨：孩子花钱如流水，大手大脚，没有节制；什么东西都想要好的，便宜的衣服、鞋子都不想穿，要穿名牌；懒得到食堂买饭，而在宿舍叫外卖；等等。孩子之所以这样，原因还在家长身上，是家长给孩子从小养成了奢侈的习惯。

没有哪个孩子天生就会奢侈浪费，或天生就懂得勤俭节约，关键是家长给了孩子怎样的教育。曾有媒体报道，每个周末的清晨，有个男孩都要帮做环卫工的母亲打扫街道。打扫完了，母子俩还会一起歇一歇、说说话，温情的画面令人感动。而与之形成对比的画面是，一名体型较胖的年轻女子，用手狠狠地拽着一个环卫工拖行数米，旁边其他环卫工急忙上前阻拦，经询问后才清楚，原来是女儿在向做环卫工的母亲要钱！这位母亲已经60多岁了，做环卫工10多年，工资不高，她的女儿已做了母亲，但还隔三岔五伸手向自己的母亲要钱，不给钱就辱骂、吵闹、打架。同是环卫工的孩子，为什么这个男孩这么体恤母亲，而那个年轻女子却成了"白眼狼"呢？

记者后续的报道揭开了真相：男孩的家长从来都很节俭，包括对孩子，但不失慈爱；孩子小的时候没人照看，母亲有时会带着孩子到街上扫地，孩子从小就知道妈妈的辛苦。那位年轻女子的家长尽管对自己很节俭，但对孩子很溺爱，害怕委屈孩子；孩子长大了，对家长的付出不但不感恩，反而抱怨家长没有本事。不是那个男孩天生就懂事，也不是那个年轻女子天生就不懂事，问题出在家长对他们的教育上，有什么样的教育，就有什么样的孩子。

节俭是中华民族的传统美德，但不知从何时起，不少人丢掉了节俭的美德。现在的生活条件越来越好，一些人觉得有钱了，就追求物质享受，虚荣、攀比、奢侈、浪费、喜欢讲排场，其表现之一就是在物质上溺爱孩子。有的家长比较盲从，看人家孩子穿好的、吃好的，就会攀比，尽自己最大努力满足孩子的虚荣心；有的家长每天忙于工作，出于补偿心理，一到周末就要带孩子出去吃喝玩乐一番；还有的家长觉得自己从小过得挺苦的，不能再让孩子过苦日子。一些有钱的家庭把孩子当"富二代"养，而一些并不富裕的家庭也把孩子当"富二代"养，倾尽所有，给孩子创造最好的生活条件，家长自己却勒紧腰带过日子，甚至不惜牺牲自己的幸福。一味地花钱、一味地满足孩子的物欲，不仅养成了孩子大手大脚的习惯，而且让孩子变成了金钱和欲望的奴隶。

古人讲："为子孙作富贵计者，十败其九。"意思是说：把钱留给子孙，做世代富贵的打算，十家有九家都会败掉。为什么？因为奢侈的生活对孩子的心灵危害非常大。孩子的心是很清净的，没有那么多的欲望。随着家长的溺爱，孩子喜欢花钱享受，志向被消磨，人变得散漫，很多问题就出现了。奢侈生活对孩子有很多害处，孩子欲望越来越大，要求越来越多，欲令智昏，导致其没有追求，没有志向。提倡俭朴不是因为没钱，而是因为俭朴对孩子最有利。人本来没有那么大的欲望，奢侈的生活却让欲望越来越膨胀。古圣先贤告诉我们，无论孩子是贤是愚，给他很多钱都会把他给害了。一个国家、一个企业、一个家庭为什么会败落？就是因为"奢"。所以，奢侈是危亡之本。

有一对夫妻，靠经营一家小店维持生计，而他们刚上大学的女儿一开口就要最新款手机，夫妻俩为了不让孩子在同学面前自卑，硬是拖了一个月的货款才攒够了买手机的钱。老张是个保安，月收入不到 2 000 元，妻子体弱多病，最近，他们的两个孩子先后在十几个网贷平台借款 30 多万元，父母问孩子把钱花到哪里了，女儿毫不在意地说，自己只是买了一些衣服，平常请请客而已。老张拿出家里仅有的 6 万块钱让孩子拿去还贷，但也只是杯水车薪。还有一个媒体报道，一个 14 岁的孩子打赏主播，把住地下室、"三班倒"的家长辛辛苦苦攒下的 3 万多元积蓄花得只剩 1 毛 5 角。一味地"富"养，让孩子形成了扭曲的金钱观和消费观。其实，不少人并未真正理解什么是富养，真正的富养，不是要花很多钱在孩子的吃穿用度上，而是要让孩子在精神上富起来，学会勤俭、善良、大气、坚韧，有良好的格局和教养。

　　一位打工的妈妈手机响了，是她儿子打过来要钱。妈妈大声呵斥："你才多大，要这么多钱干什么？""女同学？女同学过个生日你要花这么多钱吗？你买什么生日礼物？不行！"妈妈很生气。她儿子在电话里责问："为什么你们这么穷，我同学的家长都很有钱！"说完，她的儿子就把电话挂了，这位妈妈的眼圈红红的。她说，为了让孩子上最好的初中，家里花了很多钱，就是期望他能有个好前途。可孩子总是大手大脚花钱，总喜欢和他人攀比，伸手跟家长要钱时，如果不给，就抱怨家长很没用，嫌弃家长没有钱。原来，她的儿子被送进所谓的贵族学校，不仅学费贵，而且学校里的孩子大都喜欢花钱。殊不知，哪有什么贵族学校，只不过是学费昂贵而已。真正的贵族不是因为钱多，更不是因为享有奢侈的生活，而是源于内心和人格的高贵。

　　一个人一旦形成了花钱大手大脚、奢侈浪费的习惯，想要改变就十分困难了。由腾讯新闻出品的访谈类节目《和陌生人说话》，第3期的主题叫"暴富"。讲的是主角李某，35岁的他在北京市昌平区的农村长大，2011年家里拆迁分到了3套在建房，价值1 000万元。拆迁之前，李某是家长骄傲的儿子，读书成绩不错，上了好大学，找到了一份好工作。但现在他跟家长的关系很糟糕，在家里几乎不说话，妻子在拆迁那一年就与他离婚了。因为巨额拆迁款下来之后，李某的心态发生了巨大改变，他过上了奢侈的生活。"每天都那样，出去跟哥儿们唱个歌，做个足疗，吃个饭，大把大把地花钱。"有钱后，李某身边瞬间多了许多溜须拍马的朋友，他开始接触黄、赌和投机。可他的眼光很差，所谓的投资总是失败，在吃喝玩乐的基础上，又消耗了大部分家底，甚至欠了外债。李某父母都有病，还要留钱治疗。那段时期，李某为了还高利贷还卖了一套一百多万元的房子。现在李某想把花销降到以前的水平，但这已经不可能了。他直言，现在对金钱的渴望非常大，大到他没法踏踏实实地再去上班工作，只想赚那种一下就能得到几百万元的"快钱"。从穷到富的生活，只需要几天适应，而从富到穷的生活，适应非常难，正所谓"由俭入奢易，由奢入俭难"。

　　对于郭晶晶，大家并不陌生，甚至可以说大多数人都很喜欢她。而她最为人所知的事情，一是奥运冠军的身份，二是嫁给了豪门子弟霍启刚。郭晶晶虽嫁入豪门，但穿着简朴，拎的就是尼龙材质的买菜包，还反反复复用了好多年。从孩子三四岁开始，郭晶晶就带他们参加慈善募捐、做公益，让孩子从小明白要助人为乐、回馈社会；她还带着孩子体验插秧，教育孩子勤俭节约、饮水思源。作家毕淑敏说："天下的家长，如果你爱孩子，一定让他从力所能及的时候，开始爱你和周围的人。这绝非成人的自私，而是为孩子一世着想的远见。"

　　因此，让孩子拥有节俭的品格，关键在家庭教育，最重要的是让孩子从小养成节俭的习惯。家长不仅要对自己节俭，对孩子同样要节俭。爱孩子绝不是一定给孩子吃最好的、穿最好的、用最好的，更不能不顾自己的家庭条件无底线地满足孩子的各种欲求。

　　事实上，现在的孩子从小看到的就是，家长买东西，只要刷一下手机就能搞定；只要自己提出要求，家长就会满足。久而久之，孩子只知道买东西需要钱，有钱就可以买到东西，至于钱是怎么来的、钱与劳动、钱与生活等的关系没有太多的概念，甚至完全没有概念。如果孩子从小看到家长花钱大手大脚、奢侈浪费，那自然就学会了大手大脚和奢侈浪费，慢慢就会变为习惯。

　　家长需要对孩子进行金钱观的教育，让孩子知道钱是从哪里来的。金钱不是从手机里刷出来的，也不是从银行里取出来的，而是通过辛勤劳动换来的，是付出辛苦劳动后的报酬。当孩子知道金钱来自家长的辛勤劳动，才会珍惜金钱，才会懂得感恩。一位单亲妈妈平时靠卖菜为生，她卖菜时，让女儿帮忙推推车，女儿放学了也经常帮助妈妈卖菜，有时天已经很晚了菜还没卖完，两个人还一起挨饿。连着几年，她们都卖菜卖到除夕的当天下午。妈妈对女儿说："对不起，妈妈今年没给你买新衣服……"女儿说："没事的，您挣钱很辛苦，都是为了养活我，我今年11岁了，已经懂事了。"

　　12年前，重庆"棒棒"冉光辉赤裸上身，一手扶着货，一手牵着孩子的照片曾火遍网络。他的儿子把父亲的辛苦看在眼里，每天放学给在外辛苦的爸爸妈妈做好饭菜。

　　孩子不是天生就懂得体恤家长，他们只有切切实实感受到了家长的辛苦后，才会对家长心生感恩，进而对自己严格要求，不辜负家长的一片苦心。相反，如果家长把生活中的风风雨雨、艰难困苦都向孩子进行过滤、屏蔽，为孩子刻意营造一个奢侈的生活环境，又怎能奢望他们节俭呢？蜜罐里泡大的孩子，怎知愁滋味？

　　其实，家长不必总是"硬撑"，让孩子看见难处，反而能促进孩子的成长和成熟。有个孩子，初中时一度叛逆，荒废学业，爸爸什么也没说，带他去了自己的工地，在接近40度的高温中，爸爸爬上几十米高的架子工作，皮肤晒得通红。这个孩子在狭小闷热的厂房度过一周，回去后卸载网络游戏，不再浑浑噩噩，仿佛换了一个人。孩子的成熟有时只在一瞬间，家长不去粉饰生活的艰难，适当让孩子看见真实的人生，孩子或许就能像成人一样面对生活。

　　让孩子力所能及地参加劳动、体验生活，感受赚钱的辛苦，知道生活的不易，这样往往会激发他的无限潜能，正所谓"自古英雄多磨难，从来纨绔少伟男"。毕业于河北枣强中学的王心仪，高考考了 707 分，被北大中文系录取，当北大的录取通知书寄到家里时，她却只身一人在异地打工。王心仪出生在一个普通的农村家庭，妈妈体弱多病，常年在家照顾患有高血压、哮喘病，生活不能自理的姥爷，家中还有两个弟弟，一家六口全靠家中的五亩地和爸爸外出做零活挣钱生活。姥爷与妈妈一年的医药费也是一笔不小的开销，姥姥生病时家里又欠下了不少债。亲戚家若有稍大的孩子，便会把一些旧衣服拿到她家，经母亲洗洗，也就穿在了王心仪和她弟弟身上。她的妈妈常说，穿衣服不图多么好看，干净、保暖就行了。这也就不难理解为什么她的妈妈现在仍穿着二十年前的校服了。王心仪和她弟弟也十分听话，从不吵着要新衣服、新鞋子。贫困的家境丝毫没有影响乐观积极的她，小学、初中、高中，王心仪在班里一直都名列前茅。从小学开始，王心仪就主动承担家务，经常会做一些力所能及的农活。喂鸡、割草、采摘棉花、放羊，春耕时帮妈妈在田间犁地，她在前面拉犁，妈妈在后面推，深一脚、浅一脚，她早早地帮家长承担起家庭的重担。

宁夏西吉县的单小龙，父母是农民，母亲患病多年，父亲和哥哥在外打工。他在高考中以 676 分的成绩被清华大学电子信息专业录取。知道这个消息的时候，单小龙还在外面打工。他要帮助家里减轻负担，每天在工地上差不多要搬 12 000 千克的钢筋，连包子都只吃素馅的。有时候他也想休息一下，但是想想家人的辛苦，他便坚持了下来。上学这么多年，他没有微信，只有一个破旧的老式手机，是父亲已经用了三年后送给他的，这部手机也是他和在外打工的父亲联系的唯一工具。虽然其他同学用的都是智能手机，可单小龙知道，自己不能去攀比这些，只是努力地学习。

当然，教育孩子节俭，珍惜金钱，不是该花的钱不舍得花，更不是吝啬，而是不要浪费，要把钱花在该花的地方。要让孩子学会花钱，学会力所能及地帮助他人，而不是浪费。

"玻璃大王"曹德旺被称为中国"首善"，然而很少有人提及这位隐藏的大慈善家，甚至还有很多人没有听说过他的名字，因为他真的太低调、太节俭了。曹德旺身家百亿，平时习惯自己开车，经常去工厂对面的小餐馆吃饭。他的低调还体现在对孩子的言传身教中。在他管教下成长起来的子女，确实和一般的"富二代"不同：明明可以像其他"富二代"一样开豪车、逛夜店、伸手要钱，但曹家的子女却朴素得如同普通家庭的孩子。儿子曹晖在福耀公司工作的 8 年里，长期穿着已洗掉色的工作服，住在职工宿舍，开着曹德旺的二手车，出差坐飞机只坐经济舱。小儿子曹代腾在美国第一次买车时，只买了一辆二手车，以曹德旺的实力，他的儿子完全可以买一辆价值不菲的跑车。是他们吝啬吗？肯定不是。他们深知，一个人有钱没什么了不起，了不起的是在有钱的情况下，还能过低调朴素的生活，这就是格局和境界。有一本书叫《金钱的灵魂》，里面有句话说："你把钱花在了什么地方，你就是什么样的人。"一个人自私自利，只舍得在自己身上花钱，就算拥有再多的钱财也是个穷人；而懂得帮助他人的人，即便是没有很多的钱财，也是一个富有的人。

《礼记》里有这样一句话："仁者以财发身，不仁者以身发财。"意思是说，仁爱的人用钱财提高自身的德行，不仁的人不惜以生命为代价去聚敛钱财。也就是说，仁德之人获取钱财，只是帮助自己实现人生的价值而非目的；不仁德的人获取钱财，是以满足自我欲望为目的，完全为了满足个人的欲望。以财发身和以身发财的境界完全不同，这句话深刻阐明了两种不同的金钱观和价值观。俗话说"富不过三代"，这实际上是对那些只知道发财而不懂用财之人的忠告。

即便家里有再多的钱，也不是奢侈浪费的资本和理由。一旦养成奢侈浪费的习惯，家里有再多的钱，即使拥有金山银山，最终也会败光，正像曾国藩说的"家败离不开一个奢字"。《礼记》里还说："君子先慎乎德。有德此有人，有人此有土，有土此有财，有财此有用。"当一个人有德行的时候，他所感召的人都是好人，就会有很多机会，有很多贵人，大家众志成城，自然就可以得到财富。"有财此有用"，钱财要用在哪里？就是要利益他人，利益社会，所以叫"财散人聚，财聚人散"。俗话说"福田心耕"，假如一个孩子从小有仁爱之心，为他人着想，他就已经在为自己积福、培福，就已经为他的一生铺出了一条幸福大道。

五十二、已经有问题的孩子也可以教育好

有家长问，孩子现在非常逆反，逃学、去网吧、沉迷游戏，与社会上不三不四的人来往，喝酒、打架，自己实在管不了了，这样的孩子还能教育好吗？

没有人是教育不好的，就像没有打不开的锁一样，关键是找到打开这把锁的钥匙。如果孩子已经出现了问题，家长不要着急，更不要放弃，一定要相信孩子是可以教育好的。那么该如何进行教育呢？其中一个有效的方法就是引导孩子学习优秀传统文化。

河北石家庄的华某，其父母中年得女，因不懂教育，特别溺爱孩子。在华某很小的时候，她天天看电视，尤其喜欢言情剧。上初中一年级的时候，华某

就特别爱打扮，喜欢穿一些比较性感的衣服。上了中专，她就开始化妆。上课跟老师顶嘴，经常把老师气跑或气哭。有的时候，晚上家长睡着了，她就偷着去网吧。有一天，她把家里的柜子、存钱的抽屉全部撬开，带着钱跑到保定找网友去了。后来，石家庄举办优秀传统文化公益论坛，华某的妈妈就逼着她到会场上去听。当时听了老师讲的课，还看了癌症复发的29岁大学生刘莹的视频，华某深受触动。回到家以后，华某就没有再看言情剧，看起了传统文化的光盘。从此，华某彻底变了。她的妈妈说："传统文化救了我的女儿，也救了我们全家。"

甘肃兰州的胡某，曾经是一个不学习、爱玩游戏、打骂父母的孩子，曾被13所学校开除。后来，他和社会上的人混在一起，整天就是吃喝玩乐、打架斗殴。胡某的妈妈觉得再这样下去不是办法，于是想尽办法，先让他离开兰州，给他一些学费，让他到北京学习。但是到了北京，胡某把学费都挥霍了，而且接触了一些不好的朋友，通过不正当的手段挣钱。胡某迷恋上网络游戏，为了打游戏甚至几天几夜不休息。他还和朋友去北京二环路上飙车，有好几次都差点送命。有一次，胡某回兰州找哥儿们吃喝玩乐，仅一个月的时间就把身上带的钱全部挥霍完了。没钱了，他就想从妈妈手里骗点路费，赶紧回北京。胡某的妈妈给他放了一套介绍传统文化的光盘。这套光盘，胡某几乎看了三天三夜，看完后恍然大悟。于是，他的妈妈就让他到敬老院当义工，虽然不挣一分钱，但他一天都没有迟到过，他说真正体会到了什么叫快乐，感觉人可以活得这么光明正大，可以活得这么受人尊重。优秀传统文化让胡某找到了人生的目标，懂得了人生的价值和意义。

河北廊坊的牛某，看起来是一个非常文静、清纯的女孩子，但她曾是一个不孝顺父母、不尊敬师长，有抑郁症、老想自杀的孩子。父母特别溺爱她，从小什么事都不让她干。她的爸爸从她四五岁开始，就天天带她去舞厅玩，所以她特别喜欢这种场所。她还特别爱看电视，看青春偶像剧和校园剧，很向往里面的一些场景。上小学四年级的时候，她就开始在学校里写情书，还结交了一些不好的朋友，抽烟、喝酒、打架，在学校里收保护费。后来，她上了一所职业中专学幼师，经常去酒吧、歌厅。后来，牛某的妈妈就哄着她去了一个传统文化教育基地。牛某学习了几天传统文化，知道自己错了，当着200多名学员，给妈妈道歉。现在的牛某成了弘扬优秀传统文化的老师。

长春市第一中等专业学校的侯某，生活在一个单亲家庭，是一个特别不愿意学习的孩子，从小是由爷爷、奶奶抚养长大的。7岁的时候，侯某的爸爸进了监狱，妈妈把侯某带到她那边。他当时比较恨父母，特别不理解他们，为什么刚刚生下自己都离自己而去？尽管妈妈全心全意地照顾他，但是他一直都非常恨她，经常会和她吵架。后来，他经常离家出走，他的妈妈每天以泪洗面。在上中专二年级的时候，侯某接触了《弟子规》，听了两天的讲座，听完课之后就感觉自己根本不知道什么是孝敬。当天晚上，他回家和妈妈谈了很久，这么多年他第一次那么温柔地和她说话。从那以后，他就再没有对妈妈大声讲话，每天都在学校好好学习，放学之后尽快回家陪妈妈。每天放学后不管有多累，他都会去帮妈妈一起站柜台、卖货物。现在，他也经常会去监狱看望爸爸。

王某是就读于某职业学院空乘专业的一名学生。他选读该专业是迫不得已，以后毕业了，也没打算找对口的工作。所以，他的学生生活几乎是除了学习什么都干，打游戏、谈恋爱……之前，他的爸爸妈妈离婚，各自重组了家庭，他就选择逃离。高二那年，他自己到外地去学艺术；高三整整一年都没有去学校上课，和妈妈三天一小吵、五天一大吵。有一次，他跟妈妈大吵一架，摔门而去，留下一封"母子关系断绝书"。高考结束之后的两个月，他每天把门一锁，在屋里打游戏，要不就出去跟朋友玩通宵。后来，他选择了一所职业院校就读。在职校里，他几乎就没有学习过。7月初，他妈妈对他说："儿子，你要是能坚持学习传统文化100天，每天读书听课写感悟，妈妈就每天给你50块钱零花钱。"虽然王某对传统文化不感兴趣，但想到能收点零花钱，索性就去学了。在学习过程中，王某接触了学习传统文化的很多同学，其中还有几位是企业家。其中的一位企业家同他聊了很多，还问了他的人生规划。他当时就有很深的感触，因为这位企业家是一位上市公司的董事长，这么成功，这么厉害，还在不断地学习提升自己。他的热情一下就被点燃了，觉得自己必须要对自己的人生负责，要学习更多的东西，要走好自己未来的路。7月底，上海的一位学习传统文化的老师邀请王某去做青少年游学。游学期间，王某要每天带着孩子们早起跑步、读书，跟着学习。他带的孩子们一天比一天好。一开始，这些孩子不情愿来夏令营，几乎都是被父母哄着过来的。有些孩子家长管不了，经常去网吧、酒吧，抽烟、喝酒、打架，和父母吵架，在外面不回家。在这些孩子身上，王某清楚地看到了以前的自己，他曾经也是这样的孩子。在跟这些孩子的家长交流过程中，看到那些父母眼神里的悲痛和无助，他突然感觉特别心酸。游学的最后一天，所有的孩子都很舍不得离开，表示虽然是被"骗"过来的，但下一次还想参加。很多家长都哭了，孩子们也都流下了眼泪，他们都愿意和父母交流，愿意听父母的话。经过这次游学，王某整个人都变了，变得想去帮助他人解决问题，不管是家长、孩子之间的问题，还是同学、朋友之间的问题，或是自己爸爸、妈妈的问题。回到学校的王某，没有逃过一次课，没有错过一次早操，他拽着自己的同学去上课，帮室友报名考级……

像这样通过学习传统文化改变命运的事例不胜枚举。为什么优秀传统文化教育有如此好的效果呢？因为凡是有问题的孩子，无论问题表现在哪里，归根结底都是在德行上有欠缺，而传统文化恰恰是做人的教育、道德的教育，正好是"对症下药"。传统文化教育有以下几个特点：

一是从孝道入手。优秀传统文化特别注重孝道的教育，因为孝道是做人的根。子曰："夫孝，德之本也，教之所由生也。"孔子认为，孝道是道德的根本，所有的教化都要先从孝开始，这样的教育才有根，才有基础。《孝经》上讲："不爱其亲而爱他人者，谓之悖德；不敬其亲而敬他人者，谓之悖礼。"一个人不孝敬父母而说爱他人是不符合人性的，是不可能的，他所做的一切都只是自利而已。

父母和子女之间有一种天然的亲爱关系，父母对子女慈爱，子女对父母尽孝。那么，为什么这种天然的亲爱关系，有的却变得不亲爱了呢？是因为缺失了教育，或因为不当的教育，人性被遮蔽了。通过孝道教育，清除污染，把人的孝心激发出来，唤醒人性，点燃爱心和感恩心，让人重新回到做人的轨道。而且，孝心是人性中最柔软的感情，非常容易被唤醒。一个人有了孝心，真正孝敬家长了，才可能友爱自己的兄弟姐妹；做到友爱自己的兄弟姐妹了，到社会上才可能友爱他人，对朋友诚信、对单位尽责、对国家尽忠。一个人有了孝心就不会不学习，不忍心浪费父母的血汗钱，不忍心做坏事让父母担惊受怕。

所以说，教育是有次第的，孝道教育应该是做人的第一步教育，就像盖大楼一样，要先打地基，再一层一层地往上盖。一个人连对他恩重如山的父母都不孝顺，不知道感恩，他怎么可能去爱他人？这也是为什么社会上的很多教育都没有效果的原因，因为没有根，不接地气，是空中楼阁，没有根的教育就成了空道理，所以开启人的孝心是教育成功的万能钥匙。

二是有明确的做人标准。优秀传统文化就是做人的文化，就是做人的标准，对照标准才能知道自己是不是一个合格的人，是好人还是恶人。比如五伦，就是父子、夫妇、长幼、君臣、朋友五种人伦关系，这五种关系是每个人都要面对的，其中的每一个角色都有不同的道、不同的规律，按照规律去做，才能使自己的人际关系和谐。再比如《弟子规》，尽管形成于清朝，但它是根据几千年的中华传统美德所整理出来的，其内容是对《论语》"学而篇"的"弟子入则孝，出则悌，谨而信，泛爱众，而亲仁，行有余力，则以学文"的注释和具体化，列举了人们在家、外出、待人、接物、求学等所应有的礼仪和规范，这都是做人的标准。

优秀传统文化其实就是古圣先贤总结出来的做人的道，是做人的规律和"说明书"，人按规律去做，就像大街上各种车辆按照交通规则行驶一样，只有这样才不会出问题。

知道了做人的标准，再回过头来审视自己，也就明白了为什么自己的人际关系矛盾重重，为什么自己做什么事都不成功，为什么自己总是走弯路，为什么自己不快乐、不幸福。有了做人的标准，就知道自己未来的人生路该怎么走，这样才能避免走弯路、走邪路。

三是教人向内求。优秀传统文化特别强调向内求，而不是向外求。要从自己做起，修正自己，敦伦尽分，反对怨天尤人，这是一种思维方式的改变。子曰："射有似乎君子，失诸正鹄，反求诸其身。"意思是说，射箭这件事跟君子很相像，如果没射中，不能怨箭，也不能怨靶子，而是要反省自己的箭术，想办法提升自己的射箭水平。没射中目标，如果责怪这支箭不好，责怪这张弓不行，责怪靶子有问题，不仅无济于事，而且自己的射箭水平也难以提高。子曰："君子求诸己，小人求诸人。"意思是，遇到问题，君子会反躬自省，找自己的问题，而小人只会怨天尤人，把责任归结于他人。

孟子曰："爱人不亲，反其仁；治人不治，反其智；礼人不答，反其敬。行有不得者，皆反求诸己，其身正而天下归之。"意思是说，爱别人却得不到别人的亲近，那就应反省自己的仁爱是否不够；管理别人却不能管理好，那就应反省自己的智慧是否有问题；礼貌待人却得不到别人的尊重，那就应反省自己是否真诚。凡是行为得不到预期的效果，都应该反省自己，从自己身上找原因，自身言行端正了，大家自然就会信服。所以，古人说："小人无错，君子常过。"遇到问题，小人总觉得自己没有错，而君子常常反省自己的过错。小人总是喜欢挑别人的毛病，整天计较他人的过失，对他人耿耿于怀、斤斤计较，这只会增加内心的怨恨和痛苦；君子习惯于找自己的不足，凡事做自我批评，就像古人说的"以责人之心责己，以恕己之心恕人"。如果大家都这样做，怎么会有烦恼和怨恨呢？

不学习传统文化的人，遇到问题总是习惯于往外怨、向外求，不愿意反省自身，因而矛盾越来越大，烦恼越来越多，自己也得不到提升。学习了传统文化，就懂得了向内求，多看自己的不足，多找自己的责任，改变了思维方式，就找到了为人处世的智慧和方法，也就不会再怨恨他人和社会，而是通过不断修正自己、提升自己，使人生大道越走越宽。

那么，如何引导孩子学习优秀传统文化呢？比较快的办法就是让孩子参加优秀传统文化学习班、夏令营等。其实，最有效的方法就是家长和孩子一起学，或者家长先学。如果家长不学，只让孩子学，孩子是不会听的；即使孩子参加了优秀传统文化学习班或夏令营，有了改变，但如果家长不改变自己，孩子也有可能很快恢复原状。家长先学习，不仅可以纠正自己在做人方面的很多不足，同时还能汲取传统文化中教育孩子的智慧。更重要的是，家长能够给孩子做出好的榜样，这本身就是对孩子最好的教育。

五十三、家庭教育的道与术

有家长问，听了不少家庭教育方面的讲座，也参加了一些培训班，学习如何教育好孩子的技巧和方法，那些技巧和方法听上去很有道理，但实践起来感觉不管用或收效甚微。有没有更好的办法？

之所以效果不好，是因为这些方法和技巧都是"术"，不是"道"。就如同一锅水，不想让锅里的水开，有两个办法：一是扬汤止沸；二是釜底抽薪。扬汤止沸就是"术"，是技巧，是权宜之计，治标不治本；最好的办法就是在"道"上下功夫，就是要釜底抽薪，这样才能解决根本问题。

《礼记》曰："物有本末，事有终始，知所先后，则近道矣。""其本乱而末治者，否矣；其所厚者薄，而其所薄者厚，未之有也。"意思是说，任何物都有根本、有末节，任何事都有始、有终，懂得了事物的先后顺序和轻重缓急，就接近事物的规律了。如果在根本上出了问题，要想末节好，则是不可能的。《论语》曰："君子务本，本立而道生。"意思是说，君子致力于事物的根本，抓住了根本，自然就有了解决问题的方法。

这就是古圣先贤教给我们务本的大智慧，凡事都有本、有末，有道、有术。道就是根本、是方向、是规律，术就是枝末、是技巧、是方法。如果抓住根本，就能事半功倍；如果本末倒置，则会事倍功半，还有可能没有效果，或者产生负面效果。

古人讲，大道至简。凡是合乎规律的、合乎人性的道理，都是简单的，让人轻松的、快乐的。家庭教育也是一样，教育孩子应该是很简单、很轻松、很快乐的一件事情，因为家长每日与孩子生活一起，生活就是教育，在生活中就自然地完成了教育，它并不是生活之外的事情。如果你觉得教育孩子很累、很难、很烦、很复杂，那么你的家庭教育一定是出了问题，背离了根本，弄错了方向。那么，家庭教育的"道"是什么呢？

1. 教会孩子做人是"道"

教孩子做人是"道"，教孩子知识和才艺是"术"。只重视孩子学习知识和才艺，不重视做人的教育，那就是本末倒置。

古圣先贤历来十分重视做人的教育，就像孔子说的："弟子入则孝，出则悌，谨而信，泛爱众，而亲仁，行有余力，则以学文。"像王阳明在《传习录》中说的："古之教者，教以人伦。"像韩愈在《师说》中说的："师者，所以传道、授业、解惑也。"教育是有次第的，教孩子做人应该放在第一位，正所谓"知所先后，则近道矣"。

孩子学习知识和才艺不是不重要，而是说，在家庭教育阶段，教孩子学会做人，提升道德修养是首要的、是根本。如果孩子有了德行，学会做人了，他的人生有了方向，有了规矩和敬畏，就知道该做什么、不该做什么，也就有了学习的主动性、动力和激情；如果孩子没有德行，不懂得怎么做人，不知道人生的路该怎么走，即使知识再渊博、才艺再好，也难以成就大器，可能还会走向邪路。

就像一棵树，如果它的根很浅，长得很高，大风一吹，就会把它连根拔起。孩子没有德行，就没有做人的根基，他的才艺越高、财富越多，"一失足成千古恨"的概率就越高。而一些家长往往看不到这一点。

有一位女士在谈到这个话题时深有感触，从小家长就跟她说要好好学习，找个好工作。她也曾坚信，考上大学、研究生、博士，生活就会幸福和精彩。然而，让她意想不到的是，幸福并未如期而至。她发现学习成绩好并没有给自己带来自信，成绩好解决不了生活中的诸多问题，她感觉自己似乎被一张密密麻麻的大网罩住，快要窒息了。后来，她学习了传统文化，才真正认识到，生命的价值在于付出和奉献，真正的学习是学以成人，不是拿一个好分数或者高文凭，真正决定一个人幸福与否的，是心灵和品质，而不是学习成绩。

现在的一些孩子很脆弱，抗挫折能力差，动辄离家出走，或者轻生；只知道做题，创造力不强，解决实际问题能力差；自私自利，团结协作能力不足；没理想、没目标、没追求，浑浑噩噩，荒废自己；等等。归根结底，都是家长在对孩子的做人教育上出了问题。

没有哪个家长不重视孩子的教育，但是一些家长说到教育，就是给孩子报辅导班、补习班等，在孩子学习知识和才艺方面很舍得花钱。更有甚者，一些有钱的人在孩子很小的时候就让孩子上贵族学校，或让孩子早早出国留学，或让孩子参加假期夏令营到国外游学；有些家长在孩子很小的时候就把孩子送进早教机构，希望能"赢在起跑线上"；有些家长为孩子请好的家教，自己则承包一切家务和本该由孩子自己做的事情，希望为孩子创造好的学习环境。可往往事与愿违，再好的学校、再优秀的老师也代替不了家庭教育。因为从孩子出生的那一天起，就来到了他的"学校"，那就是他的家，家长就是孩子学习做人的第一任老师，也是最重要的老师，家长的生活就是孩子的人生课堂。孩子将来成为一个什么样的人，在某种程度上取决于家长。所以，家长的责任就是要为孩子打好教育的地基、扎好做人的根。

其实，家庭教育就是孩子生命成长的教育，也就是让孩子学会学习、学会生活、学会与人相处，就是道德、品格、心灵、习惯等"根"的教育，只有"根壮"，才能"枝繁叶茂"，这恰似"庄稼养根，育人养心"。但遗憾的是，一些家长对此几乎不太重视，更谈不上正确的教育理念，只是从末节上做文章、下功夫，颠倒了本末，所以，家庭教育难免会出现很多问题。

2. 家长以身示范是"道"

家长以身作则、率先垂范是"道"，其他教育方法和技巧是"术"。家长不以身示范，只说不做，甚至说一套、做一套，片面追求所谓的技巧和方法都是本末倒置。

家长在生活中的言行举止都是教育。《颜氏家训》曰："人在年少，神情未定，所与款狎，熏渍陶染，言笑举动，无心于学，潜移暗化，自然似之，何况操履艺能，较明易习者也？是以与善人居，如入芝兰之室，久而自芳也；与恶人居，如入鲍鱼之肆，久而自臭也。"意思是说，人在年少的时候，性格习惯尚未定型，容易受到周围人的熏陶感染。孩子的言谈举止，即使并未有意向家长学习，在潜移默化中，也自然而然地跟家长学会了，何况一些技能等明显容易学习的方面呢？因此，和好人在一起，好像进入种满芝兰等香草的屋子，时间长了自己就会变得芳香起来；和不好的人在一起，就像进入卖鱼的店铺，时间长了自己身上也会有腥臭味。

家长的身教是最好的家教。以身作则，放之四海而皆准。孩子的教养、兴趣、爱好、习惯等，来自生长环境的耳濡目染。古人讲："儿女不用管，全凭德行感。"家长有很好的德行，就可以感化儿女；想让儿女怎么样，自己先做出榜样。《颜氏家训》曰："夫风化者，自上而行于下者也，自先而施于后者也。"意思是说，教育这件事，做家长的、做领导的在上面做好了，子女、下属在下面就跟着学；家长、领导自己先做好了，后面的人就跟着学会了。好的家庭教育，是由长及幼的潜移默化，育人先育己，家长做好了，才能给孩子一个好的榜样。家长孝顺上一辈人，就算不告诉孩子要尊老孝敬，孩子也能学会心怀感恩；家长在婚姻中和睦相爱，就算不告诉孩子婚姻的相处之道，孩子也能把婚姻经营得幸福美满。孩子的模仿能力是超乎想象的，思想还没定型时，他们的可塑性最强，也是教育、改正错误的最好时机。

有一个成语叫芝兰玉树，这个成语形容的是东晋名相谢安家的子弟。东晋的达官贵人都非常羡慕谢家，因为谢安家的子女儿孙们，个个风流倜傥、才华横溢，就像芝兰玉树生长于阶庭中一样，一代接一代，永不衰绝。有一个朋友问谢安："也没见你教导子女啊，他们一个个怎么都成了芝兰玉树？"谢安说了一句经典的话："最好的家庭教育，就是家长做好自己。"

杨绛先生是我国著名的翻译家、文学家、戏剧家，先生百岁，接受《文汇报》采访，谈到家庭教育时，她说："榜样的作用很重要，言传不如身教。我自己就是受家长、师长的影响，由淘气转向好学的。爸爸说话入情入理，出口成章，《申报》评论一篇接一篇，浩气冲天，掷地有声。我佩服又好奇，请教秘诀，爸爸说：'哪有什么秘诀？多读书，读好书罢了。'妈妈操劳一家大小衣食住用，得空总要翻翻古典文学等书籍，读得津津有味。我学他们的样，找父亲藏书来读，果然有趣，从此好读书，读好书入迷。爸爸从不训示我们如何做。""我们对女儿钱瑗，也从不训示，她见我和钟书嗜读，也猴儿学人，照模照样拿本书来读，居然渐渐入道。"

俗语说："龙生龙，凤生凤，老鼠的儿子会打洞。"这句话并不是说遗传决定人的一生，而是说，家长对孩子潜移默化的影响，在孩子的教育中有着非常重要的作用。孩子从在妈妈肚子里开始，最早接受的就是家庭教育，受到影响最大的也是家庭教育，这种教育有言传、有身教，身教重于言传。孩子生活在家庭里面，家长的言谈举止、为人处世和生活习惯都会深深影响孩子，在潜移默化中，孩子就会模仿家长的语言、行为、爱好、价值判断和思维方式，正所谓上行下效。家长只会说、不会做，甚至乱说，怎么可能教育好孩子呢？而一旦孩子出现问题，家长不反思自己是怎么说的、怎么做的、怎么教育的，单纯抱怨孩子，那有什么意义呢？孩子本身就是受害者。没有不合格的孩子，只有不合格的家长。

还有一些家长把教育孩子当作学校和老师的事，以为孩子送到学校就万事大吉。一个老师面对几十个孩子，想要做到因材施教本来就难，就算孩子在学校里接受了好的教育，回到家里，遇到"三观"不正的家长，好的教育也会打了水漂。

教育者要先受教育。家庭教育首先需要教育的不是孩子，而是家长。家长好好学习，孩子才能天天向上。没有不想学好的孩子，只有不能学好的孩子；没有教育不好的孩子，只有不会教育的家长；没有家长的改变，就没有孩子的改变。作为家长，送给孩子最好的礼物就是让自己成长，自己成长一分，就可以利益孩子一分。家长的修养预示着孩子以后的教养，每一个孩子的模样，都体现了原生家庭的教养。家庭教育的方法和技巧，只是冰山表面，冰山下面隐藏更深的，是家长的用心、智慧和格局。家长与其费力改变孩子，不如用心做好自己，成为孩子的榜样。

一位妈妈说，她对孩子最大的影响就是，让孩子从小就把学习当作一件很自然的事情，像吃饭、睡觉一样平常，从不强迫孩子学习，她直接做给孩子看。可见，真正的家庭教育是一种春风化雨的过程，家长做好自己，才能教育出好的孩子。就像德国著名哲学家雅斯贝尔斯说的："教育的本质是一棵树摇动另一棵树，一朵云推动另一朵云，一个灵魂召唤另一个灵魂。"好的家长永远都是在做孩子的榜样，想教会孩子什么，首先自己就做到什么。家庭教育的实质就是拼家长，不是拼家长有多少财产、有多大权力，而是拼家长的教养、格局和心态。家长就是孩子的人生起点，要想有好孩子，自己必先成为好家长。

3. 尊重孩子的天赋和兴趣是"道"

每一个孩子都有不同的个性和先天禀赋。顺应孩子的天赋，激发孩子的学习兴趣是"道"；任何不顾孩子的天赋和兴趣的所谓技巧和方法都是"术"。

家庭教育要以孩子为本，要切实从孩子的角度考虑问题，让孩子真正成为最好的自己。而有些家长在教育孩子时以自我为中心，不考虑孩子的天赋和兴趣，盲目与别人家的孩子相比较，进而把自己的意志和想法强加给孩子，给孩子造成了很大的压力和痛苦。殊不知，孩子就像一棵禾苗，应该是按照自己的本性生长的，需要的是阳光、浇水、施肥，而不是控制、捆绑，更不是揠苗助长。不要企图让菊花长成牡丹，也不要企图让喇叭花长成菊花，这样的企图既不现实，也无必要，每一种花都有它存在的价值，正是有了各种不同的花草，才有了姹紫嫣红的百花园。孩子正当的兴趣爱好，只要不违法，不违背伦理道德，都应该被尊重。

而现实生活中，很多孩子都被动地接受着家长的"选择"。不少家长嘴里说"孩子喜欢什么就发展什么"，但心里总会有自己的"兴趣高下"之分。有时候孩子有点自己的想法，家长就会说："小孩子懂什么？我这还不是为你好！"把自己的想法强加在孩子身上。更有甚者，一些家长把自己的孩子当成手段，苛求孩子考状元、读名校，只是为了脸面上好看。一旦用孩子的成长来满足家长的某种欲望或需求，那教育就一定会出问题。

一位记者说："我的父亲是在农村参军的，后来进入航空学校，毕业后做了空军机械师。他自己的命运因此而改变，也很希望我能够'学好数理化，走遍天下都不怕'，能够拥有一技之长，一辈子不会饿肚子。所以，当我从小就喜欢阅读和写作的时候，他就很不以为然；到了高中分文理科的时候，我刚一提自己想上文科班，就被父亲斩钉截铁地驳回了。后来，我是学了工学院的机械设计与制造专业，但是因为实在读不下去而被学校勒令退学。这个时候，父亲也就妥协了，说：'你还是学你喜欢的东西吧。'就这样，我又辗转了好几年，最终还是进入了媒体行业做了记者。正因为有了这样的经历，我对兴趣、职业、人生有了自己的看法。我认为，每个人喜欢什么是装不出来的。我曾经很努力地说服自己做一个很好的工程师，做一个很好的营销人员，做一个很好的公务员等，但无论我付出了多么大的努力，最后都失败了。但是，我自从进入媒体行业以来，每一天都特别自在，就算遇到了很大的困难，我也有信心去面对和解决。我曾经遇到过很多的家长，为了把孩子的兴趣扭转到家长所认可的方向上，费了很多的精力，和孩子较了很久的劲。但是，实际的效果并不明显，就像我的父亲曾经想用他的经验来引导我，我反而走了'弯路'。无论在哪一个行业，做好了都不容易。既然在任何一个行业想要做出一些成绩都需要付出极大的努力，那么，为什么不干脆选一个自己感兴趣的领域呢？"

在孩子的兴趣或特长培养上，很多家长往往从自我出发，按照自己的喜好或功利化目的设计、决定孩子的兴趣或特长方向，没有考虑孩子的天赋和真正的兴趣，逼孩子学自己不喜欢、不擅长的东西，孩子苦不堪言。家长应允许孩子广泛接触各种项目，在不断尝试的过程中，孩子会随着时间的推移、年龄的增长逐步聚焦，寻找到自己真正的兴趣爱好。只有真正的热爱，才能激发孩子的潜能和创造力，他们也才能有恒心和毅力坚持。家长可以提供建议，但应该充分相信孩子的分辨和选择能力，不要事事替孩子做主。

中国数学天才陈杲，因攻破了一道世界级难题，研究成果登上了世界四大顶尖数学期刊。26岁的陈杲以特任教授的身份回到中国科学技术大学。他14岁考入中国科技大学少年班，18岁赴美攻读博士，25岁就成为博士生导师。陈杲的父亲陈钱林是一所学校的校长，也是家庭教育专家。当别的家长还在为孩子增加作业时，陈父却为陈杲减少家庭作业，并找老师商量，只要家长签字，陈杲就可以少做家庭作业，多出来的时间用于自学，学习感兴趣的科目。当别的家长都在盯着孩子的成绩时，陈父却告诉陈杲，对他的学习没有任何要求，只需要专注自己喜欢的事情就好。所以，陈杲从小就对数学兴趣浓厚，心无旁骛地钻研到了顶尖水准。当别的家长还在觉得阅读课外书有可能会影响学习时，陈父却为陈杲买了大量的名人传记，希望他通过阅读这些名人传记树立起人生志向。面对孩子的人生规划，陈父也从不横加干涉，完全尊重孩子的意愿。陈父在教育领域已经算是成功人士，但他从未停止过学习，就是为了以身作则，为陈呆树立榜样，让他养成终身学习的习惯。

再看看曾国藩是如何教育孩子的。曾国藩的儿子曾纪泽虽然熟读经史子集，善于写文作诗，但是他的兴趣在西学上面，他喜欢外语，喜欢算术，喜欢西方的学问和技术。曾国藩并没有阻止曾纪泽去学习这些东西，反而是全力支持。曾国藩就顺着儿子的兴趣给儿子买书、请家教。曾纪泽凭着掌握的外语和对外国的了解，先后到英法等国做了大使，成为中国近代史上著名的外交家。不仅如此，次子曾纪鸿也没有继承曾国藩的衣钵，他对理工科极感兴趣，曾国藩也是全力支持。他总是支持孩子的兴趣，尊重孩子的选择，发挥他们的特长。

杨绛先生说，"兴趣是最好的老师"，对于自己的学业，她的父亲从不干涉，而是鼓励她坚持。父亲钻研音韵学，常把某字平仄拿来考她。杨绛高中还不辨平仄声，父亲也不急，让女儿涵泳体味，说："不要紧，到时候自然会懂。"晚上，父亲常踱廊前，敲窗考她某字读什么声，若女儿答对了，父亲就很高兴。女儿对什么书感兴趣，父亲就把那本书放在她的书桌上。杨绛曾在大学文理分科时犯难，她问父亲："我该学什么？"父亲回答："没什么该不该，最喜欢什么，就学什么。喜欢的就是性之所近，就是自己最相宜的。"有了父亲的这番话，杨绛内心释然。父亲的教育观影响了杨绛先生的一生，她一直主张要"引导人们好学"。她说："好的教育首先是启发人的学习兴趣、学习的自觉性，培养人的上进心，引导人们好学和不断完善自己。"

在一次家长会上，有位爸爸说得很好："孩子未必甚至就不应该是你的希望、你的未来，孩子有自己的希望、有自己的未来。孩子不是我们流水线的工业品，每个孩子都是天作之物，都是独一无二的艺术品。如果家长能让孩子找到自己一生所爱，找到自己的兴趣，你就给了他最大的幸福感。有兴趣、有热爱、有好奇心，他就会主动学，不用你逼。真正喜欢和热爱一样东西以后，他在这件事情上的乐趣会远远超过你的想象，这就是他的动力。"

孩子的兴趣极有可能就是孩子天赋的引子，家长要从家庭生活的点滴细节中发现、发掘孩子的天赋，并适时引导，激发孩子的学习兴趣和热情，协助孩子成长，让孩子成就自己的梦想，这才是成就孩子的教育之道。有人讲，做什么事都要看看自己是"哪块料"。这是非常有智慧的说法，孩子是"哪块料"，就往哪方面培养，顺着孩子的天赋和兴趣，事半功倍，就很容易成功。否则，家长和孩子都将十分痛苦。因此，正确的教育观，不是非要把一棵小草培养成参天大树，而是要把一棵小草培养成一棵美好的小草、一棵健康的小草。大部分人的天赋可能都很一般，但是每个人的兴趣、爱好、个性都有自己的独特性。家长的使命就是，顺应孩子的独特性，帮他找到所喜欢的事，发掘他的比较优势。所谓比较优势，不是说你干一件事情干得比所有人都好，而是在你自己能干的所有事情中，哪件事情干得最好。哪怕是一件很普通的事，比如做饭、读书，你把它做到极致，也可以成为你的亮点。

电影《哪吒》的导演杨宇出生在一个医学世家，他在大三时弃医从文，非要做动漫。这种决定几乎没有家长会支持，但他的家长支持他。大学刚毕业，他的父亲就去世了，杨宇和母亲只能靠母亲每月不多的退休金生活。他就每天窝在家里做动漫，衣服基本没买过新的，食物都是母亲去超市找的特价，住的是小房子。经过 3 年，他终于一鸣惊人，创造出票房几十亿元的《哪吒》。杨宇十分感谢他的父母，感谢父母的无私支持，感谢母亲在生活上无微不至的照料。

歌手陈美玲的三个孩子都考上了斯坦福大学，在接受采访的时候，她提到了教育孩子中很重要的一点：不要替孩子做出选择。家长应该尊重孩子的选择，从孩子的选择中发现他们的先天优势，鼓励他们。只有这样，孩子才能因为热爱，将自己喜欢的、感兴趣的事情全力以赴做到最好。正如冰心所说："让孩子像野花一样自然成长，尊重孩子的天性和选择。"只有这样，孩子的人生才能更加丰富多彩。

五十四、家庭教育的中庸之道

有家长问，有的家庭教育专家说，对孩子要多理解、多尊重，不要逼孩子，要进行快乐教育；还有专家说，好孩子是逼出来的，孩子不懂事，必须严格要求。不知该听谁的？

这些专家之所以有不同的说法，是因为站的角度不同，或是强调的内容不同，不能简单地说是对还是不对，但无论是什么观点和说法，都不能机械教条式地照搬硬套，不要绝对化。因为孩子的天赋和个性是不同的，比如有的活泼，有的拘谨；有的外向，有的内向；有的比较顽皮，有的比较温顺；等等。这就需要根据孩子的具体情况采取适当的教育方法。

在这方面，我们需要好好学习孔圣人的教育思想，尤其是要学习因材施教。《论语》里记载，颜回问什么是仁，孔子说："克己复礼为仁。"颜回又问具体怎么把握，孔子曰："非礼勿视，非礼勿听，非礼勿言，非礼勿动。"朱熹评论说，此"乃传授心法切要之言，非至明不能察其几，非至健不能致其决，故惟颜子得闻之"。孔子多次说"贤哉回也"，表现出对颜回的高度嘉许。而子贡问仁，孔子却说："己欲立而立人，己欲达而达人。"子贡利口善辩，会做生意，家境富裕，有志于仁，孔子教他要博施济众。司马牛问仁，孔子说："仁者其言也讱。"意思是说，有仁德的人说话谨慎。因为司马牛多言而浮躁，孔子通过解释"仁"来告诫他，以后要注意改正缺点。孔子对"仁"的不同解释，都是根据学生的不同情况而具有针对性，所谓殊途而同归，这才是一种有效的教育，那种不了解对象而机械教条式的做法是教育的大忌，若不能因材施教，可能就收不到好的效果。

有一位妈妈，她的孩子考进了清华，另一位妈妈开始学习她的教育方法："不随意批评、打骂孩子；孩子作业太多，我就帮他写；孩子完成不了的学习任务，我会主动跟老师解释；甚至还用奖励玩电脑游戏的方式，鼓励孩子完成作业。"可是，孩子与孩子是不一样的。别人的孩子懂事，学习能力和自我管理能力强，家长给予充分的信任，孩子回馈百分的努力。而自家孩子的智商、专注度、时间管理、家庭氛围、学习基础都与别人差了一截，把别人的教育经验原封不动地抄用，却没有考虑自家孩子的实际情况，经过一段时间的努力，孩子的学习成绩却变得更差了。

中华优秀传统文化中蕴含着做人做事的大智慧，比如说，中庸之道，用圣人的话说就是"去其两端，取其中而用之"，适中、适当才是最好的。就如吃饭，再好的饭菜，吃多了不仅肚子不舒服，还会伤身体；再如养生，再好的养生方法，做过了，就不仅不能养生，还会影响身体健康，正所谓过犹不及、欲速不达，要适可而止。中庸之道不仅是世界观，也是方法论，是我们为人处世乃至做教育的最好的哲学方法。

家庭教育也是一样，对孩子爱也好、教也好、严也好、宽也好、表扬也好、批评也好，都不要太过头了，也不要不及，需要把握好一个度，需要在具体生活和实践中用心品味与摸索。

1. 严格而不控制

严格就是家庭教育要有底线和原则，让孩子懂规矩、有所敬畏，父母不能无底线、无原则地娇惯溺爱；但严格不意味着控制，不意味着单纯按照家长自己的想法与意愿对孩子横加干涉和指责。

梁启超是我国近代史上一位很懂教育的父亲。他对子女的学习不强求成绩，不干涉兴趣，不控制选择，但梁启超有一件最看重的事情，那就是品行。他经常教导孩子：你如果做成一个人，知识自然是越多越好；你如果做不成一个人，知识却是越多越坏。如果说梁启超在教育方法上很宽容的话，那么在对孩子品行的要求上却十分严格。

有一些家长总是认为，"孩子还小，树大自然直，长大就好了。"好像孩子到了一定的年龄，自然就知道自己该做什么、不该做什么。其实不然，现在的不少家长抱怨：孩子越来越不好管，毛病越来越多。之所以出现这样的问题，大都是因为孩子小的时候，家长对孩子身上的缺点和毛病不以为然，没有尽早对孩子严格要求，有些缺点慢慢变成了习惯，自然就不好改了。有的家长未必不明白道理，但当真要去管教孩子的时候却不忍心，因为不忍心而任由这些缺点和毛病在孩子身上存在和发展，这不是真爱孩子。真爱孩子就应该像园丁修理小树那样，不该有的枝枝杈杈，该剪掉的要坚决剪掉，这样，小树才能长成参天大树、才能成材；否则，小树就很可能长歪。因此，对孩子的德行等做人的品格方面，一定要有底线和原则，绝不能放纵。

对孩子严格管教，目的在于保证孩子身心的健康成长，避免孩子在人生路上误入歧途。但是，严格管教绝不是简单粗暴、动辄打骂，更不是不顾孩子的先天禀赋、兴趣爱好盲目控制和干涉，而是需要家长在孩子的教育上有所为、有所不为，把握好哪些该管、哪些不该管。该管的不管就是放纵，不该管的乱管就是控制。

生活中，一些家长为了让自己的孩子"更优秀"，对孩子附加了诸多不合理的条件和期待，控制孩子的生活和学习。家长的这种对孩子密不透风的控制，除了带给孩子沉重的压力外，还剥夺了本属于孩子的成长机会和空间。

在某档节目中，一个十几岁的初一女孩，诉说其父亲撕毁了她写的 30 万字小说，但她的父亲并不觉得这是一件大不了的事。"跟学习成绩没有直接关系"，"我是在帮助你走上正道啊！"她的父亲认为，比起孩子的写作梦，理科的成绩更加重要。父亲不会在意，当女儿提到自己的创作被撕毁时，那亮闪闪的眼神一点点消失了，而这样的打击，正是其最亲近的家长造成的。家长总是怀着美好的愿景，为孩子规划着未来，但忘记了孩子也有自己的想法，总是以一句"为你好"随意处置孩子的想法。

还有一档综艺节目，主持人曾读过一封读者来信。信中说："我 25 岁了，可是感觉自己还没有成年，因为我妈管得太严了，什么都必须听她的，让我没有独立的感觉。"写信的人说，他已经读研究生了，可仍被要求每天几点前必须回家。在国外生活期间，妈妈怕他乱花钱，一周给一次生活费。他表示，妈妈事无巨细的掌控让他"无法呼吸"。可想到独立，却又怕提出来让妈妈伤心。

在妈妈的管控下，尽管他拥有一定的学识，但失去了判断的能力和改变自己的勇气。

再看一个案例："别以为你们是对我好，你们对我的好根本不是好！"一个孩子终于忍不住爆发，冲着妈妈大声吼出这句话后，摔门而去，留下妈妈一个人在客厅呆呆地站着。这位妈妈是一名小学老师，自认为掌握了家庭教育知识，但是回首过往，她猛然发现，自己好像连亲儿子都不会教育了。妈妈把饭做好，两份放在餐桌上，一份放在儿子房间的门口，这几乎是她每天都会重复的工作。儿子已经放弃跟父母沟通了，每天回家，他都会径直走进自己的房间，转身、锁门，与父母没有对话，吃饭时也是无言。一直以来，儿子都是个乖孩子，聪明又听话，可是现在，孩子的情况越来越差。妈妈接到了任课老师的反馈，儿子在课堂上睡觉，成绩一落千丈。看着儿子在班级的名次急转直下，妈妈找不到解决的办法，只能更加严格地要求和管束孩子。然而，她越焦虑、越急迫、越要求，孩子就越叛逆。渐渐地，儿子开始变得不善言辞，极端叛逆。妈妈说往东，儿子就偏偏要往西。直到儿子休学，直到他冲着妈妈大声地吼出了那句话："别以为你们是对我好，你们对我的好根本不是好！"听到这句话，妈妈的心像是猛地被长针扎透，一时痛极。自己一直以来的教育真的错了吗？妈妈找了心理医生，报名学习了一些教育课程，然而效果都微乎其微。直到有一天，她在朋友圈看到了一篇文章：《给孩子的人生"松绑"》，妈妈仿佛看到了过去自己对待儿子的方式："你必须按照我说的做！"这不就是自己身上的问题吗？于是，妈妈努力改变自己。直到有一天，妈妈惊讶地发现儿子也变了，家中那扇紧闭的门也打开了，一家三口又可以坐在桌子上一起吃饭了。

未成年人自我克制能力尚不成熟，因此家长必须负起责任来管教。但这种管教应该是充满亲情、人性化、科学而理性的，而不可把孩子作为私有财产任意修理摆布；也不可采用简单粗暴的方式，毫不顾及和尊重孩子的想法、人格。如果过于严厉，造成的危害可能有两种：一种情况是，孩子唯唯诺诺，循规蹈矩，心理压抑，思维不活跃，智力和情商的发展受到严重影响，最好的结果是成为一个缺乏创新的平常人；另一种情况是，孩子强烈逆反，两代人感情冷漠甚至反目成仇，可能会造成孩子学业的中断，养成暴躁性格，也会给家庭幸福蒙上阴影。真正的爱，不是控制和打压，而是接受和尊重。

有人说，现在的孩子其实很累。2岁上早教班，从幼儿园开始就参加跳舞、画画、书法、乐器等兴趣班；到了初高中，升学几乎成了唯一的通道，压力大得让人窒息。不少家长在孩子的生活和学习中都是主导者，让孩子成了一个"提线木偶",家长规划的目标、想象的人生,可能从来就不是孩子想要的。家长总想让孩子更优秀,可过多的包办和控制,最终只会变成孩子成长的障碍,淹没孩子成长的无限可能,甚至使孩子一生都生活在痛苦里。

2. 尊重而不放任

家长要尊重孩子的人格而不简单粗暴,尊重孩子的个性和先天禀赋而不施加过大压力,尊重孩子的兴趣而不横加干涉。尊重不意味着放任和放纵,不等于放纵孩子的任性,不等于纵容孩子遇到困难就退缩和逃避,更不是孩子想怎样就怎样,这不是尊重,而是不负责任。

每个孩子的天赋、特长和兴趣是不一样的,正像孟子说的:"物之不齐,物之情也。"天下万物没有一样的,它们都有自己的独特个性,这是规律,是客观存在。无论什么事,有兴趣,就有主动性和积极性,有无限的创造力;没有兴趣,就没有积极性,很难出成绩。同样,考试成绩不好,不代表孩子不努力,更不代表孩子笨,很可能是没有学习这方面的天赋,就像有的人不会唱歌不代表他笨一样,只是没有唱歌的天赋而已。

教育要做唤醒的功夫,当孩子的求知欲望与生命的力量被唤醒之后,他就会自觉主动地去探索未知的世界,而这个探索的过程也就是孩子自我唤醒心灵智慧的过程。教育的目的是不教育,也就是说,教育是为了引导孩子进行自我教育。魏书生是全国特级语文教师,他也是一位成功的父亲,儿子以优异的成绩考入清华大学。儿子很小的时候,魏书生就要求他自己能做的事情必须自己做。甚至在儿子三四岁的时候,就让他给父亲洗脚。他和儿子出门,如果只有一个包,那一定是儿子抢着背;如果有两个包,儿子就一手挎一个。有一次,他们出行带了三个包,魏书生想着儿子肯定是拿不了了,便打算自己背。结果儿子抢过去,背起一个,左右手各拎一个,大步流星地在前面走,显示自己长大了、成熟了。

曾拿到世界技能大赛烘焙项目冠军的蔡叶昭,是一个初中毕业就出来打工的男孩,在短短几年间,成了世界冠军,还当选了第十三届全国青联委员。蔡叶昭出生于安徽芜湖农村,初中毕业时,他觉得自己不是学习的料,与其每天在课堂上昏昏欲睡,还不如学习一技之长。后来,他学习西点制作,他的动手能力很强,做出的西点样式很别致,很快得到了老师的认可和赞许。从那时起,蔡叶昭有了明确的人生目标,那就是做最优秀的面包师。当他从蛋糕裱花师转行成一个烘焙学徒的时候,工资只有 1 600 元左右,还不到原来工资的三分之一。他的父母特别反对,然而他还是坚持做自己喜欢的事情。转行做面包师之后,他来到了上海,在一家法式面包店里工作,接触的是欧式、法式的面包，别人看他每天不说话，就在那里埋头工作，以为他过得特别枯燥无趣，但其中的快乐也只有他自己懂。有一天，他接到了母校的电话，老师告诉他有一个烤面包比赛，想让他代表学校参加。然而，他又遭到了父母的反对，他们觉得做面包打比赛太不靠谱了。但是蔡叶昭和他父母想的不一样，他觉得这是他见世面、提升自己技术的绝好机会。于是他瞒着父母，把工作辞掉，去了苏州准备比赛，先后拿下了江苏队参加全国赛的名额和全国技能大赛的第一名。世界技能大赛的烘焙项目，中国是第一次参赛，他从未想过自己能拿第一，却创下了属于自己的奇迹。如何实现自己的个人价值？蔡叶昭说，就是保持内心的热爱，去坚持，努力做好自己擅长的事，平凡的岗位也能取得不平凡的成就。

在孩子成长过程中，给予充分的尊重是必要的，但尊重绝不意味着放任不管，而要有原则和底线。孩子越小，家长越需要理性，越需要坚守原则和底线。面对孩子的不良行为和不合理要求，家长必须用坚决的态度使孩子明确言行的界限，形成一种规矩，让他们更有安全感。

人都有惰性，孩子更不例外。孩子还小的时候不要指望他能自觉自律，面对电视、手机、游戏、零食等，成人有时都很难自制，更何况是孩子。无论是学习还是习惯养成，很多时候还是需要家长的耐心引导。

快乐教育，是英国社会学家斯宾塞提出的教育理论。他提倡：培养孩子快乐的性格，激发孩子的兴趣，培植孩子的积极心态，激发孩子的自信心，促进孩子养成良好习惯，让孩子在快乐的氛围中掌握各种知识。快乐教育并不是降低标准，放任自流，而是让孩子获得更好的学习体验，培养孩子的学习积极性和主动性，哪怕学习再辛苦，也能乐在其中。简单地说，快乐教育不是不学习，而是用令人愉快的方式，让孩子爱上学习、自主学习。教育的目的是成长，快乐只是手段，因为快乐符合儿童发展的规律。但是如果我们把手段当成了目的，就失去了教育的方向和意义。

真正的快乐教育是顺着孩子的天性，引导孩子的兴趣，就像王阳明说的："今教童子，必使其趋向鼓舞，中心喜悦，则其进自不能已。譬之时雨春风，霑被卉木，莫不萌动发越，自然日长月化。"一般说来，孩子天性喜欢嬉戏玩耍，不喜欢被约束。就像草木刚开始发芽时，如果让它舒展畅快地生长，就能迅速发育繁茂；如果摧残它，就会很快枯萎。所以，教育孩子，一定要多加鼓励，顺着他们自己的天性，享受学习的快乐，则会自发自愿地学习和进步。就如春天的和风细雨，滋润着花草树木，则花木无不萌芽发育，自然茁壮成长。

　　教育家陶行知曾说："我们对于儿童有两种极端的心理，都对儿童有害，一是忽视；二是期望太切。忽视则任其像茅草一样自生自灭；期望太切不免揠苗助长，反而促其夭折。"冷漠地逼迫和一味地放任孩子，都是两种极端。家长要在这两者之间找到平衡，让孩子在学业压力面前仍然可以拥抱快乐。所谓的静待花开，不是放任孩子，什么都不管，而是家长在心态上要保持平和，相信成长是一个必要的过程，观察并接纳孩子成长的不同节奏，因材施教。

3. 关爱而不包办

　　爱不等于包办，不包办不等于不爱。很多家长总觉得孩子还没长大，总认为自己对孩子生活的包办和干预是因为他们"不懂事"。殊不知，一个孩子总是依附于家长，即使长大也无法真正成熟，他永远也无法学会独立面对社会，只会成为一个永远长不大的"小孩"。现在的"啃老族"，大多都是家长包办的结果，子女在心理上难以跟家长"断奶"，家长不忍心断，孩子不想断。现在的一些孩子之所以抗挫能力差，就是因为家长包办太多，孩子除了学习还是学习，独立能力差，面对挫折无法承受。

　　爱要有度，不能包办代替，爱过了头就是溺爱，溺爱不是爱，而是一个温柔的陷阱。就像种树一样，不施肥、不浇水，小树长不好；但肥料施多了、水浇多了，小树也会长不好。养孩子也一样，没有爱不行，爱多了也不行。一些家长抱怨孩子什么都不干、什么都干不好，却忽视了也许从来没有给过孩子尝试的机会。有大量研究表明，家长包办越多，孩子能力越弱。在孩子成长过程中，不让他们做事，就相当于家长剥夺了孩子成长的机会，放弃了对孩子自理能力的培养，后果只能是孩子越来越无能，越来越依赖家长。家长在孩子面前学会示弱，恰恰能提升孩子的自信和勇气，激励他们做得更好，让他们尽快独立并成长起来。正如复旦大学教授沈奕斐所说：家长越厉害，越要学会收拢翅膀，因为我们成人的厉害会变成孩子发展的天花板。

　　家长不必时刻围着孩子转，你觉得是关心照顾他，孩子却觉得你管得太严。家长应当允许孩子有隐私，有选择权和决定权。年幼的孩子在生活、学业上或许需要比较具体细致的指导，但也要适当给他们机会锻炼独立性。进入青春期的孩子则最烦家长事无巨细地询问和唠叨，家长可以事先告诉孩子，无论是好事还是坏事只说一遍，如果你因为不听而耽误了，是你自己的责任。与其成为唠叨的家长，不如豁出去让孩子承担后果而换取教训。家长不能陪孩子一辈子，人总要在教训中成长，未来的路还是要孩子自己去走。

　　一位妈妈说:"假期里,我总想抓紧每一分钟,给儿子最好的陪伴。第一天,我坐在儿子书桌前,看着他一笔一画地写作业,给他讲解问题,纠正错误,结果我们在争吵中度过了一天。第二天,我徘徊在儿子房门口,给他端茶倒水,对他嘘寒问暖,却失望地感到他的不耐烦。第三天,我回到自己房间,没有了对儿子的过度关注,他反而轻松自在,偶尔跑来给我一个拥抱,我终于感到了和谐美满。"爱要有界限和分寸,没有界限的爱会扼杀孩子的自主性和独立性,削弱孩子发展自己的力量。很多时候,我们都在根据自己的想法替孩子决定他的事情,小到吃喝拉撒,大到孩子的所思所想,孩子完全没有自主权,又如何成长?

　　毕业于哈佛大学、曾任美国交通部部长的赵小兰就说过:"我能够有现在的成就,离不开父亲从小的教育。"她的父亲就是"华人船王"赵锡成。其实,赵小兰只是这位"华人船王"6个女儿中的一个,其余的5个女儿也都像赵小兰一样优秀,她们全部毕业于常春藤名校,其中3人和赵小兰还是同门,都拥有哈佛大学的学位,在美国政商两界都是赫赫有名的人物。身为"美国华人第一家庭",赵家的富裕自然无须多说。但是,赵小兰在上大学的时候,需要贷款或者靠勤工俭学的方式才能完成学业。除了金钱教育,赵锡成还从小培养孩子为人处世的能力。如果家中来了客人,他会让自己的女儿承担"端茶倒水"的服务类工作,这是让孩子提前感悟社会生活。家里搬到新的地方,有一小段石子路需要铺设才能连接到大路,赵锡成就把这个任务交给几个女儿去完成。这是在教育孩子学会融入集体,让孩子明白自己是家庭的一分子,对家庭她们也应该出一份力,只有这样,成人之后,才能更好地融入社会这个大集体。

　　真正爱孩子,就不要把孩子当成宠物,不要让孩子变成自己羽翼下长不大的小鸟。家长要学会放手,比起关爱,放手更考验家长的智慧。孩子的成长是有规律的,教育需要尊重孩子的身心发展特点,没有捷径可走。有时候,家长的行为看似在帮助孩子,其实已经违背了孩子的成长规律。

　　懂得放手的家长会根据孩子成长的需要,对自己的角色慢慢地做出调整,如调整对孩子的关爱方式,逐步减少对孩子生活的参与度,让孩子自己做力所能及的事情。教育有时候不必那么着急,让孩子慢慢来,从不会到会,掌握一项技巧需要反复练习。不要害怕孩子吃苦受累,必要的苦和累都是孩子成长所应有的经历和磨炼,不舍得孩子吃苦受累而承担孩子应负的责任,虽然避免了孩子的哭闹和纠缠,却剥夺了孩子培养良好品格和发展自我能力的机会,孩子怎么可能成长、成人?孩子吃点苦,受点累,甚至跌几个跟头,不仅可以丰富孩子的社会经验，更重要的是，这些能够为其成长积累面对挫折的勇气，锻炼独立处理问题的良好心理素质，这样，孩子才能走得更快、更好。

家长不要总想着为孩子包办一切，这既不现实也不可能，因为家长可以替孩子做事，却不能替代孩子成长，不能替代孩子成人。毕竟，无论我们是否愿意，孩子早晚要走出家庭，要独自面对这个世界，家长无法永远陪着孩子走完一生，不可能永远为孩子遮风挡雨，"授之以鱼，不如授之以渔"。

《老子》曰："太上，下知有之；其次，亲而豫之；其次，畏之侮之。"放在家庭教育上来说，即：最有智慧的家长，并没有专门教育孩子，而是行不言之教，让孩子在潜移默化中自然学会做人和做事；二等的家长，采取顺应孩子天性的办法，让孩子在快乐中受到教育；三等的家长，采用让孩子恐惧的办法进行教育，采用简单粗暴、横加控制，以至于让孩子怨恨的办法进行教育。但愿天下家长在家庭教育中，都能通过自己的不断提升达到"太上"的境界，为孩子的健康成长铺就一条幸福大道。

五十五、养成好家风是留给子孙的最珍贵财富

有家长问，什么样的家风才是好家风？怎样才能形成好家风？

有家就必然有家风。家风是一个家庭的风气，也就是一个家庭通过传承和学习体现在家庭成员身上共同的价值判断、生活方式和习惯，其核心就是价值观，即对善恶、是非、美丑的看法，具体体现在家庭成员的言谈举止和日常的为人处世之中。如有的家庭孝悌，有的不孝不悌；有的家庭节俭，有的奢侈；有的家庭勤奋，有的懒惰；有的家庭善良，有的自私；等等，这些都是一个家庭的家风。家风本身看不见、摸不着，但却影响着每一个家庭成员，甚至渗透到每一个家庭成员乃至子孙后代的骨血中，可能影响几代，甚至十几代、几十代人，成为家族成员性格、习惯乃至命运的一部分。可以说，家风是一个家庭的精神内核。

家不仅是生命降生的地方，也是伴随生命成长的地方，如果把每一个生命都比作是一粒种子，那么家庭就是我们生长的土地。家风是一个人成长的"地基"，一个人价值观形成的起点。可以说，不同的家风造就不同的人，有勤俭的家风，就会造就勤俭的孩子；有好吃懒做的家风，就会造就好吃懒做的孩子；有乐于助人的家风，就会造就乐于助人的孩子；有自私自利的家风，就会造就爱占便宜的孩子。古往今来，不变的规律就是，好的家风造就好的孩子，不好的家风造就"不好"的孩子。

习近平在 2015 年春节团拜会上说:"家庭是社会的基本细胞,是人生的第一所学校。不论时代发生多大变化,不论生活格局发生多大变化,我们都要重视家庭建设,注重家庭、注重家教、注重家风……"在 2016 年会见第一届全国文明家庭代表时说:"家庭是人生的第一个课堂,父母是孩子的第一任老师。孩子们从牙牙学语起就开始接受家教,有什么样的家教,就有什么样的人。家庭教育涉及很多方面,但最重要的是品德教育,是如何做人的教育。"

好家风就是传家宝,万贯家财不如良好家风。那么,什么是好家风呢?好家风的底色必然是有道德,诸如善良、谦让、和谐、宽厚、勤奋、节俭等。2013 年 11 月,习近平在视察山东、视察曲阜孔府和孔子研究院时讲道:"国无德不兴,人无德不立。"从国家到个人,失德是非常可怕的。一个国家没有道德,就无法兴盛;一个人没有道德,就无以立身处世。

《周易》中有:"积善之家必有余庆,积不善之家必有余殃。"为什么有庆、有殃?关键是家风。善良积德之家,家长乐于助人,用言行教育子孙后代,子孙代代兴盛,这才是留给子孙后代的福泽;而有一些家长自私自利,甚至还有偷、骗、嫖、赌、毒的习惯,这些不良品德也会传染给子孙后代,家族由此衰落。因此,古人常以孝悌忠厚传家,诗书继世,以礼义教于子孙,催其上进,使其向善,这才是真正地为子孙后代着想。

良好的家风,无论在什么时候,都是一个家庭兴旺的根本。《后汉书·杨震列传》载,杨震去东莱郡就任,途经昌邑县,杨震曾有恩于昌邑县令,县令夜里送钱财给杨震以示感恩,并说:"黑夜里没人知道。"杨震说:"天知道,地知道,我知道,你知道。怎么会没人知道!"县令羞愧而去。杨震刚正廉洁,从不接受私人的拜会请托,拒收钱款。他的子孙们平日吃素步行,未染官宦子弟恶习。亲朋好友劝杨震,该为儿孙聚些财产。杨震却说:"让后世称他们是清白官吏的子孙,把好品德留给他们,这'财产'也很厚重啊!"杨震的子孙,个个秉承家风,无不廉洁刚正,闻名当世。

北宋的名相范仲淹,虽位高禄厚,但生活十分俭朴,其俸禄大多用于周济贫民和在家乡购买义田,以养贫穷无靠的人。他清贫终身,去世时"身无以为敛,子无以为丧",未给后代留下任何财产。堂堂北宋副宰相,清廉若斯,着实罕见。然而,他的四个儿子个个成才,曾孙辈依然显赫,代代廉洁,家族八百年兴盛不衰,其原因就是有一个勤俭好善的家风。

曾国藩的家书中,出现最多的两个字就是"勤"和"俭",他有一个十六字箴言:"家俭则兴,人勤则健;能勤能俭,永不贫贱。"这成为曾家的家风。梁启超没有给子孙留下财产,而他的九个子女都成为国家栋梁。梁思礼谈起父亲时说："他最关注的，是子女人格道德品质的培养，循循善诱，以身作则。"
古话说："道德传家，十代以上；耕读传家次之；诗书传家又次之；财富传家，
不过三代。"唯有以德传承，才能让家庭兴旺发达。

家风不正，其家必败。《老子》中讲："金玉满堂，莫之能守；富贵而骄，
自遗其咎。"锦衣玉食，如果不能珍惜，迟早会消耗殆尽；金山银山，如果不
思进取，迟早会坐吃山空。"甚爱必大费，多藏必厚亡。"爱得太满，丧失理智
会造成巨大的损失；积累财富，留给儿孙反而会害了他们。若是家风不正，致
使子孙品行不佳，就算给他们留下再大的家业、再多的财产，也只能是损其心
志，使其耽于享受、沉迷堕落，最终害己害家。

古人为了传承好的家风，教育子孙后代，有的还专门整理成家规和家训。
如《颜氏家训》《钱氏家训》《诫子书》等，字字箴言，代代相传，成就了一个
又一个大家和子子孙孙的兴盛。宋代以来，钱氏家族出了众多的政治家、文学
家和学者，人才辈出，其重要原因就是钱氏家族代代传承着《钱氏家训》。钱
伟长先生曾明确说过：我们钱氏家族十分注意家教，有家训的指引，家庭教育
有方，故后人得益很大。《钱氏家训》的内容涵盖个人、家庭、社会、国家四
个方面，体现了中华民族的优良传统，成为钱氏后人的行为准则。

王吉是西汉琅琊人，他把"言宜慢，心宜善"定为王氏家训，使王氏家族
渡过许多劫难，创造了家族发展的奇迹。琅琊王氏家族在两晋时期发展到巅
峰，能和皇帝共天下，史称"王与马，共天下"。"马"便是东晋开国皇帝司马
睿，而"王"便是琅琊王氏的领军人物王导。汉唐千余年间，琅琊王氏家族宰
相辈出，公侯世及，代有名贤，成为中国历史上最为显赫的家族之一。

巩义康氏家族，其家训是"忠厚留有余"。康氏家族从明代先祖算起，连
续兴旺了十几代人，成为明朝、清朝、民国时期的望族世家。这个家族被人俗
称为"康百万"，因慈禧的封赐闻名天下。康氏庄园是全国三大庄园之一，是
康氏家族兴旺的见证。

闻喜裴氏是又一名门望族，自秦汉始，经历了魏晋、隋唐、五代等前后两
千余年，该家族的辉煌史在中外历史上都是少见的。历史上先后出过以裴秀、
裴寂、裴炎等宰相 59 人，整个家族中，正史记载和列传的就多达 600 余人，
就连大文豪欧阳修都以"天下无二裴"赞誉裴氏家族。裴氏家训概括起来就是
孝悌、勤俭、厚德。

古今中外，无数的豪门望族，传承的从来不是钱财，而是宝贵的精神食
粮，那就是家风。正如钱穆先生说的，一个家族的兴盛，绝非依赖外在之权势
与财力，更非故作玄虚的高谈阔论，而是仰赖良好的家教门风。

　　家风是塑造孩子的无形力量，在日常生活中潜移默化地影响着孩子的心灵，塑造着孩子的人格；家风是一种最直接、最经常的教育，也是一种全方位的教育，孩子的言行举止都会打上家风的烙印。

　　中国工程院院士、著名呼吸病学专家钟南山接受记者采访，谈到自己的家庭时说："我们家从来不谈钱，只谈学术。"钟南山走上从医的道路，离不开家庭对他的深刻影响。他的父亲钟世藩是著名的儿科专家，他不仅医术高明，而且医德高尚。下班后，经常有人带着孩子找上门看病，他总是不厌其烦，有时病人不便，他还会上门出诊。这给了当时还是孩子的钟南山很深的触动，从那时起，救死扶伤的愿望就在他心里生根发芽。父亲曾经省吃俭用，买了几百只小白鼠用来研究病毒。钟南山每天都要帮父亲喂小白鼠，同时也明白了医学是一门严谨的科学，必须通过实验论证，药物才能用于临床实践。父亲责任心很强，从来不轻易下诊断，每次给病人看病，都会把病例写得清清楚楚，而且他用药有个特点，就是简单有效、价廉安全。父亲教会他的是严谨、踏实与无私奉献的精神，而母亲教会他的则是善良与真诚。家长的言传身教，潜移默化地影响着他的一生，使他成长为一名专业严谨却不失慈悲的好医生，他总是把一句话挂在嘴边："我们的重点不是治病，而是治病人。"

　　孩子出生后，从小到大，绝大部分时间生活在家庭之中，都在接受着家长的教育。这种教育是在有意和无意、自觉和不自觉之中进行的，家长以其自身的言行随时随地影响着孩子，对孩子的生活习惯、道德品行、谈吐举止等不停地给予影响和示范。

　　好的家风就是好的家庭教育，而好的家庭教育又会形成好的家风。东晋时期，一代名相谢安就是谢氏家风的树立者。他四十岁出仕之前，一直隐居东山，与文人雅集。因谢氏兄弟多在外为官，忙于公务，谢安便担起了教育谢氏一门子弟的重任。谢安非常重视家风的传承，尤其注重从道德人格、人生抱负等方面教育子弟。一次，他问众子侄人生的目标和理想，谢玄回答说："譬如芝兰玉树，欲使其生于阶庭耳。"谢安非常赞许，他希望子侄都有"芝兰玉树"的品格，"芬芳起于椒兰，清响生乎琳琅"，正人君子必须具有高尚美好的品德。《晋书·谢安传》称谢安"处家常以仪范训子弟"，道出了谢氏家风的特点，这也是谢氏家族保持兴盛的方法之一。谢安常教育子侄说："贤圣去人，其间亦迩。"圣贤与一般人的距离并不远，也就是说，人人可为尧舜，人和人的才能或许相差很大，但在道德上要朝着圣贤人的目标去修为，"达则兼济天下，穷则独善其身"。谢安见侄子谢玄喜欢佩戴紫罗香囊，这种脂粉气很浓的物件在当时贵族青年中很流行，谢安怕他玩物丧志，又不想伤害他的尊严，于是，他以和谢玄打赌的形式，巧妙地赢得香囊，当面烧毁。这种启发式教育，属于不言之教，可谓煞费苦心。谢安与朋友评鉴人物、时事时，也让子侄旁听。一次，他问李弘度："你伯父李平阳和尚书令乐广相比怎么样？"李弘度潸然泪下，说："恐怕难以将两人相比。赵王叛逆篡位，乐广亲自进皇帝玉玺；过世的伯父为人方正，耻于处身乱朝之中，竟至服毒自杀，这是显而易见的事实，并不是我偏爱伯父才如此说。"谢安转身对谢玄、谢朗说："有见识的人果然不出所料。"谢安用意很深，故意出此问题，让忠臣之后亲自回答，借此教育、感化子侄。在这种家教和家风的引导下，谢氏家族文武兼修，培养出了许多文化大家，成就了许多文坛佳话。谢安以身作则，在日常的潜移默化中影响教育了子女。

清代山西乔家"和为贵"的家风，与乔致庸是密不可分的。乔致庸治家的规矩很严，其家规有六条：一不准吸毒，二不准纳妾，三不准虐仆，四不准赌博，五不准冶游，六不准酗酒。这些家规既可以杜绝祸起萧墙，又可成为家庭持盈保泰的保障。乔致庸的堂号叫"在中堂"，"中"的意思就是"执两用中"，意思是不偏不倚，讲究和谐。整个乔家有几十个堂的人一起生活，几乎没有发生过兄弟反目、婆媳不和、妯娌交恶的事情。人们常说"一个屋檐下，勺子哪能不碰锅沿儿"，更何况这么大的一个家族，家大业大，人事复杂，怎么可能事事周到、没有一点摩擦？因为大家都讲求一个"和"字，凡事能退就退一步，大度包容，所以家庭和睦、家族兴旺。乔致庸一生嗜好读书，案头常摆有《大学》《中庸》《史记》等书，他每天按时起居、按时读书，数十年如一日，对许多书要数十次上百次地阅读，对书中好的段落还要用红笔勾画出来。其实，乔致庸在经商之前，已经考中秀才，准备考举人，因为当时家族生意存在巨大危机，他不得不弃文从商。而他在商业上取得这么大的成功，和他本人饱读诗书、底蕴深厚有很大的关系。乔致庸用传统文化来指导自己的商业经营，以"人弃我取，薄利广销，维护信誉，不弄虚伪"为经商原则，使得祖业在包头的商号获利倍增，并且大规模扩张，乔家迅速成长为当时山西最富有的商家。而在乔家生意蒸蒸日上的时候，乔致庸急流勇退，让后辈经营，自己则在家广购图书，教导孩子。乔家花费重金设立私塾，让氏族子弟不分男女，不论亲疏，一律上学读书。正是因为乔家重视教育、崇尚厚德的家风，所以乔家的后辈人人都能识文断字，待人接物谦和有礼。

家风是一种无声的教育，好的家风需要传承和养成，因此，家长既要发扬家族祖辈、父辈留下的好的家教家风，又要不断提升自己，以身作则，通过自己的言行举止为孩子做出表率。

第六篇　家　训

五十六、颜之推的《颜氏家训》之"教子"

颜之推，南北朝时期著名的文学家、教育家。他生于士族家庭，博览群书，处事勤敏，得南朝梁湘东王赏识，19岁就被任为国左常侍。后投奔北齐，历20年，官至黄门侍郎。公元577年，北齐为北周所灭，他被征为御史上士。公元581年，隋取代北周，他又于隋文帝开皇年间被召为学士。传世著作有《颜氏家训》《冤魂志》《集灵记》《观我生赋》等。著名历史学家范文澜称他是"南北两朝最通儒、最有思想的学者"。

《颜氏家训》是颜之推记述个人经历、思想以告诫教育子孙的著作，也是他一生关于立身、治家、处事、为学的经验总结，对其子孙及后世产生了深远影响。纵观历史，颜氏子孙在操守与才学方面都有不俗的表现，就唐朝而言，像注解《汉书》的颜师古，书法为世人楷模的颜真卿，凛然大节震烁千古的颜杲卿等，都令人印象深刻。即使到了宋元两朝，颜氏族人也仍然入仕不断。

《颜氏家训》共有二十篇，是中国古代家庭教育理论宝库中的一份珍贵遗产，也是一部国学经典著作，因此，历代学者对《颜氏家训》推崇备至，视之为垂训子孙以及家庭教育的典范。其中的"教子"是《颜氏家训》的第二篇。

《颜氏家训》"教子"原文：

> 上智不教而成，下愚虽教无益，中庸之人，不教不知也。古者，圣王有胎教之法：怀子三月，出居别宫，目不邪视，耳不妄听，音声滋味，以礼节之。书之玉版，藏诸金匮。生子咳提，师保固明孝仁礼义，导习之矣。凡庶纵不能尔，当及婴稚，识人颜色，知人喜怒，便加教诲，使为则为，使止则止。比及数岁，可省笞罚。父母威严而有

慈，则子女畏慎而生孝矣。吾见世间，无教而有爱，每不能然；饮食运为，恣其所欲，宜诫翻奖，应诃反笑，至有识知，谓法当尔。骄慢已习，方复制之，捶挞至死而无威，忿怒日隆而增怨，逮于成长，终为败德。孔子云"少成若天性，习惯如自然"是也。俗谚曰："教妇初来，教儿婴孩。"诚哉斯语！

凡人不能教子女者，亦非欲陷其罪恶；但重于诃怒，伤其颜色，不忍楚挞惨其肌肤耳。当以疾病为谕，安得不用汤药针艾救之哉？又宜思勤督训者，可愿苛虐于骨肉乎？诚不得已也。

王大司马母魏夫人，性甚严正。王在湓城时，为三千人将，年逾四十，少不如意，犹捶挞之，故能成其勋业。梁元帝时，有一学士，聪敏有才，为父所宠，失于教义。一言之是，遍于行路，终年誉之；一行之非，掩藏文饰，冀其自改。年登婚宦，暴慢日滋，竟以言语不择，为周逖抽肠衅鼓云。

父子之严，不可以狎；骨肉之爱，不可以简。简则慈孝不接，狎则怠慢生焉。由命士以上，父子异宫，此不狎之道也；抑搔痒痛，悬衾箧枕，此不简之教也。或问曰："陈亢喜闻君子之远其子，何谓也？"对曰："有是也。盖君子之不亲教其子也。《诗》有讽刺之辞，《礼》有嫌疑之诫，《书》有悖乱之事，《春秋》有邪僻之讥，《易》有备物之象：皆非父子之可通言，故不亲授耳。"

齐武成帝子琅邪王，太子母弟也，生而聪慧，帝及后并笃爱之，衣服饮食，与东宫相准。帝每面称之曰："此黠儿也，当有所成。"及太子即位，王居别宫，礼数优僭，不与诸王等。太后犹谓不足，常以为言。年十许岁，骄恣无节，器服玩好，必拟乘舆；尝朝南殿，见典御进新冰，钩盾献早李，还索不得，遂大怒，诟曰："至尊已有，我何意无？"不知分齐，率皆如此。识者多有叔段、州吁之讥。后嫌宰相，遂矫诏斩之，又惧有救，乃勒麾下军士，防守殿门；既无反心，受劳而罢，后竟坐此幽薨。

人之爱子，罕亦能均；自古及今，此弊多矣。贤俊者自可赏爱，顽鲁者亦当矜怜。有偏宠者，虽欲以厚之，更所以祸之。共叔之死，母实为之；赵王之戮，父实使之。刘表之倾宗覆族，袁绍之地裂兵亡，可为灵龟明鉴也。

齐朝有一士大夫，尝谓吾曰："我有一儿，年已十七，颇晓书疏，教其鲜卑语及弹琵琶，稍欲通解，以此伏事公卿，无不宠爱，亦要事也。"吾时俛而不答。异哉,此人之教子也! 若由此业,自致卿相,亦不愿汝曹为之。

《颜氏家训》"教子"参考译文:

智力超群的人,不用教育也能成才;智力十分低下的人,即使教育也难以成器;绝大多数智力中等的人,不教育就不明事理。古代圣明的君王都有胎教的做法:妃嫔怀胎三个月时,要分房住,不看不好的东西,不听不好的声音,言语、饮食都要合乎礼义规范。还要把这些写在玉片上,藏在金柜里,保存下来,让子孙学习遵循。在孩子还小的时候,就要有专门的老师讲演孝、仁、礼、义的道理,教育引导孩子学习。普通百姓家即使做不到这样,也应当在孩子能够懂得看人的脸色、辨别人的喜怒的时候,就加以教育引导,让孩子明了什么该做、什么不该做。这样,等孩子长大一些,就可免得责打和惩罚。家长既有威严又有慈爱,子女才会恭敬、谨慎而有孝心。我看世上有些家长对子女不加以教诲,而一味溺爱,常常做不到这一点。家长对孩子的饮食起居、言行举止过于迁就,任其为所欲为。应该训诫的,反而加以赞赏;应该呵责的,反而一笑了之。这样的孩子长大以后,还以为从前的所作所为本来就应该这样。骄横轻慢的习性已经养成,这时才去管教他,纵使把他打死,也难以让他畏惧、听从,家长越来越忿怒,也只会增加相互的怨恨,这样的孩子长大以后,必然败德破家。孔子说过:"从小养成的就像天性,习惯了的也就成了自然。"讲的正是这个道理。俗话讲:"教育媳妇要在初来的时候,教育孩子要在孩子小的时候。"这话说得很对。

凡是不能很好地教育子女的家长,也并非要让子女陷入罪恶的境地,只是不愿意使孩子因受呵责而沮丧,不忍心责打怕孩子受苦。假如一个人生病了,哪有不用汤药、针灸就能治好病的呢?再想想那些勤于督促训导孩子的家长,怎么会愿意责罚自己的亲生骨肉呢?实在是为了孩子身心的健康成长而不得已啊!

大司马王僧辩的母亲魏夫人,性格严厉正直。王僧辩在湓城任职时,是统率三千人的将领,年龄已过四十,但只要有做得不对的,老夫人就要责罚他,所以,他成就了一番功业。梁元帝在位时,有个学子很聪明、很有才气,深得家长的宠爱,但疏于对他做人的教育。他若一句话说对了,家长就到处夸奖,一年到头都赞不绝口;他若一件事做错了,家长就为他百般遮掩粉饰,指望他自己能改正。他成年后，越来越粗暴傲慢，终因言语放肆，被周逖杀掉，还被抽了肠子，血被拿去祭战鼓。

家长与子女之间的关系要庄重，不能过于亲昵而没大没小；长幼骨肉之间的关系要关爱，不能过于简慢而没有礼节。如果简慢而没有礼节，就很难做到父慈子孝；如果过于亲昵而没大没小，就会怠慢放肆。那些封官拜爵的人，家长与子女都会分房住，就是为了不过分亲昵；为家长按摩止痛，铺床叠被，是为了防止怠慢放肆。有人要问："孔子的弟子陈亢听说孔子与孩子保持适当距离，感到高兴，这是为什么呢？"回答是："这是有道理的。有些东西是君子不能亲自教给孩子的，就像《诗经》《礼记》《尚书》《春秋》《周易》中，有些内容是家长与子女之间不方便谈论的，所以不亲自教授孩子。"

北齐武成帝的儿子琅邪王高俨，是太子的同母弟弟，他天资聪颖，武成帝和皇后都非常宠爱他，他的衣服、饮食与太子一个标准。武成帝常当面称赞他说："这孩子很聪明，一定能成大事。"等到太子继位，琅邪王住在别的宫殿，在礼数上格外优待，与其他诸王不同。皇太后还觉得不够，常常唠叨这件事。琅邪王十几岁的时候，骄横放肆，毫无节制，器用服饰、珍奇玩物一律要与当皇帝的哥哥比。他常去皇帝生活的地方，看见皇上的近侍典御、钩盾给皇上进献新出的冰块、李子等，他回府后就派人索要，索要不成，就大发脾气，怒骂道："皇帝有，我为什么没有？"不懂身份和礼数，大概都像这样吧。一些明白人都笑话他像共叔段、州吁一样不懂得君臣之礼。后来，琅邪王因嫌恶宰相，就假传圣旨杀掉宰相，又担心有人相救，于是命令手下军士防守宫殿大门。虽然他没有反叛之心，受到安抚后也撤了兵，但最终还是因为这件事被皇帝密令处死。

人们疼爱自己的孩子，但少有能够一视同仁的，从古到今，这样的弊病很多。德才好的孩子固然值得赏识和疼爱，顽劣愚笨的孩子也应当予以同情与怜爱。偏心的人，本想宠爱某个孩子，反倒会因此害了他。历史上，共叔段之死，实际上是他母亲造成的；赵王如意的被杀，实际上是他父亲造成的；刘表家族的覆灭，袁绍的兵败地失，都是由于偏心宠爱造成的。这些事例都可以为后人提供借鉴。

北齐有一位士大夫曾对我说："我有一个儿子，十七岁了，通晓公文的书写，教他说鲜卑语和弹琵琶，很快就学会了，用这些本领服侍公卿大夫，没有不宠爱他的，学会这些很重要。"我当时低头不语。

这位士大夫如此教育儿子，真让人惊奇！如果仅仅学习这些东西而取媚于人，即便能官至宰相，我也不愿意让你们这样做。

五十七、诸葛亮的《诫子书》《诫外甥书》

诸葛亮，三国时期著名的政治家、军事家、散文家、书法家。早年避乱于荆州，隐居陇亩，时称"卧龙"。刘备三顾茅庐，诸葛亮提出联合孙权抗击曹操统一全国的建议，此后成为刘备的主要谋士。刘备称帝后，将诸葛亮任命为丞相。刘禅继位后，诸葛亮被封为武乡侯，领益州牧，主持朝政。他去世后，被追谥为忠武侯，故后世常以武侯、诸葛武侯尊称诸葛亮。诸葛亮一生鞠躬尽瘁、死而后已，是中国传统文化中忠臣与智者的代表人物。

《诫子书》是诸葛亮临终前写给8岁儿子诸葛瞻的家书，成为后世历代学子修身立志的名篇，也是古代家训中的名作。《诫子书》的主旨是，劝勉儿子勤学立志、修身养性，要从淡泊宁静中下功夫，最忌怠惰险躁。这篇《诫子书》，不但讲明修身养性的途径和方法，也说明了立志与学习的关系；不但讲明宁静淡泊的重要，也指明了放纵怠慢、偏激急躁的危害。《戒外甥书》是诸葛亮写给其外甥庞涣的家书。在这封家书中，诸葛亮教导其外甥如何立志、修身、成才。

《诫子书》原文：

夫君子之行，静以修身，俭以养德。非澹泊无以明志，非宁静无以致远。夫学须静也，才须学也。非学无以广才，非志无以成学。慆慢则不能励精，险躁则不能治性。年与时驰，意与岁去，遂成枯落，多不接世，悲守穷庐，将复何及？

《诫子书》参考译文：

做一个有道德修养的人，要以内心清静来修养身性，以俭朴少欲来培养自己高尚的品德。不淡泊名利、减少贪欲，就会患得患失，无法使自己胸怀大志；内心不安定、不清静、妄念纷飞，就无法志向坚定、实现远大理想。要学得真知，就必须去除杂念妄想，使自己的心安静下来；要提升能力和才干，就必须不断地学习。如果不刻苦学习，就无法增长自己的才干和能力；没有远大的志向和目标、坚韧不拔的意志和毅力，就很难成就自己的学问。骄傲、懒怠就无法进步和提高；急躁、焦躁就无法陶冶性情、提高修养。如果年华随着时日虚度，志向在岁月中消磨，最终就会像枯枝落叶般一天天衰老下去，将会一事无成，只有悲伤地困守在自己的穷家破舍里，到那时再后悔也来不及了。

《诫外甥书》原文：

夫志当存高远，慕先贤，绝情欲，弃凝滞，使庶几之志，揭然有所存，恻然有所感。忍屈伸，去细碎，广咨问，除嫌吝，虽有淹留，何损于美趣？何患于不济？若志不强毅，意不慷慨，徒碌碌滞于俗，默默束于情，永窜伏于凡庸，不免于下流矣。

《诫外甥书》参考译文：

一个人应该树立远大的志向，学习古圣先贤，节制欲望，去掉心中不思进取和一些庸俗的杂念，使高尚远大的志向树立起来，不忘时时激励自己。要能够忍辱负重、能屈能伸，摆脱琐碎事情的纠缠，广泛地向人请教，去除狭隘和悭吝，即使暂时未被发现和重用，但哪会损毁自己高尚的情操？又何必担心事业会不成功呢？如果志向不坚定，思想境界不开阔，沉溺于世俗，碌碌无为，被各种欲望所束缚，默默无闻，势必永远混入凡夫俗子之列，甚至免不了成为庸俗的下流之辈。

五十八、钱镠的《钱氏家训》

钱镠，五代十国时期吴越开国国君，他在位四十一年，谥号武肃王。钱镠在位期间，坚持"以民为本"，奖励垦荒，发展农业，兴修水利，修建钱塘江海堤和沿江的水闸，防止海水回灌，方便船只往来。他在位期间，社会稳定，经济繁荣，百姓安居乐业。两浙百姓都称其为"海龙王"。钱镠常说："民为社稷之本。民为贵，社稷次之，免动干戈即所以爱民也。"吴越国历经三代五王，到钱镠之孙钱弘俶在位时，大宋统一天下的趋势已经很明显。钱弘俶审时度势，遵从祖训，以天下苍生为念，决定纳土归宋。公元978年，钱弘俶将所辖土地悉数献给大宋。大宋不费一兵一卒，就实现了统一。钱弘俶的委曲求全，令富饶美丽的江南避免了一次血雨腥风，百姓免遭战争之苦，安宁了一方，功德不可谓为不厚。

《钱氏家训》的前身是钱镠制定的"武肃王八训"，以及他辞世前所作十条"遗训"。《钱氏家训》分为个人、家庭、社会、国家四个部分，对子孙立身处世、持家治业的思想行为做了全面的规范和教诲，希望后代子孙能以之为准则鞭策激励自己。《钱氏家训》思想植根深厚，含义博大精深，是一部饱含修身处世智慧的治家宝典，也是钱氏家族的珍贵历史遗产。

钱氏后人秉承祖训，传续家风，绵延文脉，造就了吴越钱氏世代家风谨严、人才兴盛的传奇。自唐末历五代，又经北宋至南宋，四百年间吴越钱氏始终保持"位极人臣"，封郡王、国公者二十余人，封侯拜相、入仕内阁者将近百人。宋朝皇帝称"忠孝盛大唯钱氏一族"。就连清乾隆帝也感佩钱氏家族教子有道，在南巡时御赐"清芬世守"匾额。到了近代，钱氏家庭更是人才"井喷"，文坛硕儒、科技巨擘云集，钱家人才辈出，这与《钱氏家训》的教育是密不可分的。

《钱氏家训》原文：

个人篇：

心术不可得罪于天地，言行皆当无愧于圣贤。曾子之三省勿忘，程子之四箴宜佩。持躬不可不谨严，临财不可不廉介。处事不可不决断，存心不可不宽厚。尽前行者地步窄，向后看者眼界宽。花繁柳密处拨得开，方见手段；风狂雨骤时立得定，才是脚跟。能改过则天地不怒，能安分则鬼神无权。读经传则根柢深，看史鉴则议论伟。能文章则称述多，蓄道德则福报厚。

家庭篇：

欲造优美之家庭，须立良好之规则。内外门闾整洁，尊卑次序谨严。父母伯叔孝敬欢愉，妯娌弟兄和睦友爱。祖宗虽远，祭祀宜诚；子孙虽愚，诗书须读。娶媳求淑女，勿计妆奁；嫁女择佳婿，勿慕富贵。家富提携宗族，置义塾与公田，岁饥赈济亲朋，筹仁浆与义粟。勤俭为本，自必丰亨；忠厚传家，乃能长久。

社会篇：

信交朋友，惠普乡邻。恤寡矜孤，敬老怀幼。救灾周急，排难解纷。修桥路以利人行，造河船以济众渡。兴启蒙之义塾，设积谷之社仓。私见尽要铲除，公益概行提倡。不见利而起谋，不见才而生嫉。小人固当远，断不可显为仇敌；君子固当亲，亦不可曲为附和。

国家篇：

执法如山，守身如玉。爱民如子，去蠹如仇。严以驭役，宽以恤民。官肯著意一分，民受十分之惠。上能吃苦一点，民沾万点之恩。利在一身勿谋也，利在天下者必谋之；利在一时固谋也，利在万世者更谋之。大智兴邦，不过集众思；大愚误国，只为好自用。聪明睿智，守之以愚；功被天下，守之以让；勇力振世，守之以怯；富有四海，守之以谦。庙堂之上，以养正气为先。海宇之内，以养元气为本。务本节用则国富，进贤使能则国强；兴学育才则国盛，交邻有道则国安。

《钱氏家训》参考译文：

个人篇：

存心谋事不能够违背规律和正义，言行举止都应不愧对圣贤教诲。曾子一日三省（为人谋而不忠乎？与朋友交而不信乎？传不习乎？）的教诲不要忘记，程颐用于自警而撰文阐发孔子的四句箴言（非礼勿视，非礼勿听，非礼勿言，非礼勿动）应当珍存。要求自己不能不谨慎严格，面对财物不能不清正廉洁。处理事务不能优柔寡断，起心动念务要宽容厚道。一味往前走的，路会越来越窄；懂得回头看的，眼界会越来越宽。花丛密布、柳枝繁杂的地方能够开辟出道路，才显示出本领；狂风大作、暴雨肆虐的时候能够站立得住，才算是立定了脚跟。能够改正过错，天地都会原谅；能够安守本分，鬼神也无可奈何。熟读经典图书才会根基深厚，了解历史得失才能谈吐不凡。增长写作本领才能著述多，提升道德修养才能有大福报。

家庭篇：

想要营造幸福美好的家庭，必须有好的规矩。庭院里外整齐干净，长幼之间伦理分明。对父母叔伯要孝敬承欢，对姒娌兄弟要和睦友爱。祖先虽然年代久远，祭祀也应该虔诚；子孙即便头脑愚笨，也一定要读书学习。娶媳妇要找品德好的女子，不要计较嫁妆；嫁姑娘要选德才兼备的女婿，不要贪慕富贵。家庭富足时要帮助家族中人，可设立免费的学校和共用的田地；年景饥荒时要救济亲戚朋友，筹备施舍的钱米。把勤劳节俭当作根本，一定会丰衣足食；用忠实厚道传承家业，就能够源远流长。

社会篇：

用诚信结交朋友，把恩惠及于乡邻。救济寡妇、怜惜孤儿，尊敬老人、关心年幼。救济受灾、接济急困，帮人排除危难、化解矛盾纠纷。架桥铺路方便人们行走，开河造船帮助人们通渡。兴办用于启蒙教育的免费学校，建立用以救济饥荒的粮仓。自私自利的想法要全部去除，凡有利于社会公众的都要提倡。不要看见利益就动心谋取，不要见人才高就心生嫉妒。小人固然应该疏远，但一定不要公开成为仇敌；君子固然应该亲近，也不能失去原则一味迎合。

国家篇：

执行法令像山一样不可动摇，保持节操像玉一样洁白无瑕。像爱护自己的子女一样去爱护百姓，像对待自己的仇敌一样去剪除蠹虫。管理属下要严格，体恤百姓要宽厚。做官如能用一分心力，百姓就能得十分利益。上位者如肯受一点辛苦，百姓就能得万倍的恩惠。只利自己的事不要去谋取，利在天下百姓的事一定要做好；利在当前的事要谋取，利在千秋万代的事更要做好。有大才的人能使国家强盛，只不过是善于集思广益；愚蠢的人会使国家衰败，只是因为独断专行。即便聪明睿智，也要以愚钝自处；即便功高盖世，也要以辞让自处；即便勇猛无双，也要以畏怯自处；即便富有天下，也要以谦恭自处。官府上下，要把培养浩然正气作为首要。整个国家，要以赢得民心为根本。抓好生产，俭朴节约，国家才会富足，选拔任用德才兼备的人，国家才会强大；兴办学校培养人才，国家才会昌盛，与邻邦交往信守道义，国家才会平安。

五十九、范仲淹的《家训百字铭》

范仲淹，北宋政治家、军事家、文学家、教育家，谥号"文正"，历任兴化县令、秘阁校理、陈州通判、苏州知州、陕西经略安抚招讨副使等职，后官至参知政事（副宰相）。他的文学素养很高，有《范文正公集》传世，其《岳阳楼记》中的"先天下之忧而忧，后天下之乐而乐"成为千古名句。他倡导的先忧后乐思想和仁人志士节操，是中华民族精神的写照，对后世影响深远。

范仲淹出身非常贫寒，自幼丧父，生活艰难，在清苦的生活中发奋学习。范仲淹为官后，为政清廉，体恤民情，刚直不阿，力主改革，屡遭奸佞诬谤，被贬之后，仍不忘为百姓谋福。当官期间，他曾把俸禄拿出来购置义田，给贫穷无田地者耕作；还把收入拿出来救济贫苦的人。

范仲淹不仅自己一生清正廉洁，治家也十分俭廉严格。《言行录》中记载："范公常以俭廉率家人，要求家人畏名教，励廉耻，知荣辱，积养成名。"《宋史》本传中也说道："公以母在时方贫，其后虽贵，非宾客不重肉；妻子衣食，仅能自充。"他一再要求自己的孩子要节俭，通过俭朴来砥砺自己的为官之德，养成克己奉公的品格。同时，范公还经常告诫子侄，要"清心做官，莫营私利"。他在《与朱氏》的信中也说："居官临满，直须小心廉洁，稍有点污，晚年饥寒可忧矣。"范仲淹的四个儿子长大成人后，均聪颖非凡，德才兼备。几百年来，范仲淹的后人世代兴旺，绵延不绝。

《家训百字铭》原文：

> 孝道当竭力，忠勇表丹诚；兄弟互相助，慈悲无过境。勤读圣贤书，尊师如重亲；礼义勿疏狂，逊让敦睦邻。敬长与怀幼，怜恤孤寡贫；谦恭尚廉洁，绝戒骄傲情。字纸莫乱废，须报五谷恩；作事循天理，博爱惜生灵。处世行八德，修身率祖神；儿孙坚心守，成家种义根。

《家训百字铭》参考译文：

> 在家孝敬家长，要尽心尽力，为国要忠诚勇敢，有一颗赤诚之心；兄弟姐妹之间要互相关心、互相帮助，对他人要仁慈悲悯，而不伤及他人的自尊。要勤奋学习圣贤经典，像敬重家长一样尊敬师长；做事要礼义为先，不要恃才傲物，疏忽轻狂，要处处谦逊礼让，宽厚友善，和睦亲戚邻里。要尊老爱幼，体恤鳏寡孤独与弱势群体；对人要谦虚恭敬，廉洁自律，务必要戒骄戒躁。要勤俭节约生活，珍惜笔墨纸张，不要乱扔乱弃，要对我们赖以生存的粮食物品怀有感恩之心；做事要遵从天理人道，对宇宙万物要有博爱之心。处世要以孝悌忠信礼义廉耻八德为准则，修好身以告慰列祖列宗的在天之灵；子孙后代一定要牢记前辈训导，才能确保家道兴盛不衰。

六十、王阳明的《示宪儿》

王守仁，别号阳明，明代著名的思想家、哲学家、军事家和文学家，陆王心学之集大成者，精通儒家、道家、佛家文化。曾历任刑部主事、贵州龙场驿丞、庐陵知县、右佥都御史、南赣巡抚、两广总督等职，晚年官至南京兵部尚书、左都御史。因平定宸濠之乱有功而被封为新建伯，隆庆年间追赠新建侯。谥"文成"，故后人又称王文成公。

王阳明一生坎坷，历经磨难，但崇德尚义，文韬武略，成就卓著，尤其是他创立的心学体系，在明代以后的思想界占有重要地位，影响深远，也因此与儒学创始人孔子、儒学集大成者孟子、理学集大成者朱熹，并称为"孔孟朱王"。其学说思想还传至日本、朝鲜以及东南亚地区。清代名士王士祯称赞王阳明"立德、立功、立言，皆居绝顶"，为"明第一流人物"。

《示宪儿》是王阳明写给儿子王正宪等子孙的家训，全文虽然只有 96 字，却浓缩了为人处世的大智慧，其核心是良知教育，倡导"蒙以养正"，把勤读书、早立志、学做人、做好人作为教育的重中之重。王阳明长年在外任职，写了这则《示宪儿》，希望家人对孩子严格教育，从"心地"开始，以德行为重点，将儿孙培养成为"良士"。

《示宪儿》原文：

> 幼儿曹，听教诲：勤读书，要孝悌；学谦恭，循礼仪；节饮食，戒游戏；毋说谎，毋贪利；毋任情，毋斗气；毋责人，但自治。能下人，是有志；能容人，是大器；凡做人，在心地；心地好，是良士；心地恶，是凶类。譬树果，心是蒂；蒂若坏，果必坠。吾教汝，全在是。汝谛听，勿轻弃。

《示宪儿》参考译文：

> 孩子啊，我有一些教诲要听好：一定要勤奋用功读书，孝敬家长，尊老爱幼；对人要谦虚恭敬，行事要遵从礼仪；饮食要俭朴节约，切不可沉溺于游戏玩耍；不要不诚实，不要贪图私利；不要任性放纵，不要与人争强斗气；不要怨天尤人，但要严于律己。能够低调做人、负重忍辱，才是有大志的表现；能够海纳百川、容纳他人，才能成就一番事业；能否把人做好，关键在人的心地；心地好，就是善良之人；心地不好，就是凶恶之人。就像树上结的果子，心就相当于它的蒂；如果蒂坏了，果子必然会坠落。我要教你们的，都在这里了。你们一定要认真践行，千万不要不重视而背弃。

六十一、《曾国藩家书》

曾国藩，清代著名的政治家、战略家、理学家、文学家，湘军的创立者和统帅，与李鸿章、左宗棠、张之洞并称"晚清四大名臣"。官至两江总督、直隶总督、武英殿大学士，封一等毅勇侯，谥"文正"。曾国藩一生奉行凡事要勤俭廉劳，不可为官自傲。他修身律己，以德求官，礼治为先，以忠谋政，在官场上获得了巨大成功。因而，民间流传有"为官要学曾国藩，经商要学胡雪岩"的说法。

　　曾国藩自幼受传统文化的熏陶，成年后久历宦途，丰富的学识和广博的社会阅历使他深谙家庭教育在个人成长中的重要性。尤其是耳闻目睹了"京师子弟之坏，未有不由于骄、奢二字而起；仕宦、商贾之家之衰，皆因家教不严、家风不正所致"的现实，更坚定了他严谨治家的决心。曾国藩教育子女不谋做官发财，只求读书明理。他对兄弟、子女总是严格要求：不准睡懒觉，不准穿衣华美，不准斥责仆佣，不准仗势欺人、轻慢邻居；要求家里男要扫地、种菜，女要做饭、织布；在家敬老爱幼，出嫁后尊敬公婆。曾国藩的日常饮食清淡，穿戴简朴，一件青缎马褂一穿就是三十年。身教重于言教，曾国藩给家人树立了很好的榜样。

　　曾国藩作为清代声名显赫的政治家，始终高度重视家庭教育，其严谨治家的精神令人钦佩。可以说，曾国藩对后世影响最大、至今仍有教育意义的，是他的数千封家书所蕴含的家庭教育理论。曾国藩的家庭教育思想对其家人及子孙都有很深的影响。

　　曾国藩家训主要体现在《曾国藩家书》里。《曾国藩家书》不仅仅是一部记录平淡家常的书信集，也是一部蕴含着为人处世、持家教子的人生智慧书。现选摘部分如下：

　　1. 长傲、多言二弊，历观前世卿大夫兴衰，及近日官场所以致祸福之由，未尝不视此二者为枢机。（傲慢、多言两个毛病，纵观以前世卿大夫的兴盛与衰落，以及近来官场里招致祸福的原因，不能不认为这两个是关键。）

　　2. 凡办大事，以识为主，以才为辅；凡办大事，人谋居半，天意居半。（凡办大事，首先要有远见卓识，能够高瞻远瞩，才能只是辅助；凡能成就大事的，一半在于人的谋划，另一半就要看天意了。）

　　3. 天下古今之庸人，皆以一惰字致败；天下古今之才人，皆以一傲字致败。（古今中外平庸的人，都是因为懒惰不能成功；古今中外有才能的人，都是因为傲慢而不能成功。）

　　4. 近来见得天地之道，刚柔互用，不可偏废。太柔则靡，太刚则折。刚非暴虐之谓也，强矫而已；柔非卑弱之谓也，谦退而已。（最近悟出天地间的道理和规律就是，刚柔相济，不可偏废。太柔就立不起来，太刚就容易折断。刚不是暴戾的意思，坚强刚毅罢了；柔不是卑下懦弱的意思，谦虚退让罢了。）

　　5. 既往不恋，当下不杂，未来不迎。（事情过去了，就不要再纠缠挂碍；一心一意、聚精会神做好当下的事；未来怎么样不要想太多，想也没有用。）

　　6. 敬胜怠，义胜欲；知其雄，守其雌。（用恭敬勤勉克制放纵懈怠，用仁义正道克制私利欲望；虽然知道自己很强，却安守雌柔、低调做人。）

7. 轻财足以聚人，律己足以服人，量宽足以得人，身先足以率人。（将财物利益看得很轻，才能聚集人气。严于律己，他人才会佩服。心胸宽广，才能得到他人拥戴。凡事自己带头，才能领导他人。）

8. 人苟能自立志，则圣贤豪杰，何事不可为？何必借助于人？我欲仁，斯仁至矣。我欲为孔孟，则日夜孜孜，以便孔孟之是学，人谁得而御我哉？若自己不立志，则虽日与尧舜禹汤同住，亦彼自彼，我自我矣，何与于我哉？（一个人假若自己能立志，那么，圣贤豪杰，什么事情做不到呢？何必求人呢？我想仁爱，就能仁爱；我想做孔孟这样的圣人，认真学习孔孟的学问，谁又能阻止的了呢？如果自己不立志，就是天天与尧、舜、禹、汤住在一起，那也是他是他，我是我，与我又有什么关系呢?）

9. 门第太盛，余教儿女辈，惟以勤俭谦三字为主。（自己家门第太显赫，只能用勤俭谦三个字教育孩子。）

10. 盖无故而怨天，则天必不许；无故而尤人，则人必不服。感应之理，自然随之。（无缘无故而怨天，天不会答应；无缘无故而尤人，人不会服。善恶感应的规律，自然是逃不掉的。）

11. 凡畏人不敢妄议论者，谦慎者也；凡好讥评人短者，骄傲者也。谚云："富家子弟多骄，贵家子弟多傲。"非必锦衣玉食、动手打人，而后谓之骄傲也。但使志得意满，毫无畏忌，开口议人短长，即是极骄傲耳。（凡是恭敬他人，不擅自议论他人是非的，都是很谨慎的人；凡是喜欢讽刺批评别人短处的，都是傲慢的人。谚语说："富家子弟多骄奢，贵家子弟多傲慢。"不是一定要锦衣玉食、动手打人才叫傲慢。只要是志得意满，没有畏惧心，什么都不顾忌，开口议论别人的短长，这就是极度的骄傲。）

12. 求业之精，别无他法，曰专而已矣。谚曰："艺多不养身。"谓不专也。吾掘井多而无泉可饮，不专之咎也。（要想使自己成为行家里手，没有别的办法，就是专一罢了。谚语说："艺多不养身。"就是因为不够专一，所以什么都干不好的道理。挖井很多却都没有水，就是不专一的过错。）

13. 与多疑人共事，事必不成；与好利人共事，己必受累。（与疑心重的人共事，事就做不成功；与贪利的人合作，终将不欢而散。）

14. 家勤则兴，人勤则俭，永不贫贱。（家庭成员勤奋，这个家庭才能兴盛，人勤奋就懂得节俭过日子，就永远不会贫贱。）

15. 仕宦之家，不蓄积银钱，使子弟自觉一无可恃。（有权有势的家庭，不为子孙积财，让孩子觉得没有父辈可以庇荫和凭靠，自己才会真正去努力上进。）

16. **凡人皆望子孙为大官，余不愿为大官，愿为读书明理之君子。**（一般人都希望子孙做大官，我不愿你们做大官，而希望你们能够成为读书明理的君子。）

17. **兄弟和，虽穷氓小户必兴；兄弟不和，虽世家宦族必败。**（兄弟姐妹和睦，虽说是穷困的小户人家也必然兴旺；兄弟姐妹不和，就是世代官宦人家也必然败落。）

18. **余欲上不愧先人，下不愧沅弟，惟以力教家中勤俭为主。**（我要上不愧对祖宗，下不愧对后人，只有尽力教育家人勤俭持家。）

19. **戒骄字，以不轻非笑人为第一义；戒惰字，以不晏起为第一义。**（戒傲慢，要以不非议、讥笑别人为第一要义；戒懒惰，要以早起为第一要义。）

20. **家门太盛，有福不可享尽，有势不可使尽，人人须记此二语也。**（家庭富贵兴盛，不可骄奢淫逸；有权有势，不可仗势欺人。我们人人都要记住这两句话。）

21. **家败，离不得个奢字；人败，离不得个逸字；讨人嫌，离不得个骄字。**（奢侈浪费导致家败；闲逸怠惰导致人败；骄横傲慢让人讨厌。）

22. **凡人作一事，便须全副精神注在此一事，首尾不懈，不可见异思迁。**（要想做成一件事，必须聚精会神专注在这一件事上，自始至终坚持不放弃、不松懈，不可见异思迁，变来变去。）

23. **士有三不斗：毋与君子斗名，毋与小人斗利，毋与天地斗巧。**（做人不要在三个方面争：不要与君子争名；不要与小人争利；不要违背客观规律。）

24. **盖士人读书，第一要有志，第二要有识，第三要有恒。有志则断不甘为下流；有识则知学问无尽，不敢以一得自足，如河伯之观海，如井蛙之窥天，皆无识者也；有恒则断无不成之事。此三者缺一不可。**（读书要做到三条：有志气、有见识、有恒心。有志气才能不自甘堕落；有见识才知道学问博大精深，不会因为自己学到一点东西就满足，就像河伯之观海、井中之蛙观天一般，都是没有见识的表现；有恒心就没有做不成的事。这三条缺一不可。）

25. **功不独居，过不推诿。**（有功劳和好事，不要自己独占；有责任和过错，不要向外推诿。）

26. **吾辈读书，只有两事：一者进德之事，讲求乎诚正修齐之道，以图无忝所生；一者修业之事，操习乎记诵词章之术，以图自卫其身。**（我们读书只为了两件事：一是增进自己的品德修为，讲究诚实、正直、修身、齐家，以期望不会生出什么坏念头来；一是培养自己学习的水平，操习记诵词章的技巧，以做到自立自卫。）

27. 凡世家子弟，衣食起居，无一不与寒士相同，庶可以成大器，若沾染富贵气习，则难望有成。（凡富贵人家的孩子，衣食起居都能与普通人家的孩子一样，几乎都可以成就大器；如果沾染骄奢淫逸的习气，那就很难再指望能成人、成才。）

六十二、朱柏庐的《朱子治家格言》

朱柏庐，原名朱用纯，明末清初著名理学家、教育家。朱柏庐自幼勤于读书，曾考取秀才，志于仕途。清入关明亡，朱伯庐遂不再求取功名，居乡教授学生，一时颇负盛名。康熙皇帝曾多次征召，均被他拒绝。他潜心研究程朱理学，主张知行并进，躬行实践。他与徐枋、杨无咎号称"吴中三高士"，著有《删补易经蒙引》《劝言》《耻耕堂诗文集》等。

《朱子治家格言》集传统做人处世方法之大成，文字通俗易懂，内容简明赅备，以名言警句的形式表达出来，对仗工整，朗朗上口，可以口头传诵，也可以写成对联条幅悬挂。《朱子治家格言》问世以来，成为后世家喻户晓、脍炙人口的教子治家的经典家训，一度成为童蒙必读材料之一。

《朱子治家格言》原文及参考译文：

1. 黎明即起，洒扫庭除，要内外整洁；既昏便息，关锁门户，必亲自检点。（每天黎明要立即起床，把庭堂内外清扫干净、收拾整齐；天黑了就要休息，并要亲自查看一下门窗是否关好。）

2. 一粥一饭，当思来处不易；半丝半缕，恒念物力维艰。（对一碗粥、一顿饭，都应当想到它来之不易；对半根丝、半条线，都要常念它是从艰辛的劳动中得来。）

3. 宜未雨而绸缪，毋临渴而掘井。（凡事都要像未下雨之前先把房屋修补好一样，有所准备；不要等到口渴了才去掘井，这样就来不及了。）

4. 自奉必须俭约，宴客切勿流连。（自己生活享用必须俭朴节约，在一起吃饭不可没有节制。）

5. 器具质而洁，瓦缶胜金玉；饮食约而精，园蔬愈珍馐。（生活用具质朴而干净，虽是用泥土做的瓦器，但也胜过金玉制品；饮食简单可口，虽是园里自家种的蔬菜，但也胜过山珍海味。）

6. 勿营华屋，勿谋良田。（不要花费很多金钱营造华丽的房屋，不要费尽心思谋取丰腴的田产。）

7. 三姑六婆实淫盗之媒，婢美妾娇非闺房之福。（不务正业的人，往往都是淫邪和偷盗的媒介；婢女漂亮、侍妾妖媚，并非家中的福分。）

8. 奴仆勿用俊美，妻妾切忌艳装。（雇用仆人不可挑美貌出众的，妻妾切不可浓妆艳抹。）

9. 祖宗虽远，祭祀不可不诚；子孙虽愚，经书不可不读。（祖宗虽然离我们久远了，祭祀仍要虔诚；子孙即使愚笨，也要督促勤读古圣先贤的经典图书。）

10. 居身务期质朴，教子要有义方。（居家生活一定要朴实，教育子孙要用合乎道德的方法。）

11. 勿贪意外之财，勿饮过量之酒。（不要贪取不属于自己的财物，不要过量饮酒。）

12. 与肩挑贸易，毋占便宜；见贫苦亲邻，须多温恤。（与做小生意的小商小贩交易，不要占他们的便宜；看到穷苦的亲戚或邻居，要给他们力所能及的帮助。）

13. 刻薄成家，理无久享；伦常乖舛，立见消亡。（用不正当手段发家的，绝没有长久享受的道理；违背伦理道德行事，很快就会有灾殃。）

14. 兄弟叔侄，须分多润寡；长幼内外，宜法肃辞严。（兄弟叔侄之间要互相帮助，富有的要照顾贫穷的；长幼内外都要有规矩，言行举止要庄重严谨。）

15. 听妇言，乖骨肉，岂是丈夫？重资财，薄父母，不成人子。（轻信妇人挑拨而伤了骨肉之情，哪里配做一个男子汉大丈夫？看重钱财而薄待父母，不是为人子女的道理。）

16. 嫁女择佳婿，毋索重聘；娶媳求淑女，毋计厚奁。（嫁女儿，要选择品德端正的夫婿，不要索取贵重的聘礼；娶媳妇，须找贤惠的女子，不要贪求丰厚的嫁妆。）

17. 见富贵而生谄容者，最可耻；遇贫穷而作骄态者，贱莫甚。（看到有权有势的人，便表现出巴结讨好的样子，是最可耻的；遇着贫穷的人，便傲慢无礼，没有比这更下贱的了。）

18. 居家戒争讼，讼则终凶；处世戒多言，言多必失。（居家过日子，要力戒争斗诉讼，一旦争斗诉讼，无论胜败，结果都不吉祥；处世不可多说话，说的太多了就会有疏漏，正所谓祸从口出。）

19. 毋恃势力而凌逼孤寡，毋贪口腹而恣杀生禽。（不可仰仗势力欺压孤儿寡妇，不要贪口腹之欲而随意宰杀动物。）

20. 乖僻自是，悔误必多；颓惰自甘，家道难成。（言行怪异、自以为是，必会因常常做错事而懊悔；颓废懒惰，自甘堕落，家道难以兴旺。）

21. **狎昵恶少，久必受其累；屈志老成，急则可相依。**（亲近不良的人，时间久了，必然会受到连累；恭敬、虚心地与那些善于处事的君子交往，遇到急难的时候，就可以得到他的指导和帮助。）

22. **轻听发言，安知非人之谮诉？当忍耐三思；因事相争，焉知非我之不是？须平心暗想。**（他人来说长道短，不可轻信，要多想想，怎知道他不是来说人坏话的呢？因事与他人相争，要冷静反省自己，怎知道不是自己的过错？）

23. **施恩勿念，受恩莫忘。**（对他人施以恩惠和帮助，不要念念不忘；受到他人的恩惠和帮助，一定要牢记心中。）

24. **凡事当留余地，得意不宜再往。**（无论做什么事，都要留有余地，不要把事做绝；自己顺遂如意的时候，要能知足知止。）

25. **人有喜庆，不可生妒忌心；人有祸患，不可生欣幸心。**（他人有了喜庆的事情，不要有妒忌之心；他人有了祸患，不可有幸灾乐祸之心。）

26. **善欲人见，不是真善；恶恐人知，便是大恶。**（做了好事，而希望他人知道，不是真正的善人；做了坏事，而害怕他人知道，就是真正的恶了。）

27. **见色而起淫心，报在妻女；匿怨而用暗箭，祸延子孙。**（看到美色而起邪淫心的，其妻子儿女将来也会这样；怀恨在心而暗中伤害人的，将会给自己的子孙留下祸根。）

28. **家门和顺，虽饔飧不继，亦有余欢；国课早完，即囊橐无余，自得至乐。**（家庭和谐平安，虽缺衣少食，也有欢愉；尽快缴完赋税，即使口袋所剩无余，内心也非常快乐。）

29. **读书志在圣贤，为官心存君国。**（读书的目的在于成圣成贤，做官要有为国尽忠之心。）

30. **守分安命，顺时听天；为人若此，庶乎近焉。**（要尽好自己的本分，做好自己该做的事，顺应时势和规律要求，只管耕耘，莫问收获，至于命运如何，上天自有安排；做人能够这样，那就接近于圣贤了。）

图书在版编目（CIP）数据

家庭教育的智慧/范业赞主编 . -- 北京：中国人
民大学出版社，2022.5
ISBN 978-7-300-30543-1

Ⅰ.①家… Ⅱ.①范… Ⅲ.①家庭教育 Ⅳ.①G78

中国版本图书馆 CIP 数据核字（2022）第 061941 号

家庭教育的智慧

主编 范业赞

Jiating Jiaoyu de Zhihui

出版发行	中国人民大学出版社			
社　　址	北京中关村大街 31 号		**邮政编码**	100080
电　　话	010 - 62511242（总编室）		010 - 62511770（质管部）	
	010 - 82501766（邮购部）		010 - 62514148（门市部）	
	010 - 62515195（发行公司）		010 - 62515275（盗版举报）	
网　　址	http://www.crup.com.cn			
经　　销	新华书店			
印　　刷	唐山玺诚印务有限公司			
规　　格	170 mm×240 mm　16 开本		**版　　次**	2022 年 5 月第 1 版
印　　张	17		**印　　次**	2022 年 5 月第 1 次印刷
字　　数	300 000		**定　　价**	48.00 元